GW01158926

ଭାଗ
କଥାମୃତ

ପାଣ୍ଡବ ଚରଣ ଦାସ

VIDYA
PUBLISHING INC.

ବିଦ୍ୟା ପବ୍ଲିଶିଙ୍ଗ

ଟରୋଣ୍ଟୋ, କାନାଡ଼ା

ଭାଗବତ କଥାମୃତ

ପାଣ୍ଡବ ଚରଣ ଦାସ

ପ୍ରକାଶକ : ବିଦ୍ୟା ପବ୍ଲିଶିଙ୍ଗ୍ ଇଙ୍କ୍, ଟରୋଣ୍ଟୋ, କାନାଡ଼ା।

ପ୍ରଥମ ସଂସ୍କରଣ : ଅଗଷ୍ଟ ୨୦୨୧

ISBN : 978-1-990494-00-0

BHAGABATA KATHAMRUTA

by Pandab Charan Das

Published by
Vidya Publishing Inc., Toronto, Canada
www.vidyapublishing.com

First Edition : August 2021

ଉତ୍ସର୍ଗ

ଦିବଂଗତ ଧରଣୀଧର ପଣ୍ଡା

ଆପଣ ଯାଜପୁର ଜିଲ୍ଲାର ଜଣେ ଆଦର୍ଶ ଶିକ୍ଷକ ଥିଲେ । ଆପଣ ନିଜ ଗ୍ରାମ ପାଇଁ ବିଜୁଳି ଆଲୋକ, ରାସ୍ତା, ବିଦ୍ୟାଳୟ କରିଥିଲେ । ଗରିବ ପିଲାମାନଙ୍କୁ ଘରେ ରଖି ତାଙ୍କୁ ପାଠ ପଢ଼ାଉଥିଲେ । ଏକଥା ତୁମେ ଗଲାପରେ ଲୋକମାନଙ୍କ ମୁହଁରୁ ଶୁଣାଯାଏ । ତୁମେ ମୋର ଜଣେ ଗୁଣଗ୍ରାହୀ ପାଠକ ମଧ୍ୟ ଥିଲ ।

ଆଜି ଏହି ଭାଗବତ କଥାମୃତ ବହିଟି ତୁମକୁ ଉତ୍ସର୍ଗ କରୁଛି ।

ତୁମର ସମ୍ବନ୍ଧୀ

ଅଭିମତ

ରାମାୟଣ, ମହାଭାରତ ଏବଂ ଅନେକ ପୁରାଣ ଥିଲେ ମଧ୍ୟ ଶ୍ରୀମଭାଗବତ ମହାପୁରାଣ ବିଷୟରେ କୁହାଯାଇଛି-

ପରମଶାସ୍ତ୍ର ଭାଗବତ । ଅଭ୍ୟାସ କରୁଥିବ ନିତ୍ୟ ।।

କାରଣ ବେଦ, ଉପନିଷଦ, ବ୍ରହ୍ମସୂତ୍ର, ଇତିହାସ, ନୀତିଶାସ୍ତ୍ର ଆଦି ସମସ୍ତ ଶାସ୍ତ୍ରରୁ ସାର ସଂଗ୍ରହ କରି ବ୍ୟାସପୁତ୍ର ଶ୍ରୀଶୁକଦେବ ଗୋସ୍ୱାମୀ ପରୀକ୍ଷିତ ମହାରାଜାଙ୍କୁ ଶ୍ରୀମଭାଗବତ ଶୁଣାଇଛନ୍ତି । ଏଥିପାଇଁ ଶ୍ରୀମଭାଗବତ ପ୍ରଣେତା ବ୍ୟାସଦେବ ଉକ୍ତ ଗ୍ରନ୍ଥର ଦ୍ୱାଦଶ ସ୍କନ୍ଧରେ ଲେଖିଛନ୍ତି-

ରାଜତନ୍ତ ତାଜଦନ୍ୟାନୀ ପୁରାଣାନି ସତାଙ୍ଗଣେ,
ଯାବନ୍ନ ଦୃଶ୍ୟତେ ସାକ୍ଷାତ ଶ୍ରୀମଭାଗବତଂ ପରମ୍ ।।

ବ୍ୟାସଦେବକୃତ ଜ୍ଞାନଗର୍ଭକ ସଂସ୍କୃତ ଶ୍ରୀମଭାଗବତ ମହାପୁରାଣ ଅଧ୍ୟୟନ କରିନଥିଲେ ମଧ୍ୟ କବି ପାଣ୍ଡବ ଚରଣ ଦାସଙ୍କ ଦ୍ୱାରା ରଚିତ 'ଭାଗବତ କଥାମୃତ' ଏକ ଉପାଦେୟଗ୍ରନ୍ଥ । ବଙ୍ଗଳାଶ୍ରୀ, ରାମକେରୀ ଆଦି ବିଭିନ୍ନ ରାଗର ପ୍ରୟୋଗରେ କବି ସଂକ୍ଷିପ୍ତ ଭାବରେ ଭାଗବତର ବିଭିନ୍ନ ଉପାଖ୍ୟାନକୁ ଉପସ୍ଥାପନ କରିଛନ୍ତି । ଶିକ୍ଷାଗତ ଯୋଗ୍ୟତାର ସ୍ୱଳ୍ପତା ସତ୍ତ୍ୱେ କବି ବିଶାଳ ଶ୍ରୀମଭାଗବତ ମହାପୁରାଣର ବିଭିନ୍ନ ବିଷୟକୁ ନିଖୁଣ ଭାବରେ ଚିତ୍ରଣ କରିଛନ୍ତି । କବିଙ୍କର ଏହି ପ୍ରୟାସ ସୁଧୀବୃନ୍ଦଙ୍କ ଦ୍ୱାରା ଆଦୃତ ହେବ ବୋଲି ମୋର ଦୃଢ଼ ବିଶ୍ୱାସ ।

ଡକ୍ଟର ଅମୃତଲେଶ ପ୍ରଧାନ ଶର୍ମା

ଶ୍ରୀମଭାଗବତ ଗବେଷକ
ଅବସରପ୍ରାପ୍ତ ସଂସ୍କୃତ ପ୍ରାଧ୍ୟାପକ
ଶଶିଭୂଷଣ ରଥ ସରକାରୀ ସ୍ୱୟଂଶାସିତ ମହିଳା ମହାବିଦ୍ୟାଳୟ, ବ୍ରହ୍ମପୁର

ପାଠକମାନଙ୍କ ନିମନ୍ତେ
କେତେ ଧାଡି.........

ପୂଜ୍ୟ, ନମସ୍ୟ ଭାଗବତପ୍ରେମୀ ପାଠକମାନଙ୍କୁ ଏକ ଉପନିଷଦର କାହାଣୀକୁ ପ୍ରଥମରୁ ଅବଗତ କରୁଅଛି । ସେଦିନ ଦେବତା, ଦାନବ ଓ ମାନବମାନେ ବ୍ରହ୍ମାଜୀଙ୍କ ଠାରୁ ଆଶୀର୍ବାଦ ଭିକ୍ଷା ନିମନ୍ତେ ଯାଇଥିଲେ । ପ୍ରଥମେ ଦେବତାମାନେ ସାକ୍ଷାତକରି ବିନୀତ ପ୍ରାର୍ଥନା କଲେ । ବ୍ରହ୍ମାଜୀ ସେମାନଙ୍କୁ କେବଳ ଆଶୀର୍ବାଦ ମୁଦ୍ରାରେ "ଦ" ଅକ୍ଷରଟି ପ୍ରଦାନ କଲେ । ଦେବତାମାନେ ଏହି "ଦ" କୁ ଏହି ପ୍ରକାର ବୁଝିଲେ ଯେ ଆମ ଭିତରେ ଉଚ୍ଚାଭିଳାଷ, ଆତ୍ମଅଭିମାନ, ଗର୍ବ, ଭୋଗର ଲାଳସା ବଢ଼ିଯାଇଛି । ତେଣୁ ଏହାକୁ ଦମନ କରିବା ।

ଦ୍ୱିତୀୟରେ ଦାନବମାନେ ପହଞ୍ଚିଲେ, ସେମାନଙ୍କୁ ବ୍ରହ୍ମାଜୀ ଏହି "ଦ" ଅକ୍ଷର ପ୍ରଦାନ କଲେ । ଦାନବମାନେ ଭାବିଲେ- 'ଆମ ଭିତରେ ଥିବା କ୍ଷମତାର ଲାଳସା, ଧନର ଲୋଭ, କାମର ଆସକ୍ତି, ଯୁଦ୍ଧଖୋର ମନୋଭାବକୁ ଦମନ କରିବା' ।

ତୃତୀୟରେ ମାନବମାନେ ପହଞ୍ଚିଲେ, ତାଙ୍କୁ ମଧ୍ୟ ଏହି "ଦ" ଅକ୍ଷର ପ୍ରଦାନ କଲେ । ମାନବମାନେ ଭାବିଲେ- 'ଆମ୍ଭମାନଙ୍କ ପ୍ରାଣରେ ଦ୍ୱେଷ, ଈର୍ଷା, ହିଂସା, ଅସୂୟାଭାବକୁ ଦମନ କରିବା' ।

ସେଦିନ ବ୍ରହ୍ମାଜୀଙ୍କ ପାଖରେ ଗୋଟିଏ ଶବ୍ଦ କହିବାକୁ ସମୟ ନଥିଲା । କେବଳ ଗୋଟିଏ ଅକ୍ଷର ପ୍ରକାଶ କରିଥିଲେ ।

ଆଜିର ବ୍ୟସ୍ତ ବହୁଳ ଜୀବନରେ ଯାହାକୁ ପଚାରିବେ, ସେ ନିଶ୍ଚିତ କହିବେ 'ମୋ ପାଖରେ ସମୟ ନାହିଁ' । ତେଣୁ ଅଷ୍ଟାଦଶ ପୁରାଣ, ଗୀତା, ଭାଗବତ ପଢ଼ିବାକୁ ସମୟ ଆପଣଙ୍କ ପାଖରେ ନାହିଁ । ମହାଶୟ/ମହାଶୟା, ଆପଣଙ୍କ ସମୟକୁ ଆଖି ଆଗରେ ରଖି ଏହି "ଭାଗବତ କଥାମୃତ" ପୁସ୍ତକଟିକୁ ଦେଉଅଛି, ଖୁବ୍ ଅଳ୍ପ ସମୟରେ ସମସ୍ତ ଭାଗବତ କଥା ବିଷୟରେ ଆପଣମାନେ ଅବଗତ ହୋଇପାରିବେ ।

ଜୀବନର ଚଲାପଥରେ ଭାଗବତର କଥା ଏକାନ୍ତ ପ୍ରୟୋଜନ । ଏ ଜନ୍ମରେ ଉକ୍ତ ଗ୍ରନ୍ଥଟି ଜୀବକୁ ମୁକ୍ତିପଥକୁ ନେଇଯାଏ । ପରମବ୍ରହ୍ମଙ୍କ ନିକଟକୁ ଯିବା ନିମନ୍ତେ ଏହା ଏକ ସେତୁ । ଏହି ଭାଗବତ ବ୍ୟାସ ଦେବଙ୍କର ଅମର ସୃଷ୍ଟି । ଭଗବାନ ବ୍ୟାସ ଦେବ ମହର୍ଷି ବଶିଷ୍ଠଙ୍କର ନାତି । ଶକ୍ତିଙ୍କର ପୌତ୍ର, ପରାଶରଙ୍କର ପୁତ୍ର, ସତ୍ୟବତୀଙ୍କର ଗର୍ଭରୁ ଜାତ ।

ବ୍ୟାସଂ ବଶିଷ୍ଠନପ୍ତାରଂ ଶକ୍ତେଃ ପୌତ୍ରମକଳ୍ମଷମ
ପରାଶରାତ୍ମଜ ବନ୍ଦେ ଶୁକତାତଂ ତପୋନିଧିମ୍ ॥

ତାଙ୍କର ପ୍ରାଥମିକ ନାମ କୃଷ୍ଣ । ତା'ପରେ ତାଙ୍କୁ ଦ୍ୱୈପାୟନ ବୋଲି କୁହାଗଲା । ମହର୍ଷି ବ୍ୟାସଙ୍କୁ 'ବାଦରାୟଣ ବୋଲି କୁହାଯାଏ ।

ଅଚତୁର୍ବଦନୋ ବ୍ରହ୍ମା ଦ୍ୱିବାହୁରପରୋ ହରିଃ
ଅଭାଲ ଲୋଚନଃ ଶମ୍ଭୁର୍ଭଗବାନ ବାଦରାୟଣ ।

ଅଷ୍ଟାଦଶ ପୁରାଣର ସେ ସୃଷ୍ଟିକର୍ତ୍ତା । ନାରଦଙ୍କ ଅନୁରୋଧକ୍ରମେ ବ୍ୟାସଜୀ ଶ୍ରୀମଦ୍ ଭାଗବତ ରଚନା କରିଥିଲେ । ବେଦଭୂମି କଳ୍ପବୃକ୍ଷରୁ ଅମୃତର ସଂପୂର୍ଣ୍ଣ ଫଳ ସ୍ୱରୂପ ଏହି ଭାଗବତ ଶାସ୍ତ୍ର । ସେଦିନ ଶୈଳସୂତା ପାର୍ବତୀଙ୍କୁ ଦେବାଧିଦେବ ମହାଦେବ କହୁଥିଲେ ହେ ପାର୍ବତୀ ଶ୍ରୀମଦ୍‌ଭାଗବତର କ'ଣ ମୁଁ ଜାଣେ । ଶୁକଦେବ ଜାଣନ୍ତି । ବ୍ୟାସଦେବ ଯେଣୁ ଶ୍ରୀମଭାଗବତର ରଚୟିତା ସେ ଜାଣି କରି ମଧ୍ୟ ଜାଣିନାହାନ୍ତି । ମାତ୍ର ଶ୍ରୀଧର ଗୋସ୍ୱାମୀ ଲକ୍ଷ୍ମୀ ନୃସିଂହଙ୍କର ଦୟାରୁ ସକଳ ଶାସ୍ତ୍ର ଜାଣିଥିଲେ । ଆମ ଉତ୍କଳ ଭାଷାରେ ଉତ୍କଳବାସୀଙ୍କ ନିମିତ୍ତ ଶ୍ରୀଜଗନ୍ନାଥ ଦାସ ବତିଶ ହଜାର ନବାକ୍ଷରୀ ଛନ୍ଦରେ ପଦ ଲେଖିଯାଇଛନ୍ତି । ପରମଶାସ୍ତ୍ରର ମାନ୍ୟତା ଭାଗବତ ପାଇଛନ୍ତି । 'ଶ୍ରବଣ ମାତ୍ରେ ମୋକ୍ଷ ପାଇ, ତାପ ତ୍ରିତୟ କ୍ଷୟ ଯାଇ । ଜଗନ୍ନାଥ ଦାସ ।

ଋଷିଙ୍କ କଣ୍ଠରେ-

ତଦେବ ରମ୍ୟଂ ରୁଚିରଂ ନବଂ ନବଂ
ତଦେବ ଶଶ୍ୱନ୍ମନସୋ ମହୋତ୍ସବମ୍ ।
ତଦେବ ଶୋକାର୍ଣବଶୋଷଣଂ ନୃଣାଂ
ଯଦୁତ୍ତମଶ୍ଳୋକୟଶୋଽନୁଗୀୟତେ ॥

ଯେଉଁ ବାଣୀ ଦ୍ୱାରା ଭଗବାନଙ୍କର ପରମ ପବିତ୍ର ଯଶଗାନ କରାଯାଏ । ତାହା ରମଣୀୟ, ରୁଚିକର ନିତ୍ୟ ନବୀନ ପରି ଜଣାପଡ଼େ । ସେହି ବାଣୀ ମନୁଷ୍ୟର ଶୋକସମୁଦ୍ରକୁ ଶୁଖାଇ ପାରିବ । ମନରେ ନିତ୍ୟ ଆନନ୍ଦ ଭରିଦେବ ।

ବାଣୀ ନୁହଁ ସେତ, ପରମଙ୍କ ଯଶ, ଯଶର ପତକା ଅଟେ
ଯେତେ ଯେ ଶୁଣିବ, ଯେତେ ଯେ ଗାଇବ, ନବ, ନବ ନିତ୍ୟ ଘଟେ ।
ଶୋକର ସମୁଦ୍ର ଶୁଖିଯିବ କ୍ଷଣେ, ଦିବ୍ୟାନନ୍ଦ ହୃଦେ ଆସେ
ଘଟେଘଟେ ଦୃଶ୍ୟ ବାସୁଦେବ ହୁଏ, ସାରକଥା ଏହା ଶେଷେ ।

ଦ୍ୱାପର ଯୁଗର କୀର୍ତ୍ତି, ଯଶକୁ ଭାଗବତ କଥାମୃତ ବହନ କରିଛି । ପାଠକମାନଙ୍କୁ ଶବ୍ଦମାନେ ଆନନ୍ଦ ପ୍ରଦାନ କରନ୍ତୁ ଏହି ଭିକ୍ଷା ଦିବ୍ୟଜନନୀଙ୍କ ପାଖରେ କରୁଛି ।

ପାଠକ ଶ୍ରୋତା ମାନଙ୍କର ପଦରଜୁ ଭିକ୍ଷାର୍ଥୀ
ପାଣ୍ଡବ

ପ୍ରକାଶକୀୟ

ଶ୍ରୀ ଭଗବାନଙ୍କ ଅଂଶରେ ଋଷି ପରାଶରଙ୍କ ପୁତ୍ର ରୂପେ ଜନ୍ମିତ ମହାମୁନି ବ୍ୟାସଦେବ ଅନେକ ଶାସ୍ତ୍ର ରଚନା କରି ମଧ୍ୟ ସନ୍ତୋଷ ପାଇପାରୁ ନଥିଲେ । ଏକଦା ସେ ସରସ୍ୱତୀ ନଦୀ କୂଳରେ ବଡ଼ ବିଷାଦ ଚିତ୍ତରେ ବସି ନିଜର ତ୍ରୁଟି ସମ୍ବନ୍ଧରେ ଚିନ୍ତା କରୁଥିବା ବେଳେ ସେଠି ମହାମୁନି ନାରଦ ଅକସ୍ମାତ ଆବିର୍ଭୂତ ହେଲେ । ନାରଦଙ୍କୁ ପାଖରେ ଦେଖି ବ୍ୟାସ ତାଙ୍କର ବିଧିବଦ୍ଧ ଭାବରେ ଅର୍ଚ୍ଚନା କରି ନିଜର ଏଭଳି ହୀନମନ୍ୟତା ଏବଂ ମୂଲ୍ୟହୀନ ଭାବାବୋଧର କାରଣ ପଚାରିଲେ । ଏହାର ଉତ୍ତରରେ ନାରଦ କହିଲେ – "ତୁମେ ଅନେକ ଉପଦେଶପୂର୍ଣ୍ଣ ବାକ୍ୟ ଦେଇ ଶାସ୍ତ୍ର ରଚନା କରିଅଛ ହେଲେ ସେଥିରେ ଭଗବାନଙ୍କର ସୁବିମଳ ଚରିତର ବର୍ଣ୍ଣନ ନାହିଁ । ଯେଉଁ ଶାସ୍ତ୍ରରେ ଶ୍ରୀ ଭଗବାନଙ୍କର ମହିମା ବର୍ଣ୍ଣିତ ହୋଇନଥାଏ, ଯାହାକୁ ପାଠ କଲେ ଭଗବତ୍ ପ୍ରୀତି ଜାତ ହୋଇନଥାଏ ସେ ଶାସ୍ତ୍ର କିଛି ଅର୍ଥ ନାହିଁ । ଯେଉଁ କର୍ମ ଭଗବାନଙ୍କର ଭାବ ବିରଚିତ, ଯେଉଁ କର୍ମର ଫଳ ଭଗବାନଙ୍କୁ ଅର୍ପିତ ହୋଇ ନଥାଏ, ତାହା ଅକାରଣ ଏବଂ ତହିଁରେ ମଙ୍ଗଳ ହୁଏ ନାହିଁ ।"

ପୁଣି ନାରଦ କହିଲେ, "ଦୁଇ ପ୍ରକାରର ମାର୍ଗ ରହିଛି ପ୍ରାଣୀର ମଙ୍ଗଳ ନିମିତ୍ତ – ୧.ପ୍ରବୃତ୍ତି ମାର୍ଗ, ୨.ନିବୃତ୍ତି ମାର୍ଗ । ତୁମ୍ଭେ ମହାଭାରତ ଆଦି ଗ୍ରନ୍ଥରେ ଧର୍ମ ସାଧନ ପାଇଁ ପ୍ରଯୁଜ୍ୟ କାମ୍ୟ କର୍ମର ଉପଦେଶ ଦେଇ ସେମାନଙ୍କୁ ପ୍ରବୃତ୍ତି ମାର୍ଗରେ ଯିବାକୁ ପ୍ରେରଣା ଯୋଗାଇଛ, ଏବେ ସେମାନଙ୍କୁ କର୍ମଫଳ ତ୍ୟାଗ ଦେଇ ନିବୃତ୍ତି ମାର୍ଗରେ ଯିବାକୁ ପ୍ରବର୍ତ୍ତାଇବାଟା ସହଜ ନୁହେଁ । କେବଳ ବିଚକ୍ଷଣ ବ୍ୟକ୍ତି ମାନେ ସର୍ବ କର୍ମଫଳ ତ୍ୟାଗ କରି ନିବୃତ୍ତ ଧର୍ମ ଦ୍ୱାରା ବିଶ୍ୱ ବ୍ରହ୍ମଙ୍କର ନିର୍ବିକଳ୍ପ ଆନନ୍ଦମୟ ସ୍ୱରୂପ ଲାଭ କରିଥାନ୍ତି ତାହା ଅନ୍ୟମାନଙ୍କ ପାଇଁ ଦୁର୍ଲଭ । ତେଣୁ ହେ ବ୍ୟାସ, ପ୍ରବୃତ୍ତି ମାର୍ଗରେ ପରିଚାଳିତ ଏହି ଦେହାଭିମାନୀ ଜୀବମାନଙ୍କୁ ତୁମେ ହରି ଲୀଳା ଶ୍ରବଣ କରାଅ ।"

ହରି ଲୀଳା ଶ୍ରବଣ, ଶ୍ରୀ ଭଗବାନଙ୍କର ଗୁଣ କୀର୍ତ୍ତନ ଓ ନାମ ସ୍ମରଣ ଏହା ହିଁ ନିଷ୍କାମ କର୍ମ, ନିବୃତ୍ତିର ମାର୍ଗ । ଏହା ମଧ୍ୟ ହେଉଛି ଭକ୍ତି ଯୋଗ ପ୍ରଣୀତ ଜ୍ଞାନ ଯୋଗ । ଭାଗବତରେ ନାରଦ କହିଛନ୍ତି –

ଯେବେ ସଂସାରେ ଦେହ ଧରି
ବିଷ୍ଣୁ ତୋଷଣେ କର୍ମ କରି
ଭକତି ଯୋଗ ଜାତ ହୋଇ
ଜ୍ଞାନ ଅଧୀନ ତାର ହୋଇ
ଯେବେ ସକଳ କର୍ମ କରି
ବିଷ୍ଣୁ ଅର୍ପଣ ମନେ ଧରି
ବିଷ୍ଣୁର ଯେତେ ଗୁଣଗ୍ରାମ
ଜଗତେ ଅଛି ଯେତେ ନାମ
ମୁଖେ ଉଚ୍ଚାରି ମନେ ସ୍ମରି
ସେ ଭକ୍ତି ଯୋଗେ ଅଧିକାରୀ

ତେଣୁ ଭକ୍ତି ମାର୍ଗରେ ହରି ଭଜନ ଦ୍ୱାରା ମନୁଷ୍ୟ କିପରି ମୁକ୍ତିଲାଭ କରିପାରେ ତାହା ହିଁ ଭାଗବତର ମୂଳ ଉଦ୍ଦେଶ୍ୟ ।

ଭାଗବତର ମୂଳଭାଷା, ସଂସ୍କୃତ, ଏଣୁ ସର୍ବଜନାଦୃତ ହେବା କାଠିକର । ଅବଶ୍ୟ, ଅତିବଡ଼ି ଜଗନ୍ନାଥ ଦାସ ଓଡ଼ିଆରେ ଭାଗବତ ରଚନା କରି ଅଛନ୍ତି, ହେଲେ ଏହା ୧୨ଟି ସ୍କନ୍ଧ ଏବଂ ପ୍ରାୟ ୧୨୦ଟି ଅଧ୍ୟାୟରେ ସନ୍ନିବେଶିତ ଏକ ବିରାଟ ଗ୍ରନ୍ଥ । ଏହି ପୁସ୍ତକ ଭାଗବତ କଥାମୃତ ପାଣ୍ଡବ ଚରଣ ଦାସଙ୍କ ଦ୍ୱାରା ସୃଜିତ ଏକ ସହଜ ସାବଲୀଳ ପଦ୍ୟ କୃତି । ଭାଗବତରେ ବର୍ଣ୍ଣିତ ଶ୍ରୀ ଭଗବାନଙ୍କ ଅପରୂପ ମହିମାମୟ ଲୀଳାଖେଳା ଗୁଡ଼ିକୁ ସାଉଁଟି ଆଣି ପାଠକମାନଙ୍କ ନିକଟରେ ଖୁବ୍ ସୁନ୍ଦର ଭାବେ ସେ ଉପସ୍ଥାପିତ କରିଛନ୍ତି । ଶ୍ରୀ ପାଣ୍ଡବ ଚରଣ ଦାସଙ୍କ ଏହି ପ୍ରୟାସ କେବଳ ଏକ ସର୍ଜନା ନୁହେଁ ବରଂ ଏକ ନିଛକ ସାଧନା । ଈଶ୍ୱର ତାଙ୍କୁ ସଦା ସହାୟ ହୁଅନ୍ତୁ, ତାଙ୍କର ଲେଖନୀ ଏଭଳି ସଦା ପ୍ରସ୍ଫୁଟିତ ରହିଥାଉ ।

ପ୍ରାୟ ପଞ୍ଚଷଠିଟି ବିଭିନ୍ନ ଉପଖ୍ୟାନରେ ସଜ୍ଜିତ ଏଇ ଭାଗବତ କଥାମୃତ ପୁସ୍ତକଟି ଯେ ପାଠକମାନଙ୍କ ଦ୍ୱାରା ଆଦୃତ ହେବ, ସେଥିରେ ସନ୍ଦେହ ନାହିଁ ।

ଡ. ତନ୍ମୟ ପଣ୍ଡା ଏବଂ ଡ. ସୁନନ୍ଦା ମିଶ୍ର ପଣ୍ଡା
ପ୍ରକାଶକ ଦମ୍ପତି
ବିଦ୍ୟା ପବ୍ଲିଶିଙ୍ଗ

ସୂଚୀପତ୍ର

ଭାଗବତର ପୃଷ୍ଠ ଭୂମି

ସୁଜନେ ଶ୍ରବଣ କରନ୍ତୁ ଗାଥା ଏ ଭାଗବତ
ଭାବ ଜ୍ଞାନ ଭକ୍ତି ରହିଛି ଅଛି କେତେ ଯେ ତତ୍ତ୍ୱ ॥୧॥
ଅମୃତ ପରାଏ ସ୍ୱାଦତ ଭକ୍ତ କରିବେ ପାନ
ଭକ୍ତିଚିତ୍ତେ ନିତ୍ୟ କରିବ ଗ୍ରନ୍ଥ ତୁମେ ପଠନ ॥୨॥
ପୃଷ୍ଠଭୂମି ପରେ ଜ୍ଞାନୀଏ କର ଜ୍ଞାନେ ବିଚାର
ମହାଭାରତର ଯୁଦ୍ଧତ କୁରୁ ପାଣ୍ଡବଙ୍କର ॥୩॥
ଯୁଦ୍ଧ କ୍ଷେତ୍ରେ ହେଲା ପ୍ରକାଶ ଦୁଃଖ ସମ୍ବାଦ ଏହି
ଅଶ୍ୱତ୍ଥମାର ମୃତ୍ୟୁତ ଦ୍ରୋଣ କର୍ଣ୍ଣେ ଶୁଭଇ ॥୪॥
ଗୁରୁ ଦ୍ରୋଣଙ୍କର ପୁତ୍ରର ନାମ ଏହିତ ଅଟେ
ଏହି ନାମ ଶୁଣି ଆଘାତ ଗୁରୁ ଲଭନ୍ତି ଘଟେ ॥୫॥
ବିଚଳିତ ହେଲେ ଗୁରୁତ ପୁତ୍ରେ ଆସକ୍ତି ଥିଲା
ସତ୍ୟ କିମ୍ବା ମିଥ୍ୟା ସମ୍ବାଦ ମନେ ସନ୍ଦେହ ହେଲା ॥୬॥
ସତ୍ୟ ସନ୍ଧ ଯୁଧିଷ୍ଠିରତ ଯୁଦ୍ଧ କ୍ଷେତ୍ରେ ଅଛନ୍ତି
ପଚାରି ବୁଝିବେ ଗଲେତ ଗୁରୁ ଦୁଃଖରେ ଅତି ॥୭॥
ଯୁଧିଷ୍ଠିର ଦେଲେ ଉତ୍ତର ନର କିବା କୁଞ୍ଜରେ
ନିଶ୍ଚିତ ମରଣ ହୋଇଛି ଶୁଣିଅଛି କର୍ଣ୍ଣରେ ॥୮॥
ଯୁଦ୍ଧ କ୍ଷେତ୍ରେ ଗୁରୁ ଶୁଣିଣ ଧରାଶାୟି ହୋଇଲେ
ମୃତ୍ୟୁର ସମ୍ବାଦ ଦାରୁଣ କ୍ଷେତ୍ରେ ପ୍ରାଣ ତେଜିଲେ ॥୯॥
ଅଶ୍ୱତ୍ଥମା ନାମେ ହସ୍ତୀ ଯୁଦ୍ଧେ ମରିଣ ଥିଲା
ଆସକ୍ତି ରଖିଲେ ଗୁରୁତ ଜ୍ଞାନ ହଜିଣ ଗଲା ॥୧୦॥
ଏକାଳେ ଆସିଲା କ୍ରୋଧରେ ପୁତ୍ର ସେ ଅଶ୍ୱତ୍ଥମା
ପ୍ରତିଶୋଧ ନିଶ୍ଚେ ନେବତ ଦେବ ନାହିଁତ କ୍ଷମା ॥୧୧॥
ଅପାଣ୍ଡବା ହେବ ଧରଣୀ ବଂଶ ରଖିବି ନାହିଁ
ବ୍ରହ୍ମଶର ଅଛି ପାଖରେ ଗର୍ବେ ଗଲାତ ଧାଇଁ ॥୧୨॥

ଅନ୍ୟାୟ ଯୁଦ୍ଧରେ ମୃତ୍ୟୁତ ଅଭିମନ୍ୟୁ ଲଭିଲା
ସପ୍ତରଥୀ ମିଶି ମାରିଲେ ସେତ ଅନ୍ୟାୟ ଥିଲା ॥୧୩॥
ଦ୍ରୌପଦୀଙ୍କ ପଞ୍ଚ ପୁତ୍ରତ ବ୍ରହ୍ମଶରେ ମାରିଲା
ଉତ୍ତରା ଗର୍ଭର ସନ୍ତାନେ ତାର ଦୃଷ୍ଟି ପଡିଲା ॥୧୪॥
ଆସନ୍ନ ପ୍ରସବା ଉତ୍ତରା ଅନ୍ତଃ ପୁରେ ରହିଛି
ସ୍ୱାମୀର ନିହତ ଦାରୁଣ ଦୁଃଖେ ହୃଦ ଦହୁଛି ॥୧୫॥
ସେକାଳେ ଆସଇ ଦ୍ରୁତରେ ବ୍ରହ୍ମଶର ପାଖକୁ
ଆକୁଳେ ପ୍ରାର୍ଥନା କରିଲା ଡାକେ ପ୍ରଭୁ କୃଷ୍ଣଙ୍କୁ ॥୧୬॥
ମୋର ମୃତ୍ୟୁ ପାଇଁ ଶୋଚନା ପ୍ରଭୁ ନକରେ ମୁହିଁ
ସ୍ୱାମୀଙ୍କ ସନ୍ତକ ଏହିତ ଆନେ ଭରଷା ନାହିଁ ॥୧୭॥
କୁରୁବଂଶ ଏବେ ଧରାରୁ ପ୍ରଭୁ ସମାପ୍ତ ହେବ
ତୁମେ ସଖା ବନ୍ଧୁ ବଂଶର କିବା ଯଶ ଲଭିବ ॥୧୮॥
ଗମ୍ଭୀର ଗର୍ଜନ କରିଣ ବ୍ରହ୍ମଶର ଆସଇ
ରକ୍ଷାକର ପ୍ରଭୁ ମୋହର ଗର୍ଭେ ସୁରକ୍ଷା ଦେଇ ॥୧୯॥
ଗର୍ଭସ୍ଥ ସନ୍ତାନ ସୁରକ୍ଷା ତୁମେ ନିଶ୍ଚୟ ଦେବ
ବିନୀତ ପ୍ରାର୍ଥନା କରିଣ ଭୟେ ଡାକେ ମାଧବ ॥୨୦॥
ଭକ୍ତର ଆକୁଳ କ୍ରନ୍ଦନ ପ୍ରଭୁ କର୍ଣ୍ଣେ ଶୁଣିଣ
ନିଶ୍ଚିତ ରୁହତୁ ଉତ୍ତରା ଦେଲେ ଅଭୟ ଦାନ ॥୨୧॥
ଅଭେଦ୍ୟ କବଚେ ଆବୃତ୍ତ ପ୍ରଭୁ ଗର୍ଭକୁ କଲେ
ପ୍ରତିହତ ହେଲା ଅସ୍ତ୍ରତ ପ୍ରଭୁ ମାୟା ରଚିଲେ ॥୨୨॥
ସେହି ପୁତ୍ର ପରୀକ୍ଷିତତ ରାଜା ହସ୍ତୀନାପୁରେ
ପରମ ଧାର୍ମିକ ଅଟନ୍ତି ଚକ୍ରବର୍ତ୍ତୀ ମହୀରେ ॥୨୩॥
ଧୈର୍ଯ୍ୟଶୀଳ ବଳଶାଳୀତ ପ୍ରଜା ବତ୍ସଳ ସେହି
ବ୍ରାହ୍ମଣ ଦେବତା ହିତୈଷୀ କୀର୍ତ୍ତି ଘୋଷଇ ମହୀ ॥୨୪॥
ପୃଷ୍ଠଭୂମି ଏହା ସଂକ୍ଷିପ୍ତେ ହେଲା ଭକ୍ତ ବର୍ଣ୍ଣନା
ଦୋଷ ଥିଲେ କ୍ଷମା କରିବେ ଏହା ମୋର ପ୍ରାର୍ଥନା ॥୨୫॥

--୦--

ପ୍ରଥମ ଅଧ୍ୟାୟ

ଭାଗବତ କଥାମୃତ

ଭାରତ ବର୍ଷର ଅକ୍ଷୟ　　କୀର୍ତ୍ତି ଏ ଭାଗବତ
ଅଷ୍ଟାଦଶ ପୁରାଣ ମଧ୍ୟେ　　ଅଟେ ଏହା ଅମୃତ ॥୧॥
ସକଳ ଶାସ୍ତ୍ରର ମାନ୍ୟତା　　ପ୍ରାପ୍ତ ହୋଇଛି ଶ୍ରେଷ୍ଠ
ଭିନ୍ନ ଦୃଷ୍ଟି ଯେବେ ଆଣିବା　　ସେତ ହେବ କନିଷ୍ଠ ॥୨॥
ଶେଷ ରଚନାତ ବ୍ୟାସଙ୍କ　　ତୁମେ ଜାଣିଛ ଜ୍ଞାନୀ
ନାରଦଙ୍କ ଅନୁରୋଧରେ　　ବ୍ୟାସ ଦେବଙ୍କ ବାଣୀ ॥୩॥
ସମସ୍ତ ବେଦର ସାରତ　　ଏହି ଗ୍ରନ୍ଥେ ରହିଛି
ଅମୃତ ପରାଏ ରସତ　　ନିତ୍ୟ ଶ୍ରୋତା ଝରୁଛି ॥୪॥
ଏହି ରସ ପାନ କରିବ　　ଅନ୍ୟ ଗ୍ରନ୍ଥେତ ନାହିଁ
ମନ ପ୍ରାଣ ତୃପ୍ତି ଲଭିବ　　ଲୀଳା ପ୍ରଭୁର ଏହି ॥୫॥
ଭକ୍ତ ଭଗବାନ ସାଥିରେ　　ଭାଗବତ ମିଶିଲେ
ତ୍ରିବେଣୀ ସଂଗମ ହୁଅଇ　　ମୁକ୍ତି ପଥତ ମିଳେ ॥୬॥
ସାହିତ୍ୟ ଜଗତେ ଖ୍ୟାତିତ　　ଭାଗବତ ନେଇଛି
ଶ୍ରୀବିଷ୍ଣୁ ମୁଖର କଥାତ　　ନୁହଁ ଅନ୍ୟତ କିଛି ।୭॥
ଶ୍ରୀବିଷ୍ଣୁ ମୁଖରୁ ବ୍ରହ୍ମାତ　　ଭାଗବତ ଶୁଣିଲେ
ପୁତ୍ର ଭାବ ରଖି ବ୍ରହ୍ମାତ　　ନାରଦଙ୍କୁ କହିଲେ ॥୮॥
ପୁରାଣ ଶାସ୍ତ୍ରରେ ନାରଦ　　ଏକ ଭିନ୍ନ ଚରିତ୍ର
ତିନି ଭୁବନରେ ଯାତ୍ରାତ　　ଯାନ ବଡ଼ ବିଚିତ୍ର ॥୯॥
ଦେବତା ରାକ୍ଷସ ମାନବେ　　ସେତ ଦିଅନ୍ତି ସୁଖ
ବୀଣାର ବାଦନେ ମଗ୍ନତ　　ମନେ ନଥାଏ ଦୁଃଖ ॥୧୦॥
ସକଳ ସମ୍ବାଦ ପ୍ରେରଣ　　ତିନି ଭୁବନ ପାଇଁ
ସତ୍ୟକୁ ପ୍ରକାଶ କରନ୍ତି　　ସେତ ନିର୍ଭୟ ହୋଇ ॥୧୧॥

ପୂର୍ବ ଜନ୍ମ ତାଙ୍କ ତପସ୍ୟା ଏତେ ପ୍ରଖର ଥିଲା
ବ୍ରହ୍ମାଙ୍କ ସନ୍ତାନ ହୋଇଲେ ସେତ ଦାସୀର ପିଲା ॥୧୨॥
ଭ୍ରମୁ ଭ୍ରମୁ ଦିନେ ନାରଦ ଆସି ବ୍ୟାସେ ମିଳନ୍ତି
ବ୍ୟାସଙ୍କ ହୃଦୟେ ବିରସ ଭାବ ଜ୍ଞାନେ ଜାଣନ୍ତି ॥୧୩॥
କହନ୍ତି ସନ୍ତୋଷେ ନାରଦ କାହିଁ ବିରକ୍ଷ ମନ
ଚାରିଭାଗ କଲ ବେଦକୁ ତୁମେ କେଡେ ମହାନ୍ ॥୧୪॥
ଭାଗ କରି ତୁମେ ବ୍ୟାସର ନାମ ପ୍ରାପ୍ତ ହୋଇଲ
କେତେ ଯେ ପୁରାଣ ରଚନା କରି ସମାଜେ ଦେଲ ॥୧୫॥
ସକଳ ଜ୍ଞାନରେ ପଣ୍ଡିତ ନାହିଁ ତୁଲ୍ୟତ କେହି
ବିରସ ଭାବତ ଆସିଲା କେଉଁ କାରଣ ପାଇଁ ॥୧୬॥
ବିଷାଦ ଦୂରେଇ ଯିବତ ପଦେ କଥାମୋ ଶୁଣ
ଶ୍ରୀହରି ଲୀଳାକୁ ତୁମେତ ଦିଅ ଶାସ୍ତ୍ରରେ ସ୍ଥାନ ॥୧୭॥
ଜଗତ କଲ୍ୟାଣ ହୋଇବ ଭକ୍ତି ଭାବ ସଂସାରେ
ଲୀଳା ପ୍ରେମ ଶୁଣି ତରିବେ ନର କଳି ଯୁଗରେ ॥୧୮॥
ନାରଦ ନିର୍ଦ୍ଦେଶେ ରଚନା ଏହି ମୁକ୍ତିର ଗ୍ରନ୍ଥ
ସକଳ କଣ୍ଠରେ ପ୍ରକାଶେ ଭକ୍ତି ଭାବ ସହିତ ॥୧୯॥
ଭକ୍ତି ଜ୍ଞାନ ଭାବ ରହିଛି ଜୀବ ପରମ ତତ୍ତ୍ୱ
ମୁକ୍ତି ପଥ ଏତ ଅଟଇ ଲୀଳା ଅଟେ ଅମୃତ ॥୨୦॥
ବ୍ୟାସ ଠାରୁ ପୁତ୍ର ଶୁକତ ଏହା ଜ୍ଞାତ ହୋଇଲେ
ମୃତ୍ୟୁ ପଥ ଯାତ୍ରୀ ରାଜାଙ୍କୁ ସେ ଯେ କହିଣ ଥିଲେ ॥୨୧॥
ଅବଗତ ହେବ ପାଠକେ ଭିନ୍ନ ଭିନ୍ନ ଅଧ୍ୟାୟେ
ସଂକ୍ଷିପ୍ତ ଜନ୍ମର କଥାତ ଘେନ ଭକ୍ତ ହୃଦୟେ ॥୨୨॥

--୦--

ଦ୍ୱିତୀୟ ଅଧ୍ୟାୟ

'ବାସୁଦେବଃ ସର୍ବମିତି' ଚାରି ଶ୍ଳୋକରେ ଭାଗବତ

ଚଉରୋଟି ଶ୍ଳୋକରେ ଶ୍ରୀ ବିଷ୍ଣୁ ଭାଗବତ କହିଲେ
ପ୍ରଥମ ଶ୍ରୋତାତ ବ୍ରହ୍ମାଜୀ ଜାଣ ଭକ୍ତ ସକଳେ ॥୧॥
ସେହି ଶ୍ଳୋକ ବାଖ୍ୟା ଏହିତ ଭାବେ ଘେନିବ ହୃଦେ
ଭାବ ଭକ୍ତି ଧରି ଲେଖୁଛି ଧ୍ୟାନ ତାଙ୍କରି ପାଦେ ॥୨॥
କହନ୍ତି ଶ୍ରୀ ବିଷ୍ଣୁ ବ୍ରହ୍ମାଙ୍କୁ ସୃଷ୍ଟି କଲି ନିର୍ମାଣ
ସୂକ୍ଷ୍ମ କିବା ସ୍ଥୂଳ ଜଗତେ ମୁଁ ତ ମୂଳ କାରଣ ॥୩॥
ସୃଷ୍ଟିର ସମସ୍ତ ରୂପକୁ ଯାହା ଦେଖ ନୟନେ
ସବୁ କ୍ଷେତ୍ରେ ମୁଁ ତ ରହିଛି ଏହା ଚିନ୍ତିବ ଜ୍ଞାନେ ॥୪॥
ସୃଷ୍ଟିରେ କେତେ ଯେ ପ୍ରକାଶ ଭିନ୍ନ ଭିନ୍ନ ରୂପରେ
ଅପ୍ରକାଶ ଅଛି କେତେ ଯେ ଅଛି ତହିଁ ମଧ୍ୟରେ ॥୫॥
ବର୍ଷ ମାସ ଦିନ ଦଣ୍ଡରେ ମୁଁ ତ ରହିଛି ଜାଣ
ଦିବସ ନିଶିରେ ଜାଗ୍ରତେ ଅଛି ବ୍ରହ୍ମାତ ଶୁଣ ॥୬॥
ମୋର ମାୟା ବଶେ ନରତ ଭିନ୍ନ ଭାବ ଆଣନ୍ତି
ଦଣ୍ଡ ବକ୍ର ଦିଶେ ଜଳରେ ଏହା ସତ୍ୟ ମଣନ୍ତି ॥୭॥
ନୟନେ ଅଙ୍ଗୁଳ ରଖିଣ ଯିଏ ଚନ୍ଦ୍ରମା ଦେଖେ
ଦୁଇଟି ଚନ୍ଦ୍ରମା ଦୃଶ୍ୟତ ସେତ ଦେଖେ ପ୍ରତ୍ୟେକ୍ଷେ ॥୮॥
ମାୟା ଦ୍ୱାରା ଭ୍ରମ ଉପୁଜେ ରାହୁ ଦେଖା ନହୁଏ
ମାୟାର ପ୍ରଭାବେ ପ୍ରାଣୀର ଜ୍ଞାନ ହଜିଣ ଯାଏ ॥୯॥
ପ୍ରାଣୀର ଶରୀର ଗଠନେ ପଞ୍ଚ ଭୂତ ରୁହନ୍ତି
ପଞ୍ଚ ଭୂତେ ମୋର ଅସ୍ତିତ୍ୱ ଜ୍ଞାତ କେହି ନୁହଁନ୍ତି ॥୧୦॥
ଶରୀର ଭିତରେ ମୁହିଁତ ପୁନଃ ବାହାରେ ମୁହିଁ

ଆତ୍ମା ଭାବେ ଥାଏ ଶରୀରେ　　ରୂପ ମୋହର ନାହିଁ ॥୧୧॥
ସକଳ ବସ୍ତୁରେ ପ୍ରବିଷ୍ଟ　　ମୋର ରହିଛି ଜାଣ
ଜଳ ସ୍ଥଳ ବନ ଗିରୀରେ　　ଜଡ ଚେତନେ ପୁଣ ॥୧୨॥
ସତ୍ୟ ମିଥ୍ୟା ମଧ୍ୟେ ମୁହିଁତ　　ଜ୍ଞାନେ ଅଛି ଅଜ୍ଞାନେ
ତମସା ଆଲୋକ ମଧ୍ୟରେ　　ଅଛି ସନ୍ଥ ଦୁର୍ଜନେ ॥୧୩॥
ଆତ୍ମା ଅଟେ ମୁହିଁ ନିଶ୍ଚିତ　　ମୁଁ ଯେ ପରମ ଆତ୍ମା
ବିନ୍ଦୁ ସିନ୍ଧୁ ମଧ୍ୟେ ରହିଛି　　ମୁଁ ତ ଅଟଇ ଭୂମା ॥୧୪॥
ସର୍ବାଙ୍ଗ ଶରୀରେ ମୋହର　　କେତେ ବ୍ରହ୍ମାଣ୍ଡ ଅଛି
ସୂର୍ଯ୍ୟ ଚନ୍ଦ୍ର ଆଉ ନକ୍ଷତ୍ରେ　　ମୋର ସତ୍ତା ରହିଛି ॥୧୫॥
ବାସୁଦେବମୟ ସୃଷ୍ଟିତ　　ଆନ ନାହିଁତ କେହି
ସେହି ପାଦେ କରେ ପ୍ରଣାମ　　ଭାବ ଭକ୍ତି ଜଣାଇ ॥୧୬॥

--୦--

ତୃତୀୟ ଅଧ୍ୟାୟ
'ଅଭୀପ୍ସା'

"ସୂତ ମୁନୀଙ୍କ ଭାଗବତ କଥା" (ପ୍ରଥମ ସ୍କନ୍ଧ)

ନୈମିଷା ଅରଣ୍ୟେ ସେଦିନ ସର୍ବ ଋଷି ମିଳିଣ
ବହୁଦିନ ବ୍ୟାପି ଯଜ୍ଞତ କଲେ ଆରମ୍ଭ ଜାଣ ॥୧॥
ସେ ସ୍ଥାନେ ମିଳନ୍ତି ଋଷିତ ଶ୍ରେଷ୍ଠ ମୁନିଯେ ସୂତ
ରୋମ ହର୍ଷଣଙ୍କ ପୁତ୍ର ସେ ଜ୍ଞାନୀ ମାନୀ ପଣ୍ଡିତ ॥୨॥
ସକଳ ଶାସ୍ତ୍ରରେ ଜ୍ଞାନୀ ସେ ବକ୍ତା ପଣେ ନିପୁଣ
ଥରେ ସେ ଶ୍ରବଣ କରିଲେ ଆଉ ନଭୁଲେ ମନ ॥୩॥
ସୂତ ଉଗ୍ରସ୍ରବା ନାମତ ଖ୍ୟାତି ତାଙ୍କ ରହିଛି
ଯଜ୍ଞ ସ୍ଥଳେ ଆସି ମିଳିଲେ ଜାଣି ଯଜ୍ଞ ହେଉଛି ॥୪॥
ସକଳ ଋଷିତ ଦେଖିଣ ଗଲେ ମୁନିଙ୍କ ପାଖେ
ଆଦରେ ସମ୍ମାନେ ଜଣାନ୍ତି କିଏ ଧରଇ ବକ୍ଷେ ॥୫॥
ଭାବ ଭକ୍ତି ଭରେ ବସାନ୍ତି ଉଚ୍ଚ ଆସନ ଦେଇ
ବିନୀତ ପ୍ରାର୍ଥନା କରନ୍ତି ସର୍ବେ ଆକୁଳ ହୋଇ ॥୬॥
ହରି କଥା ଆମେ ଶୁଣିବୁ ଇଚ୍ଛା ଅଛି ଆମର
ଲୀଳାର ଅମୃତ ବାଣୀକୁ ତୁମେ ପ୍ରଦାନ କର ॥୭॥
ବସୁଦେବ ଆଉ ଦେବକୀ ବନ୍ଦି ଗୃହର କଥା
ଅଷ୍ଟମ ସନ୍ତାନ ଶ୍ରୀହରି ତାଙ୍କ ଚରିତ ଗାଥା ॥୮॥
ଗୋପପୁର ବାଲ୍ୟ ଲୀଳାକୁ ତୁମେ ପ୍ରକାଶ କର
ଅଠର ହଜାର ଶ୍ଳୋକତ ଜ୍ଞାତ ହେ ମୁନି ବର ॥୯॥
ଶୁଣିଣ ସୂତଯେ ବୋଲନ୍ତି ଅତି ଆନନ୍ଦ ଚିତ୍ତେ
ଜାଣିଲି ସକଳ ଋଷିଏ ମନ କୃଷ୍ଣ ଚରିତେ ॥୧୦॥
ଯେତେ ଅନୁଷ୍ଠାନ କରିଲେ ଯଦି ହରି ନାହାନ୍ତି
ସକଳ ବ୍ୟର୍ଥତ ହୁଅଇ ଏହା ଜ୍ଞାନୀ କୁହନ୍ତି ॥୧୧॥

ବାସୁଦେବ କୃଷ୍ଣ ଶ୍ରୀହରି   ପଦେ ସକଳେ ଧ୍ୟାନ
ଯାଗ ଯଜ୍ଞ ଅନୁଷ୍ଠାନତ   ତାଙ୍କ ପାଇଁ ବିଧାନ ॥୧୨॥
ଜୀବର ସମସ୍ତ କ୍ରିୟାତ   ଗତି ତାଙ୍କ ପାଖକୁ
ଅଭୟ ପଦରେ ଆଶ୍ରୟ   ନିଅ ଶୁଣି ଲୀଳାକୁ ॥୧୩॥
ଜାରା ଶରାଘାତେ ଶ୍ରୀକୃଷ୍ଣ   ଯେବେ ପ୍ରାଣ ତ୍ୟାଗିଲେ
ଅନ୍ଧକାର ପୂର୍ଣ୍ଣ ଧରଣୀ   ଘୋଟିଗଲା ମଣ୍ଡଳେ ॥୧୪॥
ସୂର୍ଯ୍ୟସମ ଭାଗବତତ   ମହୀ ଆଲୋକ କଲା
ଭଗବାନ ଠାରୁ ବଡ଼ତ   ଶୁଣ ତାଙ୍କର ଲୀଳା ॥୧୫॥
ଶୁକଦେବ ଲୀଳା କଥାକୁ   ରହି ଗଙ୍ଗା କୂଳରେ
କହୁଥିଲେ ମୁଁ ତ ଶୁଣିଛି   ଅଛି ସବୁ ମନରେ ॥୧୬॥
ଶ୍ରୋତାସନେ ଥିଲେ ରାଜନ   ନାମ ସେ ପରୀକ୍ଷିତ
ଶୁଣୁଥିଲେ କର୍ଣ୍ଣେ ଭକ୍ତିରେ   ସ୍ଥିର ରଖିଣ ଚିତ୍ତ ॥୧୭॥
ଭାଗବତ ରସ ଅମୃତ   ପାନେ ରଖିଛ ମନ
ନିଶ୍ଚୟ ପୂରଣ କରିବି   ଏବେ ସକଳେ ଶୁଣ ॥୧୮॥

--୦--

ଚତୁର୍ଥ ଅଧ୍ୟାୟ
'ଅବତାର କଥା'

ସୃଷ୍ଟିର ଆରମ୍ଭେ ପ୍ରଭୁଙ୍କ ଅଙ୍ଗୁ ହେଲେ ପ୍ରକାଶ
ପଞ୍ଚଭୂତ ମାନେ ଆସିଲେ ଏହା ସୃଷ୍ଟି ରହସ୍ୟ ॥୧॥
ପଞ୍ଚ ଜ୍ଞାନେନ୍ଦ୍ରିୟ ସାଥିରେ କର୍ମେନ୍ଦ୍ରିୟ ପାଞ୍ଚୋଟି
ମନର ପ୍ରକାଶ ହୋଇଲା ହେଲା ମଣିଷ ସୃଷ୍ଟି ॥୨॥
ଷୋହଳ ଅଂଶତ ପ୍ରଭୁଙ୍କ ଯାହା ଅଛି ସୃଷ୍ଟିରେ
ସୃଷ୍ଟି କ୍ରିୟା ତାଙ୍କ ସାରିଣ ଗଲେ ଯୋଗ ନିଦ୍ରାରେ ॥୩॥
ଅନନ୍ତ ଉପରେ ଶୟନ କ୍ଷୀର ସାଗର ସେତ
ପ୍ରଭୁଙ୍କର ନାଭି ପଦ୍ମରୁ ବ୍ରହ୍ମା ହୋଇଲେ ଜାତ ॥୪॥
ଯେତେ ଅବତାର ପ୍ରକାଶ ଏହି ଧରାର ପରେ
ସେହି ନାଭି ପଦ୍ମ ଉଦ୍ଭତ ଭକ୍ତ ଜାଣ ଜ୍ଞାନରେ ॥୫॥
ଅବତାର ତାଙ୍କ ଚବିଶ ମର୍ତ୍ତ୍ୟେ ପ୍ରକାଶ ହେଲା
କିଏବା ଅଂଶରେ ପ୍ରକାଶ କିଏ କଳା ଆଣିଲା ॥୬॥
ଯୁଗ ଯୁଗ ଏହି ପ୍ରକାରେ ଅବତାର ମର୍ତ୍ତ୍ୟରେ
ଦୈତ୍ୟ ନାଶି ପ୍ରଭୁ ସନ୍ଥଙ୍କୁ ପାଳୁଛନ୍ତି ମହୀରେ ॥୭॥
ଷୋଳ କଳା ନେଇ ଶ୍ରୀକୃଷ୍ଣ ଧରା ପରେ ଆସିଲେ
ଧର୍ମର ପ୍ରତିଷ୍ଠା କରିଣ କୀର୍ତ୍ତି ରଖିଣ ଗଲେ ॥୮॥

--୦--

ପଞ୍ଚମ ଅଧ୍ୟାୟ

ରାଜା ପରୀକ୍ଷିତ

ବୀର ଅଭିମନ୍ୟୁ ପୁତ୍ରର ଗାଥା ଭାଗବତରେ
ଚକ୍ରବର୍ତ୍ତୀ ରାଜା ଅଟନ୍ତି ପରୀକ୍ଷିତ ମହୀରେ ॥୧॥
ଶ୍ରୀ କୃଷ୍ଣଙ୍କ କୃପା ଲଭନ୍ତି ସେତ ମାତୃ ଗର୍ଭରେ
ତାଙ୍କ ଅଭିଷେକ କରିଲେ ଯୁଧିଷ୍ଠିର ହାତରେ ॥୨॥
ରାଜ୍ୟକୁ ସମର୍ପି ଯିବେସେ ସ୍ୱର୍ଗ ଏହି ଦେହରେ
ପଞ୍ଚ ଭ୍ରାତା ସାଥେ ଦ୍ରୌପଦୀ ସ୍ଥିର କଲେ ମନରେ ॥୩॥
ନୀତିର ଦକ୍ଷତା ଉପରେ ରଖି ବିଶ୍ୱାସ ଆଜି
ମହା ପ୍ରସ୍ଥାନରେ ପ୍ରସ୍ତୁତ ଗଲେ ସ୍ୱର୍ଗକୁ ଖୋଜି ॥୪॥
ଚକ୍ରବର୍ତ୍ତୀ ରାଜା ଦିନେତ ଗଲେ ଶିକାର ପାଇଁ
ଜଙ୍ଗଲ ରାସ୍ତାରେ ଭ୍ରମନ୍ତି ପଥ ନିଷ୍ଠୁର ଭୂଇଁ ॥୫॥
ନମିଳେ ଶିକାର ସେକାଳେ ରୁଦ୍ର ତାପ ବହୁତ
ଶ୍ରମ ଝାଳେ ଅଙ୍ଗ ବସନ ଅଙ୍ଗେ ହେଲା ଜଡିତ ॥୬॥
ତୃଷାତ ବଢ଼ିଲା ପ୍ରବଳ ନୀର ଖୋଜନ୍ତି ରାଜା
ଦୃଶ୍ୟ ହୁଏ ନାହିଁ ନୀରତ ପାଖେ ନାହାନ୍ତି ପ୍ରଜା ॥୭॥
ସେକାଳେ ଦୃଶ୍ୟତ ହୁଅଇ ତପୋବନ ମଧ୍ୟରେ
ସୁନ୍ଦର ଆଶ୍ରମ ରହିଛି ଶୋଭା ଫୁଲ ଫଳରେ ॥୮॥
ଭରଷା ରଖିଣ ଯାଆନ୍ତି ନୀର ପାଇଁ ବ୍ୟାକୁଳେ
କ୍ଳାନ୍ତତ ହେଲାଣି ଶରୀର ପାଦ ଆଉ ନଚଳେ ॥୯॥
ଦେଖନ୍ତି ସମ୍ମୁଖ ଭାଗରେ ମୁନି ଧ୍ୟାନରେ ରତ
ବଢ଼ିଯାଏ ତୃଷା ପ୍ରବଳ ରାଜା ହୋଇଲେ ବ୍ୟସ୍ତ ॥୧୦॥
ପ୍ରକାଶ କରନ୍ତି ରାଜନ ଜଳ ମତେତ ଦିଅ
ଜଳର ବିହୁନେ ମୋ ପ୍ରାଣ ମୁନି ହେଲା ଅଥୟ ॥୧୧॥

ବ୍ରହ୍ମ ରନ୍ଧ୍ରେ ମୁନି ଅଛନ୍ତି ଦେହ ଜ୍ଞାନତ ନାହିଁ
ବାହ୍ୟ ଶବ୍ଦ କାହୁଁ ଜାଣିବେ ଧ୍ୟାନେ ମଗ୍ନତ ସେହି ॥୧୨॥
ଧୈର୍ଯ୍ୟ ହରା ହେଲେ ରାଜାତ କ୍ରୋଧ ତାଙ୍କ ବଢ଼ଇ
ମୃତ ସର୍ପ ଏକ ଆଣିଣ ଗଳେ ଦେଲେ ଲମ୍ବାଇ ॥୧୩॥
ଜଳ ଅନ୍ୱେଷଣେ ଆସିଲେ ଜଳ ଖୋଜନ୍ତି ବନେ
ନିଶ୍ଚଳେ ଶମିକ ଅଛନ୍ତି ଦୃଢ଼ ରହିଛି ଧ୍ୟାନେ ॥୧୪॥
ଏକାଳେ ଆସନ୍ତି ପୁତ୍ରତ ଶୃଙ୍ଗି ନାମ ତାଙ୍କର
ଯୋଗ ସିଦ୍ଧି ପ୍ରାପ୍ତ ହୋଇଛି ସେତ ଋଷି କୁମାର ॥୧୫॥
ଦେଖିଲେ ପିତାଙ୍କୁ ପିତାତ ଧ୍ୟାନେ ଅଛନ୍ତି ମଗ୍ନ
ଗଳାରେ ଲମ୍ୱିଛି ସର୍ପତ ନାହିଁ ତାହାର ପ୍ରାଣ ॥୧୬॥
କ୍ରୋଧିତ ହୋଇଣ ଦେଲେତ ଶାପ ମୁନି କୁମର
ପିତା ପ୍ରତି ଏହା ଅକାର୍ଯ୍ୟ କେତେ ବଢ଼ିମା ତାର ॥୧୭॥
ମୋର ପିତା ଗଳେ ସର୍ପକୁ କରିଅଛି ମଣ୍ଡନ
ସାତ ଦିନ ମଧ୍ୟେ ନିଶ୍ଚୟ ଲଭୁ ସେ ତ ମରଣ ॥୧୮॥
ସର୍ପର ଦଂଶନେ ନିଶ୍ଚିତ ମୃତ୍ୟୁ ତାର ହୋଇବ
ବାକ୍ୟମୋ ଅଟଳ ଅଟଇ ଶାପ ନିଶ୍ଚେ ଫଳିବ ॥୧୯॥
ଧ୍ୟାନ ଚିତ୍ତେ ମୁନି ଜାଣିଲେ ଅଭିଶାପ ପୁତ୍ରର
ଧ୍ୟାନ ଭଗ୍ନ ପରେ ବିବ୍ରତ ହେଲେ ଋଷି ପ୍ରବର ॥୨୦॥
କିକଲୁ କିକଲୁ ପୁତ୍ରତୁ ଏଡେ ନିଷ୍ଠୁର ହେଲୁ
ନଜାଣି ନଚିହ୍ନି ବ୍ୟକ୍ତିଙ୍କୁ ଅଭିଶାପ ତ ଦେଲୁ ॥୨୧॥
ଧାର୍ମିକ ପଣରେ ରାଜାଙ୍କ ମର୍ତ୍ତ୍ୟେ ରହିଛି ଖ୍ୟାତି
ପରୀକ୍ଷିତ ରାଜା ଅଟନ୍ତି ପ୍ରଜା ବତ୍ସଳ ଅତି ॥୨୨॥
ତୃଷାର ଜ୍ୱାଳାରେ ଆକ୍ରାନ୍ତ ମତି ଭ୍ରମ ହୋଇଲା
ଅକାର୍ଯ୍ୟକୁ କାର୍ଯ୍ୟ ଭାବିଣ କ୍ରୋଧ କଢ଼ାଇ ନେଲା ॥୨୩॥
ଅଭିଶାପ କଥା ଜଣାଅ ପରୀକ୍ଷିତ ରାଜାଙ୍କୁ

ଅଭିଶାପ କାଳେ ଖଣ୍ଡନ ହେବ ତାଙ୍କ ଭାଗ୍ୟକୁ ॥୨୪॥
ପିତାଙ୍କ ଆଦେଶେ ବାର୍ତ୍ତାକୁ ଶୃଙ୍ଗି ଦେଲେ ପଠାଇ
ଶୁଣିଣ ସେ ବାର୍ତ୍ତା ରାଜନ କଲା କର୍ମ ଚିନ୍ତଇ ॥୨୫॥
ଶାପ ଅଛି ବାର୍ତ୍ତା ପ୍ରକାଶେ ମୃତ୍ୟୁ ସପ୍ତ ଦିନରେ
ତକ୍ଷକ ଦଂଶନ କରିବ ଅଭିଶାପ ଫଳରେ ॥୨୬॥
ପୁତ୍ର ଜନ୍ମେଜୟ ଡାକିଣ ରାଜ୍ୟ ସମର୍ପି ଦେଲେ
ପାପ ବିନାଶିନୀ ଗଙ୍ଗାର କୂଳେ ଯାତ୍ରା କରିଲେ ॥୨୭॥
ଅଭିଶାପ କଥା ପ୍ରଘଟ ପ୍ରଜାମାନେ ଜାଣିଲେ
ନର ନାରୀ ବୃଦ୍ଧା ବୃଦ୍ଧତ ଗଂଗା କୂଳେ ମିଳିଲେ ॥୨୯॥
ସାଧୁ ସନ୍ଥ ମୁନି ସକଳେ ଜାଣି ଦୁଃଖ ଚିତ୍ତରେ
କେଉଁ ଭାବେ ହେବ ଖଣ୍ଡନ ଶାପ ଚିନ୍ତା ମନରେ ॥୩୦॥
ଗଙ୍ଗା ତଟେ କ୍ରମେ ବିପୁଳ ସାଧୁ ମୁନି ଆସନ୍ତି
କି ଦେଲା ଦଇବ ଦୁଃଖ ତ ଆମ୍ଭ ରାଜାଙ୍କ ପ୍ରତି ॥୩୧॥
ସେକାଳେ ମିଳିଲେ ସନ୍ୟାସୀ ଏକ ବାଳକ ଜଣେ
ବିଚ୍ଛୁରିତ ହୁଏ ଜ୍ୟୋତିତ ସୂର୍ଯ୍ୟ ରଶ୍ମି ଯେସନେ ॥୩୨॥
ଶୁକ ଦେବ ନାମ ତାଙ୍କର ସେତ ବ୍ୟାସଙ୍କ ସୁତ
ଅଖଣ୍ଡ ଜ୍ଞାନର ପ୍ରତିଭା ଜନେ ନଥିଲା ଜ୍ଞାତ ॥୩୩॥
ବିନୀତ ସ୍ୱରରେ ରାଜନ ପାଦେ ପ୍ରଣାମ କରି
ଜଣାନ୍ତି ନିଜର ଦୋଷକୁ ଭାଗ୍ୟ ମନ୍ଦ ମୋହରି ॥୩୪॥
ରାଜ ଅଭିମାନ ଥିଲାତ ଶିରେ ମୁକୁଟ ମୋର
ସ୍ଥାନ କାଳ ପାତ୍ର ଭୁଲିଲି ତୃଷା ଥିଲା ଶରୀର ॥୩୫॥
ତୁମେ ଋଷି ଶ୍ରେଷ୍ଠ ସାକ୍ଷାତେ ବିଷ୍ଣୁ ପ୍ରାୟ ଦିଶୁଛ
ଦୈତ୍ୟ ନାଶ ବିଷ୍ଣୁ କରନ୍ତି ତେଣୁ ମର୍ତ୍ତ୍ୟେ ଆସିଛ ॥୩୬॥
ଭାବୁଛି ମନରେ ମୋହର ପାପ ମୋଚନ ପାଇଁ
ପାଣ୍ଡବଙ୍କ ସଖା ଶ୍ରୀକୃଷ୍ଣ କାଳେ ଛନ୍ତି ପଠାଇ ॥୩୭॥

ଗୁରୁ ଶ୍ରେଷ୍ଠ ତୁମେ ବାଳକ ତୁମ ତପସ୍ୱୀ ପଣ
ବିଶ୍ୱାସ ଜନ୍ମଇ ହୃଦରେ ପାପ ହେବ ମୋଚନ ॥୩୮॥
ସନ୍ଦେହ ମୋହର ଉପୁଜେ ଜୀବ ମୃତ୍ୟୁ କାଳରେ
କେଉଁ କାର୍ଯ୍ୟେ ଲିପ୍ତ ରହିଲେ ପାପ ଯାଅଇ ଦୂରେ ॥୩୯॥
କାହାକୁ ସ୍ମରଣ କରିବ ଜୀବ କୁହତ ତୁମେ
ସନ୍ଦେହ ମୋଚନ କର ମୋ ତୁମ ପାଦରେ ନମେ ॥୪୦॥
ଏହି କଥା କହି ରାଜନ ମୁନି ପାଦେ ପଡିଲେ
କୋଳକୁ ଆଣିଣ ତପସ୍ୱୀ ତାଙ୍କୁ ସାନ୍ତ୍ୱନା ଦେଲେ ॥୪୧॥

--o--

ଷଷ୍ଠ ଅଧ୍ୟାୟ

ଶୁକଦେବ ଉପଦେଶ (ଦ୍ୱିତୀୟ ସ୍କନ୍ଧ)

ପ୍ରଶ୍ନରେ ସନ୍ତୁଷ୍ଟ ହୋଇଣ　ଶୁକ ପ୍ରଶଂସା କଲେ
ଉତ୍ତମ ପ୍ରଶ୍ନତ ପଚ୍ଚରେ　ହିତ ସର୍ବ ମଙ୍ଗଳେ ।।୧।।
ବିଷୟ ବାସନା ମଧ୍ୟରେ　ଯିଏ ବୁଡ଼ିତ ଥାଏ
ଏ ପ୍ରଶ୍ନ ଉତ୍ତରେ କି ଲାଭ　ଧ୍ୟାନ ତାର ନଥାଏ ।।୨।।
ନିଜ କର୍ମ ଫଳ ବିଷୟେ　କେବେ ଚିନ୍ତା ନକରି
ଅକାର୍ଯ୍ୟେ ଲିପ୍ତ ସେ ରୁହଇ　ଲକ୍ଷ୍ୟ ମଦ ଓ ନାରୀ ।।୩।।
ଯଦିବା ସୁଦିନ ଆସିଲା　ଚିନ୍ତେ ନିଜ କର୍ମକୁ
କୁକର୍ମ ତ୍ୟାଗେ ସେ ସୁକର୍ମେ　ଦିଏ ତାର ମନକୁ ।।୪।।
ପରମାର୍ଥ ଶୁଦ୍ଧ ବିଚ୍ଚରେ　ମନେ ତାର ଆସଇ
ସଦଗତି ପଥ ସମ୍ମୁଖେ　ସେ ଯେ ଦେଖି ପାରଇ ।।୫।।
ଜନ୍ମ ସାଥେ ଜୀବ ଆଣିଛି　ନିଶ୍ଚେ ହେବ ମରଣ
ତୁମ ପାଇଁ ରାଜା ରହିଛି　ମୃତ୍ୟୁ ସପତ ଦିନ ।।୬।।
ଦଣ୍ଡ କିବା ଘଡି ମଧ୍ୟରେ　ଜୀବ ପରମେ ମିଶେ
ସାତଦିନ ଅଛି ତୁମର　ରାଜା ଶୁଣ ସନ୍ତୋଷେ ।।୭।।
ନିଶ୍ଚିତ ପରମ ଗତି ଯେ　ତୁମ ପାଇଁ ରହିଛି
ଅପମୃତ୍ୟୁ ନିନ୍ଦା ନହେବ　ଏହା ସତ୍ୟ କହୁଛି ।।୮।।
ଖଟ୍ୱାଙ୍ଗ ରାଜାଙ୍କ ଚରିତ　ଶୁଣ ତୁମେ ରାଜନ
ମହା ପରାକ୍ରମୀ ରାଜାସେ　ଯୁଦ୍ଧେ ଅତି ନିପୁଣ ।।୯।।
ଦେବତା ରାକ୍ଷସ ଯୁଦ୍ଧରେ　ଥିଲେ ଦେବ ପକ୍ଷରେ
ବିଜୟୀ ଦେବତା ହୋଇଲେ　ଗଲେ ରାକ୍ଷସ ଦୂରେ ।।୧୦।।
ଖଟ୍ୱାଙ୍ଗ ରାଜାଙ୍କ ପାଇଁତ　ଦେବ ବିଜୟୀ ହୋଇ
ସନ୍ତୁଷ୍ଟେ ଯାଚନ୍ତି ଦେବତା　ବର ଦେବାର ପାଇଁ ।।୧୧।।
ମନ ଇଚ୍ଛାବର ମାଗନ୍ତୁ　କୁଣ୍ଠା କରିବୁ ନାହିଁ
ତୁମେତ ଯୁଦ୍ଧରେ ଆମକୁ　କରିଦେଲ ବିଜୟୀ ।।୧୨।।

ଦେବ ବୃନ୍ଦ ମୁଖେ ପ୍ରଶଂସା ଜୟ ଜୟ ଖଟ୍ୱାଙ୍ଗ
ବିଜୟୀ ହୋଇଲେ ଦେବତା ଲଭି ତୁମରି ସଙ୍ଗ ॥୧୩॥
ଜୀବନର ସୁଖ ସମୃଦ୍ଧି ଜୀବ ଭୋଗିବ ଯେତେ
ଧନ ଧାନ୍ୟ ଆଉ ସମ୍ପତ୍ତି ମାଗି ନିଅନ୍ତୁ କେତେ ॥୧୪॥
ଖଟ୍ୱାଙ୍ଗ କୁହନ୍ତି ଶୁଣିଣ ବରେ ଇଚ୍ଛା ନବଳେ
କେତେ ଦିନ ଆଉ ବଞ୍ଚିବି ଏହି ମହୀ ମଣ୍ଡଳେ ॥୧୫॥
ଲୋଡା ନାହିଁ ମୋର ଇନ୍ଦ୍ରିୟ ସୁଖ ଶୁଣ ଦେବତା
ଇନ୍ଦ୍ରିୟ ସୁଖରେ ବନ୍ଧନ ମାୟା ତାର ନିର୍ମାତା ॥୧୬॥
ମନ ପ୍ରାଣ ଆଉ ଶରୀର ଯେଉଁ ସୁଖତ ଋହେଁ
ସଦ୍‌ଗତି ନାହିଁ ସେ ସୁଖେ ଜୀବ ମୁକ୍ତି ନହୁଏ ॥୧୭॥
କେତେ ଦିନ ଆଉ ବଞ୍ଚିବି ଏହି ମର ଜଗତେ
ଏହି କଥା ମତେ ଜଣାଅ ଯିବି ଅମର ପଥେ ॥୧୮॥
କୁହନ୍ତି ଦେବତା ସୀମିତ କେତେ ଘଡି ରହିଛି
ଶୁଣିଣ ଖଟ୍ୱାଙ୍ଗ କହିଲେ ବର ନଲୋଡେ କିଛି ॥୧୯॥
ସ୍ୱର୍ଗପୁରୁ ଆସି ବିମାନେ ନିଜ ରାଜ ଭବନେ
ସିଂହାସନ ରାଜ୍ୟ ତ୍ୟାଗୀଣ ଗଲେ ସେ ଘୋର ବନେ ॥୨୦॥
ଶ୍ରୀହରି ପଦରେ ଶରଣ ଧ୍ୟାନେ ରଖିଣ ମତି
ଜୀବନକୁ ଧନ୍ୟ କରିଲେ ରହିଅଛିତ କୀର୍ତ୍ତି ॥୨୧॥
କୌରବ ବଂଶରେ ତୁମେତ ଜ୍ଞାନୀ ଗୁଣି ରାଜନ
ମୃତ୍ୟୁ ପାଇଁ ତୁମ ପାଖରେ ଅଛି ସପତ ଦିନ ॥୨୨॥
ପରଲୋକ ପାଇଁ ଯେକାର୍ଯ୍ୟ ଲୋଡା ଶୁଣ ରାଜନ
ଆରମ୍ଭ କରନ୍ତୁ ଶ୍ରଦ୍ଧାରେ ଏହି ମନ୍ତ୍ର ଚିନ୍ତନ ॥୨୩॥
ଓଁକାର ମନ୍ତ୍ରତ ଅଟଇ ଏତ ବୀଜ ପ୍ରଣବ
ଚଞ୍ଚଳ ମନ ଯେ ତୁମର କ୍ଷଣେ ସ୍ଥିର ହୋଇବ ॥୨୪॥
ଈଶ୍ୱର ଚିନ୍ତନେ ରହିଲେ ପ୍ରାପ୍ତ ହେବେ ଈଶ୍ୱର
ଏହି ଶାସ୍ତ୍ର ସିଦ୍ଧ କଥାତ ଘେନ ମୋର ବିଋର ॥୨୫॥
ଶ୍ରୀହରି ଲୀଳାର ଶ୍ରବଣେ ରଖିଥିବ ମନକୁ
ବିଶ୍ୱାସ ଭରଷା ରଖିଣ ଜପ ବାସୁଦେବଙ୍କୁ ॥୨୬॥

--୦--

ସପ୍ତମ ଅଧ୍ୟାୟ

ବିଦୁର ଉଦ୍ଧବ ସମ୍ବାଦ (ତୃତୀୟ ସ୍କନ୍ଧ)

ଖଟ୍ବାଙ୍ଗ ଚରିତ ଶୁଣିଣ ମନେ ବିଶ୍ୱାସ ଆସେ
ନିଶ୍ଚିତ ପରମ ଗତିତ ପ୍ରାପ୍ତ ସପ୍ତ ଦିବସେ ॥୧॥
ମୁନି ଶୁକ ଦେବ ଦେଖନ୍ତି ରାଜା ପ୍ରଫୁଲ୍ଲ ଚିତ୍ତେ
ପଚାରନ୍ତି ପ୍ରଶ୍ନ ସନ୍ଦେହ ଥିଲା ହୃଦୟେ ଯେତେ ।୨॥
ସପ୍ତଦିନ ତାଙ୍କ ଜୀବନ ନାହିଁ ମୃତ୍ୟୁରେ ଭୟ
ଅତୁଟ ବିଶ୍ୱାସ ଜନ୍ମିଲା ହେବ ତାଙ୍କ ବିଜୟ ॥୩॥
ପରାସ୍ତ ହୋଇବ ମୃତ୍ୟୁତ ଶାପ ହେବ ଖଣ୍ଡନ
ବଂଶରେ କଳଙ୍କ ନଲାଗୁ ପ୍ରାପ୍ତ ହେଉ ମରଣ ॥୪॥
ଅପମୃତ୍ୟୁ ଭୟ ରାଜାଙ୍କ ହୃଦେ ରହିଣ ଥିଲା
ଆତ୍ମ ତତ୍ତ୍ୱ ଜ୍ଞାନ ଶୁଣିଣ ଦେହ ଜ୍ଞାନ ହଜିଲା ॥୫॥
ବକ୍ତା ଯେ ଜାଣିଲେ ଶ୍ରୋତାର ମନ ହୃଦୟ ଭାବ
କହିଲେ ତାଙ୍କରି ବଂଶର କୀର୍ତ୍ତି ଯଶ ଗୌରବ ॥୬॥
ଧୃତରାଷ୍ଟ୍ର କଥା କହନ୍ତି ସେତ ସନ୍ତାନେ ଅନ୍ଧ
ନିଜ ପୁତ୍ର କଥା ଚିନ୍ତାତ ନାହିଁ ଅନ୍ୟେ ସମ୍ବନ୍ଧ ॥୭॥
ଅନ୍ୟାୟ ଭାବରେ ଅନୀତି ତାଙ୍କ ପୁତ୍ର ରଚିଲେ
ନିଜର ପୁତୁରା ମରଣ ପାଇଁ ଯୋଜନା କଲେ ॥୮॥
ଲାକ୍ଷା ଗୃହେ ଅଗ୍ନି ସଂଯୋଗ କଲେ ଆଦେଶ ଦେଇ
ସେହି ଗୃହେଛନ୍ତି ପାଣ୍ଡବେ ତାଙ୍କ ପାଞ୍ଚୋଟି ଭାଇ ॥୯॥
ବିଷ ଲଡ଼ୁ ଦେଇ ମାରିବେ ଏହି ଭାବ ରଖିଣ
ପ୍ରତିଦିନ ଚିନ୍ତା କରନ୍ତି ଯେହ୍ନେ ହେବ ମରଣ ॥୧୦॥
କୁଳବଧୂ ତାଙ୍କ ଦ୍ରୌପଦୀ ସଭା ମଧ୍ୟେ ଉଲଗ୍ନ
ପ୍ରତିବାଦ ନାହିଁ କାହାର ଥିଲେ ସକଳ ଜନ ॥୧୧॥
ଜୁଆଖେଳେ କଲେ ପରାସ୍ତ ବନ ବାସତ ଦେଲେ

ଶକୁନି ମାମୁଁର କଥାକୁ ସେ ଯେ ମାନୁଣ ଥିଲେ ॥୧୨॥
ମହାଭାରତର କାହାଣୀ ଶୁକ କଲେ ବର୍ଣ୍ଣନା
ବିଦୁର କଥାକୁ କହିଲେ ସେତ ଜ୍ଞାନୀରେ ଗଣା ॥୧୩॥
ବିଦୁରର ହିତ ବାଣୀକୁ କେହି ଶୁଣିଲେ ନାହିଁ
ରାଜସଭା ମଧ୍ଯୁ ବିଦାତ ଦୁର୍ଯ୍ୟୋଧନ କରଇ ॥୧୪॥
ପାପ ମୋହ ଗ୍ରସ୍ତ କୌରବ ଗର୍ବ ଅହଂକାରରେ
ଅନ୍ୟାୟ କାର୍ଯ୍ୟତ କରିଲେ ନ୍ୟାୟ ଲୁଚେ ଭୟରେ ॥୧୫॥
ନୀତି ଆଦର୍ଶରେ ପାଣ୍ଡବେ କଷ୍ଟ ସହୁଣ ଥିଲେ
ବିଦୁର ଅସହ୍ୟ ହୋଇଣ ରାଜ୍ୟ ଛାଡିତ ଗଲେ ॥୧୬॥
ସ୍ୱଭାବେ ଜ୍ଞାନୀତ ଧାର୍ମିକ ନୀତି ଆଦର୍ଶ ନେଇ
ବଞ୍ଚିବାର ରାସ୍ତା ଖୋଜିଲେ ତୀର୍ଥେ ମନ ବଳାଇ ॥୧୭॥
ଭାରତ ବର୍ଷରେ ଭ୍ରମିଲେ ହରି ନାମକୁ ଧରି
ହସ୍ତିନାପୁରର କଥାତ ଦେଲେ ମନୁ ପାଶୋରି ॥୧୮॥
ବିତିଗଲା କେତେ ବର୍ଷ ଯେ ତାଙ୍କୁ ଜଣାତ ନାହିଁ
ଏକଦା ସାକ୍ଷାତ କରିଲେ ଭକ୍ତ ଉଦ୍ଧବ ଯାଇ ॥୧୯॥
ଶ୍ରୀକୃଷ୍ଣଙ୍କ ଶ୍ରେଷ୍ଠ ଭକ୍ତ ସେ ନାମ ଉଦ୍ଧବ ଅଟେ
କୃଷ୍ଣ ପ୍ରେମେ ମଜ୍ଜି ରୁହନ୍ତି ନାମ ଜପନ୍ତି ଘଟେ ॥୨୦॥
ବିଦୁର ପଚାରି ବୁଝନ୍ତି କୁହ ଶ୍ରୀକୃଷ୍ଣ କଥା
ଉଦ୍ଧବ ନଦେଇ ଉତ୍ତର ମନେ ବିଷାଦ ଚିନ୍ତା ॥୨୧॥
ଆଖିରୁ ଲୋତକ ଝରଇ ଦୁଃଖେ ଦେଲେ ସମ୍ବାଦ
ନିଜ ଧାମେ ପ୍ରଭୁ ଗଲେଣି ମୋର ବିଦାରେ ହୃଦ ॥୨୨॥
ସଖା ପଣେ ଥିଲେ ଉଦ୍ଧବ ବାଲ୍ୟ ବନ୍ଧୁ ଅଟନ୍ତି
କେତେ କେତେ କଥା କହିଲେ କୃଷ୍ଣ ରଚି ଅଛନ୍ତି ॥୨୩॥
କୃଷ୍ଣ ଜନ୍ମ ବନ୍ଦୀ ଗୃହରେ ଗୋପେ ରଚିଲେ ଲୀଳା
ନମାରିଲେ ମାମୁଁ କଂସକୁ ସେତ ଦେଖିଣ ମଲା ॥୨୪॥

ବୃନ୍ଦାବନେ ରାସ କ୍ରୀଡାତ	ଗୋପ ଗୋପୀଙ୍କ ସାଥେ
ବଣଭୋଜି କଲେ କାନନେ	ଗିରି ଟେକିଲେ ହାତେ ॥୨୫॥
ଆନନ୍ଦେ ଶୁଣନ୍ତି ବିଦୁର	ଲୀଳା ଅମୃତ ବାଣୀ
ଉଦ୍ଧବ କୁହନ୍ତି ବିଦୁରେ	ତମେ ଅଟତ ଜ୍ଞାନୀ ॥୨୬॥
ପ୍ରଭୁ ଲୀଳା କଥା ଶୁଣିବ	ଭାଗବତର କଥା
ମୈତ୍ରେୟ ମୁନିତ କୁହନ୍ତି	ଯାଅ ହୋଇବ ଶ୍ରୋତା ॥୨୭॥
ଉଦ୍ଧବଙ୍କ କଥା ମାନିଣ	ଗଲେ ଭକ୍ତ ବିଦୁର
ମୈତ୍ରେୟ ମୁନିତ ଦେଖିଣ	କଲେ ସ୍ନେହେ ଆଦର ॥୨୮॥
ବିଦୁରଙ୍କ ପ୍ରଶ୍ନ ଉତ୍ତର	ମୁନି ଜ୍ଞାନେ ବୁଝାନ୍ତି
ଲୀଳା ଅବତାର କାହିଁକି	ପ୍ରଭୁ ମର୍ତ୍ତ୍ୟେ ଆସନ୍ତି ॥୨୯॥
ସୃଷ୍ଟିର ସର୍ଜ୍ଜନା କିପରି	ପ୍ରଭୁ କରି ଅଛନ୍ତି
ସକଳ ସନ୍ଦେହ ମୋଚନ	ପାଇଁ କର ଯୋଡନ୍ତି ॥୩୦॥
ଜୀବନର ଶେଷ ପର୍ଯ୍ୟାୟେ	ଜୀବ ସ୍ମରିଲେ ହରି
ନିଶ୍ଚିତ ଲଭିବ ମୁକ୍ତି କୁ	ଭବୁ ହୋଇବ ପାରି ॥୩୧॥
ସମୁଦ୍ରେ ମିଶିଲେ ନଦୀତ	ତାର ଗୁଣକୁ ନାଶେ
ନର୍ଦ୍ଦମା ଜଳତ ଯାଇଣ	ଗଙ୍ଗା ଜଳରେ ମିଶେ ॥୩୨॥
ନିଜ ନିଜ ସତ୍ତା ହରାନ୍ତି	ଏହା ଦୃଶ୍ୟ ଜଗତେ
ନଦୀ ଜଳ ହୁଏ ତୀର୍ଥର	ଜଳ ସକଳ କ୍ଷେତ୍ରେ ॥୩୩॥
ନର୍ଦ୍ଦମା ଜଳତ ପବିତ୍ର	ଗଙ୍ଗା ସାଥେ ମିଶିଣ
ଜୀବ ଯେ ମିଶିଲେ ପରମେ	ହୋଇ ଯାଏତ ଲୀନ ॥୩୪॥
ଶ୍ରୀହରି ଲୀଳାକୁ ଶୁଣନ୍ତି	ଆଜି ଦେଖ ବିଦୁର
ଗୃହ ରାଜ୍ୟ ତ୍ୟାଗୀ ଆସିଲେ	ଭାବ ଥିଲା ତାଙ୍କର ॥୩୫॥

--୦--

ଅଷ୍ଟମ ଅଧ୍ୟାୟ

ଜୟ ବିଜୟଙ୍କ ଚରିତ

ଶତ୍ରୁ ବୋଲି ଜନେ ଦେଖନ୍ତି ବାହ୍ୟ ଜଗତେ ସିନା
ଶତ୍ରୁକୁ ପୋଷିଛି ଯତନେ ସେଯେ ଜାଣି ପାରେନା ॥୧॥
ଅହଂକାରି ରୂପି ଶତ୍ରୁତ ତାର ହୃଦେ ରହିଛି
ଜାଣେନି ସେକାଳ ହୋଇବ ନିଶ୍ଚେ ଦିନ ଆସୁଛି ॥୨॥
ଅହଂକାରୀ କେତେ ରାକ୍ଷସ ବଧ ପ୍ରଭୁ ହସ୍ତରେ
ପ୍ରମାଣ ରହିଛି ଦେଖିବ ଆମ ଧର୍ମ ଶାସ୍ତ୍ରରେ ॥୩॥
ଜୟ ବିଜୟଙ୍କ ଚରିତ ଏବେ ଶୁଣ ରାଜନ
ଦ୍ୱାର ରକ୍ଷୀ ଦୁହେଁ ଥିଲେତ ବିଷ୍ଣୁ ପୁରରେ ଜାଣ ॥୪॥
ସକଳ ସୃଷ୍ଟିର ମାଲିକ ପାଖେ ତାଙ୍କ ଆଶ୍ରୟ
ଅହଂକାରେ ମତ୍ତ ଗର୍ବରେ ନାହିଁ ଥିଲେତ ଭୟ ॥୫॥
ସେଦିନ ଘଟଣା ବିଚିତ୍ର ତାଙ୍କ ଜୀବନେ ହେଲା
ତିନୋଟି ଜନମ ରାକ୍ଷସ ମର୍ତ୍ତ୍ୟେ ଶାପ ଫଳିଲା ॥୬॥
ଏକଦା ଭ୍ରମନ୍ତି ସ୍ୱର୍ଗରେ ବ୍ରହ୍ମା ପୁତ୍ରତ ଚାରି
ସପ୍ତଲୋକ ଯାତ୍ରା ସାରିଣ ଗଲେ ବୈକୁଣ୍ଠପୁରୀ ॥୭॥
ସନନ୍ଦନ ସାଥେ ସନକ ସନାତନ ତୃତୀୟ
ସନତ କୁମାର ଚତୁର୍ଥ ସର୍ବେ ପ୍ରଜ୍ଞାନମୟ ॥୮॥
ସମସ୍ତ ଆସକ୍ତି ତେଜି ସେ ଚାରିଭାଇ ଗମନ୍ତି
ସଂସାରର ମାୟା ନଥାଏ ବ୍ରହ୍ମଚାରି ଅଟନ୍ତି ॥୯॥
ଭ୍ରମୁ ଭ୍ରମୁ ଗଲେ ପହଞ୍ଚି ବିଷ୍ଣୁ ଦ୍ୱାର ଦେଶରେ
ଜୟ ବିଜୟତ ଅଛନ୍ତି ଦ୍ୱାର ଜଗି ସେଠାରେ ॥୧୦॥
ଦେଖନ୍ତି ଚାରୋଟି ବାଳକ ଅଙ୍ଗେ ବସ୍ତ୍ରତ ନାହିଁ
ବେଦଗାନ ଶୁଦ୍ଧେ କରନ୍ତି ଆଜ୍ଞା ପ୍ରବେଶ ପାଇଁ ॥୧୧॥

ବିଷ୍ଣୁଙ୍କ ଦର୍ଶନ କରିବୁ ଆମେ ଚଉଚୋଟି ଭାଇ
ବ୍ରହ୍ମାଙ୍କ ନନ୍ଦନ ଆମେତ ଦ୍ୱାରୀ ଜାଣକି ନାହିଁ ॥୧୨॥
ଯିବାକୁ ଉଦ୍ୟତ ହୁଅନ୍ତେ ଦ୍ୱାରୀ ଲାଠି ଧରିଣ
ଆକଟ କରନ୍ତି ବାଳକେ କହି କଟୁ ବଚନ ॥୧୩॥
ବିନୀତ କଣ୍ଠରେ ଜଣାନ୍ତି ବିଷ୍ଣୁ ଦର୍ଶନେ ପ୍ରୀତି
ଛାଡ଼ିଦିଅ ତୁମେ ଆମକୁ କାହିଁ କର ଅନୀତି ॥୧୪॥
ଅଭିଶାପ ପ୍ରାପ୍ତ ହୋଇବ ବ୍ରହ୍ମ ଶାପ ନିଷ୍ଠୁର
ପାରିବେନି ରକ୍ଷା କରିତ ଜାଣ ତୁମ୍ଭ ଈଶ୍ୱର ॥୧୫॥
ଅଟ୍ଟହାସ୍ୟ କଲେ ଶୁଣିଣ ଜୟ ବିଜୟ ଦୁହେଁ
ବାଳକ ମୁହଁରେ ଏକଥା ସତ୍ୟ ଯୋଗ୍ୟର ନୁହେଁ ॥୧୬॥
ଅଙ୍ଗେ ନାହିଁ ବାସ ଲଙ୍ଗଳା ନୁହଁ ଯୋଗ୍ୟ ଏମାନେ
ଶ୍ରୀବିଷ୍ଣୁ ଦର୍ଶନ ଚହାଁନ୍ତି କିବା ଭାବନ୍ତି ମନେ ॥୧୭॥
ରୂପ ଭେକ ନାହିଁ ଯାହାର ପ୍ରଭୁ ସାଥେ ମିଳିବେ
ଜ୍ଞାନୀ ଗୁଣି ଜନ ନୁହଁନ୍ତି କାହିଁ ପାଖକୁ ଯିବେ ॥୧୮॥
କଟୁ କଥା କହି ଦ୍ୱାରୀ ଯେ ପଥ ଛାଡ଼ିଲେ ନାହିଁ
ବାଳକ ମାନେତ କ୍ରୋଧରେ ଶାପ ଦେଲେତ ତହିଁ ॥୧୯॥
ପାପ ଯୋନି ଦେଇ ଜନମ ତୁମେ ମର୍ତ୍ତ୍ୟେ ହୋଇବ
ରାକ୍ଷାସ ସ୍ୱଭାବ ଦେଖାଅ ତୁମେ ରାକ୍ଷସ ହେବ ॥୨୦॥
ଏକାଳେ ଆସନ୍ତି ଶ୍ରୀବିଷ୍ଣୁ ସାଥେ ଲକ୍ଷ୍ମୀ ଆସନ୍ତି
ଦେଖନ୍ତି ସମ୍ମୁଖେ ବାଳକେ କ୍ରୋଧେ ରହିଅଛନ୍ତି ॥୨୧॥
ବ୍ରହ୍ମାଙ୍କ ନନ୍ଦନ ସକଳେ ମୋର ଦର୍ଶନ ପାଇଁ
ଆସିଥିଲେ ମୋର ପୁରକୁ ଦ୍ୱାରୀ ଛାଡ଼ିଲେ ନାହିଁ ॥୨୨।
ଅପମାନ ପାଇଁ ଶ୍ରୀବିଷ୍ଣୁ କ୍ଷମା ମାଗନ୍ତି ଯାଇ
ସମ୍ମାନ ଜଣାନ୍ତି ଭକ୍ତିରେ ବିଷ୍ଣୁ ଲକ୍ଷ୍ମୀଙ୍କୁ ନେଇ ॥୨୩॥

ଜୟ ବିଜୟ ଯେ ଜାଣିଣ   କ୍ଷମା ପ୍ରାର୍ଥନା ପାଇଁ
ବାଳକମାନଙ୍କ ଚରଣ   ଗଲେ ଧରିବେ ଯାଇ ॥୨୪॥
ନଚିହ୍ନି ନଜାଣି ଆମେତ   ଦୋଷ ଦ୍ୱୟ କରିଛୁ
ଶାପକୁ ଖଣ୍ଡନ କରତ   କ୍ଷମା ଭିକ୍ଷା ମାଗୁଛୁ ॥୨୫॥
ଅଖଣ୍ଡ ଶାପତ ଖଣ୍ଡନ   ନୁହଁ କେଭେ ସମ୍ଭବ
ତିନୋଟି ଜନମ ରାକ୍ଷସ   କୁଳେ ନିଶ୍ଚେ ଜନ୍ମିବ ॥୨୬॥
ପ୍ରଥମ ଜନ୍ମତ ଦିତିର   ଗର୍ଭେ ତୁମେ ଆସିବ
ହିରଣ୍ୟକଶିପୁ ଅନ୍ୟତ   ହିରଣାକ୍ଷ ହୋଇବ ॥୨୭॥
ବ୍ରହ୍ମାବରେ ବଳି ହୋଇବ   ତୁମେ ତପର ଫଳେ
ପ୍ରଭୁଙ୍କ ହସ୍ତରେ ମରଣ   ହେବ ମର୍ତ୍ତ୍ୟମଣ୍ଡଳେ ॥୨୮॥
ହିରଣ୍ୟ କଶିପୁ ରାକ୍ଷସ   ହେବ ପ୍ରଚଣ୍ଡ ବୀର
ବ୍ରହ୍ମାଠାରୁ ବର ଆଣିବ   ହେବା ପାଇଁ ଅମର ॥୨୯॥
ଜଳେ ସ୍ଥଳେ କିମ୍ବା ଆକାଶେ   ତାର ମରଣ ନାହିଁ
ନର ପଶୁ କିମ୍ବା ରାକ୍ଷସ   ହେବେ ନାହିଁତ ଜୟୀ ॥୩୦॥
କନିଷ୍ଠ ଭାଇତ ତାହାର   ହିରଣାକ୍ଷ ଅଟଇ
ପ୍ରବଳ ପ୍ରତାପି ହେବସେ   ସ୍ୱର୍ଗେ ହେବ ବିଜୟୀ ॥୩୧॥
ଭୟରେ ଦେବତା ସ୍ୱର୍ଗରୁ   ଲୁଚି ପଳାଇ ଯିବେ
ସେହି ସମୟରେ ପୃଥିବୀ   ଜଳ ମଗ୍ନରେ ଥିବେ ॥୩୨॥
ଜଳ ମଧ୍ୟେ ମୃତ୍ୟୁ ତାହାର   ପ୍ରଭୁ ହେବେ ବରାହ
ହିରଣ୍ୟକଶିପୁ ମାରିବେ   ପ୍ରଭୁ ହୋଇ ନୃସିଂହ ॥୩୩॥
ନରସିଂହ ରୂପେ ଚିରିବେ   ଜଂଘ ଉପରେ ରଖି
ମାରିବେ ରାକ୍ଷସ ଏହାତ   ଧରା ହୋଇବ ସାକ୍ଷୀ ॥୩୪।
ଦ୍ୱିତୀୟରେ ହେବେ ଜନମ   କୁମ୍ଭକର୍ଣ୍ଣ ରାବଣ
ଲଙ୍କାରେ ମାରିବେ ଶ୍ରୀରାମ   ଏହା ଶାପ ବିଧାନ ॥୩୫॥

ତୃତୀୟରେ ଶିଶୁ ପାଳତ　　ନାମେ ମର୍ତ୍ତ୍ୟେ ଆସିବ
ଦନ୍ତବକ୍ର ନାମ ବହିଣ　　ଅନ୍ୟ ଭ୍ରାତା ହୋଇବ ।।୩୬।।
ଏହିପରି ତିନି ଜନ୍ମତ　　ଶାପ ଫଳରେ ହେବ
ଶେଷେ ପୁନଃ ଦ୍ୱାରପାଳତ　　ବିଷ୍ଣୁପୁରେ ହୋଇବ ।।୩୭।।
ବ୍ରହ୍ମ ଅଭିଶାପ କଠୋର　　ଶୁଣ ରାଜନ ତୁମେ
ଅହଂକାରେ ଜୀବ ଜାଣେନା　　ମତି ନିତ୍ୟତ ଭ୍ରମେ ।।୩୮।।
ଆଗୁସାର ହେଲେ ବିବେକ　　ପଥ ହୁଡିବ ନାହିଁ
ସୁପଥ କୁପଥ ରାସ୍ତାକୁ　　ସେତ ଦିଏ ବୁଝାଇ ।।୩୯।।

--୦--

ନବମ ଅଧ୍ୟାୟ

କପିଳ ମୁନି

ସକଳ ବନ୍ଧନ ଜୀବର ଏହି ଅଟଇ ମନ
ମନର ଶୁଦ୍ଧତା ଆସିଲେ ଆସେ ଦିବ୍ୟ ଦର୍ଶନ ॥୧॥
ପ୍ରତିବିମ୍ବ ସ୍ୱଚ୍ଛ ଦିଶେନା ଯଦି ମଳି ଆଇନା
ସେହିପ୍ରାୟ ଜୀବ ହୃଦରେ କାମ ହିଂସା ବାସନା ॥୨॥
ଲୁହାରେ କଳଙ୍କି ଲାଗିଲେ କିବା ଚୁମ୍ବକ ଟାଣେ
ତ୍ୟାଗ ଭାବ ଯଦି ନଆସେ ବୃଥା ମର୍ତ୍ତ୍ୟ ଜୀବନେ ॥୩॥
ଶୁଣିବା ଛୋଟିଆ ବାଳକ ଦିଏ ମାତାକୁ ଜ୍ଞାନ
ଦେବହୂତି ମାତା ଶୁଣନ୍ତି ରଖି ପବିତ୍ର ମନ ॥୪॥
ସ୍ୱାୟଂଭୂବ ମନୁ କନ୍ୟାତ ଦେବହୂତି ଅଟନ୍ତି
କର୍ଦ୍ଦମ ମୁନୀଙ୍କୁ ବିବାହ କଲେ ସୌଭାଗ୍ୟବତୀ ॥୫॥
କପିଳ ମୁନିତ ଆସନ୍ତି ଦେବହୁତି ଗର୍ଭରେ
ସାଂଖ୍ୟର ଦର୍ଶନ ରଖିଲେ ଏହି ଧରାର ପରେ ॥୬॥
ବିଷ୍ଣୁଙ୍କର ଅବତାରତ ଶାସ୍ତ୍ର କହି ଅଛଇ
ମାତୃ ଗର୍ଭୁ ସେତ ଜ୍ଞାନୀତ ତାଙ୍କ ତୁଳନା ନାହିଁ ॥୭॥
ପିତାତ ଚିହ୍ନନ୍ତି ପୁତ୍ରକୁ ଅବତାରେ ଆସିଛି
ଜଗତରେ ଖ୍ୟାତି ରହିବ ତେଣୁ ନଭାବି କିଛି ॥୮॥
ସମର୍ପି ମାତାଙ୍କୁ ପାଖରେ ପିତା ବନକୁ ଗଲେ
ଘୋର ବନରେତ ତପସ୍ୟା ମୁନି କର୍ଦ୍ଦମ କଲେ ॥୯॥
କହିଗଲେ ଦେବହୂତିକୁ ତୁମ ପୁତ୍ରତ ଏହି
ବିଷ୍ଣୁଙ୍କ ଦର୍ଶନ ପଥତ ଦେବ ତୁମକୁ କହି ॥୧୦॥
ସମସ୍ତ ସନ୍ଦେହ ତୁମର ହେବ ମୋଚନ ଜାଣ
ନିଶ୍ଚିତ ଲଭିବ ଜୀବନେ ତୁମେ ବିଷ୍ଣୁ ଦର୍ଶନ ॥୧୧॥

ବିନ୍ଦୁ ସରୋବର ତଟରେ ଦିନେ ମାତା ପୁତ୍ରତ
ଏକାନ୍ତେ ଅଛନ୍ତି ସେଠାରେ ମାତା କୁହନ୍ତି ପୁତ୍ର ॥୧୨॥
ଇନ୍ଦ୍ରିୟ ଇଙ୍ଗିତେ ମୁହିଁତ ହେଲି ଜୀବନେ ମତ୍ତ
ଏଯାଏଁ ହେଲାନି ପୁତ୍ରରେ ଆତ୍ମା ସାଥେ ସାକ୍ଷାତ ॥୧୩॥
କପିଳ କୁହନ୍ତି ମାତାଙ୍କୁ ତାଙ୍କ ସାଂଖ୍ୟ ଦର୍ଶନ
ଇନ୍ଦ୍ରିୟ ଚଳନ୍ତି ମାତାତ ମନ ନିର୍ଦ୍ଦେଶେ ଜାଣ ॥୧୪॥
ମନତ ରହିଁଲେ ନିମିଷେ ମାତା ସଂସାର ଜନେ
ଆତ୍ମାର ସାକ୍ଷାତ ଲଭିବେ ବସି ନିଶ୍ଚଳ ଧ୍ୟାନେ ॥୧୫॥
ଈଶ୍ୱର ଦର୍ଶନ ପଥତ ଦୃଶ୍ୟ ହୋଇଣ ଯିବ
ଈଶ୍ୱର ଲୀଳାର ଶ୍ରବଣେ ପ୍ରେମ ହୃଦେ ବଢ଼ିବ ॥୧୬॥
ବୈରାଗ୍ୟ ଭାବତ ଜାଗ୍ରତ ଯିବ କାମନା ଦୂରେ
ଈଶ୍ୱର ସ୍ମରଣ ନିତ୍ୟତ ନାମ ଜପେ ହୃଦରେ ॥୧୭॥
ଶରୀରର ଜ୍ଞାନ ପ୍ରକାଶେ ପଞ୍ଚଭୂତ ଦେଖଇ
ଶରୀର ନୁହଁଇ ସିଏତ ସେତ ଆତ୍ମା ଅଟଇ ॥୧୮॥
ସକଳ କର୍ମତ କରିଣ କର୍ମ ଅର୍ପଣ କରେ
ଫଳ ଆଶା ମନେ ନରଖି ଯନ୍ତ୍ର ଭାବକୁ ଧରେ ॥୧୯॥
ପ୍ରଭୁଙ୍କ ସ୍ୱରୂପ ଦର୍ଶନ ପ୍ରାପ୍ତ ହୁଏ ଜୀବନେ
ଭକ୍ତି ପ୍ରେମ କଥା ଏହିତ ମାତ ରଖିବ ଧ୍ୟାନେ ॥୨୦॥
ଭକ୍ତି ପଥ ଅଟେ ସରଳ ସମର୍ପଣ ପଥରେ
ସଂସାରୀ ଜନତ ଚଳିଲେ ମୁକ୍ତି ଲଭେ ମହୀରେ ॥୨୧॥
ଭାବ ଭକ୍ତି ମଧ୍ୟେ ପ୍ରଭୁଙ୍କୁ କିଏ ସଖା ଭାବଇ
ପୁତ୍ର ସ୍ୱାମୀ ଭାବ ରଖିଣ କିଏ ସାଥେ ମିଶଇ ॥୨୨॥
ଆନ କଥା ମାତା ଶୁଣିବ ସାଂଖ୍ୟ ଦର୍ଶନ ଏହି
ତତ୍ତ୍ୱ ଜ୍ଞାନ ଏହା ଅଟେତ ଜ୍ଞାନୀ ଜନଙ୍କ ପାଇଁ ॥୨୩॥
ଅଷ୍ଟାଙ୍ଗ ଯୋଗର ଲକ୍ଷଣ ମାତା ପାଖେ କହିଲେ
ପୁରୁଷ ପ୍ରକୃତି ଚବିଶ ତତ୍ତ୍ୱ ବୁଝାଇ ଦେଲେ ॥୨୪॥

ଯମ ନିୟମତ ଆସନ ପ୍ରାଣାୟମ ଧାରଣା
ପ୍ରତ୍ୟାହାର ସାଥେ ଧ୍ୟାନତ ସମାଧିର ବର୍ଣ୍ଣନା ॥୨୫॥
ସମସ୍ତ କଥାକୁ କହିଲେ ଜୀବ ଗତି ମାର୍ଗକୁ
ଅଧୋଗତି ଲଭେ ଜୀବତ ଯେବେ ତ୍ୟାଗେ ଧର୍ମକୁ ॥୨୬॥
ଉର୍ଦ୍ଧ୍ୱଗତି ଲଭେ ଧାର୍ମିକ ଧର୍ମେ ରଖିଣି ମତି
ସମସ୍ତ କଥାକୁ ବୁଝାନ୍ତି ତୁଟି ଗଲାତ ଭ୍ରାନ୍ତି ॥୨୭॥
ସନ୍ତୁଷ୍ଟ ହୁଅନ୍ତି ମାତାତ ମୋହ ବିନଷ୍ଟ ହେଲା
ଜୀବ ଅହଂଗଲା ଦୂରେଇ ଗୁଣାତିତ ଆସିଲା ॥୨୮॥
ଆତ୍ମ ଜ୍ଞାନ ହେଲା ଜାଗ୍ରତ ଦେହ ଜ୍ଞାନ ଲୁଚିଲା
ବାସୁଦେବମୟ ସୃଷ୍ଟିତ ଦୃଶ୍ୟ ତାଙ୍କୁ ହୋଇଲା ॥୨୯॥
ଭଗବାନଙ୍କର ସ୍ତୁତିତ ଯିଏ କରଇ ନିତ୍ୟ
ଚଣ୍ଡାଳ କିବାସେ ବ୍ରାହ୍ମଣ ଲଭେ ଜୀବନେ ସତ୍ୟ ॥୩୦॥
ଏହି ସାର କଥା ସଂସାରେ ସତ୍ୟ ଭକ୍ତି ଦର୍ଶନ
ମାତା ପାଖେ ବାଳ କପିଳ କଲେ ଜ୍ଞାନ ବର୍ଣ୍ଣନ ॥୩୧॥
ମାତାଙ୍କୁ ପ୍ରଦାନ କରିଣ ଜ୍ଞାନ କପିଳ ମୁନି
ସମୁଦ୍ରେ ଗମନ୍ତି ଦେଖନ୍ତି ଦେବହୂତି ଜନନୀ ॥୩୨॥
ସିନ୍ଧୁରାଜ କଲେ ଦର୍ଶନ ସିଦ୍ଧ ମୁନି କପିଳ
ଅର୍ଘ୍ୟଦାନ କଲେ ଭକ୍ତିରେ ହେଲେ ଭାବ ବିହ୍ୱଳ ॥୩୩॥
ନିବାସ ସ୍ଥାନତ ଦିଅନ୍ତି ଯୋଗୀ ଯୋଗରେ ମଗ୍ନ
ସାଗର ସଂଗମ ସ୍ଥଳରେ କର ମୁନି ଦର୍ଶନ ॥୩୪॥
ଶୁକତ କୁହନ୍ତି କପିଳ ମୁନି କ୍ଷୁଦ୍ର ବାଳକ
ମାତାଙ୍କୁ ଜ୍ଞାନତ ଦେଲେସେ ଜ୍ଞାତ ସଂସାର ଲୋକ ॥୩୫॥

--୦--

ଦଶମ ଅଧ୍ୟାୟ

ଦକ୍ଷ ଯଜ୍ଞ ଓ ସତୀ ଶରୀର ତ୍ୟାଗ

(ଚତୁର୍ଥ ସ୍କନ୍ଧ)

ଶ୍ରୋତାର ଆସନେ ରାଜନ ବକ୍ତା ଆସନେ ଶୁକ
କେତେ କେତେ ଋଷି ଅଛନ୍ତି ତାଙ୍କ ଠାରୁ ବୟସ୍କ ॥୧॥
ଜ୍ଞାନେ ବୃଦ୍ଧ ଶୁକ ମୁନିତ ଆନ ବୟସେ ବୃଦ୍ଧ
ସକଳ ଶ୍ରୋତାତ ସେଠାରେ ଶୁଣି ହୁଅନ୍ତି ମୁଗ୍ଧ ॥୨॥
ଆରମ୍ଭ କରନ୍ତି ଚରିତ ଦକ୍ଷ ଯଜ୍ଞର କଥା
ସତୀ ଶିରୋମଣୀ ଝାସିଲେ ପ୍ରାଣ ନସହି ବ୍ୟଥା ॥୩॥
ସ୍ୱାମୀ ଅପମାନ ଅସହ୍ୟ ପିତା କଟୁ ବାକ୍ୟତ
କୋମଳାଙ୍ଗୀ ସତୀ ଅଗ୍ନିର ମଧ୍ୟେ ହୋଇଲେ ଲିପ୍ତ ॥୪॥
ଦକ୍ଷ ପ୍ରଜାପତି ଔରଷେ ବହୁ କନ୍ୟାତ ଜାତ
ତାଙ୍କ ମଧ୍ଯୁ ସତୀ କଥାତ ଅଟେ ସମାଜେ ଖ୍ୟାତ ॥୫॥
ସତୀଙ୍କ ବିବାହ ଦକ୍ଷତ କଲେ ଶିବଙ୍କ ସାଥେ
ଜାମାତା ସ୍ୱଭାବେ ଶଙ୍କର ଏହି ସଂସାର ମତେ ॥୬॥
ଏକଦା ଘଟିଲା ଘଟଣା ସ୍ୱର୍ଗ ପୁରରେ ଦିନେ
ଦେବସଭା ମଧ୍ୟେ ପ୍ରବେଶ କଲେ ଦକ୍ଷ ରାଜନେ ॥୭॥
ସକଳ ଦେବତା ସମ୍ମାନ ଦକ୍ଷ ରାଜାଙ୍କୁ ଦେଲେ
ଆସନୁ ଉଠିଣ ପ୍ରଣାମ ଭକ୍ତି ଚିତ୍ତେ କରିଲେ ॥୮॥
ବ୍ରହ୍ମା ବିଷ୍ଣୁ ଆଉ ମହେଶ ବସିଥିଲେ ଆସନେ
ଦକ୍ଷତ ଦେଖନ୍ତି ଜାମାତା ବସି ଅଛିତ ଧ୍ୟାନେ ॥୯॥
ଭାବନ୍ତି କିକଲା ଶଙ୍କର ମୁଁ ତ ଅଟେ ଶ୍ୱଶୁର
ସମ୍ମାନ ଦେଲାନି ସଭାରେ ତାର ହୀନ ବିଚାର ॥୧୦॥
ଅହଂକାରୀ ସେତ ଶ୍ମଶାନେ କରିଅଛିତ ବାସ
ରୂପ ଭେକ ନାହିଁ ନିଲଠା ନଗ୍ନ ପ୍ରାୟତ ବେଶ ॥୧୧॥

ଧିକ ଏ ଜାମାତା ମୋହର ନାହିଁ ତାର ସୁଗତି
ଅପମାନ ଦିନେ ଦେବିମୁଁ ମନେ ରଖିବ ଯତି ॥୧୨॥
କ୍ଷମତା ଆଣଇ ଜୀବନେ ଖୋଜି ବିପଦ ମାନ
ଅହଂକାରୀ ଜୀବ ଖୋଜଇ ନିତି ଲୋଡେ ସମ୍ମାନ ॥୧୩॥
କ୍ରୋଧରେ ଦକ୍ଷତ ପ୍ରକାଶ ସଭା ମଧ୍ୟେ କରିଲା
ଆନ ଯଜ୍ଞେ ନାହିଁ ସମ୍ମାନ ଶିବେ ନଦେବ ଭଲା ॥୧୪॥
ଦେବତାଙ୍କୁ ଡାକି କହଇ ଏହା ନିର୍ଦ୍ଦେଶ ମୋର
ନିମନ୍ତ୍ରଣ ଦେବ ନାହିଁତ କେବେ ଭୋଳା ଶଙ୍କର ॥୧୫॥
ଶାନ୍ତ ଭାବେ ଶିବ ଶୁଣନ୍ତି ନନ୍ଦୀ ସେବକ ଥିଲା
ଅଭିଶାପ ଦେଲା ଦକ୍ଷକୁ ଶିରେ କାଳ ଘୋଟିଲା ॥୧୬।
ଶିର ତୋର ଛିନ୍ନ ହୋଇବ ହେବ ଛାଗଳ ମୁଣ୍ଡ
ଯେଉଁ ତୁଣ୍ଡେ କହୁ କଥାତ ଗର୍ବେ ଆରେରେ ଭଣ୍ଡ ॥୧୭॥
ଚିହ୍ନିନୁ ଏଯାଏ ଜାମାତା ସେତ ପ୍ରଳୟ କର୍ତ୍ତା
ଦେବତା ପରାଏ ଭାବୁଛୁ କଟି ଯିବରେ ମଥା ॥୧୮॥
ଅନ୍ୟ ଜୋଇଁ ସାଥେ ତୁଳନା ମୂର୍ଖ କରୁ କିପରି
ବିନ୍ଦୁ ସାଥେ ସିନ୍ଧୁ ତୁଳନା ଧିକ ଜ୍ଞାନ ତୋହରି ॥୧୯।
ସେଦିନର କଥା ଭୁଲିନି ଦକ୍ଷ ରଖି ମନରେ
ଯଜ୍ଞ ଏକ କରେ ବୃହତ ଦେବେ ଲଜ୍ଜା ଶଙ୍କରେ ॥୨୦॥
ଋଷି ମୁନି ଦେବ ସକଳେ ନିମନ୍ତ୍ରଣ କରିଲା
ସତୀ ଶଙ୍କରଙ୍କୁ ବାଛନ୍ଦ ଜୋଇଁ ମଧ୍ୟେ ରଖିଲା ॥୨୧॥
ସତୀତ ଜାଣିଲେ ଉତ୍ସବ ପିତା ରାଜ୍ୟେ କରନ୍ତି
ସମସ୍ତ ସମ୍ବାଦ ନାରଦ କହି ଯାଇଣଛନ୍ତି ॥୨୨॥
ନିମନ୍ତ୍ରଣ ଅଛି ସକଳେ ତୁମ ପାଇଁତ ମନା
କି ଅବା କାରଣ ରହିଛି ଭୋଳା ଶଙ୍କରେ ଜଣା ॥୨୩॥
ଉଛନ୍ନ ହୋଇଲେ ସତୀତ ଯିବା ପାଇଁ ବ୍ୟାକୁଳ
ଆକଟ କରନ୍ତି ଶଙ୍କର ଗଲେ ନୁହଁ ମଙ୍ଗଳ ॥୨୪॥

ନମାନିଲେ ସତୀ ପତିଙ୍କ ଆଜ୍ଞା ଟାଳିତ ଦେଲେ
ପିତାଙ୍କ ଆଳୟ ଯିବାକୁ ଯୁକ୍ତି କରିଣ ଥିଲେ ॥୨୫॥
ବିନା ନିମନ୍ତ୍ରଣେ ଯାଆନ୍ତି ଶିଷ୍ୟ ଗୁରୁ ଆଶ୍ରମେ
ବିନା ନିମନ୍ତ୍ରଣେ କନ୍ୟାତ ଯାଏ ପିତାର ଧାମେ ॥୨୬॥
ଶାସ୍ତ୍ର କଥା ଏହା ଅଟଇ ମତେ ସୁଦୟା ବହି
ଆଜ୍ଞା ଦିଅ ଯିବି ଯଜ୍ଞକୁ ମନ ବଳି ଅଛଇ ॥୨୭॥
ସତୀ ଗଲେ ପିତୃ ଆଳୟ ନନ୍ଦି ଭୃଙ୍ଗିତ ଗଲେ
ନିଷ୍ଠୁର ପିତାତ ଦେଖିଣ କଥା ସାଥେ ନହେଲେ ॥୨୮॥
ଯଜ୍ଞ ସ୍ଥଳେ ସତୀ ଦେଖନ୍ତି ପତି ଆସନ ନାହିଁ
ସକଳ ଜାମାତା ବସନ୍ତି ତାଙ୍କ ଆସନେ ଯାଇଁ ॥୨୯॥
ମଙ୍ଗଳ ନୁହଁଇଁ କାର୍ଯ୍ୟତ ଶିବ ମଙ୍ଗଳ କର୍ତ୍ତା
ତାଙ୍କ ବିନା ଯଜ୍ଞ ହୁଅଇ ଦୁଃଖ ଲଭିବେ ପିତା ॥୩୦॥
କ୍ରୋଧରେ ଦକ୍ଷତ ପ୍ରକାଶେ କଟୁ ବଚନ କେତେ
ଅସହ୍ୟ ଯନ୍ତ୍ରଣା ଲଭିଲେ ଶୁଣି ସତୀ ବିବ୍ରତେ ॥୩୧॥
ସକଳ କାର୍ଯ୍ୟରେ ପତିତ ମୋର ମଙ୍ଗଳମୟ
ସକଳ ଘଟରେ ଆତ୍ମାତ ସୃଷ୍ଟି ସେତ ପ୍ରଳୟ ॥୩୨॥
ପତି ନିନ୍ଦା ସତୀ ଶୁଣିଣ ଯୋଗ ଅଗ୍ନି ରଚିଲେ
ପିତୃ ମାତୃ ଦତ୍ତ ଶରୀର ତ୍ୟାଗ କ୍ଷଣେ କରିଲେ ॥୩୩॥
ଖେଳିଗଲା ଏହି ସମ୍ବାଦ ମୁନି ନାରଦ ଯାଇ
ଶିବଙ୍କୁ ଜଣାନ୍ତି ଦୁଃଖରେ ସତୀ ଜୀବନେ ନାହିଁ ॥୩୪॥
ଶୁଣିଣ କ୍ରୋଧରେ ଶଙ୍କର ଜଟା ଫିଟାଇ ଦେଲେ
ଶିରରୁ ଓପାଡି ବାଳତ ଏକ ତଳେ ଫିଙ୍ଗିଲେ ॥୩୫॥
ବୀରଭଦ୍ର ନାମେ ରାକ୍ଷସ ହେଲା ପ୍ରଘଟ କ୍ଷଣେ
ଭୟଙ୍କର ରୂପ ତାହାର ଗଲା ଯଜ୍ଞର ସ୍ଥାନେ ॥୩୬॥
ଶିବ ଅନୁଚର ସାଥିରେ ବୀରଭଦ୍ର ମିଶିଣ
ଦକ୍ଷ ଶିର କାଟି ଦେଲେତ ମୁଣ୍ଡ ଗଣ୍ଡିତ ଭିନ୍ନ ॥୩୭॥

ଦେବତା ଦେଖିଣ ଭୟରେ ବ୍ରହ୍ମା ପାଖେ ମିଳିଲେ
ସକଳ ଦେବତା ସାଥିରେ ବ୍ରହ୍ମା ମର୍ତ୍ତେ ଆସିଲେ ।।୩୮।।
ଆଶୁତୋଷ କଲେ ସନ୍ତୋଷ ସର୍ବେ ପ୍ରାର୍ଥନା କରି
ଜୀବଦାନ ଦିଅ ଶ୍ୱଶୁରେ ଏହି ଆମ ଗୁହାରି ।।୩୯।।
କୁହନ୍ତି ଶଙ୍କରେ ବଞ୍ଚିବେ ତୁମେ ନକର ଚିନ୍ତା
ଛାଗଳ ମସ୍ତକ ଯୋଡିଲେ ପୁନଃ ଉଠିବେ ପିତା ।।୪୦।।
ଅହଂକାରୀ ଜନ ଏମନ୍ତ ଦଣ୍ଡ ପାଏ ଜୀବନେ
ଦକ୍ଷର କାର୍ଯ୍ୟରେ ଶିକ୍ଷାତ ଲାଭ ସକଳ ଜନେ ।।୪୧।।
ଯଜ୍ଞ ସ୍ଥଳେ ବିଷ୍ଣୁ ଆସିଲେ ଯଜ୍ଞ ସମାପ୍ତ ହେଲା
ସତୀ ପୁନ୍ନ ଜନ୍ମ ଲଭିଲେ ହେଲେ ଗିରିର ବାଳା ।।୪୨।।
ହିମାଳୟ ପିତା ଅଟନ୍ତି ମାତା ମୈନାକ ରାଣୀ
ପାର୍ବତୀ ନାମରେ ସତୀତ ହେଲେ ଶିବ ଘରଣୀ ।।୪୩।।
ସକଳ ଦେବଙ୍କୁ ବିଷ୍ଣୁତ ଯଜ୍ଞେ ଦେଲେ ବୁଝାଇ
ବ୍ରହ୍ମା ବିଷ୍ଣୁ ଶିବ ତ୍ରୟତ ଏକ ତତ୍ତ୍ୱ ଅଟଇ ।।୪୪।।
ଅଜ୍ଞାନ ସ୍ତରରେ ରୂପତ ଜ୍ଞାନ ଦିଏ ହଜାଇ
ଜଳରେ ତରଙ୍ଗ ପ୍ରକାଶେ ସେତ ଜଳ ଅଟଇ ।।୪୫।
ରୂପ କଳ୍ପେ ଭିନ୍ନ ଭିନ୍ନତ ଭାବ ପ୍ରକାଶେ ଜାଣ
ସୃଷ୍ଟିର ସର୍ଜନା ପାଳନ ଆଉ ସଂହାର ପୁଣ ।।୪୬।।
ତ୍ରୟ କାର୍ଯ୍ୟ ତ୍ରୟ ରୂପତ ଶୁକ ମୁନି କୁହନ୍ତି
ଜ୍ଞାନ ନେତ୍ରେ ଯିଏ ଦେଖନ୍ତି ସେଯେ ଏକ ଜାଣନ୍ତି ।।୪୭।।

--୦--

ଏକାଦଶ ଅଧ୍ୟାୟ
'ଧ୍ରୁବ ଚରିତ'

ପାଞ୍ଚ ବରଷର ବାଳକ ଗାଥା ଶୁଣ ନରେଶ
ସାମାନ୍ୟ ବାଳକ ହେଲେବି କଳା ଈଶ୍ୱରେ ବସ ॥୧॥
ଗଗନେ ନକ୍ଷତ୍ର ହୋଇଲା ତାର ତପର ବଳେ
ଚକ୍ରବର୍ତ୍ତୀ ରାଜ ପଦତ ପ୍ରାପ୍ତ ଏହି ମଣ୍ଡଳେ ॥୨।
ଏକଦିନେ ବ୍ରହ୍ମା ଅଂଗରୁ ଦୁଇ ଅଂଗ ପ୍ରକାଶ
ଦୁଇଟି ରୂପତ ଆସିଲା ନାରୀ ଜଣେ ପୁରୁଷ ॥୩॥
ଶତ ରୂପା ନାରୀ ହୋଇଲେ ମନୁ ତାଙ୍କରି ପତି
ପୁରୁଷ ପ୍ରକୃତି ଉଭୟ ବ୍ରହ୍ମା ଅଂଗୁ ଉତ୍ପତ୍ତି ॥୪॥
ମନୁଙ୍କ ଔରଷେ ଜନ୍ମିଲେ ଦୁଇ ପୁତ୍ର ତାଙ୍କର
ଉତ୍ତାନ ପାଦତ ଅଟଇ ତାଙ୍କ ଜ୍ୟେଷ୍ଠ କୁମର ॥୫॥
ପ୍ରିୟବ୍ରତ ଅଟେ କନିଷ୍ଠ ତେଣୁ ଜ୍ୟେଷ୍ଠତ ରାଜା
ଆନନ୍ଦେ ରାଜ୍ୟକୁ ପାଳନ୍ତି ସୁଖ ଲଭନ୍ତି ପ୍ରଜା ॥୬॥
ଉତ୍ତାନ ପାଦଙ୍କ ଥିଲେତ ଦୁଇ ରାଣୀ ତାଙ୍କର
ସୁରୁଚି ସୁନୀତି ନାମତ ଦ୍ୱୟ ଦୁଇ ପ୍ରକାର ॥୭॥
ସୁରୁଚିଙ୍କ ପୁତ୍ର ଉତ୍ତମ ଧ୍ରୁବ ମାତା ସୁନୀତି
ସୁରୁଚିଙ୍କ ପ୍ରତି ରାଜାଙ୍କ ଥିଲା ଅଶେଷ ପ୍ରୀତି ॥୮॥
ସେହି ରାଣୀ ପ୍ରେମ ଫାଶରେ ବନ୍ଧା ରାଜାତ ଥିଲେ
ହତଭାଗିନୀ ସେ ସୁନୀତି ଦୁଃଖ ଥିଲା କପାଳେ ॥୯॥
ଏକ ଦିନେ ରାଜା କୋଳରେ ଧ୍ରୁବ ବସିବା ପାଇଁ
ଆଗ୍ରହେ ଯାଇଛି ପିଲାଟା ଦେଲେ ତାକୁ ଆଡ଼େଇ ॥୧୦॥
ବସିଲା ସେକାଳେ କୋଳରେ ସେତ ସୁରୁଚି ପୁତ୍ର
ପ୍ରେମରେ ଆଦରି ନେଲେତ ପିତା ଶ୍ରଦ୍ଧା ସହିତ ॥୧୧॥

ଦେଖିଣ ଧ୍ରୁବତ କାନ୍ଦଇ ପିତା କୋଳେ ବସିବ
ସୁରୁଚୀ ବିମାତା କୁହଇ ଏହା ନୁହେଁ ସମ୍ଭବ ॥୧୨॥
ଉତ୍ତମର ଅଛି ଯୋଗ୍ୟତା କୋଳ ମଣ୍ଡନ ପାଇଁ
କାନ୍ଦିଲେ କିହେବ ଧ୍ରୁବତ ଯାଅ ଏଠୁ ପଳାଇ ॥୧୩॥
ତିରସ୍କାର ବାଣୀ ଶୁଣିଣ ମାତା ପାଖକୁ ଗଲା
କହଇ ମାତାଙ୍କୁ ଧ୍ରୁବତ ଦୁଃଖ ବିମାତା ଦେଲା ॥୧୪॥
ତୋର ଗର୍ଭେ ହେଲି ଜନମ ତେଣୁ ଧିକାରି କୁହେ
ପିତାଙ୍କ କୋଳରେ ବସିବା ଯୋଗ୍ୟ ମୁହିଁତ ନୁହେଁ ॥୧୫॥
କହିଲା ମାତାଲୋ ତପସ୍ୟା ଯଦି କରିବି ମୁହିଁ
ତାର ଗର୍ଭେ ଜନ୍ମ ହୋଇଲେ କୋଳେ ବସିବି ଯାଇଁ ॥୧୬॥
ରାଜ ସିଂହାସନେ ବସିବ ଯୋଗ୍ୟ ପୁତ୍ର ତାହାର
ସମ୍ମୁଖରୁ ଯାଅ ପଳାଇ ମାତା ପାଖକୁ ତୋର ॥୧୭॥
କିବା ଅପରାଧେ ମାତାଲୋ ଶୁଣୁ ଏ କଟୁ ବାଣୀ
ଦାସୀ କି ପୋଇଲି ତୁହିଲୋ ମୁଁ ତ ପାରୁନି ଜାଣି ॥୧୮॥
କୋଳକୁ ଆଣିଣ ମାତାତ ଲୁହ କାନିରେ ପୋଛି
ବିମାତା ଦେଇଛି ଦୁଃଖତ ଦୁଃଖ ତାଭାଗ୍ୟେ ଅଛି ॥୧୯॥
ଅନ୍ୟକୁ ଦିଅଇ ଯେ ଦଣ୍ଡ ଦଣ୍ଡ ତାର ନିମନ୍ତେ
ନିଶ୍ଚିତ ରହିଛି ଜାଣିଥା ପୁତ୍ର ଏହି ଜଗତେ ॥୨୦॥
ରାଜାଙ୍କର ପ୍ରିୟ ନୁହେଁ ମୁଁ ତୋର ବିମାତା ପ୍ରିୟ
ପିତାଙ୍କର ଶ୍ରଦ୍ଧା ଭାଜନ ନିତ୍ୟ ତା ପ୍ରତି ଲୟ ॥୨୧॥
ଭଲ ପାଏ ଯିଏ ଯାହାକୁ ତା'ର ଅବିଗୁଣତ
ଦୃଶ୍ୟ ହୁଏ ନାହିଁ ତାହାକୁ ଅନ୍ଧ ଅଟେ ସେ ସୁତ ॥୨୨॥
ଶ୍ରୀହରି ଭରସା ଆମର ରଖ ଲୟ ଶ୍ରୀହରି
ତାଙ୍କରି ପାଖରେ ଜଣାଅ ପୁତ୍ର ଦୁଃଖ ତୋହରି ॥୨୩॥

ପୁତ୍ରର ବିଶ୍ୱାସ ଜନ୍ମିଲା   ମାତା କଥା ଶୁଣିଣ
ଶ୍ରୀହରି ପାଖକୁ ଯିବସେ   ରାଜବାଟି ତ୍ୟାଗିଣ ॥୨୪॥
ଘୋର ଜଙ୍ଗଲରେ ଡାକଇ   ହରି ଦେଖାତ ଦିଅ
ହିଂସ୍ର ଯନ୍ତୁ ପ୍ରତି ନଥାଏ   ତାର ହୃଦୟେ ଭୟ ॥୨୫॥
ଏକାଳେ ମିଳିଲେ ବନରେ   ଦେବ ନାରଦ ମୁନି
ପଚାରି ବୁଝନ୍ତି ସକଳ   ଦୁଃଖ ତାର କାହାଣୀ ॥୨୬॥
କୁହନ୍ତି ଧ୍ରୁବକୁ ନାରଦ   ମୋର କଥାକୁ ମାନ
ଫେରିଯାଅ ତୁମେ ଗୃହକୁ   ଏହା ବିପଦ ସ୍ଥାନ ॥୨୭॥
ତପସ୍ୟା ଅଟଇ କଠିନ   ନୁହଁ ବାଳକ କାର୍ଯ୍ୟ
ତପସ୍ୟାରେ ଲୋଡା ହୁଅଇ   ହୃଦେ ଅସୀମ ଧୈର୍ଯ୍ୟ ॥୨୮॥
ଧ୍ରୁବତ କୁହଇ ବିମାତା   କଥା ସହ୍ୟ ନୁହଁଇ
ନଫେରିବି ଆଉ ଗୃହକୁ   ଏହା ସତ୍ୟ ଅଟଇ ॥୨୯॥
ଶ୍ରୀହରି ଅଭୟ ପଦରେ   ନେବି ମୁଁ ତ ଶରଣ
ସେହି ପଥ ମତେ କୁହତ   ବ୍ରହ୍ମ ଜ୍ଞାନୀ ଆପଣ ॥୩୦॥
ଅଟଳ ଅଚଳ ଦୃଢ଼ତା   ମୁନି ଦେଖୁଣଛନ୍ତି
ସାମାନ୍ୟ ବାଳକ ନୁହଁଇ   ଜ୍ଞାତ ମୁନି ହୁଅନ୍ତି ॥୩୧॥
ଉପଦେଶ ଦେଲେ ବାଳକେ   ଯାଅ ଯମୁନା ତଟେ
ବୃନ୍ଦାବନ ଅଛି ସେଠାରେ   ତପ କରତ ଆଗ୍ରେ ॥୩୨॥
ଶ୍ରୀହରି ନିବାସ ସ୍ଥଳୀତ   ସ୍ଥିର କରି ମନକୁ
ଓଁ ନମୋଃ ଭଗବତେ ମନ୍ତ୍ର   ଜପ ବାସୁଦେବଙ୍କୁ ॥୩୩॥
ଉପଦେଶ ମାନି ଧ୍ରୁବତ   ଗଲା ବୃନ୍ଦାବନକୁ
ବିଶ୍ୱାସେ ଜପିଲା ମନ୍ତ୍ରତ   ଧ୍ୟାନ ରଖି ହରିଙ୍କୁ ॥୩୪॥
ଶ୍ରୀହରି ଚରଣେ ବାଳକ   ନିଜେ ନିଜକୁ ଦେଲା
ସମର୍ପିଲା ମନ ପ୍ରାଣତ   ସିଦ୍ଧି ପ୍ରାପ୍ତତ ହେଲା ॥୩୫॥

ଶଙ୍ଖ ଚକ୍ର ଗଦା ପଦ୍ମତ ଧରି ପ୍ରଭୁ ଶ୍ରୀହରି
ସମ୍ମୁଖେ ଦର୍ଶନ ଦେଲେତ ସ୍ପର୍ଶ ଧ୍ରୁବକୁ କରି ॥୩୬॥
ଧ୍ୟାନ ଭଗ୍ନ କରି ଧ୍ରୁବତ ଦେଖେ ସମ୍ମୁଖ ଭାଗେ
ପ୍ରେମ ଅଶ୍ରୁ ଝରେ ନୟନୁ ସ୍ତୁତି ହୃଦରୁ ଜାଗେ ॥୩୭॥
ପ୍ରସନ୍ନ ହୋଇଣ ଶ୍ରୀହରି ବରଦାନ ଦିଅନ୍ତି
ସିଂହାସନ ପ୍ରାପ୍ତି ହୋଇବ ଶେଷେ ପରମ ଗତି ॥୩୮॥
ସ୍ୱର୍ଗ ଲୋକେ ଯାତ୍ରା କରିବୁ ଥିବ ତୋ ଯଶ କୀର୍ତ୍ତି
ଯେଉଁ ସ୍ଥାନେ ତୁତ ରହିବୁ ତୋର ନାମେତ ସ୍ଥିତି ॥୩୯॥
ଧ୍ରୁବ ଲୋକ ନାମ ହୋଇବ ଜନେ ନକ୍ଷତ୍ର ଭାବେ
ସମ୍ମାନ ପ୍ରଦାନ କରିବେ ସତ୍ୟ ଯାଆତୁ ଏବେ ॥୪୦॥
ନାରଦ ମହର୍ଷି ଆସିଣ ରାଜ୍ୟେ ସମ୍ବାଦ ଦେଲେ
ପିତାତ ଜାଣିଣ ଆନନ୍ଦେ ପୂର୍ବ ରୋଷ ତ୍ୟାଗିଲେ ॥୪୧॥
ଉତ୍ତାନ ପାଦତ ପାଛୋଟି ଗଲେ ଆଣିବେ ପୁତ୍ର
ଶତ ଶତ ଜନେ ଗମନ୍ତି ବଢ଼େ ଜନର ଶ୍ରୋତ ॥୪୨॥
ଆନନ୍ଦିତ ମାତା ସୁନୀତି ପୁତ୍ର ସିଦ୍ଧି ଲଭିଛି
ସିଦ୍ଧିର ପ୍ରଭାବ ପ୍ରକାଶେ ରାଜ୍ୟେ ସତ୍ୟ ଆସିଛି ॥୪୩॥
ସକଳ ମୁଖରେ ପ୍ରଶଂସା ଧ୍ରୁବ ବାଳକ ହୋଇ
ଭଗବତ ପ୍ରାପ୍ତି ହୋଇଲା ଯଶ ଘୋଷିବ ମହୀ ॥୪୪॥
ରାଜ୍ୟ ସିଂହାସନ ପ୍ରଦାନ ରାଜା କଲେ ଧ୍ରୁବଙ୍କୁ
ପୁତ୍ରସମ ପ୍ରଜା ପାଳିଲେ ଧ୍ରୁବ ଧରି ସତ୍ୟକୁ ॥୪୫॥
ବାନପ୍ରସ୍ଥ ନେଲେ ପିତାତ ଗଲେ ବନର ପଥେ
ଅଘଟଣ ଏକ ଘଟିଛି ରାଜ୍ୟେ ଦୁଃଖୀ ସମସ୍ତେ ॥୪୬॥
ଶିକାର ନିମନ୍ତେ ଦିନେତ ଭ୍ରାତା ଉତ୍ତମ ବନେ
ଯକ୍ଷ ଦ୍ୱାରା ମୃତ୍ୟୁ ଲଭିଛି ଏହା ଶୁଣିଲେ କର୍ଣ୍ଣେ ॥୪୭॥

ଭାଇର ଘାତକ ନିଧନେ ଧ୍ରୁବ ହେଲେ ପ୍ରସ୍ତୁତ
କୁବେର ପୁରକୁ ଗମନ୍ତି ଧରି ସୈନ୍ୟ ସାମନ୍ତ ॥୪୮॥
ପ୍ରବଳ ଯୁଦ୍ଧତ ହୋଇଲା ଶେଷେ ସନ୍ଧି ପ୍ରସ୍ତାବ
ପିତାମହ ମନୁ ଦେଲେତ ଏହା ମାନିଲେ ଧ୍ରୁବ ॥୪୯॥
ଧ୍ରୁବର ଚରିତ ଏମନ୍ତ ସୁଖେ ପାଳିଣ ପ୍ରଜା
ବଦ୍ରିକା ଆଶ୍ରମ ଚଳିଲେ ପୁତ୍ରେ କରିଣ ରାଜା ॥୫୦॥
ଅନ୍ତିମ କାଳରେ ବିଷ୍ଣୁଙ୍କ ଦୂତ ରଥରେ ନେଲେ
ଧ୍ରୁବ ଲୋକେ ଦେଲେ ସ୍ଥାନତ ଧ୍ରୁବ ନକ୍ଷତ୍ର ହେଲେ ॥୫୧॥
ଧ୍ରୁବଙ୍କ ଚରିତ ଶୁଣାନ୍ତି ଶୁକ ଆଜି ରାଜାଙ୍କୁ
ଛୋଟିଆ ବାଳକ କିପରି ପ୍ରାପ୍ତ ହେଲା ହରିଙ୍କୁ ॥୫୨॥
ମନରେ ଦୃଢ଼ତା ରଖିଣ ଧ୍ୟାନ ବାସୁଦେବଙ୍କୁ
ପରମେ ମିଶିବ ନିଶ୍ଚିତ ଭୟ ନାହିଁ ଶାପକୁ ॥୫୩॥

--୦--

ଦ୍ୱାଦଶ ଅଧ୍ୟାୟ

'ଦୈହିକ କାମନା' - ପୁରଞ୍ଜନର କଥା

ଆନ ଏକ କଥା ଶୁଣାନ୍ତି ଶୁକ ପରୀକ୍ଷିତଙ୍କୁ
ଧ୍ରୁବଙ୍କ ବଂଶଜ ରାଜନ ତାଙ୍କ ଗୁଣାବଳୀକୁ ॥୧॥
ସ୍ୱର୍ଗ ପ୍ରାପ୍ତି ଆଶା ରଖିଣ ସେଯେ ଯଜ୍ଞ କରିଲେ
ପଶୁମାନଙ୍କୁତ ଯଜ୍ଞରେ ବଳି ଅନେକ ଦେଲେ ॥୨॥
ନାରଦ ମହର୍ଷି ଆସିଣ ଏହା ବିରୋଧ କଲେ
ଉପଦେଶ ଛଳେ ସୁନ୍ଦର ଗାଥା ଶୁଣାଇ ଥିଲେ ॥୩॥
କୁହନ୍ତି ନାରଦ ରାଜାଙ୍କୁ ପୁରଞ୍ଜନ ନାମରେ
ରାଜା ଥିଲେ ଏକ ବିଳାସ ଭୋଗି ଏହି ମର୍ତ୍ତ୍ୟରେ ॥୪॥
ଭ୍ରମଣରେ ଥିଲା ନିଶାତ ଭ୍ରମେ ନଗର ଗ୍ରାମ
ଭାରତ ଭୂଖଣ୍ଡେ ଖୋଜଇ କାହିଁ ସୁନ୍ଦର ଧାମ ॥୫॥
ପହଞ୍ଚି ଗଲେତ ରାଜନ ଏକ ସୁନ୍ଦର ସ୍ଥାନେ
ସକଳ ଶୋଭାରେ ଭରିଛି ତୁଲ୍ୟ ନାହିଁତ ଆନେ ॥୬॥
ଅଟ୍ଟାଳିକା ମାନ ସୁନ୍ଦର ପୁଷ୍ପ ଉଦ୍ୟାନ ଘେରି
ଧନ ରତ୍ନ ଭରା ନଗର ଦୁଃଖ ନାହିଁ କାହାରି ॥୭॥
କୁବେର ସମ୍ପତ୍ତି ପରାଏ ଦୃଶ୍ୟ ରାଜ୍ୟ ସମ୍ପତ୍ତି
ଭୋଗ ବିଳାସର ଭୂମିତ କ୍ରୀଡା ଜନେ କରନ୍ତି ॥୮॥
ନବ ଦ୍ୱାର ଅଛି ରାଜ୍ୟରେ ଏତ ସନ୍ଧିର କଥା
ନାରଦ କହିବେ ରାଜାଙ୍କୁ ଏହା ମନେ ରଖିଥା ॥୯॥
ପୁରଞ୍ଜନ ଅତି ଆନନ୍ଦେ ସେହି ସ୍ଥାନେ ରହିଲେ
ସୁନ୍ଦର ଯୁବତୀ ଏକତ ତାଙ୍କୁ ମିଳିଣ ଗଲେ ॥୧୦॥
ସୁଖରେ କାଟିଲେ ଉଭୟ କିଛିଦିନ ନଗରେ
ରାଜ ପଣେ ରାଜା ହୋଇଣ ଇନ୍ଦ୍ରି ସୁଖତ କରେ ॥୧୧॥
ଯୁବତୀ ଗହଣେ ନିତ୍ୟତ ପ୍ରେମେ ମଜ୍ଜିଣ ଥାଏ
ରାଜ୍ୟ ପ୍ରତି ଧ୍ୟାନ ନଦେଇ ଭୋଗ ବିଳାସେ ରହେ ॥୧୨॥

ଶତ୍ରୁତ ପଶିଲେ ରାଜ୍ୟରେ ମୋହ ନିଦ୍ରା ଭାଙ୍ଗିଲା
ଗନ୍ଧର୍ବ ରାଜନ ପ୍ରତାପି ରାଜ୍ୟ ଦଖଲ କଲା ॥୧୩॥
ତିନିଶତ ଆଉ ଷାଠିଏ ତାର ସୈନିକ ଦଳ
ପୁରଞ୍ଜନ ହେଲା ପରାସ୍ତ ତାକୁ ଗ୍ରାସିଲା କାଳ ॥୧୪॥
ଏକାଳେ ମିଳଇ ତାପାଖେ ଆସି ଯବନେଶ୍ୱର
ଯାଦୁ ବିଦ୍ୟା ତାର ବିଚିତ୍ର କରେ ନାରୀକୁ ନର ॥୧୫॥
ନରକୁ କରଇ ନାରୀତ ସେହି ଯାଦୁ ବିଦ୍ୟାରେ
ପୁରଞ୍ଜନ ହେଲେ ନାରୀତ ତାର ଯାଦୁ ମନ୍ତ୍ରରେ ॥୧୬॥
ରୂପବତୀ ନାରୀ ରାଜାତ ପୂର୍ବ ସ୍ମୃତି ଭୂଲିଲେ
ମଳୟଧ୍ୱଜର ସାଥିରେ ସେତ ବିବାହ କଲେ ॥୧୭॥
କିଛିଦିନ ନାରୀ ହୋଇଲା କାମି ପୁରଷ ସେହି
ମଳୟଧ୍ୱଜର ମୃତ୍ୟୁରେ ଯାଏ ମରିବା ପାଇଁ ॥୧୮॥
ସତୀ ଶିରୋମଣୀ ହୋଇବ ଏହା ବିଧି ଅଛଇ
ଚିତା ଅଗ୍ନି ପାଖେ ଯାଉଛି ପ୍ରାଣ ଝାସିବା ପାଇଁ ॥୧୯॥
ଏକାଳେ ମିଳିଲେ ବ୍ରାହ୍ମଣ ତେଜବନ୍ତ ପୁରୁଷ
କୁହନ୍ତି କିକରୁ ନାରୀତୁ ତୁତ ଥିଲୁ ନରେଶ ॥୨୦॥
ଯବନଶ୍ୱରର ଯାଦୁରେ ତୋର ପୁରୁଷ ପଣ
ଲୁଚିଗଲା ତୋର ଅଂଗରେ ହେଲୁ ନାରୀତୁ ଜାଣ ॥୨୧॥
ସୁନ୍ଦର ପଣରେ ତତେତ ରାଜା କରିଲେ ରାଣୀ
ମଳୟ ଧ୍ୱଜର ସାଥିରେ ରତି ରଚିଲୁ ପୁଣି ॥୨୨॥
ଇନ୍ଦ୍ରିୟ ଲାଳସା ତୋହର କାମେ ଆସକ୍ତି ଥିଲା
ନର ନାରୀ ହୋଇ କାମନା ପୂର୍ଣ୍ଣ ତୋର ହୋଇଲା ॥୨୩॥
ନାରୀ ସିନା ଝାସ ଦିଅଇ ସ୍ୱାମୀ ଚିତା ଅଗ୍ନିରେ
ପୁରୁଷ ହୋଇଣ କାହିଁକି ଗହୁଁ ହେବୁ ସତୀରେ ॥୨୪॥
ତାର ସାଥେ ତୋର ସମ୍ବନ୍ଧ କିଛି ନାହିଁରେ ଜାଣ
ତୁତ ଅଟୁ ମୋର ସାଂଗତ ମନେ ସ୍ମରଣ ଆଣ ॥୨୫॥

କ୍ରମେ କ୍ରମେ ସ୍ମୃତି ପୂର୍ବର ତାର ଫେରି ଆସିଲା
ନାରଦ ମହର୍ଷି ବ୍ୟାଖ୍ୟା ଯେ ପୂର୍ବ କଥା ଚେତିଲା ॥୨୬॥
ଧ୍ରୁବଙ୍କ ବଂଶଜ ରାଜନ ପାଖେ ନାରଦ ମୁନି
ଜୀବ ଆତ୍ମା ତତ୍ତ୍ୱ ବୁଝାନ୍ତି ସେତ ସର୍ବଜ୍ଞ ଜ୍ଞାନୀ ॥୨୭॥
କାହାଣୀର ତତ୍ତ୍ୱ କଥାକୁ ବ୍ୟାଖ୍ୟା କରି କୁହନ୍ତି
ନଗର ଅଟଇ ଶରୀର ଜୀବ ରଖେ ଆସକ୍ତି ॥୨୮॥
ଶରୀରରେ ନବ ଦ୍ୱାରତ ଜୀବ ଯିବା ନିମନ୍ତେ
ନାରୀ ଏଠି ବୁଦ୍ଧି ଅଟଇ ନେଇଯାଏ ଅପଥେ ॥୨୯॥
ବ୍ରାହ୍ମଣ ଅଟନ୍ତି ପରମ ରାଜା ଜୀବ ଅଟଇ
ଉଭୟ ସମ୍ପର୍କ ମିତ୍ରତା ଦେହେ ଅଛନ୍ତି ଦୁଇ ॥୩୦॥
ପରମ ଆତ୍ମାଙ୍କ ଅଂଶତ ଦୃଶ୍ୟ ନୁହଁ ଶରୀରେ
ଜୀବ ସତ୍ତା ଆଉ ଆତ୍ମାତ ଛନ୍ତି ଏହି ବୃକ୍ଷରେ ॥୩୧॥
ଇନ୍ଦ୍ରିୟର ବସେ ଅଜ୍ଞାନେ ଖୋଜେ ମିତ୍ରକୁ ସେହି
କୁକର୍ମ କୁମାର୍ଗ ଦୁଇଟି ପଥ ରୋଧ କରଇ ॥୩୨॥
ଅହଂକାରେ ଜୀବ ରହିଣ ମୋର ଭାବକୁ ଆଣେ
କର୍ମର ବନ୍ଧନେ ପଡେସେ ପଥ ହୁଡଇ କ୍ଷଣେ ॥୩୩॥
ଜନ୍ମ ଜନ୍ମ ତାର ବିଫଳ ସଦ୍‌ଗତି ନଥାଏ
ପରମ ଆତ୍ମାର ସାକ୍ଷାତ ତା'ର ମୋଟେ ନହୁଏ ॥୩୪॥
ଭକ୍ତି ଜ୍ଞାନ ତାର ନଆସେ ଭାବ ଆସଇ ନାହିଁ
ଶ୍ରୀହରି ଲୀଳାର ଶ୍ରବଣେ ମନ ଦେବବା କାହିଁ ॥୩୫॥
ନାରଦ କୁହନ୍ତି ରାଜନ ତୁମେ ଆସକ୍ତି ରଖି
ପଶୁ ବନ୍ଧକର ଯଜ୍ଞରେ ଧର୍ମ ରହିଛି ସାକ୍ଷୀ ॥୩୬॥
ସ୍ୱର୍ଗ ପ୍ରାପ୍ତି ତୁମ କାମନା ହୃଦେ ରଖିଛ ଜାଣ
ଯେଉଁ କାର୍ଯ୍ୟେ ପ୍ରଭୁ ସନ୍ତୁଷ୍ଟ କର ଦେଇଣ ମନ ॥୩୭॥
ଶ୍ରୀଗୁରୁ ଆଶ୍ରୟ ନେଇଣ ବ୍ରହ୍ମେ ରଖିଣ ପ୍ରୀତି
ଶ୍ରୀହରି ଲୀଳାକୁ ସ୍ମରଣ କର ଭକ୍ତିରେ ନୀତି ॥୩୮॥
ଇନ୍ଦ୍ରିୟ ଲାଳସା କଥାତ ଶୁକ ବୁଝାନ୍ତି ଜ୍ଞାନେ
ଶ୍ରୋତା ପରୀକ୍ଷିତ ଶୁଣନ୍ତି ମନ ଈଶ୍ୱର ଧ୍ୟାନେ ॥୩୯॥

--୦--

ତ୍ରୟୋଦଶ ଅଧ୍ୟାୟ

ଆସକ୍ତି 'ଜଡ ଭରତ' (୫ମ ସ୍କନ୍ଧ)

ମାୟାର ବନ୍ଧନେ ଜୀବତ   ନିଜେ ହୁଅଇ ବାନ୍ଧି
କିଏବା କାହିଁକି କାହାର   ହେବେ ସେ ପ୍ରତିବାଦୀ ॥୧॥
କଲା କର୍ମ ପଥ କଢ଼ାଏ   ଜୀବ ଆସକ୍ତ ହୋଇ
ପୁନଃ ପୁନଃ ଆସେ ମର୍ତ୍ତ୍ୟକୁ   ଭିନ୍ନ ରୂପକୁ ନେଇ ॥୨॥
ଜଡ ଭରତଙ୍କ ଚରିତ୍ର   ଶୁକ ମୁନିଙ୍କ ମୁଖେ
ପରୀକ୍ଷିତ ମହାରାଜାତ   ଶୁଣୁ ଅଛନ୍ତି ସୁଖେ ॥୩॥
ରାଜର୍ଷି ଭରତ ଦିନେତ   ମାୟା ବନ୍ଧନେ ରହି
ମୃଗ ଶିଶୁ ହେଲେ ଧରାରେ   ପୂର୍ବ ଆସକ୍ତି ପାଇଁ ॥୪॥
ଆସକ୍ତି ତ୍ୟାଗିଣ ଜ୍ଞାନରେ   ମାୟା କଥା ଜାଣିଲେ
ପରବର୍ତ୍ତି ଜନ୍ମେ ଜ୍ଞାନୀତ   ଜଡ ଭରତ ହେଲେ ॥୫॥
ପ୍ରିୟବ୍ରତ ବଂଶ ଚରିତ   ଏହା କୁହନ୍ତି ମୁନି
ଉତ୍ତାନ ପାଦଙ୍କ ଚରିତ   ରାଜା ଥିଲେତ ଶୁଣି ॥୬॥
ଋଷଭ ଦେବତ ତାଙ୍କରି   ବଂଶେ ହୋଇଲେ ଜାତ
ଏକଶତ ପୁତ୍ର ତାଙ୍କର   ଜ୍ୟେଷ୍ଠ ଜଡ ଭରତ ॥୭॥
ଭାରତ ବର୍ଷର ନାମତ   ତାଙ୍କ ନାମେ ପ୍ରମାଣ
ଆତ୍ମ ଜ୍ଞାନେ ଥିଲେ ଜ୍ଞାନୀତ   ଜଡ ସ୍ୱଭାବେ ଜାଣ ॥୮॥
ଋଷଭ ରାଜନ ବାର୍ଦ୍ଧକ୍ୟେ   ବାନପ୍ରସ୍ଥ ଘେନିଲେ
ତପସ୍ୟା ନିମନ୍ତେ ବନକୁ   ଯିବେ ସ୍ଥିର କରିଲେ ॥୯॥
ବଦରିକା ଧାମ ରହିଛି   ସାଧୁ ସନ୍ଥ ଅଛନ୍ତି
ନାରାୟଣ କୃପା ଲଭିବେ   ଏହା ମନରେ ଚିନ୍ତି ॥୧୦॥
ଜ୍ୟେଷ୍ଠ ପୁତ୍ର ଜଡ ଭରତ   ତାଙ୍କୁ କଲେ ରାଜନ
ପ୍ରଜାଏ ଆନନ୍ଦ ହୋଇଲେ   କଲେ ଅଭିନନ୍ଦନ ॥୧୧॥

ପୁତ୍ର ସମ ପ୍ରଜା ପାଳନ୍ତି　　ଶାନ୍ତି ମୈତ୍ରୀ ରାଜ୍ୟରେ
ରାଜ୍ୟର ସମୃଦ୍ଧି ଘଟିଲା　　ଯାଗ ଯଜ୍ଞ ମଧ୍ୟରେ ॥୧୨॥
ଭୋଗର ଲାଳସା ନଥାଏ　　ତ୍ୟାଗ ବ୍ରତ ଜୀବନ
ସିଂହାସନେ ନାହିଁ ଲୋଭତ　　ଧ୍ୟାନ ପ୍ରଜା ପାଳନ ॥୧୩॥
ସମୟ ଆସିଲା ସିଏତ　　ପୁତ୍ରେ ରାଜ୍ୟକୁ ଦେଇ
ଚାଲିଗଲେ ଜଡ ଭରତ　　ପ୍ରାପ୍ତି ଈଶ୍ୱର ପାଇଁ ॥୧୪॥
ପୁଲହ ଆଶ୍ରମେ ରହିଲେ　　ଗୁରୁ ପାଖରେ ଯାଇଁ
ଅତି ମନୋହର ସ୍ଥାନତ　　ଅଟେ ସାଧନା ଭୂଇଁ ॥୧୫॥
ପୁଷ୍ପର ବାଟିକା ପରାଏ　　ଶୋଭା ପାଉଛି ସ୍ଥାନ
ଶାନ୍ତ ଶୀତଳତା ସମୀର　　ବହେ ପୁଲକେ ପ୍ରାଣ ॥୧୬॥
ଗଣ୍ଡୁକୀ ନଦୀତ ଉତ୍ତରେ　　କଳ କଳର ଧ୍ୱନି
କାକ ପିକ ଶବ୍ଦ କରନ୍ତି　　ମୃଗ ନାଚନ୍ତି ପୁଣି ॥୧୭॥
ଦଳ ଦଳ ମୃଗ ମାନେତ　　ଆସି ଗଣ୍ଡୁକୀ କୂଳେ
ତୃଷା ନିବାରଣ କରନ୍ତି　　ତାର ମଧୁର ଜଳେ ॥୧୮॥
ଜଡ ଭରତତ ଦେଖନ୍ତି　　ମୃଗ ମୃଗୁଣୀ ମାନେ
କ୍ରୀଡାତ କରନ୍ତି ସକଳେ　　ଅତି ଆନନ୍ଦ ମନେ ॥୧୯॥
ଏକଦା ଘଟିଲା ଘଟଣା　　ସିଂହ କରି ଗର୍ଜନ
ବଣ ମଧ୍ୟୁ ଆସେ ପ୍ରଖରେ　　ନେବ କାହାର ପ୍ରାଣ ॥୨୦॥
ଭୟରେ ହରିଣ ମାନେତ　　ନଦୀ ଗର୍ଭେ ଡେଇଁଲେ
ନଦୀ ସ୍ରୋତେ କିଏ ଗଲେତ　　କିଏ ଲାଗନ୍ତି କୂଳେ ॥୨୧॥
ତାଙ୍କ ମଧ୍ୟୁ ଏକ ଗର୍ଭିଣୀ　　ମୃଗୀ ଭୟେ ଡେଇଁଲା
ଡେଇଁବା କାଳରେ ପ୍ରସବ　　ଏକ ଶିଶୁ କରିଲା ॥୨୨॥
ଜଳରେ ଭାସିଲେ ଉଭୟ　　ମୃଗୀ ତାହାର ପିଲା
ପ୍ରଖର ସ୍ରୋତରେ ଚିତ୍କାର　　ମାତା କରୁଣା ଥିଲା ॥୨୩॥
ରାଜର୍ଷି ଭରତ ଦେଖନ୍ତି　　ଏହି ଦୃଶ୍ୟ ସେଠାରେ

କୋମଳ ହୃଦୟ ଅଥୟ   ଗଲେ ଧାଇଁ ପ୍ରଖରେ ॥୨୪॥
ଭାବନ୍ତି ମନରେ ମାଆଟା   ଯାଉ ପଛକେ ମରି
ଶିଶୁ ମୃଗଟିକୁ ଆଣିବି   ଜଳୁ ଉଦ୍ଧାର କରି ॥୨୫॥
ନିଜର ଜୀବନ ବିପଦେ   ନାହିଁ ରାଜନେ ଡର
ନଦୀ ଗର୍ଭେ ଲମ୍ଫ ଦେଇଣ   କଲେ ଶିଶୁ ଉଦ୍ଧାର ॥୨୬॥
ଶ୍ରଦ୍ଧାରେ ରଖିଲେ ଆଶ୍ରମେ   ଅତି ଯତ୍ନ କରିଣ
କ୍ଷୀର ପାନ ଦେଇ ବଢ଼ାନ୍ତି   ମାତା ପ୍ରାୟ ରାଜନ ॥୨୭॥
ନିଜର ସନ୍ତାନ ପରାଏ   ନିତ୍ୟ ରଖନ୍ତି ଧ୍ୟାନ
ଖାଦ୍ୟପେୟ ତାର ବୁଝନ୍ତି   କୋଳାଗ୍ରତ କରିଣ ॥୨୮॥
ବାତ୍ସଲ୍ୟ ମମତା ବଢ଼ିଲା   ଭୁଲିଗଲେ ସାଧନା
ଭାବ ଭକ୍ତି ଗଲା ଦୂରେଇ   ରାଜା ହେଲେ ବିମନା ॥୨୯॥
ଅନ୍ତିମ କାଳରେ ରାଜାତ   ମୃଗ ଶିଶୁ ଚିନ୍ତିଲେ
ସେହି ଚିନ୍ତନର ଫଳରେ   ଜନ୍ମ ମୃଗତ ହେଲେ ॥୩୦॥
ଏତ ଗୁଢ଼ ତତ୍ତ୍ୱ ଅଟଇ   ଜୀବ ମରଣ କାଳେ
ଯେଉଁ ରୂପ ପ୍ରତି ଭାବନା   ସେହି ରୂପତ ମିଳେ ॥୩୧॥
ରାଜା ଭରତ ତ ମୃଗର   ରୂପେ ଜନ୍ମିଲେ ମର୍ତ୍ତ୍ୟେ
ପୂର୍ବ ଜନ୍ମ କଥା ସ୍ମରଣ   ଥିଲା ତାଙ୍କର ଚିତ୍ତେ ॥୩୨॥
ମାତା ମୃଗୁଣୀକୁ ଛାଡିଣ   ମୁନି ଆଶ୍ରମେ ଯାଇ
ଆଶ୍ରମ ପ୍ରାଙ୍ଗଣେ ରହିଣ   ବେଦ ମନ୍ତ୍ର ଶୁଣଇ ॥୩୩॥
ମୃତ୍ୟୁ କାଳ ତାର ଆସିଲା   ମୃଗ ଚିନ୍ତଇ ମନେ
ଋଷି ବ୍ରାହ୍ମଣତ ଅଛନ୍ତି   ଦୃଶ୍ୟ ହୁଏ ନୟନେ ॥୩୪॥
ମରଣ କାଳର ଚିନ୍ତନେ   ମୃଗ ଶରୀର ଗଲା
ପୁନରାୟ ନର ଶରୀର   ହେଲେ ବ୍ରାହ୍ମଣ ପିଲା ॥୩୫॥
ପୂର୍ବଜନ୍ମ କଥା ସ୍ମରଣ   ଚୈତ ସତ୍ତାରେ ଥିଲା
ସାଧନାରେ ବ୍ରତୀ ହୋଇଲେ   ପୂର୍ବ ସ୍ମୃତି ଜାଗିଲା ॥୩୬॥

ଜଡ ଭାବ ରଖି ସଂସାରେ   ଯାତ୍ରା ଆରମ୍ଭ କଲେ
ଜଡ ଭରତର ନାମରେ   ଲୋକେ ତାଙ୍କୁ ଡାକିଲେ ॥୩୭॥
ପିତାଙ୍କ ମରଣ ହୋଇଲା   ଭାଇ ପାଖେ ରୁହନ୍ତି
ମୂକର ସ୍ୱଭାବ ରଖିଣ   ପ୍ରଜ୍ଞା ସ୍ତରରେ ସ୍ଥିତି ॥୩୮॥
ବିଦ୍ୟା ଅଧ୍ୟୟନ ନହେଲା   ସଦା ରହି ମଉନେ
ସର୍ବଦା ରହିଲେ ଚିନ୍ତନେ   ଭଗବତ ସ୍ମରଣେ ॥୩୯॥
କୃଷି କ୍ଷେତ୍ରେ କାର୍ଯ୍ୟ କରନ୍ତି   ଦିବା ନିଶି ନମାନି
କିଏବା ଆଦର କରିବ   ମୂର୍ଖ ସେଯେ ଅଜ୍ଞାନୀ ॥୪୦॥
ନଶୁଭେ ପାଟିରୁ କଥାତ   ସଦା ନିରବ ରହି
ଚିନ୍ତନ ମନନ ସର୍ବଦା   ହରି କଥାତ ଥାଇ ॥୪୧॥
ଭ୍ରମୁଥିଲେ ଦିନେ ବନେ ସେ   ପଥେ ଜଡ ଭରତ
ହିନ୍ଦୋଳର ଡାକ ଶୁଭଇ   ରାଜା ବସିଛନ୍ତିତ ॥୪୨॥
ମହା ସେ ପ୍ରତାପି ଅଟଇ   ସେ ଯେ ସିନ୍ଧୁର ପତି
ରହୁ ରାଣ ନାମ ତାହାର   ଅଟେ ଦୁଷ୍ଟ ପ୍ରକୃତି ॥୪୩॥
ପାଲିଙ୍କି କାନ୍ଧାଳି ଜଣେତ   ତାଙ୍କ ଅଭାବ ଅଛି
ଦେଖିଲେ ସମ୍ମୁଖେ ଯୁବକ   ବୃକ୍ଷ ମୂଳେ ବସିଛି ॥୪୪॥
ଆଦେଶ ଦେଇଣ କାର୍ଯ୍ୟରେ   ତାକୁ ନିଯୁକ୍ତି ଦେଲେ
ଜଡ ଭରତତ ମାନିଣ   କାନ୍ଧେ ପାଲିଙ୍କି ନେଲେ ॥୪୫॥
ଦେହ ଜ୍ଞାନ ନାହିଁ ଯାହାର   ପାଦେ ନଥାଏ ତାଳ
ପଥକୁ ଅପଥ ଗମନ   ହଲିଯାଏ ହିନ୍ଦୋଳ ॥୪୬॥
ବିରକ୍ତି ଭାବରେ ରାଜାତ   କ୍ରୋଧେ ଅକଥା କହେ
ଭେଣ୍ଡିଆ ପଣରେ ରହିଛି   ଶକ୍ତି ତୋହର ଦେହେ ॥୪୭॥
ବୋହିକି ପାରୁନୁ ପାଲିଙ୍କି   ବଡ଼ କୋଢ଼ିଆ ତୁହି
ଦଣ୍ଡ ଦେଲେ କାର୍ଯ୍ୟ କରିବୁ   ଆନ ଉପାୟ ନାହିଁ ॥୪୮॥
ଠାପୁଆ ପଣରେ ଠକୁଛୁ   କହି ମାଡ ମାରିଲେ

ଜଡ ଭରତ ତ ନିରବେ ଏହା ସହିଣ ଗଲେ ॥୪୯॥
କହନ୍ତି ରାଜାଙ୍କୁ ରାଜନ ମୁଁ ତ ଶରୀର ନୁହେଁ
ଶରୀରର ଜ୍ଞାନ ନାହିଁତ ଦଣ୍ଡ ଶରୀର ପାଏ ॥୫୦॥
ଆତ୍ମା ଅଟେ ମୁହିଁ ରାଜନ କର ଜ୍ଞାନେ ବିଚାର
ମାନ ଅପମାନ ନଜାଣେ ଦଣ୍ଡେ ନଥାଏ ଡର ॥୫୧॥
ଶରୀରତ କର୍ମ କରଇ କର୍ମେ ଶରୀର ଲୋଡା
ପାଦତ ଚାଲଇ ପଥରେ ହୋଇ ଯାଏତ ତେଡା ॥୫୨॥
ଜରା ବ୍ୟାଧି ଜୀର୍ଣ୍ଣ ବଳିଷ୍ଠ ଦୁଃଖ ସୁଖ ପ୍ରେମତ
ରାଗ ହିଂସା କ୍ରୋଧ ଇତ୍ୟାଦି ଦେହେ ଥାଏ ଜଡିତ ॥୫୩॥
ସ୍ପର୍ଶ କରେ ନାହିଁ ମତେତ ଏହା ଶରୀର ଗୁଣ
ବଞ୍ଚିବା ମରିବା ନଜାଣେ ନାହିଁ ଖାଦ୍ୟରେ ମନ ॥୫୪॥
ଜନ୍ମ ସାଥେ ଥାଏ ମରଣ ମରେ ଏହି ଶରୀର
ଆତ୍ମାର ମରଣ ନାହିଁତ ସେତ ଚୀର ଅମର ॥୫୫॥
କି ଦଣ୍ଡ ଦେଉଛ ରାଜନ ମନେ କ୍ରୋଧ ବହିଣ
ଜଡର ସ୍ୱଭାବ ଯାହାର ସେତ ଅଟେ ଅଜ୍ଞାନ ॥୫୬॥
ତୁମ ପରି ଦିନେ ମୁହିଁତ ଥିଲି ରାଜ୍ୟରେ ରଜା
ଭରତ ନାମରେ ପ୍ରସିଦ୍ଧି ଉଡୁଥିଲା ମୋ ଧ୍ୱଜା ॥୫୭॥
ଆସକ୍ତି ରଖିଣ ଈଶ୍ୱରେ ନିତ୍ୟ କରଇ ପୂଜା
ବୈରାଗ୍ୟ ଭାବରେ ତ୍ୟାଗିଲି ରାଜ୍ୟ ମୋହର ପ୍ରଜା ॥୫୮॥
ବନସ୍ତେ ଆସିଲି ଜୀବନେ ପ୍ରାପ୍ତ ଈଶ୍ୱର ପାଇଁ
ମୃଗ ଶିଶୁ ପରେ ଆସକ୍ତି ମୋର ନିତ୍ୟ ବଢ଼ଇ ॥୫୯॥
ଆସକ୍ତି ନିମନ୍ତେ ହେଲି ମୁଁ ନର ମୃଗୁଣୀ ବନେ
ପୂର୍ବ ଜ୍ଞାନେ ରହି ଆଶ୍ରମେ ରଖେ ପ୍ରଭୁଙ୍କୁ ଧ୍ୟାନେ ॥୬୦॥
ଏହି ଜନ୍ମେ ମୁହିଁ ବ୍ରାହ୍ମଣ ନାମେ ଜଡ ଭରତ
ମାୟାରେ ଆବଦ୍ଧ ନହୁଏ ନିଜେ ରହେ ଗୁପତ ॥୬୧॥

ରାଜାତ ଶୁଣିଣ ଆଶ୍ଚର୍ଯ୍ୟେ ନିମ୍ନେ ରଖି ହିନ୍ଦୋଳ
ଆସିଣ ପାଦକୁ ଧରନ୍ତି ଭାବେ ହୋଇ ବିହ୍ୱଳ ॥୬୨॥
କ୍ଷମା କରିଦିଅ ମତେତ ମୁଁ ତ ଅଟେ ଅଜ୍ଞାନୀ
ଅକର୍ମରେ ଲିପ୍ତ କରିଲି ମୁଁ ଯେ ନପାରି ଚିହ୍ନି ॥୬୩॥
ଅସୀମ ଜ୍ଞାନରେ ତୁମେତ ଅଟ ଜ୍ଞାନ ସାଗର
ଶାସ୍ତ୍ର ଲବ୍ଧ ଜ୍ଞାନ ନାହିଁମୋ ମତେ କର ଉଦ୍ଧାର ॥୬୪॥
ଅହଂକାର ମୋର ବୁଦ୍ଧିକୁ ନଷ୍ଟ କରିଛି ଜାଣ
ସତ୍‌ଜ୍ଞାନ କର ପ୍ରଦାନ କୁହ ଆତ୍ମାର ଗୁଣ ॥୬୫॥
ତୁମପରି ସାଧୁ ମହାତ୍ମା ଦଣ୍ଡ ତୁମକୁ ଦେଲି
କ୍ଷମା କରିଦିଅ ହେ ଗୁରୁ ପାପ ଯାହା ଅର୍ଜିଲି ॥୬୬॥
କୁହନ୍ତି ଭରତ ରାଜାଙ୍କୁ ଏହି ସଂସାରେ ଧର୍ମ
ଦୁର୍ଗମ ଅଟଇ ସଂସାର ଯେତେ ତାହର କର୍ମ ॥୬୭॥
ସଂସାର ପଥରେ ଚାଲିବା ଅଟେ ବଡ କଠିନ
ଭ୍ରମିଯାଏ ଜୀବ ନିତ୍ୟେତ ମାୟା କରେ ବନ୍ଧନ ॥୬୮॥
ଫଳ ଆଶା କର୍ମେ ନରଖି ତ୍ୟାଗ ବ୍ରତରେ ଥିବ
ଜ୍ଞାନ ଖଡ୍ଗ ହସ୍ତେ ଧରିଣ ପଥ ସୁପଥେ ଯିବ ॥୬୯॥
ଅହଂକାର ମନ ପ୍ରାଣରେ ଆଉ ଥାଏ ଶରୀରେ
ଆତ୍ମା ଭାବ ରଖି ନିତ୍ୟେତ ଚାଲ ଏହି ସଂସାରେ ॥୭୦॥
ଇନ୍ଦ୍ରିୟ ସୁଖରୁ ବଞ୍ଚିତ ଇନ୍ଦ୍ରି ଜୟୀ ହୋଇବ
ଯଶ ପ୍ରଶଂସାରେ ମନତ ତାର କେବେ ନଥିବ ॥୭୧॥
ଶ୍ରୀହରି ଲୀଳାକୁ ଶ୍ରବଣ ଆଉ ନିତ୍ୟ ପଠନ
ନାମରେ ବିଶ୍ୱାସ ରଖିବ ନାମ ଜପିବ ମନ ॥୭୨॥
ଶରୀର ତାହାର ଅଟଇ ସେତ ନୁହଁ ଶରୀର
ଆତ୍ମା ପ୍ରତି ହେତୁ ରଖିଲେ ଦୁଃଖ ହୁଅଇ ଦୂର ॥୭୩॥

--୦୦--

ଚତୁର୍ଦ୍ଦଶ ଅଧ୍ୟାୟ

ଅଜାମ୍ବିଳ (୬ଷ୍ଠ ସ୍କନ୍ଧ)

ଈଶ୍ୱର ନାମର ପ୍ରଭାବେ କେତେ ଶକ୍ତି ରହିଛି
ଜ୍ଞାନବୃଦ୍ଧ ଶୁକ କୁହନ୍ତି ଏକ ଚରିତ୍ର ବାଛି ॥୧॥
ସକଳ ପାପର ବିନାଶ ନାମେ ହୋଇଣ ଯାଏ
ରୋଗର ଔଷଧ ନାମତ ରୋଗୀ ଆରୋଗ୍ୟ ହୁଏ ॥୨॥
ଯମଦୂତ ଦେଇ ପାରେନି ଦଣ୍ଡ ଭୟ ନାମକୁ
ଅଜାମ୍ବିଳ କଥା ଶୁଣାନ୍ତି ରାଜା ପରୀକ୍ଷିତଙ୍କୁ ॥୩॥
ଧର୍ମ ଶାସ୍ତ୍ରେ ଲେଖା ଅଛଇ ନର୍କ ପାପୀତ ଭୋଗେ
ଅଜାମ୍ବିଳ ପରି ପାପୀତ ଯାଏ ବିମାନେ ସ୍ୱର୍ଗେ ॥୪॥
ଆଶ୍ଚର୍ଯ୍ୟେ ପୁଚ୍ଛନ୍ତି ରାଜନ ମନେ ସଂନ୍ଦେହ ଆସେ
କିକର୍ମ କରିଲା ପାପୀତ ଗଲା ବିଷ୍ଣୁଙ୍କ ପାଶେ ॥୫॥
ଶୁକଦେବ ଶୁଣି ସନ୍ତୋଷେ କହୁ ଅଛନ୍ତି ବାଣୀ
ନାମ ବ୍ରହ୍ମ ଅଟେ ରାଜନ ସେଯେ ଅମୃତ ପୁଣି ॥୬॥
ତପ ମାର୍ଗେ ଜୀବ ଗଲେତ ଯମ ନିୟମ ଧରେ
ଶମ ଦମ ପ୍ରାଣାୟାମ ତ ନିତ୍ୟ ଅଭ୍ୟାସ କରେ ॥୭॥
ସାଧନାର କ୍ଷେତ୍ର ଶରୀର କ୍ଷେତ୍ର ପବିତ୍ର ହୁଏ
ଅବିଦ୍ୟା ଯାଏତ ଦୂରକୁ ପାପ ହୃଦରୁ ଯାଏ ॥୮॥
ଭକ୍ତି ମାର୍ଗେ ଜୀବ ଗଲେତ ସମର୍ପଣ ଭାବରେ
ନିଜକୁ ଦିଏତ ପ୍ରଭୁଙ୍କୁ ଦାସ ଭାବ ହୃଦରେ ॥୯॥
କର୍ତ୍ତା ପଣ ତାର ନାଶେତ କର୍ତ୍ତା ପ୍ରଭୁ ଶରୀରେ
ଆଜ୍ଞା ମାନି କାର୍ଯ୍ୟ କରଇ ଆତ୍ମା ଜାଗ୍ରତ ତାରେ ॥୧୦॥
ସୂର୍ଯ୍ୟୋଦୟ ହେଲେ ଅନ୍ଧାର ଯେହ୍ନେ ପଳାଇ ଯାଏ
ଆତ୍ମାର ପ୍ରକାଶ ହୋଇଲେ ପାପ ହୃଦେ ନରୁହେ ॥୧୧॥

ନର୍ଦ୍ଦମା ଜଳତ ମିଶିଲେ　　ଯାଇଁ ଗଂଗା ନଦୀରେ
ସକଳ ଦୁର୍ଗନ୍ଧ ନାଶଇ　　ଜଳ ପବିତ୍ର ଧରେ ।।୧୨।।
ନଦୀତ ମିଶିଲେ ସାଗରେ　　ସତ୍ତା ତାର ହଜଇ
ଈଶ୍ୱରଙ୍କ ସ୍ପର୍ଶ ଲଭିଲେ　　ପାପ ନପାରେ ରହି ।।୧୩।।
କୁହନ୍ତି ମହର୍ଷି ଶୁକତ　　ଶୁଣ ତୁମେ ରାଜନ
କନଉଜ ଦେଶେ ଥିଲେତ　　ଜଣେ ପାପୀ ବ୍ରାହ୍ମଣ ।।୧୪।।
ପ୍ରେମେ ମୋହ ଗ୍ରସ୍ତ ହୋଇଣ　　ଛାଡି ସଂସାର ନୀତି
ହୀନ ଦାସୀ ସାଥେ ରହିଣ　　କଲା ଅକର୍ମେ ପ୍ରୀତି ।।୧୫।।
ବ୍ରାହ୍ମଣ ଜାତିର କଳଙ୍କ　　ଲୋକେ ଘୃଣା କରନ୍ତି
ସଂସାରୁ ବାଛନ୍ଦ ହୋଇଲା　　ମଦ ମାଂସରେ ମାତି ।।୧୬।।
ଦାସୀ ସାଥେ ପ୍ରୀତି କରିଣ　　ଦଶ ପୁତ୍ରର ପିତା
କନିଷ୍ଠ ପୁତ୍ରରେ ଶ୍ରଦ୍ଧାତ　　ନିତ୍ୟ ତାପାଇଁ ଚିନ୍ତା ।।୧୭।।
ଲୋମଶ ମହର୍ଷି କଥାକୁ　　ମନେ ରଖିଣ ଥିଲା
ଏହି ପୁତ୍ର ନାମ ଦେଇଣ　　ନାରାୟଣ ଡାକିଲା ।।୧୮।।
ନାରାୟଣ ନାମ ସର୍ବଦା　　ଅଜାମିଳର ମୁଖେ
ନାରାୟଣ ପୁତ୍ର ତାହାର　　ଏହି ଭାବତ ରଖେ ।।୧୯।।
ଆୟୁତାର ସରି ଆସିଲା　　ଏବେ ମୃତ୍ୟୁ ନିକଟ
ଯମଦୂତ ଗଣ ଆସିଣ　　କଲେ ତାକୁ ଆକଟ ।।୨୦।।
ଭୟରେ ଡାକିଲା ପୁତ୍ରକୁ　　ସେତ ଉଚ୍ଚ ସ୍ୱରରେ
ନାରାୟଣ ନାମ ଶୁଣିଣ　　ଦୂତ ଥରିଲେ ଡରେ ।।୨୧।।
ବ୍ୟାକୁଳତା ଡାକ ପହଞ୍ଚେ　　ଆସି ବୈକୁଣ୍ଠ ପୁରେ
ଦୂତକୁ ପଠାନ୍ତି ଶ୍ରୀବିଷ୍ଣୁ　　ଯାଅ ଦ୍ରୁତ ଗତିରେ ।।୨୨।।
ଭକ୍ତ ମୋର ଅଜାମିଳକୁ　　ଯମ ଦୂତ ପଠାଇ
ପାପୀ ଭାବେ ନେଇ ଦେବତ　　ଦଣ୍ଡ ନର୍କେ ପକାଇ ।।୨୩।।

ବିଷ୍ଣୁ ଦୂତ ଆସି ବିରୋଧ ଯମଦୂତଙ୍କୁ କଲେ
ଯୁକ୍ତି ତର୍କ ସେଠି ଥିଲାତ ଯମଦୂତ କହିଲେ ॥୨୪॥
ପାପୀ ନୁହଁ ମହା ପାପୀତ ନର୍କେ ରହିବ ଯାଇ
ପତ୍ନୀ ଛାଡି ଦାସୀ ପାଖରେ କାଳ ଦେଲା ବିତାଇ ॥୨୫॥
ବ୍ରାହ୍ମଣ ଜାତିକୁ ନିନ୍ଦାତ ଦେଲା ବ୍ରାହ୍ମଣ ହୋଇ
ମଦମାଂସ ନିତ୍ୟ ଭକ୍ଷଣ କରେ ତପତ ନାହିଁ ॥୨୬॥
ବ୍ରହ୍ମ ବିଦ୍ୟା ସେତ ଜାଣିନି ଖାଲି କାନ୍ଧେ ପଇତା
କେବେବି କରିନି ଜୀବନେ ତୁମ ବିଷ୍ଣୁଙ୍କ ଚିନ୍ତା ॥୨୭॥
ଯମଦୂତଙ୍କର ଯୁକ୍ତିତ ସେତ ପାପୀ ନିଶ୍ଚିତ
ବିଷ୍ଣୁଦୂତ ଦେଲେ ବୁଝାଇ ଶୁଣ ଯମଙ୍କ ଦୂତ ॥୨୮॥
ଅନ୍ତିମ କାଳରେ ଶ୍ରୀବିଷ୍ଣୁ ସେଯେ ଜ୍ୱଳନ୍ତ ଦୀପ
ଜଳିଯାଏ କଲା ପାପତ ମୁଖେ ନାମର ଜପ ॥୨୯॥
ନାରାୟଣ ନାମ ଉଚ୍ଚାରେ ତୁମେ ଶୁଣିଛ କର୍ଣ୍ଣେ
ନାମେ ପାପ ତାର ନାହିଁତ ଯାଅ ଯମ ସଦନେ ॥୩୦॥
ଅନୁତପ୍ତେ ପାପ ଯାଏତ ଜୀବ ପବିତ୍ର ହୁଏ
ନାମେ ମଗ୍ନ ରୁହ ରାଜନ ଯିବ ସ୍ୱର୍ଗ ସ୍ୱଦେହେ ॥୩୧॥

--୦--

ପଞ୍ଚଦଶ ଅଧ୍ୟାୟ

ଦଧୀଚିଙ୍କ ଶରୀର ଦାନ

ଶରୀରର ପ୍ରତି ମୋହତ ଜୀବ ରଖେ ସଂସାରେ
ଶରୀର ସର୍ବସ୍ୱ ଅଟଇ ତାର ଜ୍ଞାନ ବିଚାରେ ॥୧॥
ହିନ୍ଦୁ ଶାସ୍ତ୍ର କୁହେ ଶରୀର ତାର ବିନାଶ ହୁଏ
ଶରୀରକୁ ଛାଡି ଆତ୍ମାତ ଅନ୍ୟ ଘଟକୁ ଯାଏ ॥୨॥
ସେଦିନର କଥା ଶୁଣାଏ ଏହି ଭାରତ ବର୍ଷେ
ଶରୀରକୁ ଦାନ ଦେଲେତ ଦାନୀ ଦଧୀଚି ଶେଷେ ॥୩॥
ସଂସାର ମଙ୍ଗଳେ ଶରୀର ଯଦି ମୋର ଲାଗିବ
ସାର୍ଥକ ଲଭିବ ଜୀବନ ଏବେ ନିଅନ୍ତୁ ଦେବ ॥୪॥
ଏକଦା ସ୍ୱର୍ଗରେ ଦେବତା ଦେବ ସଭା କରନ୍ତି
ଶଚୀଙ୍କୁ ସାଥିରେ ଧରିଣ ଇନ୍ଦ୍ର ବସିଣ ଛନ୍ତି ॥୫॥
ବିଶାଳ ଐଶ୍ୱର୍ଯ୍ୟେ ମାଲିକ ଗର୍ବ ହୃଦରେ ଥାଏ
ଅହଂକାରେ ଜଡି ରହିଛି ଭୋଗୀ ବିଳାସୀ ସିଏ ॥୬॥
ଦେବଗୁରୁ ବୃହସ୍ପତିତ ଆସି ପହଞ୍ଚି ଗଲେ
ଆସନୁ ନ ଉଠେ ଗର୍ବିତ ଶଚୀ ଅଛନ୍ତି କୋଳେ ॥୭॥
ଅପମାନ ବୋଧ କଲେତ ଗୁରୁ ଆସନ୍ତି ଫେରି
ସ୍ୱର୍ଗପୁର ତ୍ୟାଗ କରିଲେ କ୍ରୋଧ ପ୍ରବଳ ଧରି ॥୮॥
ଇନ୍ଦ୍ର ଗର୍ବନାଶ ନିମନ୍ତେ ଅଭିଶାପ ତ ଦେଲେ
ସମ୍ବରାସୁର ଯେ ରାକ୍ଷସ ଥିଲା ମହୀ ମଣ୍ଡଳେ ॥୯॥
ଭାବିଲା ରାକ୍ଷାସ ଏହାତ ଶୁଭ ଅଟେ ସମୟ
ଗୁରୁ ବୃହସ୍ପତି ନାହାନ୍ତି ସ୍ୱର୍ଗ କରିବି ଜୟ ॥୧୦॥
ମହା ପ୍ରତାପୀ ସେ ରାକ୍ଷସ ଗଲା ସ୍ୱର୍ଗପୁରକୁ
ଦେବତା ଭୟରେ ଗଲେତ ସର୍ବେ ବ୍ରହ୍ମା ପାଖକୁ ॥୧୧॥

ବ୍ରହ୍ମାଙ୍କ ନିର୍ଦ୍ଦେଶେ ଦେବତା ଗୁରୁ ବରଣ ପାଇଁ
ବିଶ୍ୱରୂପ ପାଖେ ପହଞ୍ଚି ନତ ମସ୍ତକ ହୋଇ ॥୧୨॥
ତୁମେ ଗୁରୁବର ଆମର ହେଲ ତୁମେତ ଗୁରୁ
ଯଜ୍ଞ ପାଇଁ ଆମେ ତୁମକୁ ଦେବ ସକଳେ ବରୁ ॥୧୩॥
ବିଶ୍ୱରୂପଙ୍କର ମମତା ଥିଲା ରାକ୍ଷସ ପରେ
ଯଜ୍ଞ ଚରୁ ନେଇ ଗୁପତେ ଦେଲେ ରାକ୍ଷସ କରେ ॥୧୪॥
ଇନ୍ଦ୍ର ଜାଣି ବଧ କରିଲା ଗୁରୁ ଦ୍ରୋହୀ ହୋଇଣ
ବିଶ୍ୱରୂପ ପିତା ତ୍ୱଷ୍ଟାତ ଜ୍ଞାନ୍ତ ପୁତ୍ର ମରଣ ॥୧୫॥
ଇନ୍ଦ୍ରର ନିଧନ ନିମନ୍ତେ ତ୍ୱଷ୍ଟା ଯଜ୍ଞ କରିଲେ
ଯଜ୍ଞ କୁଣ୍ଡୁ ହେଲା ପ୍ରକାଶ ଏହି ମହୀ ମଣ୍ଡଳେ ॥୧୬॥
ଭୟଙ୍କର ଏକ ରାକ୍ଷସ ବୃତ୍ତାସୁରର ନାମ
ଇନ୍ଦ୍ରକୁ ମାରିବ ନିଶ୍ଚୟ ସେତ ଇନ୍ଦ୍ରର ଯମ ॥୧୭॥
ସ୍ୱର୍ଗପୁର ଗଲା ରାକ୍ଷସ ଯୁଦ୍ଧ ଆରମ୍ଭ କଲା
ଦେବତାଙ୍କ ପାଖେ ଥିଲାତ ଅସ୍ତ୍ର ସବୁ ସରିଲା ॥୧୮॥
ରାକ୍ଷସ ନମଲା ଭୟରେ ଇନ୍ଦ୍ର ବିଷ୍ଣୁଙ୍କୁ କହେ
ବିଷ୍ଣୁତ କୁହନ୍ତି ମରଣ ତାର ଅସ୍ତ୍ରରେ ନୁହେଁ ॥୧୯॥
ବଜ୍ରରେ ମରିବ ନିଶ୍ଚୟ ବଜ୍ର କର ନିର୍ମାଣ
ବିଶ୍ୱକର୍ମା ପାଖେ ଯାଅତ ତୁମେ ଦେବତା ଗଣ ॥୨୦॥
ବଜ୍ର ପାଇଁ ଅସ୍ଥି ଲୋଡାତ ଏହା ରଖିବ ମନେ
ଆନ ଧାତୁ ନୁହଁ ନିର୍ମାଣେ ବୃତ୍ତାସୁର ନିଧନେ ॥୨୧॥
ଦଧୀଚିଙ୍କ ପାଖେ ପ୍ରାର୍ଥନା ତାଙ୍କ ଶରୀର ପାଇଁ
ତାଙ୍କରି ଅସ୍ଥିରେ ନିର୍ମାଣ କର ବଜ୍ରକୁ ଯାଇ ॥୨୨॥
ବିଷ୍ଣୁଙ୍କ ଆଦେଶେ ଦେବତା ଗଲେ ଦଧୀଚି ପାଖେ
ପ୍ରାର୍ଥନା କରନ୍ତି ଶରୀର ରହି ସକଳ ଦୁଃଖେ ॥୨୩॥

ଶୁଣିଣ ଦଧୀଚି କୁହନ୍ତି ମୋର ମୃତ୍ୟୁ ରହୁଁଛ
ଏପରି ଶରୀର ଦାନକେ ଦିଏ କର୍ଣ୍ଣେ ଶୁଣିଛ ॥୨୪॥
ଦେବତା କୁହନ୍ତି ବିନୟେ ପର ଉପକାରରେ
ଶରୀର ଲାଗିବ ତୁମର ଯଶ ଥିବ ମହୀରେ ॥୨୫॥
ଦଧୀଚି ଶୁଣିଣ ଖୁସିରେ ଦେବେ ଶରୀର ଦାନ
ଶରୀରରୁ ଆତ୍ମା ଯିବତ ଏବେ ଯୋଗରେ ଧ୍ୟାନ ॥୨୬॥
ଚୈତ୍ତ ସତ୍ତା ସାଥେ ଆତ୍ମାତ ସ୍ୱର୍ଗ ଧାମକୁ ଗଲା
ଜୟକାର ଧ୍ୱନି ଦେବତା ମୁଖୁ ପ୍ରକାଶ ହେଲା ॥୨୭॥
ନିର୍ମାଣ ହୋଇଲା ଅସ୍ତ୍ରତ ଇନ୍ଦ୍ର ଧରିଲେ ହସ୍ତେ
ପୁନଃ ଯୁଦ୍ଧ ହେଲା ଆରମ୍ଭ ବୃତ୍ର ରାକ୍ଷସ ସାଥେ ॥୨୮॥
ନର୍ମଦା କୂଳରେ ଯୁଦ୍ଧତ ହେଲା ପ୍ରଚଣ୍ଡ ବେଗେ
ଧାଇଁ ଆସେ ବୃତ୍ର ରାକ୍ଷସ ଇନ୍ଦ୍ର ସମ୍ମୁଖ ଭାଗେ ॥୨୯॥
କ୍ରୋଧରେ କୁହଇ ଇନ୍ଦ୍ରକୁ ଭ୍ରାତ ହନ୍ତାତ ତୁହି
ମୋ ହସ୍ତେ ମରଣ ନିଶ୍ଚିତ ଯିବୁ ଆଜିତ କାହିଁ ॥୩୦॥
ଜାଣିଛିରେ ଇନ୍ଦ୍ର ତୁହିତ ବଜ୍ର କଲୁ ନିର୍ମାଣ
ସେହି ବଜ୍ରେ ହେବ ମୋହର ସତ୍ୟ ଅଟେ ମରଣ ॥୩୧॥
ଭାଗ୍ୟବାନ ଅଟେ ମୁହିଁତ ସେତ ଦଧୀଚି ଅସ୍ଥି
ରହିଛି ବଜ୍ରରେ ଭରିତ ବିଷ୍ଣୁ ତେଜର ଶକ୍ତି ॥୩୨॥
ବିଷୟା ଭୋଗିଏ ଶରୀର ବଜ୍ରେ ନାଶ ହୋଇବ
ଦେବତା କୂଳର ବିଜୟ ବିଶ୍ୱ ଏହା ଜାଣିବ ॥୩୩॥
ଶୁଣନ୍ତି ଇନ୍ଦ୍ରତ ରାକ୍ଷସ କହେ ଜ୍ଞାନର କଥା
ସମ୍ବୋଧି ଇନ୍ଦ୍ରତ କୁହନ୍ତି ତୁମେ ଅଟେ ମହାତ୍ମା ॥୩୪॥
ଯୋଗ ସିଦ୍ଧ ତୁମେ ଦାନବ ପ୍ରୀତି ହରିଙ୍କ ପ୍ରତି
ଜୀବ ତତ୍ତ୍ୱ ଭାବ ଜାଣିଛ ସିଦ୍ଧି ହୋଇଛି ପ୍ରାପ୍ତି ॥୩୫॥

ଶ୍ରୀହରି ପାଦରେ ଭକ୍ତିତ ଯିଏ ରଖିଣ ଥାଏ
ଶରୀରକୁ ତୁଚ୍ଛ ମଣଇ ଆତ୍ମ ଜ୍ଞାନରେ ରୁହେ ।।୩୬।।
ତଥାପି ଯୁଦ୍ଧତ ହୋଇଲା ଇନ୍ଦ୍ର ବଜ୍ରକୁ ଧରି
ରାକ୍ଷସର ବାମ ହସ୍ତକୁ ଦେଲେ ଛିନ୍ନତ କରି ।।୩୭।।
ଏକ ହାତେ ପୁଣି ଦାନବ ଇନ୍ଦ୍ରେ ପ୍ରହାର କଲା
ଇନ୍ଦ୍ରଙ୍କ ହସ୍ତରୁ ବଜ୍ରତ ତଳେ ପଡିଣ ଗଲା ।।୩୮।।
ଲଜ୍ଜିତ ହୋଇଣ ଇନ୍ଦ୍ରତ ଭୟେ ପଳାଇ ଯାଏ
ରାକ୍ଷସ ଡାକିଣ ଅସ୍ତ୍ରକୁ ହସ୍ତେ ଉଠାଇ ଦିଏ ।।୩୯।।
କହଇ ରାକ୍ଷସ ଯୁଦ୍ଧତ ତୁମେ ମୋ ସାଥେ କର
ଜୟ ବିଜୟର ପ୍ରଭାବ ନାହିଁ ହୃଦୟ ସ୍ଥିର ।।୪୦।।
ସୁଖ ଦୁଃଖ ଉର୍ଦ୍ଧ୍ୱେ ମୁହିଁତ ମୃତ୍ୟୁ ଜୀବନେ ଭେଦ
ସ୍ପର୍ଶ କରେ ନାହିଁ ମତେତ କର ନିର୍ଭୟେ ଯୁଦ୍ଧ ।।୪୧।।
ସତ୍ତ୍ୱ ରଜ ତମ ପ୍ରକୃତି ଗୁଣ ଶରୀରେ ଅଛି
ଆତ୍ମା ସାକ୍ଷୀ ରୂପେ ଜାଗ୍ରତ ସବୁ କ୍ଷେତ୍ରେ ଦେଖୁଛି ।।୪୨।।
ଇନ୍ଦ୍ର ପୁନଃ ବଜ୍ର ଧରିଣ କାଟେ ଦକ୍ଷିଣ ହସ୍ତ
ବୃତ୍ରାସୁର କ୍ରୋଧ ବଢ଼ିଲା ମୁଖେ କରେ ଆକ୍ରାନ୍ତ ।।୪୩।।
ଇନ୍ଦ୍ରଙ୍କୁ ଗିଳିଲା ରାକ୍ଷସ ଐରାବତ ସହିତ
ଶ୍ରୀ ବିଷ୍ଣୁ କୃପାରୁ ଇନ୍ଦ୍ରତ ହେଲେ ପେଟୁ ନିର୍ଗତ ।।୪୪।।
ବୃତ୍ରାସୁର ଶିର କାଟନ୍ତି ଇନ୍ଦ୍ର ମରେ ରାକ୍ଷସ
ଦେଖନ୍ତି ଇନ୍ଦ୍ରତ ରାକ୍ଷସ ଅଙ୍ଗୁ ଜ୍ୟୋତି ପ୍ରକାଶ ।।୪୫।।
ଜ୍ୟୋତିତ ଗମଇ ବୈକୁଣ୍ଠେ ବିଷ୍ଣୁ ଅଙ୍ଗେ ମିଶଇ
କେତେ ପୁଣ୍ୟବନ୍ତ ଦାନବ ଦେବ ଦେଖନ୍ତି ରହି ।।୪୬।।
ସକଳ ଶକ୍ତିର ଆଧାର ସେହି ଶ୍ରୀହରି ଜାଣ
ତାଙ୍କରି ଚରଣେ ନିତ୍ୟତ ମନ ରଖ ରାଜନ ।।୪୭।।

--୦--

ଷୋଡଷ ଅଧ୍ୟାୟ

ପ୍ରହ୍ଲାଦ ଚରିତ (୭ମ ସ୍କନ୍ଧ)

ପରୀକ୍ଷିତ ରାଜା ସନ୍ଦେହେ ପ୍ରଶ୍ନ କରନ୍ତି ଶୁଣି
ସକଳ ଜୀବଙ୍କ ମିତ୍ରତ ପ୍ରଭୁ ପାରୁଛି ଜାଣି ॥୧॥
ସେ କାହିଁ ରଖନ୍ତି ପ୍ରଭେଦ ପକ୍ଷପାତ କରିଣ
ରାକ୍ଷସଙ୍କୁ ବଧ କରନ୍ତି ପ୍ରଭୁ କ୍ରୋଧ ବହିଣ ॥୨॥
ଶୁକ ଦେବ ଜ୍ଞାନେ ବୁଝନ୍ତି ଶୁଣ ରାଜନ ତୁମେ
ଅହଂକାର ଏହା କାରଣ ଜୀବ ଧରିଛି ଭ୍ରମେ ॥୩॥
ନିନ୍ଦା ସ୍ତୁତି ଭୋଗ ଲାଳସା ଏହି ଶରୀର ପାଇଁ
ଅହଂକାରୀ ଜୀବ ଜାଣେତ ଶ୍ରେଷ୍ଠ ଶରୀର ଏହି ॥୪॥
ଦେହ ଅଭିମାନ ରଖିଣ ଅହଂକାରେ ଜଡିତ
ଆତ୍ମାକୁ ନଚିହ୍ନେ ମୁଢ଼ତ କରେ ନାହିଁ ସାକ୍ଷାତ ॥୫॥
କର୍ମ କରି ଫଳ ନିମନ୍ତେ ସେ ଯେ ଆସକ୍ତି ରଖେ
ଶ୍ରେଷ୍ଠ ପଣେ ତାର ପ୍ରତିଷ୍ଠା ଖୋଜେ ଧରଣୀ ବକ୍ଷେ ॥୬॥
ନ୍ୟାୟ ଧର୍ମ ନୀତି ଭୂଲି ସେ କରେ ଅକର୍ମ ନୀତି
ଅହଂ ନାଶ ପ୍ରଭୁ କରନ୍ତି ଦଣ୍ଡ ଜାଣି ଦିଅନ୍ତି ॥୭॥
ଆଉ ଏକ ପୂର୍ବ କାହାଣୀ ଶୁକ ମୁନି କହିଲେ
ଦୁଇଟି ରାକ୍ଷସ ଚରିତ୍ର ଶୁଣ ରାଜନ ଭଲେ ॥୮॥
ହିରଣ୍ୟ କଶ୍ୟପୁ ସାଥିରେ ହିରଣ୍ୟାକ୍ଷତ ଜଣେ
ତପସ୍ୟାରେ ବ୍ରତୀ ହୋଇଲେ ମର୍ତ୍ତ୍ୟେ ଖ୍ୟାତି ଅର୍ଜନେ ॥୯॥
ପ୍ରବଳ ପ୍ରତାପି ରାକ୍ଷସ ଦେବ ବିରୋଧି ହେଲେ
ବରାହ ରୂପରେ ପ୍ରଭୁତ ହିରଣ୍ୟାକ୍ଷ ମାରିଲେ ॥୧୦॥
ହିରଣ୍ୟ କଶିପୁ କଠୋର କଲା ତପସ୍ୟା ବନେ
ବ୍ରହ୍ମାଙ୍କୁ ପ୍ରସନ୍ନ କରିଲା ବର ମାଗିଲା ଜ୍ଞାନେ ॥୧୧॥

ଦେବତା ଗନ୍ଧର୍ବ ଅସୁର   ନର ପଶୁତ କେହି
ପାରିବେନି ମତେ ମାରିତ   ଏହି ବର ମାଗଇ ॥୧୨॥
ଜଳ ସ୍ଥଳ କିବା ଆକାଶେ   ମୋର ମରଣ ନାହିଁ
ଯୁଝିଲେ ହାରିବେ ସେମାନେ   ମୃତ୍ୟୁ ଲଭିବେ ସେହି ॥୧୩॥
ଦିବା କିବା ରାତ୍ରି ମଧ୍ୟରେ   ଆଉ ଅସ୍ତ୍ର ଶସ୍ତ୍ରରେ
ଗୃହ କିବା ଗୃହ ବାହାରେ   ମୃତ୍ୟୁ ନଆସୁ ଶିରେ ॥୧୪॥
ଚିରଞ୍ଜୀବୀ ହୋଇ ରହିବି   ଏହି ବରେ ପ୍ରାର୍ଥନା
ତଥାସ୍ତୁ କହିଲେ ବ୍ରହ୍ମାତ   ହେଲା ସକଳେ ଜିଣା ॥୧୫॥
ସ୍ୱର୍ଗ ରାଜ୍ୟ ଜୟ କରିଲା   ବିଷ୍ଣୁ ଉପରେ କ୍ରୋଧ
ଭ୍ରାତାକୁ ମାରିଣ ଅଛନ୍ତି   ତାଙ୍କୁ କରିବି ବଧ ॥୧୬॥
ଭୟରେ ଦେବତା ସକଳେ   ବିଷ୍ଣୁ ପାଖକୁ ଗଲେ
ପ୍ରବୋଧିଲେ ବିଷ୍ଣୁ ଅପେକ୍ଷା   କର ଦେବ ସକଳେ ॥୧୭॥
ରାକ୍ଷସର ହେଲେ ପୁତ୍ରତ   ଚାରି ଜଣ ଅଟନ୍ତି
ଛୋଟ ପୁତ୍ର ଅଟେ ପ୍ରହ୍ଲାଦ   ସେତ ଖୋଜଇ ଶାନ୍ତି ॥୧୮॥
ଅନ୍ୟ ପିଲା ଠାରୁ ଭିନ୍ନତ   ଭକ୍ତି ମାର୍ଗରେ ରହି
ଶ୍ରୀହରି ନାମକୁ ସ୍ମରଣ   ସେତ ନିତ୍ୟ କରଇ ॥୧୯॥
ପିଲାର ସ୍ୱଭାବ ଦେଖିଣ   ପିତା ମନେ ଚିନ୍ତିଣ
ଦୁଇଟି ଶିକ୍ଷକ ନିଯୁକ୍ତି   କଲେ ଆଜ୍ଞା ଦେଇଣ ॥୨୦॥
ଷଣ୍ଡ ଆଉ ଜଣେ ଅମର୍କ   ନିତ୍ୟ ପାଠ ପଢ଼ାନ୍ତି
କିଛିଦିନ ଗଲା ବିତିଣ   ରାଜା ପୁତ୍ରେ ଡାକନ୍ତି ॥୨୧॥
କୋଳରେ ବସାଇ ପୁଚ୍ଛନ୍ତି   ପୁତ୍ର କହିବୁ ଧନ
କେଉଁ ବିଦ୍ୟା ପ୍ରତି ଆଗ୍ରହ   ତୋର ରହିଛି ମନ ॥୨୨॥
ବାଳକ କୁହଇ ପିତାଙ୍କୁ   ଏତ ମୁଁ କାର ବିଦ୍ୟା
ଅହଂକାର ନେଇ ବଞ୍ଚିବା   ପିତା ଅଟଇ ମିଥ୍ୟା ॥୨୩॥
ଉଗ୍ରଭାବ ସୃଷ୍ଟି କରଇ   ଆତ୍ମ ଜ୍ଞାନ ବିନାଶେ
ହରି ଆଶ୍ରା କଲେ ସଂସାରେ   ଜୀବ ବଞ୍ଚଇ ଯଶେ ॥୨୪॥

ଶୁଣିଣ ପୁତ୍ରର କଥାକୁ ମନେ ଭାବେ ରାଜନ
ଅଜ୍ଞାନ୍ତେ କିଏସେ ପୁତ୍ରକୁ ମୋର ଦେଇଛି ଜ୍ଞାନ ॥୨୫॥
କପଟ ବେଶରେ କିଏତ ଆସି ବୈଷ୍ଣବ ଜଣେ
ଏହି ଜ୍ଞାନ ଦେଇ ଅଛଇ ମୋର ବାଳକ କର୍ଣ୍ଣେ ॥୨୬॥
ଶିକ୍ଷକଙ୍କୁ ଡାକି କହିଲେ ହରି ଭାବରେ ପ୍ରୀତି
ଅମଂଗଳ ହେବ ରହିଲେ ନୁହଁ ରାକ୍ଷସ ନୀତି ॥୨୭॥
ମସ୍ତିଷ୍କରୁ କାଢ଼ ଏଭାବ ତୁମେ ଶିକ୍ଷକ ଦୁଇ
ଦଣ୍ଡର ବିଧାନ ରହିଛି କ୍ଷମା ଦିଏତ ନାହିଁ ॥୨୮॥
ପଢ଼ାନ୍ତି ଶିକ୍ଷକ ଦୁଇତ ପୁଣି ପରୀକ୍ଷା ବେଳ
ପିତା ପାଖେ ନେଇ ଗଲେତ କିବା ଫଳିବ ଫଳ ॥୨୯॥
ପିତାଙ୍କୁ ପ୍ରଣାମ ପ୍ରହ୍ଲାଦ କଲା ପାଦରେ ଯାଇ
ରାଜନ ପୁଚ୍ଛନ୍ତି ପ୍ରଶ୍ନତ ପୁତ୍ରେ କୋଳକୁ ନେଇ ॥୩୦॥
କିବାତୁ ଉତ୍ତମ ଶିକ୍ଷାତ ପ୍ରାପ୍ତ ମତେତ କହ
ଦ୍ୱୟ ଗୁରୁ ତୋର ଅଛନ୍ତି ଦେବି ମୁହିଁତ ନ୍ୟାୟ ॥୩୧॥
ବାଳକ ପ୍ରହ୍ଲାଦ କୁହଇ ନବ ଭକ୍ତି ଲକ୍ଷଣ
ଶ୍ରବଣ କୀର୍ତ୍ତନ ସ୍ମରଣ ପଦ ସେବା ଅର୍ଚ୍ଚନ
ଦାସ ସାଖ୍ୟ ଆଉ ବନ୍ଦନା ସାଥେ ସମରପଣ ॥୩୩॥
ଏହି ଭାବେ ବିଷ୍ଣୁ ପ୍ରାପ୍ତତ ପିତା ନବଧା ଭକ୍ତି
କ୍ରୋଧରେ ରାଜନ ଅସ୍ଥିର ରୁକ୍ଷ ଶିକ୍ଷକ ପ୍ରତି ॥୩୪॥
କି ବିଦ୍ୟା ପଢ଼ାଅ ଶିକ୍ଷକ ବିଷ୍ଣୁ ପ୍ରୀତି ବଢ଼ଇ
ବିନମ୍ର ସହିତ କୁହନ୍ତି ସେଠି ଶିକ୍ଷକ ଦୁଇ ॥୩୫॥
ଏପାଠ କେବେତ ରାଜନ ଆମେ ପଢ଼ାଇ ନାହୁଁ
କିପରି ଶିଖିଲା ପ୍ରହ୍ଲାଦ ଆମେ ଜ୍ଞାତତ ନୋହୁଁ ॥୩୬॥
ଆମେତ ଭାବୁଛୁ ବିବେକ ତାର କଥାତ କହେ
ପ୍ରହ୍ଲାଦ କୁହଇ ପିତାଙ୍କୁ ଆତ୍ମା ଅଛିତ ଦେହେ ॥୩୭॥

ଆତ୍ମ ଜ୍ଞାନ ହୁଏ ଜାଗ୍ରତ ଯେବେ ଶ୍ରୀହରି ପ୍ରୀତି
ବିଷୟା କାମନା ରହିତ ଗୁରୁ ଯେବେ ମିଳନ୍ତି ।୩୮।
ତାଙ୍କରି ଚରଣ ଧୂଳିତ ଜୀବ ଗ୍ରହଣ କଲେ
ଶ୍ରୀହରିରେ ମନ ଲାଗଇ ଭାବ ଭକ୍ତିତ ଫଳେ ॥୩୯॥
କୋଳରୁ ପୁତ୍ରକୁ ଭୂମିକୁ କ୍ରୋଧେ ଫିଙ୍ଗିଣ ଦେଲେ
ଏପୁତ୍ର ମରଣ ନିମନ୍ତେ ଆଜ୍ଞା ପ୍ରଦାନ କଲେ ॥୪୦॥
ମୋର ଚିର ଶତ୍ରୁ ଶ୍ରୀହରି ତାର ଗୁଣ ଗାଉଛି
ଶତ୍ରୁର ସେବକ ବାଳକ ମୋର କ୍ରୋଧ ବଢୁଛି ॥୪୧॥
ପାଞ୍ଚ ବର୍ଷେ ପୁତ୍ର ପିତାର ଶତ୍ରୁ ହୋଇଣ ଗଲା
ବିଷ୍ଣୁ ଭକ୍ତ ଅଟେ ପ୍ରହ୍ଲାଦ ମନେ ଭୟ ନଥିଲା ॥୪୨॥
ଅସ୍ତ୍ର ଶସ୍ତ୍ର କରି ପ୍ରହାର ଶୂଳି ଦେବାକୁ ନେଲେ
ପାଗଳ ହାତୀକୁ ଆଣିଣ ତାର ପାଦେ ଫିଙ୍ଗିଲେ ॥୪୩॥
ବିଷଧର ସର୍ପ ମେଲିରେ ତାକୁ ଛାଡିଣ ଦେଲେ
ବିପରୀତ ଫଳ ଫଳିଲା ବିଷ୍ଣୁ ନାମର ଫଳେ ॥୪୪॥
କ୍ରୋଧରେ ଫିଙ୍ଗନ୍ତି ପର୍ବତୁ ବିଷ ଦେଲେ ଖାଦ୍ୟରେ
ଶ୍ରୀହରି କୃପାରୁ ପ୍ରହ୍ଲାଦ ଦିବ୍ୟ ରୂପକୁ ଧରେ ॥୪୫॥
ଅସହ୍ୟ ହୁଅଇ ପିତାତ ପୁତ୍ରେ ଅସୀମ ଶକ୍ତି
କେଉଁଠୁ ଆସଇ ଶରୀରେ ଜ୍ଞାନ୍ତ କେହି ନୁହଁନ୍ତି ॥୪୬॥
ମୃତ୍ୟୁର କାରଣ ହେବକି ପୁତ୍ର ମୋହର ଦିନେ
ଚିନ୍ତା ଗ୍ରସ୍ତ ହେଲେ ରାଜନ ଭୟ ଲାଗିଲା ମନେ ॥୪୭॥
ଷଣ୍ଢ ଆଉ ଗୁରୁ ଅମର୍କ ଦୁହେଁ କୁହନ୍ତି ବାଣୀ
ତ୍ରିଭୂବନ କର୍ତ୍ତା ଆପଣ ଶିଶୁ ପ୍ରହ୍ଲାଦ ପୁଣି ॥୪୮॥
ତୁମ ମୃତ୍ୟୁ କିବା କାରଣ ଏହି ବାଳକ ହେବ
ସନ୍ଦେହ ମୋଚନ କରନ୍ତୁ ଆମ ରାକ୍ଷସ ଦେବ ॥୪୯॥
ଚିନ୍ତିତ ହିରଣ୍ୟକଶ୍ୟପୁ ଦେଖି ବାଳକ କଥା
ସାଂଗ ସାଥୀ ଡାକି ବୁଝାଏ ପୁତ୍ର ହରିଙ୍କ ଗାଥା ॥୫୦॥

ବ୍ରହ୍ମ ଜ୍ଞାନ ଦିଏ ସାଥୀଙ୍କୁ କହେ ସକଳେ ଶୁଣ
ଈଶ୍ୱର ପ୍ରାପ୍ତିତ ହୁଅଇ ଏହି ଶରୀରେ ଜାଣ ॥୫୧॥
ଦୁର୍ଲ୍ଲଭ ଶରୀର ମର୍ତ୍ତ୍ୟରେ ଦେଖ ମାନବ ଗଣ
ବାଲ୍ୟକାଳୁ ଧର୍ମ ଆଚରେ ଭକ୍ତି ଭାବ ରଖିଣ ॥୫୨॥
ମଣିଷର ଆୟୁ ଅଧେତ ସୁପ୍ତ ଅବସ୍ଥା ନିଏ
ରୋଗ ଶୋକେ ଆୟୁ କମେତ ପୁନ ଜଞ୍ଜାଳେ ଯାଏ ॥୫୩॥
ରାଗ ହିଂସା କ୍ରୋଧ ମଧ୍ୟରେ ରଖି କାମନା କେତେ
ସମୟ କାଟଇ ଜୀବତ ପ୍ରଭୁ ନଆସେ ଚିତ୍ତେ ॥୫୪॥
ମିତ୍ର ଭାବ ରଖି ତୁମକୁ କହେ ଜ୍ଞାନର କଥା
ଏକମାତ୍ର ଆମ ଭରସା ବିଷ୍ଣୁ ପ୍ରତି ରଖିଥା ॥୫୫॥
ଅପ୍ରାପ୍ତକୁ ପ୍ରାପ୍ତି ନିମତେ ଜୀବ କରଇ ଚେଷ୍ଟା
ସକଳ ପ୍ରାପ୍ତିତ ହୁଅଇ ଯେବେ ପ୍ରଭୁରେ ନିଷ୍ଠା ॥୫୬॥
ମିତ୍ର ମାନେ ଶୁଣି ପୁଚ୍ଛନ୍ତି ଏହି ବ୍ରହ୍ମ ସନ୍ଦେଶ
ଜ୍ଞାନ ତୁମ ହେଲା କିପରି କୁହ ତାର ରହସ୍ୟ ॥୫୭॥
କୁହନ୍ତି ପ୍ରହ୍ଲାଦ ମାତାର ଗର୍ଭେ ଥିଲିତ ମୁହିଁ
ନାରଦ କୁହନ୍ତି ଏକଥା ମାତା ଶୁଣନ୍ତି ରହି ॥୫୮॥
ସକଳ ତତ୍ତ୍ୱରେ ଜ୍ଞାନୀତ ସେହି ନାରଦ ମୁନି
ମାତୃ ଗର୍ଭେ ରହି ନିଶ୍ଚିତେ ଥିଲି ଏକଥା ଶୁଣି ॥୫୯॥
ଶୁଣ ମିତ୍ରମାନେ ମୋହର ଗୁରୁ ଚରଣେ ସେବା
ସାଧୁ ସନ୍ଥ ଜନ ଦେଖିଲେ ବିଷ୍ଣୁ ଭାବ ଆଣିବା ॥୬୦॥
ଭାବ ଭକ୍ତି ଦେଇ ପୂଜିବା ତାଙ୍କ ଚରଣ ଦ୍ୱୟ
ଈଶ୍ୱରଙ୍କ ପାଦ କମଳେ ନିତ୍ୟ ରଖିବା ଲୟ ॥୬୧॥
ଈଶ୍ୱରଙ୍କ ଗୁଣ କୀର୍ତ୍ତନ ଧ୍ୟାନେ ତାଙ୍କରି ମୂର୍ତ୍ତି
ଦାନ ତପ ବ୍ରତ କରିଲେ ବଢ଼େ ଅସୀମ ଶକ୍ତି ॥୬୨॥
ଶ୍ରୀହରି ଲୀଳାର ଅମୃତ ଭାଗବତର ରସ
ଭାବେ ଶୁଣି ଜୀବ ନିରତେ ହୁଏ ସେଠାରେ ବସ ॥୬୩॥

ପ୍ରେମ ଅଶ୍ରୁଝରୁ ନୟନୁ   ସେହି ବିଷ୍ଣୁଙ୍କ ପାଇଁ
ଜନ୍ମ ମୃତ୍ୟୁ ତାଙ୍କ ବିଧାନ   ସର୍ବ ଘଟେତ ସେହି ॥୬୪॥
ଶୁଣନ୍ତି ରାକ୍ଷସ ବାଳକେ   ଏହି ତତ୍ତ୍ୱର ଜ୍ଞାନ
ବିଷ୍ଣୁ ପ୍ରତି ଭକ୍ତି ବଢ଼ଇ   ଦେଲେ ଦେବେ ସମ୍ମାନ ॥୬୫॥
ଜାଣିଲେ ରାଜନ ପୁତ୍ରର   ଧର୍ମ ପ୍ରଚାର କଥା
ବିଷ୍ଣୁ ଭକ୍ତ ହେଲେ ପିଲାଏ   ଦେଖି ବଢ଼ିଲା ଚିନ୍ତା ॥୬୬॥
କ୍ରୋଧରେ ଡାକିଣ କୁହନ୍ତି   ଆରେ ମୂର୍ଖ ବାଳକ
ଜାଣିନୁ ପିତାର ପ୍ରଭାବ   ଜୟୀ ମୁଁ ତ ତ୍ରିଲୋକ ॥୬୭॥
ଦେବତା ଦାନବ ମାନବ   ସର୍ବେ ଭୟ କରନ୍ତି
ଆଜ୍ଞାର ଅଧିନ ଅଟନ୍ତି   ଆଜ୍ଞା ମୋର ପାଳନ୍ତି ॥୬୮॥
କେତେ ପରାକ୍ରମୀ ମୁହିଁତ   ତୋର ହରିକୁ ଜଣା
ସେ ଛାର ବିଷ୍ଣୁର ପୂଜନେ   ଦେଉ ତୁତ ମନ୍ତ୍ରଣା ॥୬୯॥
ବାଳକ ପ୍ରହ୍ଲାଦ କୁହଇ   ଶୁଣ ପିତା ମୋହର
ଶ୍ରୀବିଷ୍ଣୁ ଅଟନ୍ତି ତ୍ରିଲୋକେ   ସର୍ବ ଶକ୍ତି ଆଧାର ॥୭୦॥
ତୁମ ଶକ୍ତି ମଧ୍ୟ ତାଙ୍କର   ମୋର ନଭାବ ତୁମେ
ମୋର ଭାବ ଯିଏ ରଖଇ   ସେତ ବିପଥେ ଗମେ ॥୭୧॥
ସ୍ଥାବର ଜଙ୍ଗମ ସକଳ   କ୍ଷେତ୍ରେ ତାଙ୍କ ପ୍ରକାଶ
ବଳ ବୁଦ୍ଧି ଆଉ ବିକ୍ରମ   ସାଥେ ତେଜ ସାହାସ ॥୭୨॥
ସକଳ ଉତ୍ସତ ଅଟନ୍ତି   ସେହି ବିଷ୍ଣୁତ ପିତା
ଶତ୍ରୁଭାବ ତୁମେ ନରଖି   ମିତ୍ରେ କର ବନ୍ଧୁତା ॥୭୩॥
ବିଜୟ ଭାବନା ତୁମର   କୁହ ସକଳେ ଜୟୀ
ତୁମର ଭିତରେ ରିପୁଙ୍କୁ   ଜୟ ପାରୁନା କାହିଁ ॥୭୪॥
ରିପୁ ଜୟୀ ହେଲେ ବିଜୟୀ   ସେତ ହୁଏ ପ୍ରମାଣ
ନିଜର ଭିତରେ ଶତ୍ରୁଙ୍କୁ   ଦେଖେ ନାହିଁ ଅଜ୍ଞାନ ॥୭୫॥
ରିପୁ ଗଣଙ୍କର ଅଧୀନ   ତୁମେ ପିତା ମୋହର

ତାଙ୍କରି ନିର୍ଦ୍ଦେଶେ ଚାଲୁଛ ନାହିଁ ସତ୍ୟ ବିଚାର ।।୭୬।।
ଆତ୍ମ ତତ୍ତ୍ୱ ଜ୍ଞାନ ଏଯାଏଁ ପିତା ହୃଦେ ନଆସେ
ଅହଂକାରେ କାର୍ଯ୍ୟ କରତ ମାୟା ବନ୍ଧନ ବଶେ ।।୭୭।।
କ୍ରୋଧରେ ପିତାତ କୁହଇ ମତେ ଦେଉଛୁ ଜ୍ଞାନ
ଖଡ୍ଗରେ କାଟିବି ଶରୀରୁ ମୁଣ୍ଡ କରିବି ଛିନ୍ନ ।।୭୮।।
କାହିଁ ତୋ ଈଶ୍ୱର ଅଛନ୍ତି ତାର ଦିଅ ପ୍ରମାଣ
କହୁଛୁ ଜ୍ଞାନରେ ସର୍ବତ୍ର ଅଛି ଈଶ୍ୱର ଜାଣ ।।୭୯।।
କହକି ଏ ଖମ୍ବେ ଈଶ୍ୱର ତୋର ଅଛିକି ରହି
ଦମ୍ଭରେ କୁହଇ ନିଶ୍ଚିତ ପୁତ୍ର ସନ୍ଦେହ ନାହିଁ ।।୮୦।।
ଭାଙ୍ଗିବି ଖମ୍ବକୁ ସମ୍ମୁଖେ ଯଦି ଦୃଶ୍ୟ ନହୁଏ
ଖଡ୍ଗରେ ଗର୍ଦ୍ଦନ କାଟିବି ଏହା ମିଥ୍ୟାତ ନୁହେଁ ।।୮୧।।
ସିଂହାସନପରୁ ଆସିଣ କଲା ଖମ୍ବେ ପ୍ରହାର
ଭୟଙ୍କର ରୂପ ପ୍ରକଟେ ଦେଖେ ସମ୍ମୁଖେ ତାର ।।୮୨।।
ଭଗବାନ ନୁହଁ ବିଚିତ୍ର ଏତ ରୂପ ପ୍ରକାଶେ
ନିମ୍ନ ଅଙ୍ଗ ନର ଅଟଇ ଉର୍ଦ୍ଧ୍ୱ ସିଂହତ ଦିଶେ ।।୮୩।।
ଅବତାର ଅଟେ ନୃସିଂହ ଦେଖି ହୃଦେ କମ୍ପନ
ପ୍ରବଳ ବେଗରେ ଯାଅଇ ଖଡ୍ଗ ପାଶେ ରାଜନ ।।୮୪।।
ଧରି ପକାଇଲେ ହସ୍ତକୁ ଜଙ୍ଘେ ଶୋଇଣ ଦେଲେ
ଦୁଇ ହସ୍ତ ନଖ ମାଧ୍ୟମେ ବକ୍ଷ ତାର ଫାଡିଲେ ।।୮୫।।
ଗରୁଡ ଆଜକି ଧରିଛି ବିଷଧର ସର୍ପକୁ
ଦର୍ପନାହିଁ ଆଉ ତାହାର ସର୍ପ ଯିବ ଗର୍ଭକୁ ।।୮୬।।
ରାକ୍ଷସ ପଡିଛି ଜଙ୍ଘରେ ଦେଖେ ଆଜି ଶ୍ରୀହରି
ତାହାର ନିଧନ ନିମନ୍ତେ ରୂପ ଅଛନ୍ତି ଧରି ।।୮୭।।
ବର ତାର ସତ୍ୟ ରହିଲା କିନ୍ତୁ ହେଲା ମରଣ
ମନ ବୁଦ୍ଧି ଜ୍ଞାନ ପାରେକି ଟାଳି ପ୍ରଭୁ ବିଧାନ ।।୮୮।।

ଦେବତା ଆନନ୍ଦ ହୋଇଣ ପୁଷ୍ପ ବୃଷ୍ଟି କରିଲେ
ନରସିଂହ ରୂପ ଦେଖିଣ ଶଙ୍କା ସର୍ବେ ଲଭିଲେ ॥୮୯॥
ବ୍ରହ୍ମା ପାଖେ ଭୟେ ଯାଇଣ କଲେ ସର୍ବେ ଗୁହାରି
ଶ୍ରୀହରି ରୂପକୁ ଫେରନ୍ତୁ ଶଂଖ ଚକ୍ରର ଧାରି ॥୯୦॥
ବ୍ରହ୍ମାତ ପଠାନ୍ତି ମର୍ତ୍ତ୍ୟକୁ ଯାଅ ପ୍ରହ୍ଲାଦ ପାଶେ
ଗୁହାରି ଜଣାଅ ବାଳକେ ଭାବ ରଖି ସନ୍ତୋଷେ ॥୯୧॥
ଦେବ ଅନୁରୋଧେ ପ୍ରହ୍ଲାଦ ସ୍ତୁତି କରେ ବିନୟେ
ସ୍ୱଭାବେ ବାଳକ ମୁହିଁତ ଜାଗେ ଭୟ ହୃଦୟେ ॥୯୨॥
ଆନ ରୂପ ପ୍ରଭୁ ଧରନ୍ତୁ ଦେବ ମାନବେ ଭୟ
ସକଳେ ପ୍ରାର୍ଥନା କରୁଛୁ ପ୍ରଭୁ ତୁମର ଜୟ ॥୯୩॥
ସନ୍ତୁଷ୍ଟେ ନୃସିଂହ ରଖନ୍ତି କର ପ୍ରହ୍ଲାଦ ଶିରେ
ଆଶୀର୍ବାଦ ମୁଦ୍ରା ପ୍ରଭୁଙ୍କ ଦୃଶ୍ୟ ବିଷ୍ଣୁ ରୂପରେ ॥୯୪॥
ତାହାରି ପ୍ରାର୍ଥନା ଫଳରେ ପ୍ରଭୁ ରୂପ ଛାଡିଣ
ଗଦା ପଦ୍ମ ଚକ୍ର ଶଙ୍ଖକୁ ନିଜ ହସ୍ତେ ଧରିଣ ॥୯୫॥
ବିନୀତେ ପ୍ରହ୍ଲାଦ କୁହଇ ନିଜ ପିତାଙ୍କ ପାଇଁ
ପିତାଙ୍କୁ କ୍ଷମାତ ପ୍ରଦାନ କର ମୁକ୍ତିତ ଦେଇ ॥୯୬॥
ପ୍ରଭୁତ ସ୍ୱୀକାର କରିଣ ଅର୍ନ୍ତଧ୍ୟାନ ହୋଇଲେ
ପୁତ୍ର ପାଇଁ ପିତା ବୈକୁଣ୍ଠେ ପ୍ରଭୁ ସ୍ଥାନତ ଦେଲେ ॥୯୭॥
ଅହଂକାରୀ ଜନ ଲଭେତ ଯେଉଁ ଫଳ ଜଗତେ
ଏହାର ପ୍ରମାଣ ଗ୍ରନ୍ଥରେ ଘେନ ରାଜନ ଚିତ୍ତେ ॥୯୮॥
ଏ କ୍ଷୁଦ୍ର ବାଳକ ବିଶ୍ୱାସ କେବେ ଟଳିଲା ନାହିଁ
ରାଜ୍ୟ ଭୋଗ କରି ବୈକୁଣ୍ଠେ ଗଲା ସ୍ୱଦେହେ ସେହି ॥୯୯॥

--୦--

ସପ୍ତଦଶ ଅଧ୍ୟାୟ

ଗଜେନ୍ଦ୍ର ମୋକ୍ଷ (୮ମ ସ୍କନ୍ଧ)

ହିମାଳୟ ପାଖେ ସେଦିନ ଥିଲା ଏକ ପର୍ବତ
ତ୍ରିକୂଟ ନାମତ ତାହାର ତିନି ଶୃଙ୍ଗ ଶୋଭିତ ॥୧॥
ସୁନା ରୁପି ଆଉ ଲୌହତ ତିନି ଧାତୁ ପ୍ରକଟେ
ସରୋବର ନିମ୍ନ ଭାଗରେ ମନୋରମତ ଅଟେ ॥୨॥
ଦେବ କନ୍ୟା ମାନେ ଆସନ୍ତି ଜଳେ କ୍ରୀଡାର ପାଇଁ
ଜନରବ ନାହିଁ ସେଠାରେ ମୁକ୍ତ କ୍ଷେତ୍ର ଅଟଇ ॥୩॥
ଦଳ ଦଳ ହସ୍ତୀ ଆସନ୍ତି ଜଳ ପାନକୁ ନିତି
ଶୋଷତ ମେଣ୍ଟାନ୍ତି ଜଳରେ ଜଳ ଦିଏତ ତୃପ୍ତି ॥୪॥
ଦିନେତ ଆସିଲେ ହସ୍ତୀତ ସାଥେ ଗଜେନ୍ଦ୍ର ଧରି
ବିଶାଳ କାୟାତ ତାହାର ମର୍ତ୍ତ୍ୟେ ନାହାଁନ୍ତି ସରି ॥୫॥
ନିର୍ଭୟେ ଜଳରେ ପ୍ରବେଶ ଜଳେ ସ୍ନାନ କରିବ
ସେକାଳେ ଆସଇ ମଗର ଗଜେନ୍ଦ୍ରକୁ ଗିଳିବ ॥୬॥
ଧରିଣ ପାଦକୁ ଟାଣଇ ନେବ ଗଭୀର ଜଳେ
ଗଜେନ୍ଦ୍ର ଚେଷ୍ଟାତ କରଇ ସେ ଯେ ଆସିବ ସ୍ଥଳେ ॥୭॥
ବିଫଳ ହୋଇଲା ଚେଷ୍ଟାତ ଅନ୍ୟ ହସ୍ତୀ ସକଳ
ଶୁଣ୍ଢରେ ଟାଣନ୍ତି ରାଜନ ହେଲେ ନାହିଁ ସଫଳ ॥୮॥
ମଗରର ବଳ ଅଧିକା ହସ୍ତୀ ଗଭୀର ଜଳେ
ଚେଷ୍ଟାତ କରିଣ ଆସଇ କ୍ଷଣେ କଦବା ସ୍ଥଳେ ॥୯॥
ପୁନ୍ନ ଟାଣି ନିଏ ମଗର ଧରି ଅଛିତ ପାଦ
ହଜାର ବର୍ଷତ ଲାଗିଲା ହସ୍ତୀ ମଗର ଯୁଦ୍ଧ ॥୧୦॥
ଦେବତାଗଣତ ଦେଖନ୍ତି ସରୋବରର ଜଳ
ଅସ୍ଥିର ହୁଅଇ ଉଚ୍ଛୁଳେ ଲଙ୍ଘିଯାଏତ କୂଳ ॥୧୧॥

ପୂର୍ବ ଜନ୍ମ ସ୍ମରେ ହସ୍ତୀତ ତାର ମନେ ପଡିଲା
ଶ୍ରୀହରି ସ୍ତୁତିତ ଆକୁଳେ ପ୍ରାଣ ଭୟେ କରିଲା ॥୧୨।
ଆଖିରୁ ଲୋତକ ଝରଇ ଜଳେ ପଡୁଣ ଥାଏ
ଉର୍ଦ୍ଧ୍ୱ ଭାଗେ ଶୁଣ୍ଢ ଟେକିଣ ସେତ ଈଶ୍ୱର ଧ୍ୟାଏ ॥୧୩॥
ଅନନ୍ତ ଶକ୍ତିର ଉସ୍ମତ ତୁମେ ପରମ ଆତ୍ମା
ଏକ ହୋଇ ତୁମେ ଅନେକ ତୁମେ ଅଟତ ଭୂମା ॥୧୪॥
ସର୍ବ ଘଟେ ତୁମେ ରହିଣ କେତେ ରୂପ ପ୍ରକାଶ
ମୋର ଘଟେ ତୁମେ ରହିଛ ପ୍ରାଣ ହେବତ ନାଶ ॥୧୫॥
ଆକୁଳେ ପ୍ରାର୍ଥନା କରଇ ପ୍ରଭୁ କର ଉଦ୍ଧାର
ଗଭୀର ଜଳକୁ ନେଉଛି ଟାଣି ମତେ ମଗର ॥୧୬॥
ସଳକ ଶକ୍ତି ମୋ ବିଫଳ ପ୍ରଭୁ ରଖିବ ମତେ
ଆନ ଗତି ନାହିଁ ମୋହର ମୃତ୍ୟୁ ହେଲା ନିଶ୍ଚିତେ ॥୧୭॥
ଆକୁଳ ପ୍ରାର୍ଥନା ଶୁଣିଣ ଆବିର୍ଭାବ ଶ୍ରୀହରି
ଗରୁଡ ପୃଷ୍ଠରୁ ଓହ୍ଲାଇ ଚକ୍ର ପେଶନ୍ତି ହରି ॥୧୮॥
ଭକ୍ତିରେ ଶୁଣ୍ଢରେ ଗଜତ ପଦ୍ମ ପୁଷ୍ପ ଦିଅଇ
ରଖ ରଖ ହରି ମତେତ କଲି ଦର୍ଶନ ମୁହିଁ ॥୧୯॥
ଚକ୍ରତ ଛେଦନ କରିଲା ଜଳେ ମଗର ଶିର
ରକ୍ତର ଜୁହାର ଉଠିଲା ରକ୍ତ ବର୍ଣ୍ଣତ ନୀର ॥୨୦॥
ଅଭିଶପ୍ତେ ଥିଲ ଗ୍ରାହତ ରୂପ ଗନ୍ଧର୍ବ ହେଲା
ପ୍ରଭୁଙ୍କର ପାଦ ପ୍ରଣାମି ତାର ରାଜ୍ୟକୁ ଗଲା ॥୨୧॥
ଗଜେନ୍ଦ୍ରର ପୂବ ଜନ୍ମତ ଇନ୍ଦ୍ରଦ୍ୟୁମ୍ନ ରାଜନ
ଭକ୍ତ ପରାୟଣ ଥିଲାତ କରେ ଈଶ୍ୱରେ ଧ୍ୟାନ ॥୨୨॥
ରାଜ୍ୟ ଭାର ଦେଇ ପୁତ୍ରକୁ ଗଲା ସେ ବନବାସ
ଆଶ୍ରମ ତୋଳିଣ ରହିଲା ହରି ନାମରେ ବସ ॥୨୩॥
ମୌନ ବ୍ରତରେ ଥିଲାତ ଦିନେ ଅଗସ୍ତି ମୁନି
ପହଞ୍ଚି ଗଲେତ ଆଶ୍ରମେ ସେତ ସ୍ୱଭାବେ ମାନି ॥୨୪॥

ଅତିଥି ସେବାରେ ହୋଇଲା ତେଣୁ ବିଳମ୍ବ ଅତି
କ୍ରୋଧଭରେ ଅଭିଶାପତ ଦେଲେ ମୁନି ଅଗସ୍ତି ॥୨୫॥
ଗଜପ୍ରାୟ ମୂର୍ଖ ଅଟୁତ ନାହିଁ ସମ୍ମାନ ଜ୍ଞାନ
ଜାଣିନୁ ଅତିଥି ଅଟନ୍ତି ସେତ ଈଶ୍ୱର ଜାଣ ॥୨୬॥
ହସ୍ତୀ ଜନ୍ମ ନେବୁ ତୁହିରେ ଗ୍ରାହ ଗ୍ରାସିବ ତତେ
ପ୍ରଭୁତ ଉଦ୍ଧାର କରିବେ ଏହା ରଖିବୁ ଚିତ୍ତେ ॥୨୭।
ଅଭିଶାପୁ ମୁକ୍ତି ଲଭିଲା କଲା ପ୍ରଭୁ ଦର୍ଶନ
ପୂର୍ବ ଜନ୍ମ ଭକ୍ତି ଥିଲାତ ପ୍ରାପ୍ତ ଦିବ୍ୟ ଜୀବନ ॥୨୮॥

--୦--

ଅଷ୍ଟାଦଶ ଅଧ୍ୟାୟ

ସମୁଦ୍ର ମନ୍ଥନ

ଭଗବାନ ବିଷ୍ଣୁ ଆଦେଶେ ଦେବ ରାକ୍ଷସ ଗଣ
ସମୁଦ୍ର ମନ୍ଥନ କରିବେ ସର୍ବେ ଏକତ୍ର ଜାଣ ॥୧॥
ଦେବତାଙ୍କ ରାଜା ଇନ୍ଦ୍ରତ ଏକ ପକ୍ଷେ ଅଟଇ
ଅସୁରଙ୍କ ରାଜା ବଳୀତ ଅନ୍ୟ ପକ୍ଷେ ଅଛଇ ॥୨॥
ମନ୍ଥନର ଦଣ୍ଡ ମନ୍ଦର ଗିରି ତାଙ୍କୁ କରିଲେ
ବାସୁକୀ ନାଗକୁ ରସିତ ଗିରେ ଗୁଡାଇ ଦେଲେ ॥୩॥
ସମୁଦ୍ରେ ବୁଡଇ ଗିରିତ କାର୍ଯ୍ୟ ହେଲାତ ନାହିଁ
ଶ୍ରୀ ବିଷ୍ଣୁ ଧାରଣ କରିଲେ ଜଳେ କଛପ ହୋଇ ॥୪॥
ମନ୍ଦର ଗିରିତ ପ୍ରଭୁଙ୍କ ପୃଷ୍ଠ ଜଳେ ରହିଲା
ମନ୍ଥନ କାର୍ଯ୍ୟତ ଆରମ୍ଭେ ଜଳ ଅସ୍ଥିର ହେଲା ॥୫॥
ଅମୃତ ନିମନ୍ତେ ଆଜିତ ସିନ୍ଧୁ ହୁଏ ମନ୍ଥନ
ଦୁଇ ପାର୍ଶ୍ୱେ ଦୁଇ ଦଳତ ବଳ ପ୍ରାୟ ସମାନ ॥୬॥
ମନ୍ଥନ ପ୍ରକ୍ରିୟା ଆରମ୍ଭେ ବିଷ ପ୍ରଥମେ ଆସେ
ଦେବ ଦାନବଙ୍କ ହୃଦୟେ ଦେଖି ଭୟ ପ୍ରକାଶେ ॥୭॥
ହଳା ହଳ ବିଷ ଏହିତ ପୃଥ୍ୱୀ ଧ୍ୱଂସ ହୋଇବ
ସକଳେ ପ୍ରାର୍ଥନା କରିଲେ କିଏ ରକ୍ଷା କରିବ ॥୮॥
ବିଷ୍ଣୁଙ୍କ ଆଦେଶେ ଶିବଙ୍କୁ କଲେ ପ୍ରାର୍ଥନା ଯାଇ
ଭୋଳା ଶଙ୍କରତ ଆସନ୍ତି ବିଷ ଶୋଷିବା ପାଇଁ ॥୯॥
ଜଗତ କଲ୍ୟାଣ ନିମନ୍ତେ ବିଷ ପାନ କରିଲେ
ନୀଳ କଣ୍ଠ ହେଲା ନାମତ ବିଷ କଣ୍ଠେ ରଖିଲେ ॥୧୦॥
ଜୟ ଜୟ ତୁମେ ଶଙ୍କର ଶବ୍ଦେ କମ୍ପଇ ମହୀ
କେଡେ ବଡ ତ୍ୟାଗ କରିଲ ଏହି ସଂସାର ପାଇଁ ॥୧୧॥

ମନ୍ଥନ କ୍ରମଶ ହୋଇଲା କାମଧେନୁ ଆସନ୍ତି
ଉଚ୍ଚୈଶ୍ରବା ଅଶ୍ୱ ସାଥୀରେ ଅଷ୍ଟ ଆସିଲେ ହସ୍ତୀ ॥୧୨॥
ପାରିଜାତ ପୁଷ୍ପ ବାହାରେ ଆସେ କୌସ୍ତୁଭମଣି
ଲକ୍ଷ୍ମୀଙ୍କ ପ୍ରକାଶ ହୋଇଲା ସେତ ସୌନ୍ଦର୍ଯ୍ୟ ଖଣି ॥୧୩॥
ଚେତନା ରାଜ୍ୟରେ ସକଳେ ମନେ ହୁଅନ୍ତି ଗୁଣି
କାହର ସୌଭାଗ୍ୟ ରହିଛି ହେବେ ତାର ଘରଣୀ ॥୧୪॥
ସର୍ବ ଗୁଣ ଯୁକ୍ତ ପୁରୁଷ ଯିଏ ହୋଇଣ ଥିବ
ତାର ଭାଗ୍ୟେ ଏହି ପତ୍ନୀତ ନିଶ୍ଚେ ଶୋଭା ପାଇବ ॥୧୫॥
ଇନ୍ଦ୍ରି ଜୟୀଥିବ ପୁରୁଷ ସ୍ଥିତପ୍ରଜ୍ଞା ଚେତନା
ଖୋଜନ୍ତି ଦେବତା ମାନେତ ବର ମନ ବୁଝେନା ॥୧୬॥
ଭାବନ୍ତି ଦୁର୍ବସା ଯୋଗ୍ୟ କି କାମେ ନୁହଁନ୍ତି ଜୟୀ
ବ୍ରହ୍ମା ଯୋଗ୍ୟ ପାତ୍ର ହୁଅନ୍ତେ ପ୍ରେମାଶକ୍ତ ତ ସେହି ॥୧୭॥
ଶୁକ୍ରାଚାର୍ଯ୍ୟ କଥା ଆସଇ ନାହିଁ ଦୟା ବିବେକ
ପର୍ଶୁରାମ ନୁହଁ ଶୀଳତ କ୍ରୋଧେ ଭ୍ରମେ ତ୍ରିଲୋକ ॥୧୮॥
ମାର୍କଣ୍ଡେୟ ଋଷି ଅଛନ୍ତି ସର୍ବ ଗୁଣରେ ଜୟୀ
ପତ୍ନୀର ଲାଳାସା ହୃଦୟେ ତାଙ୍କ ମୋଟେତ ନାହିଁ ॥୧୯॥
ଚଉରି ସନକତ ଅଛନ୍ତି ଯୋଗ୍ୟ ବର ସେମାନେ
ବିବାହ କରିବେ ନାହିଁତ ଖୋଜ ଯୋଗ୍ୟତ ଆନେ ॥୨୦॥
ସକଳେ ଖୋଜନ୍ତି ବରତ ଲକ୍ଷ୍ମୀ ମାତାଙ୍କ ପାଇଁ
ଶ୍ରୀହସ୍ତେ ଲକ୍ଷ୍ମୀତ ବିଷ୍ଣୁଙ୍କୁ ଦେଲେ ମାଳା ପିନ୍ଧାଇ ॥୨୧॥
ଅନନ୍ତ ଶୟନେ ବିଷ୍ଣୁତ ଯୋଗ ନିଦ୍ରାରେ ଥିଲେ
ନିଦ୍ରା ଭଗ୍ନ ହେଲା ପ୍ରଭୁଙ୍କ ପଦେ ଆଶ୍ରୟ ଦେଲେ ॥୨୨॥
ମନ୍ଥନ କାର୍ଯ୍ୟତ ଚାଲିଛି ଆସେ ବାଳିକା ଧରି
କାଖେ କୁମ୍ଭ ତାର ଅଛଇ ସୁରା ଅଛିତ ପୁରି ॥୨୩॥
ରାକ୍ଷସ ନିଅନ୍ତି ଆଗ୍ରହେ ସୁରା ପ୍ରତି ତ ଲୋଭ
ତଥାପି ମନ୍ଥନ ଚାଲଇ ସୁଧା କାଳେ ଆସିବ ॥୨୪॥

ଶେଷ ମନ୍ଥନରେ ଆସନ୍ତି ଧନ୍ୱନ୍ତରୀ ଧରିଣ
ଅମୃତ କୁମ୍ଭ ସେ ଦେଖନ୍ତି ଦେବ ରାକ୍ଷସଗଣ ।।୨୫।।
ଅସୁର ମାନେତ କୁମ୍ଭକୁ ବଳେ ହରିତ ନେଲେ
ଦେବତା ଶ୍ରୀବିଷ୍ଣୁ ପାଖରେ ଯାଇ ଶରଣ ଗଲେ ।।୨୬।।
ଶ୍ରୀବିଷ୍ଣୁ ଜାଣିଣ ମାୟାକୁ କଲେ ଅଙ୍ଗେ ଧାରଣ
ଅପରୂପ ଶୋଭା ଯୁବତୀ ଷୋଳ ବୟସୀ ପୁଣ ।।୨୭।।
ପହଞ୍ଚି ଦେଖନ୍ତି ସେଠାରେ ସର୍ବେ ଗୋଳ କରନ୍ତି
କିଏ ଆଗ ପାନ କରିବ ଏହି ଦ୍ୱନ୍ଦ୍ୱେ ଅଛନ୍ତି ।।୨୮।।
ଦେଖିଲେ ସମ୍ମୁଖେ ନାରୀତ ଅଟେ ସୌନ୍ଦର୍ଯ୍ୟ ବତୀ
ତାର ହସ୍ତେ କୁମ୍ଭ ଦେଇଣ ସର୍ବେ କଲେ ବିନତୀ ।।୨୯।।
ତୁମେତ ଆମକୁ ବାଣ୍ଟିଣ ଦିଅ ଏହି ଅମୃତ
ପରସ୍ପର ଦ୍ୱନ୍ଦ୍ୱ ନହେଉ ଦ୍ୱନ୍ଦ୍ୱ ହେଉ ସମାପ୍ତ ।।୩୦।।
ମୋହିନୀ କନ୍ୟାର ଆଦେଶେ ଦେବ ରାକ୍ଷସ ମାନେ
ଦୁଇଧାଡି ହୋଇ ବସିଲେ ଭିନ୍ନ ଭିନ୍ନର ସ୍ଥାନେ ।।୩୧।।
ରାକ୍ଷାସ ମାନେତ ବିଭୋର ଦେଖି କନ୍ୟା ମୋହିନୀ
ଲାବଣ୍ୟ ରୂପକୁ ଅନାନ୍ତି କାମେ ଆସକ୍ତି ପୁଣି ।।୩୨।।
ମିଠା ମିଠା କଥା କୁହନ୍ତି ମନଭୁଲା ଗହାଣୀ
ଦେବତାଙ୍କ ପାତ୍ରେ ଅମୃତ ଦେଲେ ନହେଲା ଜାଣି ।।୩୩।।
ରାହୁତ ଚତୁର ଢ଼ଙ୍ଗରେ ଦେବ ପଂକ୍ତିରେ ମିଶି
ଅମୃତର ସ୍ୱାଦ ପାଇଲେ ମନେ ହୋଇଲା ଖୁସି ।।୩୪।।
ଚିହ୍ନିତ ପାରିଲେ ରାହୁକୁ ଚନ୍ଦ୍ର ସୂର୍ଯ୍ୟ ଦେବତା
ମସ୍ତକ କାଟିଲେ ଦିଫାଳ ସେତ କହଇ କଥା ।।୩୫।।
ନମରେ ରାହୁତ ବିଚିତ୍ର ସୁଧା ପାନ କରିଛି
ସୂର୍ଯ୍ୟ ଚନ୍ଦ୍ରେ ସେତ ଗିଳିବ କ୍ରୋଧେ ଧାଇଁ ଆସୁଛି ।।୩୬।।

ଜାଣିଣ ଶ୍ରୀବିଷ୍ଣୁ ମାୟାକୁ   ଅଙ୍ଗୁ ଦୂରେଇ ଦେଇ
ଶଙ୍ଖ ଚକ୍ର ଗଦା ପଦ୍ମରେ   ଗଲେ ପ୍ରକାଶ ହୋଇ ।।୩୭।।
ଅମୃତର ପାନ କରିଣ   ଦେବ ସକଳ ଥିଲେ
କ୍ରୋଧରେ ରାକ୍ଷସ ମାନେତ   ଯୁଦ୍ଧ ଆରମ୍ଭ କଲେ ।।୩୮।।
ବଳିତ ପରାସ୍ତ ହୋଇଲା   ହେଲେ ଦେବତା ଜୟୀ
ପ୍ରତିଶୋଧ ଅଗ୍ନି ବଳିର   ହୃଦେ କ୍ରୋଧେ ଜଳଇ ।।୩୯।।
ବଳିର ଚରିତ୍ର ଗାଥାକୁ   ଏବେ ଶୁଣ ରାଜନ
ଶୁଣାଇଲି ହରି କଥାତ   ସିନ୍ଧୁ ହେଲା ମନ୍ଥନ ।।୪୦।।

--୦--

ଊନବିଂଶ ଅଧ୍ୟାୟ

ବଳି ଆଉ ବାମନ

ପରାଜିତ ବଳି ହୋଇଣ ମନେ କ୍ରୋଧ ରଖିଣ
ଯଜ୍ଞ ଏକ କଲା ଆରମ୍ଭ ପୁନ୍ନ କରିବ ରଣ ॥୧॥
ଯଜ୍ଞ କୁଣ୍ଡୁ ସୃଷ୍ଟି କରିଲା ଏକ ବିଚିତ୍ର ଅସ୍ତ୍ର
ସେହି ଅସ୍ତ୍ର ନେଇ ଯୁଦ୍ଧତ କରେ ଇନ୍ଦ୍ର ସହିତ ॥୨॥
ବୃହସ୍ପତି ଗୁରୁ କହିଲେ ଇନ୍ଦ୍ର ଅପେକ୍ଷା କର
ଶ୍ରୀହରି ବଧିବେ ତାହାକୁ ଯୁଦ୍ଧ ଆଉ ନକର ॥୩॥
ସ୍ୱର୍ଗେ ବଳି ହେଲା ରାଜାତ ତିନି ଲୋକେ ଶାସନ
ଭୟଭିତ ହେଲେ ଦେବତା କାହିଁ ନମିଳେ ସ୍ଥାନ ॥୪॥
ଅଶ୍ୱମେଧ ଯଜ୍ଞ କରଇ କୀର୍ତ୍ତି ଯଶ ନିମନ୍ତେ
ବଳି ଦର୍ପନାଶ ନିମନ୍ତେ ପ୍ରଭୁ ଆସନ୍ତି ମର୍ତ୍ତ୍ୟେ ॥୫॥
ଅଦିତିଙ୍କ ଗର୍ଭୁ ଜନମ ପ୍ରଭୁ ବାମନ ହୋଇ
କ୍ଷୁଦ୍ର ହସ୍ତ ପାଦ ତାଙ୍କର ମାତା ଦେଖି ଚିନ୍ତଇ ॥୬॥
ବୟସ ବଢ଼ିଲା ଶିଶୁର ଉପ ନୟନ କଲେ
ସକଳ ବେଦର ସ୍ରଷ୍ଟାତ କିଏ ତାଙ୍କର ତୁଲେ ॥୭॥
ସଂସ୍କାର କାର୍ଯ୍ୟତ ସରିଲା ପ୍ରଭୁ ହେଲେ ପ୍ରସ୍ତୁତ
ବଳି ଯଜ୍ଞ ସ୍ଥାନେ ଯିବେତ ହୋଇ ବ୍ରାହ୍ମଣସୁତ ॥୮॥
କମଣ୍ଡଳୁ ହସ୍ତେ ଧରନ୍ତି ଅନ୍ୟ ହସ୍ତରେ ଛତ୍ର
ସୂର୍ଯ୍ୟ ସମ ତେଜ ପ୍ରକାଶେ ଚହିଁ ନପାରେ ନେତ୍ର ॥୯॥
ପହଞ୍ଚିଲେ ବଳି ଯଜ୍ଞରେ ବେଦ କଣ୍ଠେ ଉଚ୍ଚାରି
ସ୍ୱାଗତ କରିଲା ବଳିତ ଭାବେ ବ୍ରାହ୍ମଣ ପରି ॥୧୦॥
ଦାନ ନେବା ପାଇଁ ଆସିଛି କ୍ଷୁଦ୍ର ବାଳକ ଅଟେ
କିବା ଦାନ ସେତ ନେବତ କୁହେ ତାଙ୍କୁ ଉଚ୍ଚାଟେ ॥୧୧॥

କୁହହେ ବ୍ରାହ୍ମଣ ଦେବତା କିବା ଆଶା ବଳିଛି
ସ୍ୱର୍ଣ୍ଣ ହାତୀ ଘୋଡା ଧେନୁତ ସବୁ ମୋହର ଅଛି ॥୧୨॥
ଖାଦ୍ୟ ପେୟ କିମ୍ବା ଲୋଡୁଛ କୁହ କିଖାଦ୍ୟେ ଆଶା
ମନ ଇଚ୍ଛା କର ଗ୍ରହଣ ଦେବି ଦିଏ ଭରସା ॥୧୩॥
ଶୁଣିଣ କୁହନ୍ତି ବାମନ ଶୁଣ ଆହେ ରାଜନ
ଶୋଭା ପାଉ ନାହିଁ ଶ୍ରୀମୁଖୁ ଏହି ଦାନ ବଚନ ॥୧୪॥
ତୁମର ପୂର୍ବଜ ପ୍ରହ୍ଲାଦ ଦାତା ପଣେ ମହାନ
ବିରୋଚନ ପିତା ତୁମରି ଆୟୁ କରିଲେ ଦାନ ॥୧୫॥
ନିଜର ଶତ୍ରୁତ ଦେବତା କୁଣ୍ଠା ନଥିଲା ମନ
ରହିଅଛି ଯଶ କୀର୍ତ୍ତିତ ଶାସ୍ତ୍ର କରୁଛି ଗାନ ॥୧୬॥
ପିତା ପିତାମହ ଧାର୍ମିକ ଥିଲେ ଏହି ମହୀରେ
ତାଙ୍କ ତୁଲ୍ୟ କିଏ ଅଛି ଯେ କୁହ ତୁମ ଜ୍ଞାତରେ ॥୧୭॥
ମାଗିବି ନିଶ୍ଚିତ ରାଜନ ତୁମେ କରିବ ଦାନ
ତିନି ପାଦ ଭୂମି ମାଗେତ କର ମତେ ପ୍ରଦାନ ॥୧୮॥
ବଳି କୁହେ ଶୁଣ ବ୍ରାହ୍ମଣ ତିନି ଜଗତେ ମୁହିଁ
ଅଧିପତି ଅଟେ ମାଗୁଛ ତିନି ପାଦର ଭୂଇଁ ॥୧୯॥
ଭରଣ ପୋଷଣ ନିମନ୍ତେ ମାଗ ଭୂମିତ ଯେତେ
ଦେବାକୁ ପ୍ରସ୍ତୁତ ମୁହିଁତ କୁଣ୍ଠା ନକର ଚିତ୍ତେ ॥୨୦॥
ବାମନ ବ୍ରାହ୍ମଣ କୁହନ୍ତି ଲୋଡା ନାହିଁ ମୋହରି
ଯେତିକି ମାଗୁଛି ଦିଅତ ବାକ୍ୟ ରଖ ତୁମରି ॥୨୧॥
ହସି ହସି ବଳି ଉଠାନ୍ତି ହସ୍ତେ କମଣ୍ଡଳୁକୁ
ଗୁରୁ ଶୁକ୍ରାଚାର୍ଯ୍ୟ ଥିଲେ ତ ଡାକି ନେଲେ ବଳିକୁ ॥୨୨॥
କହନ୍ତି ବୁଝାଇ କିକରୁ ନୁହଁ ବ୍ରାହ୍ମଣ ଏହି
ଶ୍ରୀବିଷ୍ଣୁ ଆସିଣ ଅଛନ୍ତି ଛଳ ରୂପକୁ ନେଇ ॥୨୩॥

ରାଜ୍ୟ ଯଶ ବିଦ୍ୟା ଶକ୍ତିକୁ ନେବେ କରି ହରଣ
ଇନ୍ଦ୍ରକୁ ଦେବେତ ଜାଣିଥା ହେବୁ ତୁତ ନିର୍ଦ୍ଧନ ॥୨୪॥
ବିଶ୍ୱରୂପ ତାଙ୍କ ଶରୀର ତିନି ପାଦ ତ୍ରିଲୋକ
ନିଅଣ୍ଟ ହୋଇବ ପାଦକୁ ଭାବୁ କ୍ଷୁଦ୍ର ବାଳକ ॥୨୫॥
ଦାନ ଦେଲାପରେ ବଳି ତୁ ଅସହାୟ ହୋଇବୁ
ଅସୁର ଜଗତେ ନିଶ୍ଚୟ ତୁତ ନିନ୍ଦା ପାଇବୁ ॥୨୬॥
ଦାନତୁ ଦେଏନା କହୁଛି କଥା ମୋରତୁ ମାନ
ଗୁରୁ ବାକ୍ୟ ଅଟେ ସଂସାରେ ସତ୍ୟ କରତୁ ଧ୍ୟାନ ॥୨୭॥
ଶାସ୍ତ୍ର କଥା କହେ ରାଜନ ଶୁଣ ଦାନର କଥା
ଜୀବନ ଜୀବିକା ଦୁଇକୁ ଦାତା କରଇ ଚିନ୍ତା ॥୨୮॥
ବିଦ୍ୱାନ କେବେତ ଦିଏନା ଏହି ଦୁଇଟି ଦାନ
କପଟୀ ଆସିଛି କପଟେ ତାକୁ ରାଜନ ଚିହ୍ନ ॥୨୯॥
ବଳିତ କୁହଇ ବିନୟେ ଶୁଣ ମୋ ଗୁରୁ ଦେବ
ପ୍ରହ୍ଲାଦ ବଂଶର ବଂଶଜ ସତ୍ୟ ଆଜି ଲଘିବ ॥୩୦॥
ଧନ ବା ଜୀବନେ ଲୋଭତ ନାହିଁ ଏହି ସଂସାରେ
ଶରୀର ଦାନତ ଦଧୀଚି ଦେଲେ ସେତ ଜ୍ଞାତରେ ॥୩୧॥
ଶତ୍ରୁ ମିତ୍ର ଭାବ ନାହିଁତ ଦାନ ଦେବିତ ମୁହିଁ
ଆସିଛି ବାଳକ ବ୍ରାହ୍ମଣ ଏହା ମୁଁ ତ ଜାଣଇ ॥୩୨॥
ଗୁରୁ ବାକ୍ୟ ଆଜି ନମାନେ ଶିଷ୍ୟ ସତ୍ୟ କରିଲା
ବାମନ ବାଳକ ନିଜର ରୂପ ପ୍ରକଟ କଲା ॥୩୩॥
ବିଶ୍ୱ ବ୍ୟାପି ହେଲା ଶରୀର ମର୍ତ୍ତ୍ୟେ ଆଚ୍ଛାଦି ଦେଲା
ଏକ ପାଦେ ନେଲେ ଧରଣୀ ସ୍ୱର୍ଗ ଦ୍ୱିତୀୟେ ଗଲା ॥୩୪।
ତୃତୀୟ ପାଦର ନିମନ୍ତେ ନାହିଁ କେଉଁଠି ସ୍ଥାନ
ଦାନର ପୂର୍ଣ୍ଣତା ନ ଆସେ ବଳି ବିରସ ମନ ॥୩୫॥

କୁହଇ ପ୍ରଭୁଙ୍କୁ ଅସତ୍ୟ ନୁହେଁ ମୋର ବଚନ
କୃପାକରି ପାଦ ତୃତୀୟ ରଖ ଶିରେ ବାମନ ॥୩୬॥
ଅପଯଶ ବଂଶେ ନଲାଗୁ ନାହିଁ ନର୍କକୁ ଡର
ଦଣ୍ଡ ନୁହଁ ଏହି ଦାନତ ଆଶୀର୍ବାଦ ମୋହର ॥୩୭॥
ପ୍ରସନ୍ନ ହୋଇଲେ ବିଷ୍ଣୁତ ନିଜ ରୂପ ଧରିଲେ
ଧନ୍ୟ ଧନ୍ୟ ବଳି ତୁମେତ ତାଙ୍କୁ ପ୍ରଶଂସା କଲେ ॥୩୮॥
ଗୁରୁ କଥା ତୁମେ ନମାନି ଜାଣି ଛଳର କଥା
ସତ୍ୟକୁ ରଖିଲ ତୃତୀୟେ ନତ କରିଣ ମଥା ॥୩୯॥
ବର ଦିଏ ଆଜି ତୁମକୁ ତୁମେ ଇନ୍ଦ୍ର ସମାନ
ରାଜ ପଦେ ଥିବ ଚିରତ ସତ୍ୟ ମୋର ବଚନ ॥୪୦॥

--୦--

ବିଂଶ ଅଧ୍ୟାୟ

ଅମ୍ବରିଷ ଆଉ ଦୁର୍ବାସା (୯ମ ସ୍କନ୍ଧ)

କେତେ ମୂଲ୍ୟବାନ ଦୃଷ୍ଟାନ୍ତ ଶୁକମୁନି କୁହନ୍ତି
ଧ୍ୟାନ ଚିତ୍ତେ ଶ୍ରୋତା ରାଜନ କ୍ଷେତ୍ରେ ଶୁଣୁ ଅଛନ୍ତି ॥୧॥
ଆନ ଏକ ବଂଶ ଚରିତ ଶୁକମୁନି କହିଲେ
ପରମ ପୁରୁଷ ନାଭିରୁ ବ୍ରହ୍ମା ଜନ୍ମିତ ଥିଲେ ॥୨॥
ବ୍ରହ୍ମାଙ୍କ ମାନସ ପୁତ୍ରତ ନାମ ମରିଚୀ ଥିଲା
ମରୀଚଙ୍କ ପୁତ୍ର କଶ୍ୟପ ବଂଶେ ସେତ ଜନ୍ମିଲା ॥୩॥
ବାମନ ଦେବଙ୍କ ଚରିତ୍ର ରାଜା ଶୁଣିଣଛନ୍ତି
ଆନ ଏକ ଶୁଣ ଚରିତ୍ର ଶୁକମୁନି କୁହନ୍ତି ॥୪॥
ଅମ୍ବରିଷ ନାମେ ରାଜନ ସେହି ବଂଶେ ଜନମ
ଭକ୍ତ ଶିରୋମଣି ପ୍ରଭୁଙ୍କ ନିତ୍ୟ ପ୍ରଭୁରେ ପ୍ରେମ ॥୫॥
ପିତା ଥିଲେ ତାଙ୍କ ନାଭାଗ ଭକ୍ତି ମାର୍ଗରେ ଯାତ୍ରୀ
ଗୁରୁ ଗୃହେ ବିଦ୍ୟା ସାରିଣ ଗୃହେ ଫେରି ଆସନ୍ତି ॥୬॥
ଭାତୃମାନେ ନେଇ ସୁଯୋଗ ତାଙ୍କ ସମ୍ପତ୍ତି ଭାଗ
ଦେଲେ ନାହିଁ ତଡି ଦେଲେତ ବଳ କରି ପ୍ରୟୋଗ ॥୭॥
ବୃଦ୍ଧ ପିତା ପାଖେ ପଠାନ୍ତି ଯାଅ ପିତା ପାଖକୁ
ଅସହାୟ ପିତା ଥିଲେତ ପୁତ୍ର ତେଜିଲେ ତାଙ୍କୁ ॥୮॥
ଦୁଃଖେ ଅମ୍ବରିଷ ପହଞ୍ଚେ ପିତା ପାଖରେ ଯାଇଁ
କୁହନ୍ତି ପିତାଙ୍କୁ ଭାଇତ ଭାଗ ଦେଲେତ ନାହିଁ ॥୯॥
ପିତାତ କୁହନ୍ତି ମତେତ ଦଣ୍ଡ ସେମାନେ ଦେଲେ
ଅସହାୟ ମୁହିଁ ପଡିଛି ପୁତ୍ରେ ଚିନ୍ତା ନକଲେ ॥୧୦॥
ଦୁଃଖ କର ନାହିଁ ପୁତ୍ରମୋ ମୋର କଥାକୁ ମାନ
ଅଚିରେ ଘୁଞ୍ଚିବ ଦୁଃଖତୋ ପ୍ରାପ୍ତ ଯଶ ସମ୍ମାନ ॥୧୧॥

ଦୁଇଟି ମନ୍ତ୍ରତ ପ୍ରଦାନ   କରେ ତତେତ ପୁତ୍ର
ଯାଅ ତୁମେ ରାଜ ଯଜ୍ଞକୁ   ମନ୍ତ୍ର କରି ମୁଖସ୍ଥ ॥୧୨॥
ଯଜ୍ଞ କ୍ଷେତ୍ରେ ମନ୍ତ୍ର ଉଚ୍ଚାରେ   ପୁତ୍ର ଉଚ୍ଚ ସ୍ୱରରେ
ସ୍ତବ୍ଧ ହେଲା ଯଜ୍ଞ ସ୍ଖଳିତ   ହୃଦେ କମ୍ପନ କରେ ॥୧୩॥
ଦେଖନ୍ତି ସମ୍ମୁଖ ଭାଗରେ   ଏକ ଯୁବ ବ୍ରାହ୍ମଣ
ଉପବିତ ସ୍କନ୍ଧେ ଶୋଭଇ   ରୂପ ତାମ୍ରର ବର୍ଣ୍ଣ ॥୧୪॥
କଣ୍ଠରୁ ନିର୍ଗତ ଶବ୍ଦତ   ସୃଷ୍ଟି କରେ କମ୍ପନ
ଶ୍ରଦ୍ଧାରେ ଡାକନ୍ତି ଋଷିଏ   ଘେନ ତୁମେ ଆସନ ॥୧୫॥
ଯଜ୍ଞର ବଳକା ଧନତ   ଯାଚି ନାଭାଗେ ଦେଲେ
ଦରିଦ୍ରତା ତାର ଘୁଞ୍ଚିଲା   ଏହି ମନ୍ତ୍ରର ବଳେ ॥୧୬॥
ଏକାଳେ ମିଳିଲେ ଶଙ୍କର   ଧନ ଆକଟ କଲେ
ସକଳ ଧନେ ମୁଁ ମାଲିକ   କିଏ ତୁମକୁ ଦେଲେ ॥୧୭॥
ଦକ୍ଷ ଯଜ୍ଞ ପରେ ସିଦ୍ଧାନ୍ତ   ଏହି କଥାତ କଲେ
ଯଜ୍ଞର ବଳକା ଧନତ   ମତେ ସମର୍ପି ଦେଲେ ॥୧୮॥
ଏ ଧନ ଅଟଇ ମୋହର   ଛାଡ ଧନେ ଆସକ୍ତି
ପିତାଙ୍କୁ ପଚାରି ଆସିଣ   ନେବ ତୁମେ ନିଷ୍ପତ୍ତି ॥୧୯॥
ପିତା ଶୁଣି ଦେଲେ ଉତ୍ତର   ଧନେ ପ୍ରାପ୍ତି ଶଙ୍କର
ନାଭାଗ ଫେରସ୍ତ କରିଲା   ଧନ କରି ଜୁହାର ॥୨୦॥
ପ୍ରସନ୍ନ ହୋଇଣ ଶଙ୍କର   ଦେଲେ ସକଳ ଧନ
ନାଭାଗର ଦୁଃଖ ଗଲାତ   ଆସେ ସୌଭାଗ୍ୟ ଦିନ ॥୨୧॥
ସେହି ସମ୍ପତ୍ତିର ମାଲିକ   ହେଲେ ତାଙ୍କର ପୁତ୍ର
ଅମ୍ବରିଷ ନାମ ଅଟଇ   ସେତ ବିଷ୍ଣୁଙ୍କ ଭକ୍ତ ॥୨୨॥
ଚିନ୍ତା ଚେତନାରେ ସର୍ବଦା   ପ୍ରଭୁ ରୂପ ଦର୍ଶନେ
ନାମେ ପ୍ରୀତି ରଖି ମଜ୍ଜଇ   ନିତ୍ୟ ପ୍ରଭୁ କୀର୍ତ୍ତନେ ॥୨୩॥

ଅମ୍ବରିଷ ଦିନେ ଦ୍ୱାଦଶୀ ବ୍ରତ କଲେ ପାଳନ
ସମଗ୍ର ଖାଦ୍ୟତ ଏକତ୍ର ଏବେ ନୈବିଦ୍ୟେ ମନ ॥୨୪॥
ଏହି ସମୟରେ ଦୁର୍ବାସା ଋଷି ପହଞ୍ଚି ଗଲେ
ନିରୁପାୟ ହେଲେ ଦେଖିଣ ସ୍ଥିର ନିଜକୁ କଲେ ॥୨୫॥
ଭୋଜନ ନିମନ୍ତେ ଋଷିଙ୍କୁ ରାଜା କହନ୍ତି ଆସି
ସ୍ନାନ କରି ନାହିଁ ମୁହିଁତ କର ଅପେକ୍ଷା ବସି ॥୨୬॥
ଯମୁନାକୁ ଗଲେ ଦୁର୍ବାସା କାଳ ବିଳମ୍ବ ହେଲା
ନ ଆସିଲେ ଋଷି ବିଳମ୍ବେ ଗଡେ ପାରଣ ବେଳା ॥୨୭॥
ନିରୂପାୟ ହୋଇ ରାଜନ ଚିନ୍ତା କରିଣ ମନେ
ସାମାନ୍ୟ ଜଳତ ଗ୍ରହଣ ଇଷ୍ଟେ ରଖିଣ ଧ୍ୟାନେ ॥୨୮॥
ଅନ୍ନ ବ୍ୟଞ୍ଜନତ ରହିଛି ରାଜା ଅପେକ୍ଷା ରତ
ପହଞ୍ଚି ଦୁର୍ବାସା ଶୁଣନ୍ତି ରାଜା ସାରିଛି ବ୍ରତ ॥୨୯।
ଜଳପାନ କରି ବ୍ରତକୁ କଲା ରାଜା ସମାପ୍ତ
ଅପେକ୍ଷା କଲାନି ମତେତ କଲା ଅପମାନିତ ॥୩୦।
ଶିର ପରୁ ଜଟା ଓପାଡି ତଳେ ଫିଙ୍ଗିଣ ଦେଲେ
ଭୟଙ୍କର ଦୈତ୍ୟେ ପ୍ରକଟେ ରାଜା ଭୟତ କଲେ ॥୩୧॥
ସ୍ମରଣ କରିଲେ ରାଜାତ ଦୁଃଖେ ଡାକନ୍ତି ହରି
ରାକ୍ଷସ ଆସୁଛି ପ୍ରଭୁତ ଦେବ ମତେ ସେ ମାରି ॥୩୨॥
ସୁଦର୍ଶନ ଚକ୍ର ଆସିଣ କାଟେ ଦୈତ୍ୟର ଶିର
ପ୍ରଭୁଙ୍କ ନିର୍ଦ୍ଦେଶେ ଆସିଛି ଭକ୍ତ ହେବ ଉଦ୍ଧାର ॥୩୩॥
ସୁଦର୍ଶନ ଚକ୍ର ଏବେତ କ୍ରୋଧେ ମୁନି ପଛରେ
ମୁନିତ ଧାଇଁଲେ ଭୟରେ ଏହି ତିନି ପୁରରେ ॥୩୪॥
ବ୍ରହ୍ମାଙ୍କ ପାଖକୁ ଯାଇଣ ଦୁଃଖେ ଜଣାନ୍ତି ମୁନି
କୈଳାସେ ପଠାନ୍ତି ବ୍ରହ୍ମାତ ଗଲେ କୈଳାସେ ପୁଣି ॥୩୫॥

ଶଙ୍କର କୁହନ୍ତି ଦୁର୍ବାସା ଯାଅ ବିଷ୍ଣୁଙ୍କ ପୁର
ରହିଁଲେ ବିଷ୍ଣୁତ ତୁମକୁ ଦେବେ କରି ଉଦ୍ଧାର ॥୩୬॥
ଶ୍ରୀହରିଙ୍କ ପାଖେ ପହଞ୍ଚି ମୁନି ଆଶ୍ରୟ ମାଗେ
ସୁଦର୍ଶନ ଧାଏ ପ୍ରଭୁଙ୍କ ଦେଖ ପୃଷ୍ଠର ଭାଗେ ॥୩୭॥
ନାହିଁ ନାହିଁ ପ୍ରଭୁ କୁହନ୍ତି ଯାଅ ଭକ୍ତ ପାଖକୁ
ଶରଣ ଘେନିଲେ ତାହର ଟଳି ପାର ମୃତ୍ୟୁକୁ ॥୩୮॥
ଭକ୍ତ ହୃଦେ ମୁଁ ତ ଅଛଇ ସେତ ମୋର ହଦୃରେ
ଯାଅ ତୁମେ ବେଗେ ଦୁର୍ବାସା କ୍ଷମା ମାଗ ରାଜାରେ ॥୩୯॥
ଆସିଣ ଦୁର୍ବାସା ରାଜାଙ୍କ ପାଦ ଧରି ପଡିଲେ
କ୍ଷମା କରିଦିଅ ରାଜନ ପ୍ରଭୁ ଫେରାଇ ଦେଲେ ॥୪୦॥
ତଳୁ ଉଠାଇଣ ଆଣନ୍ତି ସ୍ତୁତି କରନ୍ତି ଧ୍ୟାନେ
କ୍ଷମାକର ସୁଦର୍ଶନତ ରଖ ତାଙ୍କୁ ଜୀବନେ ॥୪୧॥
କ୍ରୋଧ ଶାନ୍ତ ହେଲା ଶୁଣିଣ ସୁଦର୍ଶନତ ଗଲେ
ମୁନିଙ୍କୁ ଡାକିଣ ରାଜନ ପ୍ରୀତି ଭୋଜନ ଦେଲେ ॥୪୨॥
ଖାଦ୍ୟତ ଗ୍ରହଣ ନକରି ବ୍ରତ ରଖିଣ ଥିଲେ
ଋଷିଙ୍କୁ ସନ୍ତୁଷ୍ଟ କରିଣ ରାଜା ଭୋଜନ କଲେ ॥୪୩॥
ଦୁର୍ବାସା କୁହନ୍ତି ରାଜନ ଅହଂକାରି ମୁହିଁତ
ଜ୍ଞାନ ଗର୍ବେ ଭାବିଥିଲି ମୁଁ ଶାସ୍ତ୍ରେ ଅଟେ ପଣ୍ଡିତ ॥୪୪॥
ଅହଂକାରି ଜନେ କ୍ଷମାତ କେହି କରନ୍ତି ନାହିଁ
ବ୍ରହ୍ମା ବିଷ୍ଣୁ ଆଉ ମହେଶ ଦେଲେ ମତେ ଫେରାଇ ॥୪୫॥
ତୁମେତ ରାଜନ ମତେତ କ୍ଷମା ପ୍ରଦାନ କରି
ଅହଂମୋର କଲ ବିନାଶ ଯଶ ରହୁ ତୁମରି ॥୪୬।

--୦--

ଏକବିଂଶ ଅଧ୍ୟାୟ

ଯଯାତି ଆଉ ଦେବଯାନୀ

ଦୈତ୍ୟ ଗୁରୁ ଶୁକ୍ରାଚାର୍ଯ୍ୟଙ୍କ   କନ୍ୟା ଦେବଯାନୀତ
ବୃଷ ପର୍ବା ରାଜା କନ୍ୟାର   ସାଥେ ବସଇ ମିତ ॥୧॥
ନାମତା ଶର୍ମିଷ୍ଠା ଅଟଇ   ଦୁହେଁ ସମ ବୟସୀ
ରୂପ ଗୁଣେ ନାହିଁ ପ୍ରଭେଦ   ସେତ ଦୁହେଁ ଷୋଡ଼ସୀ ॥୨॥
ସ୍ନାନ ବା ଭ୍ରମଣ କ୍ରୀଡାରେ   ଦୁହେଁ ସାଙ୍ଗ ହୋଇଣ
ପରସ୍ପରେ ଭାବ ରଖନ୍ତି   ଉଚ୍ଚ ନୀଚ ଭୂଲିଣ ॥୩॥
ଏକଦା ଘଟିଲା ବିଚିତ୍ର   କଥା ନଦୀ କୂଳରେ
ସ୍ନାନ କରି ଯାଇଥିଲେ ତ   ଦୁହେଁ ଖୁସି ମନରେ ॥୪॥
ନଦୀ କୂଳେ ରଖି ବସ୍ତ୍ରକୁ   ଜଳେ ପଶିଲେ ଯାଇ
ଜଳ କ୍ରୀଡା ସାରି ଫେରନ୍ତି   ବସ୍ତ୍ର ପିନ୍ଧିବା ପାଇଁ ॥୫॥
ନଚିହ୍ନି ଭ୍ରମରେ ଶର୍ମିଷ୍ଠା   ବସ୍ତ୍ର ଯାଇ ପିନ୍ଧିଲା
ଦେବଯାନୀ ବସ୍ତ୍ର ସେହିତ   ଏହା ଭୂଲିଣ ଗଲା ॥୬॥
କଟୁ କଥା ମାନ କହିଲା   ଦେବଯାନୀ ତାହାକୁ
କ୍ରୋଧେ ରହିଥିଲା ଶର୍ମିଷ୍ଠା   ଦେଖି ଏକ କୂପକୁ ॥୭॥
କୂପରେ ଦେଲାତ ଫିଙ୍ଗିଣ   ଦେବଯାନୀ କୂପରେ
ରାଜ ମହଲକୁ ଆସିଲା   କ୍ରୋଧ ଥାଏ ହୃଦରେ ॥୮॥
ଯଯାତି ରାଜନ ଥିଲେ ତ   ସେହି ବନ ମଧ୍ୟରେ
କୂପ ମଧ୍ୟୁ ଶବ୍ଦ ଆସଇ   ସେତ କ୍ରନ୍ଦନ ସ୍ୱରେ ॥୯॥
ଆଣନ୍ତି ବାଳିକା ଉଦ୍ଧାରି   ଦେଲେ ନିଜର ବସ୍ତ୍ର
ପରସ୍ପର ରୂପ ଦେଖିଣ   ମିଶେ ଉଭୟ ନେତ୍ର ॥୧୦॥
ଦୁର୍ବଳ ମନତ ହୋଇଲା   ଦେଖି ଯଯାତିଙ୍କର
ବିଧାତା ଗଢ଼ିଛି ରୂପକୁ   କେଡେ କରି ସୁନ୍ଦର ॥୧୧॥

କଥା ଦେଲେ ରାଜା ଯଯାତି ତୁମ ସାଥେ ବିବାହ
ଦେଉଛି କଥାମୁଁ ସୁନ୍ଦରୀ ଏହା ମୋର ନିର୍ଣ୍ଣୟ ॥୧୨॥
ଦେବଯାନୀ ଆସି ଗୃହକୁ କହେ ପିତାଙ୍କୁ ଦୁଃଖ
ଶୁକ୍ରାଚାର୍ଯ୍ୟ କ୍ରୋଧ ବଢ଼ିଲା ଗଲେ ରାଜାଙ୍କ ପାଖ ॥୧୩॥
ରାଜ୍ୟ ମୁଁ ତ୍ୟାଗିବି ରାଜନ ତିଳେ ନକରି ଡେରି
ଅପମାନେ କନ୍ୟା ମୋହର ପ୍ରାଣ ନ ରଖେ ଧରି ॥୧୪॥
ବୃଷ ପର୍ବା ଆସି ପାଦରେ କ୍ଷମା ପ୍ରାର୍ଥନା କଲେ
କହନ୍ତି ଗୁରୁତ ସର୍ତ୍ତ ମୋ ଶୁଣ ରାଜନ ଭଲେ ॥୧୫॥
ମୋର କନ୍ୟା ଦାସୀ ହୋଇବ ଯେବେ କନ୍ୟା ତୁମରି
ରହିବି ରାଜ୍ୟରେ ନୋହିଲେ ଯିବି ରାଜ୍ୟ ବାହାରି ॥୧୬॥
ମୋ କନ୍ୟା ଯାହାକୁ ବରିବ ତାର ସାଥେ ବିବାହ
ରାଜନ ତୁମେତ କରିବ ଏହି କଥାକୁ ଦିଅ ॥୧୭॥
ଅପମାନ କଥା ଅଟେତ ରାଜ ପରିବାରକୁ
ଅନ୍ୟ ପକ୍ଷେ ରାଜ୍ୟ କଥାତ ନୁହଁ ତ୍ୟାଗୀ ଗୁରୁଙ୍କୁ ॥୧୮॥
ଦେବଯାନୀ ସର୍ତ୍ତ ରହିଛି ବର ଯଯାତି ତାର
ତାଙ୍କ ସଙ୍ଗେ ରାଜା ବିବାହ ତୁମେ ଏବେତ କର ॥୧୯॥
ରାଜନ ବିବାହ କରିଲେ ନେଇ ଯଯାତି ସାଥେ
ଦାସୀ ପଣେ ଗଲା ଶର୍ମିଷ୍ଠା ଦେଖୁଛନ୍ତି ଜଗତେ ॥୨୦॥
ଶୁକ୍ରାଚାର୍ଯ୍ୟ ଡାକି କୁହନ୍ତି ଶୁଣ ତୁମେ ଯଯାତି
ଶର୍ମିଷ୍ଠା ସାଂଗରେ ତୁମର କେବେ ହେବନି ପ୍ରୀତି ॥୨୧॥
ଅଭିଶାପ ମୋର ପଡିବ କଥା ରଖିବ ମନେ
ଦେଖିବ ରାଜନ ଶର୍ମିଷ୍ଠା ଦାସୀ ଅଟଇ ଜଣେ ॥୨୨॥
କିଛିଦିନ ପରେ ମାତାତ ଦେବଯାନୀ ହୋଇଲେ
ଦାସୀ ପଣେ ରହି ଶର୍ମିଷ୍ଠା ସେବା କରୁଣ ଥିଲେ ॥୨୩॥

ଦେଖିଣ ସୌଭାଗ୍ୟ ରାଣୀର   ମନ ଅସହ୍ୟ ହେଲା
କାମଜ୍ୱାଳା ଗ୍ରାସେ ଶରୀରେ   ପ୍ରାଣ ଅସ୍ଥିର କଲା ॥୨୪॥
ବିନୀତ ପ୍ରାର୍ଥନା କରିଲା   ଯାଇ ଯଯାତି ପାଶେ
ନିଜର ଯୌବନ ବାଢ଼ଇ   କହି ମଧୁର ଭାଷେ ॥୨୫॥
ଯଯାତି ଭାଙ୍ଗିଲେ ସତ୍ୟତ   ଭୁଲି ଗୁରୁଙ୍କ କଥା
ଶର୍ମିଷ୍ଠା ପ୍ରେମରେ ଆସକ୍ତ   ଶୁଣି ବିରହ ବ୍ୟଥା ॥୨୬॥
କ୍ରୋଧ ଆସେ ଦେଖି ପତ୍ନୀର   ଈର୍ଷା ଭାବତ ଆସେ
ପତିର ଗୃହରୁ ବିଦାୟ   ଏବେ ପିତାର ପାଶେ ॥୨୭॥
ଶୁକ୍ରାଚାର୍ଯ୍ୟ ଏହା ଜାଣିଣ   ଶାପ କଲେ ପ୍ରଦାନ
କୁରୁପ ହୋଇବୁ ଯଯାତି   ନାଶ ହେଉ ଯୌବନ ॥୨୮॥
ବୃଦ୍ଧ ହୋଇଯାଉ ତୋ ଅଂଗ   କାମ ଶକ୍ତିତ ଯାଉ
ନାରୀ ଅଂଗ ସଂଗ ନଲଭ   ସତ୍ୟ ରଖିଲୁ ନାହୁଁ ॥୨୯॥
ଅଭିଶାପ ଥିଲା ଗୁରୁଙ୍କ   ତାଙ୍କ ଯାମତା ପାଇଁ
ଜାଣିତ ନଥିଲେ ପିତାତ   କନ୍ୟା ତାଙ୍କ କାନ୍ଦଇ ॥୩୦॥
ସ୍ୱାମୀର ବାର୍ଦ୍ଧକ୍ୟ ନାରୀର   ପକ୍ଷେ ଅମଙ୍ଗଳତ
ବୈଧବ୍ୟ ଯନ୍ତ୍ରଣା ଘଟିବ   ସେତ ହେବ ନିନ୍ଦିତ ॥୩୧॥
ଯଯାତି ପ୍ରାର୍ଥନା କରନ୍ତି   କର ଶାପ ଖଣ୍ଡନ
କହିଲେ ଶ୍ୱଶୁର ଯଦିବା   କିଏ ଦେବ ଯୌବନ ॥୩୨॥
ଆଗ୍ରହ ସହିତ ବୃଦ୍ଧତ୍ୱ   ନେବ ଶରୀରୁ ତୋର
ଶାପତ ଖଣ୍ଡନ ହୋଇବ   ଜାଣ ଯଯାତି ମୋର ॥୩୩॥
କାମୁକ ଯଯାତି ଭୋଗରେ   ରଖି ତିବ୍ର ଲାଳସା
ଜ୍ୟେଷ୍ଠ ପୁତ୍ରେ କଲା ବିନତୀ   ଯଦୁ ମୋର ଭରସା ॥୩୪॥
ଯୌବନ ପ୍ରଦାନ କରତୁ   ଅନୁରୋଧ ମୋହର
ରଖିବୁ ପୁତ୍ରତୁ ମୋ କଥା   ଥରେ କର ବିଚାର ॥୩୫॥

ପୁତ୍ର କହେ ଯଦୁ ପିତାଙ୍କୁ   ବହୁ ପୁଣ୍ୟର ଫଳେ
ମାନବ ଶରୀର ମିଳିଛି   ମତେ ମହୀ ମଣ୍ଡଳେ ॥୩୬॥
ସୁଖ ଭୋଗ ଛାଡି ବାର୍ଦ୍ଧକ୍ୟ   କଥା କହୁତ ମତେ
ପଚ୍ଛର ତୁମର ଅଛନ୍ତି   କେତେ ଅନ୍ୟତ ପୁତ୍ରେ ॥୩୭॥
ଜଣ ଜଣ କରି ପଚ୍ଛରି   ରାଜା ହେଲେ ନିରାଶ
କନିଷ୍ଠ ପୁତ୍ରତ କୁହଇ   ଶୁଣ ପିତା ନରେଶ ॥୩୮॥
ପର ଉପକାରେ ଶରୀର   ଯଦି ମୋର ଲାଗିବ
ସନ୍ତୁଷ୍ଟ ଲଭିବେ ପିତା ମୋ   ଏହା ସୌଭାଗ୍ୟ ହେବ ॥୩୯॥
ପ୍ରଦାନ କରିଲା ପୁତ୍ରତ   ତାର ଅଙ୍ଗ ଯୌବନ
ଯୁବକ ହୋଇଲେ ଯଯାତି   ଶାପ ହେଲା ଖଣ୍ଡନ ॥୪୦॥
କିଛିଦିନ ପରେ ଯଯାତି   ହୃଦେ ଆସିଲା ଜ୍ଞାନ
ଭୋଗ ଲାଳସାରୁ ବୈରାଗ୍ୟ   ଏବେ ଘେନିଲା ମନ ॥୪୧॥
କାମନାର ନାହିଁ ତୃପ୍ତିତ   ଶେଷେ ଆସଇ ଦୁଃଖ
ଦୁଃଖର କାରଣ କାମନା   ଲୋଡା ନାହିଁ ମୋ ସୁଖ ॥୪୨॥
ଅଗ୍ନିରେ ଘୃତତ ପଡିଲେ   ତାର ବଢ଼ଇ ଶକ୍ତି
ଭୋଗି ପାଖେ ଭୋଗ ଲାଳସା   ଭୋଗ ବଢ଼ାଏ ନୀତି ॥୪୩॥
କାମନା ବାସନା ମଧ୍ୟରେ   ଗଲି ଭୁଲି ନୀତିକୁ
ଡାକିଣ କହିଲେ ରାଜନ   ଆଜି ଦେବଯାନୀକୁ ॥୪୪॥
ଯୌବନ ଫେରାଇ ଦେଲେତ   ତାଙ୍କ କନିଷ୍ଠ ପୁତ୍ରେ
ରାଜ୍ୟକୁ ପ୍ରଦାନ କରନ୍ତି   ଯିବେ ସାଧନା ପଥେ ॥୪୫॥
ତ୍ୟାଗ ବଳେ ଆଜି କନିଷ୍ଠ   ପୁତ୍ର ହେଲା ରାଜନ
ପିତା ପାଇଁ କଲା ତ୍ୟାଗତ   ପୁତ୍ର କେଡ଼େ ମହାନ ॥୪୬॥

--o--

ଦ୍ୱାବିଂଶ ଅଧ୍ୟାୟ

ଦୁଷ୍ମନ୍ତ ଶକୁନ୍ତଳା

ପୁରୁବଂଶେ ଏକ ପ୍ରତାପୀ ରାଜା ଥିଲେ ଦୁଷ୍ମନ୍ତ
ଶିକାର ନିମନ୍ତେ ବନକୁ ଯାତ୍ରା ଧରି ସୈନ୍ୟତ ॥୧॥
ଶିକାର ନମିଳେ ଖୋଜନ୍ତି ଆଖ ପାଖରେ କାହିଁ
ଗହନ ବନତ ଅଟଇ ଫୁଲ ଫଳେ ହସଇ ॥୨॥
ଦୃଶ୍ୟତ ନୁହଁନ୍ତି ମୃଗତ ରାଜା ଖୋଜନ୍ତି ବନେ
ଅପରୂପ ଶୋଭା ଆଶ୍ରମ ଦୃଶ୍ୟ ହେଲା ନୟନେ ॥୩॥
ସବୁଜିମା କ୍ଷେତ୍ର ଆକର୍ଷେ ପାଦ ଯାଏ ଅଟକି
ସତେକି ଆଦରେ ଡାକନ୍ତି ପୁଷ୍ପଲତା ମାନେକି ॥୪॥
ପହଞ୍ଚିଲେ ରାଜା ଆଶ୍ରମେ ଶାନ୍ତ ସୁଧିର ମନେ
ପୁଷ୍ପ ମୂଳେ ଜଳ ପ୍ରଦାନ କରେ ତରୁଣୀ ଜଣେ ॥୫॥
ଦେବୀ କି ମାନବୀ ସନ୍ଦେହ ସେତ ଆଶ୍ରମ ବାଳା
ଲାବଣ୍ୟ ରୂପତ ପ୍ରକାଶେ ଯତି ହେବେ ପାଗଳା ॥୬॥
ବିଶ୍ୱାମିତ୍ର ପୁତ୍ରୀ ଅଟନ୍ତି କଣ୍ୱ ମୁନି ପାଳିତା
ଶକୁନ୍ତଳା ନାମ ତାଙ୍କର ସଖୀ ଦେଲେ ବାରତା ॥୭॥
ମନ କିଣା ବିକା ହୋଇଲା ସେତ ପୁରୁଷ ନାରୀ
ଚାରି ନୟନତ ମିଶିଲା ଦେଖି ରୂପ ମାଧୁରୀ ॥୮॥
ଯୁବ ପ୍ରତିଭାଙ୍କ ମଧ୍ୟରେ ରାଜା ଦୁଷ୍ମନ୍ତ ବୀର
କନ୍ଦର୍ପ ତୁଳନା ନୁହଁଇ ସାଥେ ଦିବ୍ୟ ଶରୀର ॥୯॥
ନାରୀ ମନ ଭୁଲା ରୂପତ ବାହୁ ଅଟେ ବିଶାଳ
ପଥର ପରାଏ ବକ୍ଷତ ହୃଦ ଅଟେ କୋମଳ ॥୧୦॥
ଲାଜେ ଲାଜେ ଥିଲା ବାଳାର ରାଜା ପ୍ରତିତ ଆଶା
ସଖୀ ଗଣେ ଡାକି ରାଜନ ଦେଲେ ତାଙ୍କୁ ଭରଷା ॥୧୧॥

ଗାନ୍ଧର୍ବ ମତରେ ବିବାହ   ପୁଷ୍ପ ହାର ପିନ୍ଧାଇ
ସଖୀ ଗଣ ନେଲେ ଆଶ୍ରମେ   ବର କନ୍ୟାକୁ ଦୁଇ ॥୧୨॥
ମିଳନ ପର୍ବତ ସରିଲା   ହେଲା ପୁଣି ପ୍ରଭାତ
ହସ୍ତୀନାକୁ ରାଜା ଆସିବେ   ହେଲେ ସେତ ପ୍ରସ୍ତୁତ ॥୧୩॥
କୁହନ୍ତି ବୁଝାଇ ବାଳାକୁ   ବାଳ ସୂର୍ଯ୍ୟତ ସାକ୍ଷୀ
ସାକ୍ଷୀତ ଅଛନ୍ତି ତୁମର   ସବୁ ଆତ୍ମୀୟ ସଖୀ ॥୧୪॥
ସମୟ ଆସିଲେ ତୁମେତ   ଯିବ ହସ୍ତୀନାପୁର
ବିଦାୟ ନେଉଛି ବିଳମ୍ବ   ରାଜ୍ୟ କାର୍ଯ୍ୟେ ମୋହର ॥୧୫॥
ବିତିଗଲା କିଛି ଦିନତ   ଶକୁନ୍ତଳାତ ମାତା
ପୁତ୍ର ବତୀ ହେଲେ ବଢ଼ିଲା   ମନେ ତାଙ୍କ ଦୁଶ୍ଚିନ୍ତା ॥୧୬॥
ସ୍ୱାମୀ କଥା ମନେ ଭାବନ୍ତି   ଯିବେ ହସ୍ତୀନାପୁର
କଣ୍ୱମୁନିଙ୍କର ସଦିଚ୍ଛା   ଅଛି କଲେ ସ୍ୱୀକାର ॥୧୭॥
ବାଲ୍ୟକାଳେ ପୁତ୍ର ଖେଳୁଛି   ସିଂହ ଶିଶୁକୁ ଧରି
ସିଂହ ସାଥେ ପୁତ୍ର ଲଢ଼େଇ   ସିଂହ ଯାଏତ ହାରି ॥୧୮॥
ଅକ୍ଷକେ ବର୍ଣ୍ଣନା କରନ୍ତି   ସାର ମର୍ମ କୁହନ୍ତି
ଶୁକଙ୍କ ମୁଖରୁ ରାଜନ   ଗାଥା ଶୁଣୁ ଅଛନ୍ତି ॥୧୯॥
ମାତା ପୁତ୍ର ଗଲେ ହସ୍ତୀନା   ରାଜା ଚିହ୍ନିଲେ ନାହିଁ
ଛୋଟିଆ ବାଳକ ଭରତ   ଥିଲା ସ୍ୱର୍ଗ ବିଜୟୀ ॥୨୦॥
ଆକାଶରୁ ବାଣୀ ଆସିଲା   ସତ୍ୟ ଘେନ ରାଜନ
ଭରତଙ୍କ ପିତା ତୁମେତ   ପ୍ରାପ୍ତ ଯୋଗ୍ୟ ସନ୍ତାନ ॥୨୧॥
ତିରସ୍କାର କର ନାହିଁ ତ   ନିଅ ପତ୍ନୀକୁ ଧରି
ରାଣୀକୁ ମର୍ଯ୍ୟାଦା ଦିଅତ   ରଖ କଥା ମୋହରି ॥୨୨॥
ପତ୍ନୀ ଭାବେ କଲେ ଗ୍ରହଣ   ଶକୁନ୍ତଳା ତ ରାଣୀ
ସଂକ୍ଷିପ୍ତେ ବର୍ଣ୍ଣନା ହୋଇଲା   ରାଜା ଏହି କାହାଣୀ ॥୨୩॥

--୦--

ତ୍ରୟୋବିଂଶ ଅଧ୍ୟାୟ

ରନ୍ତିଦେବଙ୍କ ଅତିଥି ସେବା

କାମନା ବିହିନ ଜୀବନ ସୁଖ ଆଣିତ ଦିଏ
ଦୁଃଖର କାରଣ କାମନା ଜ୍ଞାନୀ ଜାଣିଣ ଥାଏ ।।୧।।
ସରଳ ଜୀବନ ଯାପନେ ମିଳେ ଅଶେଷ ଶାନ୍ତି
ରନ୍ତିଦେବ ଏହା ଜାଣିଣ ତ୍ୟାଗୀଛନ୍ତି ଆସକ୍ତି ।।୨।।
ସାଧନାରେ ରତ ଥିଲେତ ପ୍ରଭୁ ଦର୍ଶନ ଦେଲେ
ଯାଚିକରି ବର ଦେଲେତ ପ୍ରତ୍ୟାଖ୍ୟାନ କରିଲେ ।।୩।।
ଅଣିମା ସହିତ ସିଦ୍ଧିତ ଅଷ୍ଟ ପ୍ରକାରେ ଅଛି
କେଉଁଥିରେ ନାହିଁ ଲୋଭତ ଲୋଡା ନାହିଁ ମୋ କିଛି ।।୪।।
ମୁକ୍ତିର କାମନା କରେନି ଦିଅ ପ୍ରଭୁ ଏ ଶକ୍ତି
ଜୀବଙ୍କ ଦୁଃଖକୁ ଜାଣିଣ ସେବା କରିବି ନୀତି ।।୫।।
ସେବା ବ୍ରତ ହେଉ ଜୀବନେ ଆନେ ନାହିଁ କାମନା
ଜୀବ ମଧ୍ୟେ ଦେଖେ ତୁମକୁ ଏହା ମୋର ପ୍ରାର୍ଥନା ।।୬।।
ଏପରି ପବିତ୍ର ହୃଦୟ ଧରି ରତି ବଞ୍ଚନ୍ତି
ଯାହା ମିଳେ ଯେଉଁ ଦିନତ ଖାଦ୍ୟ ସୁଖେ ଖାଆନ୍ତି ।।୭।।
ପ୍ରଭୁଙ୍କର ଦାନ ଭାବିଣ ଭାବ ପ୍ରସାଦ ସେହି
ପରିବାର ଜନ ଖାଆନ୍ତି ଦ୍ୱନ୍ଦ୍ୱ କଳହ ନାହିଁ ।।୮।।
ଈର୍ଷା କ୍ରୋଧ ରାଗ ନାହିଁତ ନାହିଁ ଅସୂୟା ମନେ
ସକଳ ବିଷ୍ଣୁଙ୍କ ରୂପତ ଦୃଶ୍ୟ ତାଙ୍କ ନୟନେ ।।୯।।
ଏପରି ଦୁର୍ଦ୍ଦିନ ଆସିଲା ଗୃହେ ନାହିଁତ କିଛି
ଉପବାସେ ଦିନ କଟିଲା ତାଙ୍କ ବିଶ୍ୱାସ ଅଛି ।।୧୦।।
ନିଶ୍ଚିତ ପ୍ରଭୁ ଯେ ଦେବେତ ଆମ ମୁଖେ ଆହାର
ବିଶ୍ୱପିତା ସେତ ଆମର ସେତ ନୁହଁନ୍ତି ପର ।।୧୧।।

ଏକାଳେ ଧରିଣ କିଏସେ ଆଣିଦିଏ ପ୍ରସାଦ
ଦେଖି ପରିବାର ସଦସ୍ୟ ହେଲେ ଅତି ଆନନ୍ଦ ॥୧୨॥
ପ୍ରସାଦେ ବ୍ୟଞ୍ଜନ ରହିଛି ଅଛି ଡାଲିତ କ୍ଷୀରି
ଉପବାସେ ଛନ୍ତି ସକଳେ କ୍ଷୁଧା ଦେଲାଣି ଘାରି ॥୧୩॥
ବସନ୍ତି ସକଳେ ଏକତ୍ର ଖାଦ୍ୟ ଖାଇବା ପାଇଁ
ଏକାଳେ ଶୁଭିଲା ଡାକତ ଦ୍ୱାରେ ବ୍ରାହ୍ମଣ ସେହି ॥୧୪॥
କୁହଇ ଭୋକରେ ପୀଡିତ ମୁଁ ତ ଅନ୍ନତ ଋହେଁ
ରନ୍ତି ଦେବ ଡାକି ବସାନ୍ତି ଭାବ ଭକ୍ତି ହୃଦୟେ ॥୧୫॥
ବ୍ରାହ୍ମଣ ଅତିଥି ଭୋଜନ କରି ନେଲେ ବିଦାୟ
ଅବଶିଷ୍ଟ ଖାଦ୍ୟ ବାଣ୍ଟନ୍ତି କ୍ଷୁଧା କରେ ଅଥୟ ॥୧୬॥
ଆଉ ଜଣେ ଏକ ଅତିଥି ଦ୍ୱାରେ ହୋଇଲେ ଛିଡା
କ୍ଷୁଧା ଜ୍ୱାଳା ନେଇ ଆସିଛି ଜରା ଜୀର୍ଣ୍ଣତ ବୁଢ଼ା ॥୧୭॥
ରନ୍ତି ଦେବ ଡାକି ଦିଅନ୍ତି ଦିବ୍ୟ ପ୍ରସାଦ ତାକୁ
ସନ୍ତୋଷେ ଅତିଥି କୁହନ୍ତି ପୁଣ୍ୟ ମିଳୁ ତୁମକୁ ॥୧୮॥
ଆଉ ଏକ ଆସେ କୁକୁର ସେତ ଅଟେ ଭୋକିଲା
ତାକୁ କିଛି ଅନ୍ନ ଦେଲେତ ଯାହା ବଞ୍ଚିଣ ଥିଲା ॥୧୯॥
ତାର ମଧ୍ୟେ ପ୍ରଭୁ ରୂପକୁ ରନ୍ତି ଦେବ ଦେଖନ୍ତି
ଈଶ୍ୱର ଭାବିଣ ପ୍ରଣାମ ପାଦେ ଯାଇ କରନ୍ତି ॥୨୦॥
ଶୂନ୍ୟ ହେଲା ଖାଦ୍ୟ ପାତ୍ରତ ଥିଲା କିଛିତ ଜଳ
ହସ୍ତେ ଧରିଛନ୍ତି ପିଇବେ ଆସେ ଏକ ଚଣ୍ଡାଳ ॥୨୧॥
ଶୋଷ ମୋର ତୁମେ ମେଣ୍ଟାଅ ତୃଷ୍ଣା ହେଉଛି ଭାରି
ବଢ଼ାଇଲେ ଜଳ ନେଇଣ ତାକୁ ପ୍ରଭୁ ବିଋରି ॥୨୨॥
ଉପବାସେ ନିଜେ ରହିଣ ଅଂଗ ଦୁର୍ବଳ ହେଲା
ଶରୀରୁ ପ୍ରାଣତ ନିର୍ଗତ ବେଳ ଆସିଣ ଗଲା ॥୨୩॥

ସେକାଳେ ଆସିଣ ଦେବତା ଉଭା ସକଳେ ହେଲେ
କ୍ଷମାତ ମାଗନ୍ତି ପାଦରେ ଆସିଥିଲୁତ ଛଳେ ॥୨୪॥
ଅତିଥି ବ୍ରାହ୍ମଣ ଚଣ୍ଡାଳ ରୂପ କୁକୁର ହୋଇ
ପରୀକ୍ଷାରେ ତୁମେ ଉତ୍ତୀର୍ଣ୍ଣ ହେଲ ଆତିଥ୍ୟ ଦେଇ ॥୨୫॥
ବାସୁଦେବ କଲ ଦର୍ଶନ ସବୁ ଜୀବ ମଧ୍ୟରେ
ଜଡ ବା ଚେତନେ ଅଛନ୍ତି ବ୍ରହ୍ମ ସବୁ କ୍ଷେତ୍ରରେ ॥୨୬॥
ବୈକୁଣ୍ଠେ କରିବ ଗମନ ରନ୍ତି ନିଶ୍ଚେ ଜାଣିବ
ଈଶ୍ୱରଙ୍କ ଆଜ୍ଞା ଥିଲାତ ଏହି ପରୀକ୍ଷା ଭାବ ॥୨୭॥
ଦେବତାଙ୍କ କଥା ସତ୍ୟତ ରନ୍ତି ବୈକୁଣ୍ଠ ଗଲେ
ନାରାୟଣ ଭାବ ରଖିଣ ସେବା ଦେଇତ ଥିଲେ ॥୨୮॥

--୦--

ଚତୁଃବିଂଶ ଅଧ୍ୟାୟ

ଶ୍ରୀକୃଷ୍ଣଙ୍କ ଜନ୍ମ (୧୦ମ ସ୍କନ୍ଧ)

ପରୀକ୍ଷିତ ମହରାଜାତ ଅତି ଆନନ୍ଦ ମନେ
କହନ୍ତି ମୁନିଙ୍କୁ ତୁମେତ ମୋର ହୃଦୟ ପ୍ରାଣେ ॥୧॥
ଅମୃତ ରସଙ୍କୁ ପିଆଅ କ୍ଷୁଧା ନଆସେ ଦେହେ
ତୃଷାତ ଆସେନି କେବେତ ଅଂଗ ଦୁର୍ବଳ ନୁହେଁ ॥୨॥
ଅନ୍ନ ଜଳେ ନାହିଁ ଲକ୍ଷ୍ୟତ ଧ୍ୟାନ ଅମୃତ ରସେ
କୃଷ୍ଣ ଲୀଳା ମତେ ଶୁଣାଅ ଏହି ଭାବତ ଆସେ ॥୩॥
ଜନ୍ମ ଠାରୁ ଦେହ ତ୍ୟାଗତ ଗୋପ ଲୀଳା କେମନ୍ତେ
ସମସ୍ତ କଥାକୁ କହିବ ତୃପ୍ତି ଲଭିବି ଚିତ୍ତେ ॥୪॥
ଶୁକ ବକ୍ତା ଶୁଣି ସନ୍ତୋଷେ ପ୍ରଶ୍ନେ କଲେ ଆଦର
କହିବି ନିଶ୍ଚୟ ତୁମକୁ ଶ୍ରଦ୍ଧା ଅଛି ତୁମର ॥୫॥
ମଙ୍ଗଳମୟଙ୍କ କଥାକୁ ଯିଏ କୁହେ ସଭାରେ
ଭକ୍ତି ଭାବେ ଯିଏ ଶୁଣଇ କିଏ ପ୍ରଶ୍ନ ପଚାରେ ॥୬॥
ତିନି ଜଗତରେ ଲାଭତ ଲଭେ ଶାସ୍ତ୍ର ବିଚାରେ
ବକ୍ତା ଶ୍ରୋତା ପ୍ରଶ୍ନକର୍ତ୍ତାତ ଭକ୍ତ ତିନି ପ୍ରକାରେ ॥୭॥
ଗଙ୍ଗା ଜଳ କରେ ପବିତ୍ର ମନ ପ୍ରାଣ ଶରୀର
ପ୍ରଭୁ କଥାମୃତ ଜୀବକୁ ନିଏ ବୈକୁଣ୍ଠ ପୁର ॥୮॥
ଶ୍ରବଣ କରନ୍ତୁ ରାଜନ କୃଷ୍ଣ ଚରିତ ଏବେ
ଭବ ସାଗରରୁ ପାରିତ ହେବ ଭକ୍ତିର ନାବେ ॥୯॥
ପୃଥିବୀ ରାଣୀତ ଅସହ୍ୟ ହେଲେ ଦୁର୍ଜନ ପାଇଁ
ତାଙ୍କ ଛାତି ପରେ ନିତ୍ୟେତ ରକ୍ତ ଛିଟା ପଡଇ ॥୧୦॥
ରାକ୍ଷସ ପ୍ରକୃତି ବଢ଼େତ ଧର୍ମେ ଗ୍ଳାନି ହୁଅଇ
ଅସତ୍ୟର ଧ୍ୱଜା ଉଡାନ୍ତି ଅହଂକାରରେ ରହି ॥୧୧॥

ଗୁରୁ ବ୍ରାହ୍ମଣଙ୍କ ପୂଜାତ ଆଉ ଦେଖା ନଗଲା
ଗୋମାତା ଦେବତା ସମ୍ମାନ ସାତ ସପନ ହେଲା ॥୧୨॥
ସାଧୁ ସନ୍ଥ ମୁନି ଋଷିତ ଦୁଃଖେ କାଟିଲେ ଦିନ
ସଂସାରେ ନାରୀତ କୁଳଟା ଗଲା ମାତୃ ସମ୍ମାନ ॥୧୩॥
ପିତା ମାତା ଭାବ ଉଠିଲା ପୁତ୍ର ଦିଏ କଷଣ
ତସ୍କର ଭାବତ ବଢ଼ିଲା ସତ୍ୟ ନପାଏ ସ୍ଥାନ ॥୧୪॥
ଅସତ୍ୟ ରାଜତ୍ୱ କରିଲା ସତ୍ୟ ଭୟରେ ଲୁଚେ
ଲାଞ୍ଚ ମିଛ ଜୁଆ ମଦରେ ନିତ୍ୟ ଦୁର୍ଜନ ବଞ୍ଚେ ॥୧୫॥
ମାଛ ମାଂସ ନାରୀ ଲକ୍ଷ୍ୟତ ରାଜ ଗାଦିରେ ଆଶା
ନାରୀ ଶିଶୁ ବଧ ହୁଅଇ ଶାସ୍ତ୍ରେ ନାହିଁ ପ୍ରଶଂସା ॥୧୬॥
ନିରୁପାୟ ହୋଇ ଧରିତ୍ରୀ ଯାଏ ଗୋମାତା ହୋଇ
ଶ୍ରୀବିଷ୍ଣୁଙ୍କ ପାଖେ ଗୁହାରି କୁହେ ନପାରେ ସହି ॥୧୭॥
ଦୁର୍ଜନ ମାନଙ୍କ କାର୍ଯ୍ୟତ ବଡ଼ ଅସହ୍ୟ ହେଲା
ଗୁହାରି କରୁଛି ଶ୍ରୀପାଦେ ବୁଡି ଯିବତ ଭେଲା ॥୧୮॥
ଧର୍ମରେ ଗ୍ଲାନିତ ଗ୍ରାସିଲା ସାଧୁ ସନ୍ଥ କଷଣ
ନଶୁଭିଲା ଆଉ ନାମତ ଶୁଭେ ନାହିଁ କୀର୍ତ୍ତନ ॥୧୯॥
ଆଶ୍ୱସନା ଦେଲେ ଈଶ୍ୱର ଶୁଣି ଧରିତ୍ରୀ କଥା
ବସୁଦେବ ଘରେ ଜନ୍ମିବି ଏହା ମନେ ରଖିଥା ॥୨୦॥
ବିଶ୍ୱାସ ଘେନିଣ ଫେରିଲା ମର୍ତ୍ତ୍ୟେ ପ୍ରଭୁ ଆସିବେ
ସାଧୁ ସନ୍ଥ ପାଳି ନିଶ୍ଚୟ ରାକ୍ଷସଙ୍କୁ ମାରିବେ ॥୨୧॥
ବସୁବେଦ ଜନ୍ମି ଅଛନ୍ତି ଦେଖ ମଥୁରା ପୁରି
ତପସ୍ୟା ରହିଛି ପୂର୍ବରୁ କୋଳେ ଆସିବେ ହରି ॥୨୨॥
ସୁନ୍ଦର ସୁଢ଼ଳ ଯୁବକ ନମ୍ର ଶୀଳ ଅଟନ୍ତି
ପ୍ରଭୁଙ୍କର ପିତା ହେବାର ସିଦ୍ଧି ହୋଇଛି ପ୍ରାପ୍ତି ॥୨୩॥
ଉଗ୍ରସେନ ପୁତ୍ର କଂସତ ଉଗ୍ର ସ୍ୱଭାବ ତାର
ସ୍ୱଭାବେ ଯୁବକ ଅବସ୍ଥା ରାଜବଂଶ କୁମାର ॥୨୪॥

ତାହର ଭଉଣୀ ଦେବକୀ ଦାଦା କନ୍ୟା ବିବାହ
ବସୁଦେବ ସାଥେ କରିଲା ଥିଲା ମନେ ଉତ୍ସାହ ॥୨୫॥
ବର କନ୍ୟା ଧରି ରଥରେ କଂସ ଯାଏ ଗଗନେ
ଶବ୍ଦ ମାନ ଆସି କୁହନ୍ତି ଶୂନ୍ୟ ମାର୍ଗରୁ କର୍ଣ୍ଣେ ॥୨୬॥
ଦେବକୀର ଯେବେ ଅଷ୍ଟମ ଜନ୍ମ ହେବ ସନ୍ତାନ
ତୋର ପ୍ରାଣ ନେବ ନିଶ୍ଚୟ ଏହା ସତ୍ୟ ବଚନ ॥୨୭॥
ଅଟକିଲା ରଥ ମନରେ ଆସେ କଂସର ଭୟ
ନିଧନ କରିବି ଦେବକୀ ଶତ୍ରୁ ହେବତ କ୍ଷୟ ॥୨୮॥
ତରବାରି ଆଣି ପ୍ରସ୍ତୁତ ବସୁଦେବ ରୋଧିଲେ
କହନ୍ତି ବୁଝାଇ କଂସକୁ ସତ୍ୟ ବଚନ ଦେଲେ ॥୨୯॥
ସକଳ ସନ୍ତାନ ଜନ୍ମିଲେ ତୁମ ହସ୍ତେ ପ୍ରଦାନ
ନିଜ ହାତେ ତୁମେ କରିବ ଶିଶୁ ପୁତ୍ର ନିଧନ ॥୩୦॥
ନାରୀ ହତ୍ୟା କରି ଯଶକି ତୁମେ ପାଇବ ଭ୍ରାତା
କାନ୍ଦିବେ ତୁମର ଆତ୍ମୀୟ ଖୁଡି ଆଉ ଖୁଡୁତା ॥୩୧।
ବିରତ ହୋଇଣ ଚିନ୍ତିଲା ରଥ ନେଲା ଫେରାଇ
ବନ୍ଦୀ ଗୃହେ ନେଇ ରଖିଲା ଭଗ୍ନୀ ଆଉ ଭିଣୋଇ ॥୩୨॥
ପିତା ଉଗ୍ରସେନ ରାଜନ ସିଂହାସନୁ ତଡିଲା
ନିଜେ ସିଂହାସନେ ବସିଣ ରାଜପଦ ମଣ୍ଡିଲା ॥୩୩॥
ବନ୍ଦୀ ଗୃହେ ନେଇ ରଖିଲା ପିତା ଦ୍ୱାରୀ ଭାବରେ
ଦିବାନିଶି ପିତା ଜାଗ୍ରତ ତାଙ୍କ ବୃଦ୍ଧ ଶରୀରେ ॥୩୪॥
ଯଦୁ ବଂଶ ଲୋକ ଭୟରେ ରାଜ୍ୟ ଛାଡିଣ ଗଲେ
କଂସର ପ୍ରତାପ ବଢ଼ିଲା ଏହି ମହୀ ମଣ୍ଡଳେ ॥୩୫॥
ଗୋଟି ଗୋଟି ପୁତ୍ର ହତ୍ୟାତ କଂସ ହସ୍ତେ କରିଲା
ସପ୍ତମ ସନ୍ତାନ ଜନ୍ମତ ବଳରାମ ହୋଇଲା ॥୩୬॥
ଯୋଗମାୟା ଭ୍ରୂଣ ନେଇଣ ରଖେ ରୋହିଣୀ ଗର୍ଭେ
ଶୂନ୍ୟ ହୋଇଗଲା ଗର୍ଭତ ହେଲେ ଆଶ୍ଚର୍ଯ୍ୟ ସର୍ବେ ॥୩୭॥

ଯୋଗମାୟା କୁତ କୁହନ୍ତି   ପ୍ରଭୁ ତୁମେ ଯାଇଣ
ଯଶୋଦା ଗର୍ଭରୁ ଜନ୍ମିବ   ମର୍ତ୍ତ୍ୟେ କନ୍ୟା ହୋଇଣ ॥୩୮॥
ଦେବକୀ ଗର୍ଭରୁ ଅଷ୍ଟମ   ପୁତ୍ର ମୁହିଁତ ହେବି
ଜନ୍ମ ହେବା ମାତ୍ରେ ସେଠାରୁ   ବ୍ରଜ ଭୂମିକୁ ଯିବି ॥୩୯॥
ରୋହଣୀ ଗର୍ଭରୁ ସନ୍ତାନ   ଜନ୍ମ ବ୍ରଜରେ ହେଲା
ଶେଷନାଗ ସେତ ଜ୍ୟେଷ୍ଠତ   ବଳରାମ ହୋଇଲା ॥୪୦॥
ବନ୍ଦୀଗୃହେ ଜନ୍ମ ହୋଇଲେ   ପ୍ରଭୁ ଅଷ୍ଟମୀ ତିଥି
ଅନ୍ଧକାର ଥିଲା ଧରଣୀ   ଭୟଙ୍କରତ ରାତ୍ରି ॥୪୧॥
ଶଙ୍ଖ ଚକ୍ର ଗଦା ପଦ୍ମତ   ଚତୁଃ ହସ୍ତେ ପ୍ରକାଶ
ଆଲୋକମୟତ ହୋଇଲା   ରାତ୍ର ହେଲା ଦିବସ ॥୪୨।
ପିତା ମାତା ଦେଖି ରୂପକୁ   ସ୍ତୁତି ଆରମ୍ଭ କଲେ
ସନ୍ତୁଷ୍ଟ ହୋଇଣ ପ୍ରଭୁତ   ତାଙ୍କୁ ସାନ୍ତ୍ୱନା ଦେଲେ ॥୪୩॥
ପିତା ମାତା ତୁମେ ମୋହର   ପୁତ୍ର ଭାବ ରଖିଣ
ତପ ରହିଥିଲା ପୂର୍ବରୁ   ମତେ ପୁତ୍ରତ ଘେନ ॥୪୪॥
ଦୁଇଥର ଗର୍ଭେ ମାତା ମୁଁ   ପୂର୍ବେ ଆସିଣ ଥିଲି
ତୃତୀୟ ଥରତ ଶ୍ରୀକୃଷ୍ଣ   ଅବତାର ହୋଇଲି ॥୪୫॥
ପରମ ଗତିତ ଲଭିବ   କଥା ଦେଲି ତୁମକୁ
ଯାହା କୁହେ କର ଗ୍ରହଣ   ପିତା ଏହି ସତ୍ୟକୁ ॥୪୬॥
ଏହା କହି ଶିଶୁ ହୋଇଣ   ପ୍ରଭୁ କାନ୍ଦନ୍ତି କୋଳେ
ଦୈବୀ ବାଣୀ ଆସେ ବ୍ରଜକୁ   ବସୁଦେବ ଚଳିଲେ ॥୪୭॥
ମସ୍ତକେ ରଖିଣ ପୁତ୍ରକୁ   ବସୁଦେବ ଚଳନ୍ତି
ଜଡତ ଚେତନ ହୋଇଲା   ଦ୍ୱାର ଖୋଲି ଯାଆନ୍ତି ॥୪୮॥
ପ୍ରଚଣ୍ଡ ବର୍ଷାତ ବର୍ଷଇ   ଘନ ଘୋଟ ଅନ୍ଧାର
ନିଶାତ ଗର୍ଜଇ ଶୂନ୍ୟତ   ପଥ ନୁହଁ ଗୋଚର ॥୪୯॥

ଅନନ୍ତ ନାଗତ ଛତ୍ର ଯେ ରକ୍ଷା ଦିଅଇ ଶିରେ
ଦ୍ୱାରୀ ଉଗ୍ରସେନ ଦେଖିଣ ସ୍ତୁତି ଭକ୍ତିରେ କରେ ॥୫୦॥
ବିଜୁଳି ଆଲୋକେ ପଥତ ଦୃଶ୍ୟ ହୋଇଣ ଯାଏ
ଯମୁନା ନଦୀତ ସମ୍ମୁଖେ ପୂର୍ଣ୍ଣଗର୍ଭାତ ଥାଏ ॥୫୧॥
ଛାତି ଫାଡି ରାସ୍ତା ଦିଅଇ ନଦୀ ଆଜି ଯମୁନା
ନଦୀ ପାରି ହୋଇ ଗଲେତ ଗୋପପୁରକୁ କାହ୍ନା ॥୫୨॥
ଯୋଗ ମାୟା ଏଠି ଜନମ ନନ୍ଦ ବାବାର ଘରେ
ଯଶୋଦା ପ୍ରସବି କନ୍ୟାକୁ ଚେତା ନାହିଁ ତାହାରେ ॥୫୩॥
ବସୁଦେବ ନେଇ ଥୋଇଲେ ପୁତ୍ର କନ୍ୟା ଆଣିଲେ
ଫେରନ୍ତି ମଥୁରା ଶୀଘ୍ରତ କେହି ଜାଣି ନଥିଲେ ॥୫୪॥
ଦେବକୀ କୋଳରେ କନ୍ୟାତ ଯୋଗ ମାୟା ଶୋଇଛି
ରାତ୍ର ଆସେ ପାହି ପାହିତ କନ୍ୟା କାନ୍ଦ ଶୁଭୁଛି ॥୫୫॥
ନିଦ୍ରା ଭଗ୍ନ ହେଲା ସମ୍ବାଦ ଶୁଣି କଂସ ଆସିଲା
କ୍ରୋଧେ ଆସି ବନ୍ଦି ଗୃହକୁ ହସ୍ତେ ଋବି ଖୋଲିଲା ॥୫୬॥
ଦେଖଇ ଦେବକୀ କୋଳରେ କନ୍ୟା ଦେଖି ହସୁଛି
ଅଷ୍ଟମ ସନ୍ତାନ ପୁତ୍ରତ ନୁହଁ କନ୍ୟା ହୋଇଛି ॥୫୭॥
ମୃତ୍ୟୁ ଭୟ ମୋର କଟିଲା କନ୍ୟା ଧରିଲା ହସ୍ତେ
ପଥରେ କଚାଡି ମାରିବ ଅଛି ଏହି ସିଦ୍ଧାନ୍ତେ ॥୫୮॥
ଫିଙ୍ଗିଲା କନ୍ୟାକୁ ଭୂମିକୁ କନ୍ୟା ଉର୍ଦ୍ଧ୍ୱକୁ ଗଲା
ଅଷ୍ଟଭୂଜ ରୂପ ଶୂନ୍ୟରେ ଅଟ୍ଟ ହାସ୍ୟତ କଲା ॥୫୯॥
ମୋର ପ୍ରତି କ୍ରୋଧ କାହିଁରେ କଂସ ହୃଦରେ ତୋର
ତୋର ଶତ୍ରୁ ଜନ୍ମ ହୋଇଛି ସତ୍ୟ କଲି ପ୍ରଚାର ॥୬୦॥
ଶୂନ୍ୟ ମାର୍ଗେ ଗଲା କନ୍ୟାତ କଂସ ହେୟ ମଣିଲା
ମଥୁରା କଟକେ ପ୍ରଚାର କନ୍ୟା ଜନ୍ମିଣ ଥିଲା ॥୬୧॥
ଦେବବାଣୀ ମିଥ୍ୟା ହୋଇଲା କଂସ ମରିବ ନାହିଁ
ପ୍ରଜାଏ ସକଳ ବିଶାଦେ ଦୁଃଖ ତାଙ୍କ ବଢ଼ଇ ॥୬୨॥

ପଞ୍ଚବିଂଶ ଅଧ୍ୟାୟ

ପୁତନା ବଧ

ଯୋଗ ମାୟା କଥା ଚିନ୍ତିଣ   କଂସ ମନରେ ଭୟ
ଅନ୍ୟ ଗର୍ଭେ କିବା ଜନ୍ମିଲା   ଶତ୍ରୁ ଜ୍ଞାତ ମୁଁ ନୁହଁ ॥୧॥
ସ୍ଥିର କଲା କଂସ ରାଜ୍ୟରେ   ଯେତେ ଶିଶୁ ଜନ୍ମିବେ
ସକଳେ ମରିବେ ନିଶ୍ଚିତ   ପ୍ରାଣ ରାକ୍ଷସୀ ନେବେ ॥୨॥
ପୁତନା ନାମରେ ରାକ୍ଷସୀ   ବଡ଼ ନିଷ୍ଠୁର ଥିଲା
ଶିଶୁଙ୍କୁ ମାରଇ ପାପିନୀ   ଦୟା ହୃଦେ ନଥିଲା ॥୩॥
ବ୍ରଜ ଧାମେ ଗଲା ରାକ୍ଷସୀ   ଶୁଣେ ନନ୍ଦର ଘରେ
ଜନ୍ମିଅଛି ଏକ ଶିଶୁତ   କାଲି ରାତ୍ର ମଧରେ ॥୪॥
ନିଜକୁ ମଣ୍ଡିଲା ନାରୀତ   ବସ୍ତ୍ର ଭୂଷଣ ପିନ୍ଧି
ଖୋଜି ଖୋଜିଗଲା ନନ୍ଦର   ଘର କାନ୍ଦଣା କାନ୍ଦି ॥୫॥
ଜନ୍ମ କଲି ଶିଶୁ ଯତନେ   ସେତ ମରିଣ ଗଲା
ସ୍ତନରୁ କ୍ଷୀରର ସ୍ରୋତତ   ମତେ ଅଥୟ କଲା ॥୬॥
କ୍ଷୀର ପାନ ଦେବି ଶିଶୁକୁ   ଚିତ୍ତ ସ୍ଥିର ହୋଇବ
ଶିଶୁଙ୍କ ନିମନ୍ତେ ମତେତ   ପଠାଇଛି ଦଇବ ॥୭॥
ଶୁଣନ୍ତି ଯଶୋଦା ଦାଣ୍ଡରେ   ଏକ ସୁରମ୍ୟ ନାରୀ
ଲଜ୍ଜାବତୀ ପ୍ରାୟ ଦିଶୁଛି   ଲୁହ ନୟନେ ଧରି ॥୮॥
ଆକୁଳେ ବିନତୀ କରିଲା   ଯଶୋମତୀ ପାଖରେ
କ୍ଷୀର ପାନ ଦେବି ଶିଶୁକୁ   ଟିକେ କୋଳରେ ଧରେ ॥୯॥
ସ୍ତନରେ ବିଷତ ବୋଳିଛି   ଗଲା କହ୍ନାଇ ପାଶେ
କୋଳକୁ ଆଣିଣ ସ୍ନେହରେ   କ୍ଷୀର ଦେବ ହରଷେ ॥୧୦॥
କେତେ ଯେ ଶିଶୁକୁ ମାରିଛି   ବିଷ ବୋଳା ସ୍ତନରେ
ଭାବିଛି ମରିବ କହ୍ନାଇ   ନିଶ୍ଚେ ମୋର ହସ୍ତରେ ॥୧୧॥

ଲୀଳାତ ଆରମ୍ଭ ହୋଇଲା ଦେଖ କୃଷ୍ଣଙ୍କ ଲୀଳା
ପିଲାଟା ଭୋକିଲା ପରାଏ ବକ୍ଷେ ତାର ଚଢ଼ିଲା ॥୧୨॥
ଶୋଷିଲା ସ୍ତନରୁ କ୍ଷୀରତ ପ୍ରାଣ ତାର ନାଶିଲା
ବିଶାଳ ଶରୀର ତାହାର ଭୂମି ପରେ ପଡିଲା ॥୧୩॥
ଛଦ୍ମ ବେଶ ତାର ନାହିଁତ ଅଛି ରାକ୍ଷସୀ ରୂପ
ଭୂମିରେ ପଡିବା ସମୟେ ବ୍ରଜେ ଆସେ ଭୂକମ୍ପ ॥୧୪॥
ପ୍ରତେ ହେଲା ଜନେ ବ୍ରଜତ କ୍ଷଣେ ଥରି ଉଠିଲା
କାହିଁ ହେଲା ବ୍ରଜେ କମ୍ପନ କିବା କାରଣ ଥିଲା ॥୧୫॥
ଯଶୋମତୀ ମାତା ଆସିଣ ଦେଖେ ରାକ୍ଷସୀ ବକ୍ଷେ
ପୁତ୍ରତ ବସିଣ ପିଉଛି କ୍ଷୀର ସ୍ତନତ ମୁଖେ ॥୧୬॥
ମରିତ ପଡିଛି ରାକ୍ଷସୀ ସେଯେ ବିଶାଳକାୟ
ଭୟରେ ପୁତ୍ରକୁ ଆଣିଲେ ବହେ ଆଖିରୁ ଲୁହ ॥୧୭॥
ରୁଣ୍ଡ ହୋଇଗଲେ ଗୋପୀଏ ଆଉ ଗୋପଗୋପାଳେ
ଆଶ୍ଚର୍ଯ୍ୟେ ଦେଖନ୍ତି ରାକ୍ଷସୀ ମରି ପଡିଛି ତଳେ ॥୧୮॥
ଯଶୋମତୀ ରାଣୀ କାନ୍ଦୁଛି ପୁତ୍ର ହସୁଛି କୋଳେ
ମରଣ ମୁଖରୁ ପୁତ୍ର ମୋ ବଞ୍ଚେ ଭାଗ୍ୟର ବଳେ ॥୧୯॥
ଆସିଥିଲା ପୁତ୍ର ମାରିବ ସେତ ମୃତ୍ୟୁ ଲଭିଲା
ନନ୍ଦ ବାବାଙ୍କର ତପତ ପୁତ୍ର ବଞ୍ଚାଇ ଦେଲା ॥୨୦॥
କଥପ କଥନେ କୁହନ୍ତି ନିଜ ବୁଦ୍ଧିକୁ ନେଇ
ବିଶାଳ ଶରୀର ଉଠାନ୍ତି ଯିବେ ଶ୍ମଶାନ ଭୂଇଁ ॥୨୧॥
ଶ୍ମଶାନେ ନେଇଣ ଶରୀର ଦାହ କରିଲେ ଜନେ
ଦାହ କାଳେ ଆସେ ସୁଗନ୍ଧ କିବା କେଉଁ କାରଣେ ॥୨୨॥
ପ୍ରଭୁଙ୍କ ସ୍ପର୍ଶତ ରାକ୍ଷସୀ ମୃତ୍ୟୁ କାଳେ ପାଇଲା
ପ୍ରଭୁଙ୍କ ଦର୍ଶନ କରିଣ ସ୍ୱର୍ଗ ପୁରକୁ ଗଲା ॥୨୩॥
ଶ୍ରୀକୃଷ୍ଣଙ୍କ ଲୀଳା ରାଜନ ଏହା ବାଲ୍ୟତ କାଳେ
ଆନ ଆନ ଲୀଳା ରହିଛି କୀର୍ତ୍ତି ମହୀ ମଣ୍ଡଳେ ॥୨୪॥

--୦--

ଷଡ଼ବିଂଶ ଅଧ୍ୟାୟ

ଶକଟାସୁର ତୃଣାସୁର ବଧ

ଶୁଣ ପରୀକ୍ଷିତ ରାଜନ କୃଷ୍ଣ ଲୀଳା କେମନ୍ତ
ଛୋଟିଆ ଶିଶୁର ବଳକୁ ନୁହଁ କେହିତ ଜ୍ଞାନ୍ତ ।।୧।।
ପ୍ରଭୁଙ୍କର ଷଷ୍ଠି ପୂଜନ କାର୍ଯ୍ୟ ସମାପ୍ତ ହେଲା
ଉଠିଆରି ଆଜି ଅଟଇ ସପ୍ତ ଦିନତ ଥିଲା ।।୨।।
ଘର ଦ୍ୱାର ସବୁ ଧୋଇଣ ଅଂଗ ପବିତ୍ର କଲେ
ନୂତନ ବସ୍ତ୍ରକୁ ମଣ୍ଡିଣ ବନ୍ଧୁ ଜନ ଲୋଡିଲେ ।।୩।।
ସକଳେ ସନ୍ତୁଷ୍ଟ କରିବେ ଆଜି ବାଣ୍ଟିବେ ମିଠା
ଆନନ୍ଦେ କେତେ ଯେ ସାମଗ୍ରୀ ନାନା ଜାତିର ପିଠା ।।୪।।
ମଂଗଳ ବାଦ୍ୟତ ବାଜଇ କମ୍ପେ ନନ୍ଦର ଘର
ଦ୍ୱାର ଅଗଣାରେ ଚନ୍ଦୁଆ ଶୋଭା ପାଏ ତାହାର ।।୫।।
ପାଦ ଲାଗୁନାହିଁ ଧରାରେ ଯଶୋମତୀ ମାତାର
ଡାକିତ ଆଣିଲା ସଂଗୀକୁ ଗୋପ ଗୋଇ ତାହାର ।।୬।।
ସକଳେ ଆସିଣ ରୁଣ୍ଡତ ପୁତ୍ର ସ୍ନାନ କରିବ
ହୁଳହୁଳୀ ଶଙ୍ଖେ କମ୍ପିଲା ଭାବ ବର୍ଣ୍ଣି ନହେବ ।।୭।।
ସୁଗନ୍ଧ ମିଶ୍ରିତ ଜଳରେ ଗୋପ ଗୋଇ ସକଳେ
ଶିଶୁର ସ୍ନାନତ ସାରିଲେ ମାତା ନେଲାତ କୋଳେ ।।୮।।
ପୁତ୍ରକୁ ପିନ୍ଧାଇ ବସନ ଦିଏ କଜଳ ଗାର
କପାଳେ ଦିଅଇ ଟିପାତ ଯାଉ ଖର ନଜର ।।୯।।
ଶିଶୁତ ଦେଖିଣ ମାତାର ଏହି ଭୟ ଭାବକୁ
ନାଲି ଓଠେ ହସେ ଆନନ୍ଦେ ମାତା ନିଏ ବକ୍ଷକୁ ।।୧୦।।
କ୍ଷୀର ପାନ ଦେଲା ଆଗ୍ରହେ କାହ୍ନୁ ଗଲେତ ଶୋଇ
ଶଗଡ଼ ଛାୟାରେ ଶେଯତ ମାତା ଅଛି ପକାଇ ।।୧୧।।
ଅଗଣାରେ ପୁତ୍ର ଦେଲେତ କୋଳୁ ଶେଯେ ଶୁଆଇ
କୋଳା ହଳ ନାହିଁ ସେଠାରେ ଏହି ଭାବକୁ ବହି ।।୧୨।।
ଅତିଥି ସତ୍କାର ନିମନ୍ତେ ଗୃହେ ବ୍ୟସ୍ତ ରହିଲେ
ଗୁରୁ ଗୁରୁଜନେ ଡାକିଣ ମିଠା ବାଣ୍ଟୁଣ ଥିଲେ ।।୧୩।।

ଏକାଳେ ଶୁଭିଲା କ୍ରନ୍ଦନ ମାତା ଯଶୋଦା କର୍ଣ୍ଣେ
କିହେଲା ପୁତ୍ରର ଦେଖେତ ଧାଏ ଅସ୍ଥିର ମନେ ॥୧୪॥
ଶଗଡଟା ଭାଙ୍ଗି ପଡିଛି ହୋଇ ଖଣ୍ଡକୁ ଖଣ୍ଡ
ଭାଙ୍ଗିତ ଯାଇଛି କେତେଯେ କ୍ଷୀର ଦହିର ଭାଣ୍ଡ ॥୧୫॥
ଶଗଡ ଉପରେ ଥିଲାତ କେତେ ଦ୍ରବ୍ୟ ଯତନେ
ଭୂମିରେ ଢ଼ାଳିତ ହୋଇଛି କାହ୍ନା ଅଛି କ୍ରନ୍ଦନେ ॥୧୬॥
ପୁତ୍ରକୁ କୋଳକୁ ଆଣିଲେ କିବା ଘଟଣା ହେଲା
ଶଗଡ କିପରି କିଏବା ଆସି ଭାଙ୍ଗିଣ ଦେଲା ॥୧୭॥
କୁହନ୍ତି ବାଳକେ ଆମେତ ଦେଖିଅଛୁ ନୟନେ
କାହ୍ନା ପଦ ସ୍ପର୍ଶେ ଭାଙ୍ଗିଲା ଏହି ଶଗଡ କ୍ଷଣେ ॥୧୮॥
ଜଡତ ଚେତନ ହୋଇଲା ଅଭିଶାପତ ଥିଲା
ଶକଟାସୁରର ମୁକ୍ତିତ ପ୍ରଭୁ ସ୍ପର୍ଶେ ହୋଇଲା ॥୧୯॥
ଆଉ ଏକ ଦିନ ଘଟଣା ତୃଣାସୁର ଆସଇ
ଭୟଙ୍କର ତୁମ୍ଭି ତୋଫାନ ଧରା ପୃଷ୍ଠେ କରଇ ॥୨୦॥
ଶେଯରୁ ପୁତ୍ରକୁ ନେଲାତ ଶୂନ୍ୟ ମାର୍ଗେ ଉଡାଇ
ଖୋଜନ୍ତି ପୁତ୍ରକୁ ଯଶୋଦା ପୁତ୍ର ଗଲାତ କାହିଁ ॥୨୧॥
ଆକାଶ ମାର୍ଗରେ ଶିଶୁତ ତାକୁ ଦେଲାତ ମାରି
ଭୂତଳେ ପଡିଲା ରାକ୍ଷସ ବକ୍ଷେ ଶିଶୁକୁ ଧରି ॥୨୨॥
ଘରେତ ଚହଲ ପଡିଚି ବ୍ୟସ୍ତ ସକଳ ଜନେ
ଶବ୍ଦ ଶୁଣି ଆସି ଦେଖନ୍ତି ବଡ଼ ଆଶ୍ଚର୍ଯ୍ୟ ମନେ ॥୨୩॥
ବୃହତ୍ତ କାୟାର ରାକ୍ଷସ ତଳେ ମରି ପଡିଛି
ତାର ବକ୍ଷେ ଶିଶୁ ଆନନ୍ଦେ ବସି ସେତ ହସୁଛି ॥୨୪॥
ଆଣନ୍ତି ପୁତ୍ରକୁ ଯତନେ କାନି ଘୋଡାଇ ଦେଇ
ଭୟେ ନେଇଗଲେ ଗୃହକୁ ଚକ୍ଷୁ ନୀର ଗଡଇ ॥୨୫॥
ତୃଣାସୁର ମୋକ୍ଷ ପ୍ରାପ୍ତିତ ପ୍ରଭୁ କରିଲେ ହସ୍ତେ
ବାଳୁତ ପୁଅର କାର୍ଯ୍ୟତ କିଏ ନୁହଁନ୍ତି ପ୍ରତେ ॥୨୬॥

--୦--

ସପ୍ତବିଂଶ ଅଧ୍ୟାୟ

ଯଶୋଦାଙ୍କ ବିଶ୍ୱରୂପ ଦର୍ଶନ

ଶୁଣିବ ରାଜନ ଲୀଳାତ ଦେଖି ଯଶୋଦା ମାତା
ଆଶ୍ଚର୍ଯ୍ୟ ହୁଅଇ ଦେଖିଣ ହଜି ଯାଏତ ଚେତା ॥୧॥
ଦାଣ୍ଡକୁ ଗଲାଣି କହ୍ନାଇ ଖେଳେ ଦାଣ୍ଡ ଧୂଳିରେ
କେତେଯେ ବାଳକ ଖେଳନ୍ତି ସର୍ବେ ଖୁସି ମନରେ ॥୨॥
ଭାଇ ବଳରାମ ଖେଳୁଛି ଲକ୍ଷ୍ୟ କାହ୍ନା ଉପରେ
ମାତା କହୁଛନ୍ତି ଦେଖିବୁ ଅଛି ରୋଷ ଶାଳାରେ ॥୩॥
ଖେଳୁ ଖେଳୁ ମାଟି ମୁଠାଏ କାହ୍ନା ଧରିଣ ହାତେ
ପାଟିକୁ ନେଇଣ ଖାଏତ ସାଙ୍ଗ ସାଥିଙ୍କ ସାଥେ ॥୪॥
ବଳରାମ ଦେଖି ରୋକିଣ ତାର ହାତ ଧରନ୍ତି
ନମାନିଲା କାହ୍ନା ଖାଇଲା କଲା ଦୁଷ୍ଟ ପ୍ରକୃତି ।୫॥
ବଳରାମ ଡାକେ ମାତାକୁ ଆସ ମାତା ଦେଖିବ
କାହ୍ନାତ ଖାଉଛି ମାଟିତ ତୁମେ ମନା କରିବ ॥୬॥
ମୋ ମନା ମାନୁନି କାହ୍ନୁଛି ମୁଁ ତ କଲେ ଆକଟ
ମୁଠା ମୁଠା ମାଟି ଖାଏତ ଆଣ ଧରିତ ଛାଟ ॥୭॥
ମୁଁ ହାତ ଧରିଛି ଆସ ମା' ସେତ ଯିବ ପଳାଇ
ମତେତ ମାରୁଛି ଗୋଇଠା ଆସ ତୁମେତ ଧାଇଁ ॥୮॥
କାର୍ଯ୍ୟ ଛାଡି ଦେଇ ଆସନ୍ତି ଘରୁ ଯଶୋଦା ମାତା
କୋଳକୁ ଆଣିଣ କୁହନ୍ତି କହ ସତ ତୁ କଥା ॥୯॥
ଦେଖା ତୋ ପାଟିକୁ ଦେଖିବି ମାଟି ଥିବ ପାଟିରେ
କୁହଇ ମାତାଙ୍କୁ ପୁତ୍ରତ ଭାଇ କୁହେ ମିଛରେ ॥୧୦॥
ଗାଳି ଦେଲେ ମତେ ତୁହିତ ସେତ ଖୁସି ହୁଅଇ
ମିଛରେ ଡାକିଲା ତତେତ ସତ୍ୟ ମୋଟେଲୋ ନାହିଁ ॥୧୧॥

ଦେଖିବୁ ଦେଖିବୁ କହୁଛୁ ପାଟି କରୁଛି ଖୋଲା
ମାତାତ ଦେଖିଣ ଆଶ୍ଚର୍ଯ୍ୟ ବିଶ୍ୱ ତା ମଧ୍ୟେ ଥିଲା ॥୧୨॥
ଆକାଶ ପାତାଳ ସମୁଦ୍ର ସୂର୍ଯ୍ୟ ଚନ୍ଦ୍ର ଦେଖନ୍ତି
କେତେ ଯେ ବ୍ରହ୍ମାଣ୍ଡ ଗର୍ଭରେ ଦୃଶ୍ୟ ତାକୁ ହୁଅନ୍ତି ॥୧୩॥
ବାୟୁ ଅଗ୍ନି ପୁଣି ଆକାଶ ଚର ଅଚର ଦିଶେ
ଏ ସାରା ଜଗତ ରହିଛି ସ୍ଥାନେ କାହ୍ନୁତ ହସେ ॥୧୪॥
ନିଜକୁ ଦେଖନ୍ତି ଯଶୋଦା କୋଳେ କାହ୍ନୁ ଧରିଣ
ଅଛନ୍ତି ବ୍ରଜର ଦାଣ୍ଡରେ ହୃଦେ ଆସେ କମ୍ପନ ॥୧୫॥
ଗୋପ ଗୋଇ ଆଉ ବାଳକେ ଧେନୁ ପଲ୍ଲ ଅଛନ୍ତି
ମଥୁରା ନଗର ରହିଛି କଂସ ଦୃଶ୍ୟ ହୁଅନ୍ତି ॥୧୬॥
ବହୁଛି ଯମୁନା ନଦୀତ ଗିରି ପର୍ବତ ଦେଖେ
ଭୟରେ ଯଶୋଦା ଥରିଲେ ନେଲେ କାହ୍ନାକୁ ବକ୍ଷେ ॥୧୭॥
ଭାବନ୍ତି ଏହାକି ସ୍ୱପ୍ନ ମୋ କିବା ମାୟା କେ କରେ
ଅଦ୍ଭୁତ ଦୃଶ୍ୟତ ପ୍ରକାଶେ ପୁତ୍ର ହୃଦ ଭିତରେ ॥୧୮॥
ଗୁଣି ଗାରିଡିରେ ବିଶ୍ୱାସ ଯଶୋମତୀ ମାତାର
କିଏବା ପେଶିଛି ବ୍ରହ୍ମାଣ୍ଡ ପୁତ୍ର ପେଟକୁ ମୋର ॥୧୯॥
କିଛି କ୍ଷଣ ପରେ ଭୁଲିଲେ ମାୟା ଗଲା ଦୂରେଇ
ଶିଶୁକୁ ଆଣିଲେ ଘରକୁ ଧୂଳି ଝାଡି କାଖେଇ ॥୨୦॥
ବିଶ୍ୱରୂପ ବାଲ୍ୟ ଲୀଳାରେ ପ୍ରଭୁ କଲେ ପ୍ରକାଶ
ଆନ ଲୀଳା କଥା କହୁଛି ଶୁଣ ତୁମେ ନରେଶ ॥୨୧॥

--୦--

ଅଷ୍ଟବିଂଶ ଅଧ୍ୟାୟ

ବନ୍ଧନ ଲୀଳା

ସେଦିନ ପ୍ରଭାତୁ ଯଶୋଦା ଦଧି ମନ୍ଥନ କଲେ
ନଥିଲା କହ୍ନାଇ ପାଖରେ ଦାଣ୍ଡେ ସିଏତ ଖେଳେ ।।୧।।
ଦଧି ଭାଣ୍ଡେ ଲକ୍ଷ୍ୟ ରଖିଣ ଦଣ୍ଡ ରସି ଟାଣିଣ
ନିଶ୍ଚିତେ ମନ୍ଥନ୍ତି ଦଧିକୁ କାହ୍ନୁ ଖେଳରେ ମନ ।।୨।।
ଏକାଳେ ଲୁଚିଣ ଆସିଲା ଖୁଆ ଦଣ୍ଡ ଧରିଲା
ଭାସମାନ ଥିବା ଲହୁଣୀ ହସ୍ତେ ଘେନି ଆସିଲା ।।୩।।
ପାଟିକୁ ନିଏତ ମୁହଁରେ ହୁଏ ଲହୁଣୀ ବୋଳି
ହାତ ମୁହଁ ପୋଛି ଯଶୋଦା କୋଳେ ନେଲେତ ତୋଳି ।।୪।।
ସ୍ତନ ପାନ ଦେଇ ଶେଯରେ ଶୋଇ ଦେଇ ଆସିଲେ
ପୁନରାୟ କାର୍ଯ୍ୟ ମନ୍ଥନ ସେତ ଆରମ୍ଭ କଲେ ।।୫।।
ଦେଖନ୍ତି କହ୍ନାଇ ଧାଉଁଛି କ୍ଷୀର ଭାଣ୍ଡେ ଫୁଟୁଛି
ଚୂଲିରେ ଅଗ୍ନିତ ପ୍ରଖର ସରେ ଲୋଭ ରଖିଛି ।।୬।।
ଧାଇଁଗଲେ କ୍ରୋଧେ ଯଶୋଦା ଦଧି ମନ୍ଥା ଛାଡିଣ
ଭାବନ୍ତି ବାନ୍ଧିବି କାହ୍ନାକୁ ରସି ଖୋଜାରେ ମନ ।।୭।।
ରସି ଆଣି ଅଣ୍ଟା ମାପନ୍ତି ଦୁଇ ଆଙ୍ଗୁଳି ଛୋଟ
ଆଉ ରସି ଆଣି ଯୋଡିଲେ ସେତ ହେଲା ନିଅଣ୍ଟ ।।୮।।
ଛୋଟିଆ ପିଲାଟା ମୋହର ରସି ନିଅଣ୍ଟ ହୁଏ
ମାୟାତ ରଚନ୍ତି କହ୍ନାଇ ଏହା ବୁଝି ନହୁଏ ।।୯।।
ମାୟାରେ ଆକ୍ରାନ୍ତ ହୋଇଣ ରସି ସଂଗ୍ରହେ ବ୍ୟସ୍ତ
ସମସ୍ତ ରସିତ ନିଅଣ୍ଟ କିଏ ଯାଦୁ କଲାତ ।।୧୦।।
ମସ୍ତକେ ଦିଅଇ ହାତକୁ ଆଜି ଯଶୋଦା ମାତା
ମାତାର ହୃଦୟ ଜାଣିଲେ ଶିଶୁ ସୃଷ୍ଟି କରତା ।।୧୧।।
ମାୟା ଘୁଞ୍ଚିଗଲା କ୍ଷଣକେ ପ୍ରଭୁ ବନ୍ଧା ହୋଇଲେ
ଯଶୋଦା ବାନ୍ଧିଣ ଖୁଣ୍ଟରେ ଦଧି ମନ୍ଥନ କଲେ ।।୧୨।।

--୦--

ଊନତ୍ରିଂଶ ଅଧ୍ୟାୟ

ଯାମଳା ଅର୍ଜ୍ଜୁନ ଉଦ୍ଧାର

ବାଳୁତ କୃଷ୍ଣର ଦୁଷ୍ଟାମି ବଢ଼େ ଦିନକୁ ଦିନ
ଗୋପ ଗୋଇମାନେ କହନ୍ତି ତାର କେତେ ଦୁଗୁଣ ॥୧॥
ହୀନ ଲୋକ ଠାରୁ ଶୁଣନ୍ତି କୃଷ୍ଣ ଭାଙ୍ଗିଛି ବଢ଼ା
କିଏ କୁହେ ମୋର ଆଣିଲା ପୁତ୍ର ଖୁଆ ଦଉଡା ॥୨॥
ସାଙ୍ଗ ସାଥୀ ନେଇ ପଶିଣ ଖାଏ ସର ଲବଣୀ
ଧରିତ ପାରୁନୁ କେବେତ ହୁଏ ଅଦୃଶ୍ୟ ପୁଣି ॥୩॥
ଆଜିତ ବାନ୍ଧିଲେ ରୋଳରେ ଦାଣ୍ଡେ ଯିବା ତୋ ମନା
କଥା ମୋ ମାନିଲେ ଫିଟିବୁ ପୁଅ ହୋଇବୁ ସୁନା ॥୪॥
ନିର୍ଭୟେ ବାନ୍ଧିଣ ଯଶୋଦା ଗୃହ କାମେ ଲାଗିଲେ
ରୋଳକୁ ଟାଣିଣ କାହ୍ନୁତ ଆସେ ବୃକ୍ଷର ମୂଳେ ॥୫॥
ସ୍ପର୍ଶ ଦେଲେ ଯାଇ ବୃକ୍ଷକୁ ବୃକ୍ଷ ପଡେ ଭୂମିରେ
ପ୍ରକାଶେ ଆସିଲେ ଦୁଇତ ରୂପ କୃଷ୍ଣ ଆଗରେ ॥୬॥
ସ୍ତୁତିତ ଜଣାନ୍ତି କୃଷ୍ଣକୁ ନତ ମସ୍ତକ ହୋଇ
ଉଦ୍ଧାର କଲତ ଆମକୁ ତୁମ ସ୍ପର୍ଶତ ଦେଇ ॥୭॥
ବିନୀତ ପ୍ରାର୍ଥନା କରୁଛୁ ଭକ୍ତି ଭାବତ ଦିଅ
ତୁମ ପାଦେ ଧ୍ୟାନ ରହିବ ଅହଂ କାଢ଼ିତ ନିଅ ॥୮॥
ଦୃଷ୍ଟି ଆମ ରହୁ ଦର୍ଶନେ ସାଧୁ ସନ୍ୟାସୀ ଜନେ
ତୁମେ ପ୍ରଭୁ ରୁହ ନିତ୍ୟତ ଆମ ହୃଦେ ସ୍ମରଣେ ॥୯॥
ଅଭିଶାପୁ ମୁକ୍ତ ହୋଇଣ ଗଲେ କୈଳାସ ପୁରେ
ସନ୍ଦେହ ଜନ୍ମିଲା ରାଜନେ ପ୍ରଶ୍ନ ବିନୀତ ସ୍ୱରେ ॥୧୦॥
କେଉଁ ଅଭିଶାପେ ସମାନେ ବୃକ୍ଷ ହୋଇଣ ଥିଲେ
କୃଷ୍ଣଙ୍କ ସ୍ପର୍ଶରେ କାହିଁକି ନର ରୂପ ଲଭିଲେ ॥୧୧॥

ଶୁକତ କୁହନ୍ତି ରାଜନ ଶୁଣ ତାଙ୍କ ଚରିତ
ଦୁଇଜଣ ଥିଲେ ପୂର୍ବରେ ହୋଇ ଶଙ୍କର ଦୂତ ॥୧୨॥
ବଡ଼ ଲୋକ ପାଖେ ରହିଲେ ନୀଚ ଗର୍ବୀ ହୁଅନ୍ତି
ଅହଂକାରେ ରହି ନିଜର ଜ୍ଞାନ ସେତ ହରାନ୍ତି ॥୧୩॥
ମଣିଗ୍ରୀବ ଜଣେ ଅଟଇ ଅନ୍ୟ ନଳ କୁବେର
ଶଙ୍କରଙ୍କ ଦୂତ ଭାବରେ ଖ୍ୟାତି ଥିଲା ତାଙ୍କର ॥୧୪॥
କୈଳାସ ପର୍ବତ ନିକଟେ ମନ୍ଦାକିନୀ ଜଳରେ
କ୍ରୀଡା କରୁଥିଲେ ଦୁଇତ ଅତି ଖୁସି ମନରେ ॥୧୫॥
ଆକଣ୍ଠ ମଦିରା ପାନତ କରିଥିଲେତ ଦୁହେଁ
ନାରଦ ମିଳନ୍ତି ସେଠାରେ ଧ୍ୟାନ ତାଙ୍କ ନଥାଏ ॥୧୬॥
ସ୍ନାନେ ରତ ଥିଲେ ଯେଜନ ଦେଖି ନାରଦ ମୁନି
ସମ୍ମାନ ଜଣାନ୍ତି ଆସିଣ କର ଯୋଡିଣ ବେନି ॥୧୭॥
ନାରଦ ଭାବନ୍ତି ଐଶ୍ୱର୍ଯ୍ୟେ ଆଉ କ୍ଷମତା ବଳେ
ହେୟ ଜ୍ଞାନ ମତେ କରିଲେ ନଗ୍ନେ କ୍ରୀଡନ୍ତି ଜଳେ ॥୧୮॥
ଜଡତ୍ୱ ଯାଇନି ଚେତନ ନାହିଁ ଜାଣିଲେ ମୁନି
ଅଭିଶାପ ଦେଲେ ଜଡତ ହେବ ନିଶ୍ଚୟ ବେନି ॥୧୯॥
ଅଭିଶାପ କଥା କର୍ଣ୍ଣରେ ଶୁଣି ଚେତା ପଶଇ
କ୍ଷମା ଭିକ୍ଷା ପାଇଁ ଦୁହେଁତ କଲେ ପ୍ରାର୍ଥନା ଯାଇ ॥୨୦॥
ନାରଦ କୁହନ୍ତି ତୁମେତ ମୁକ୍ତି ନିଶ୍ଚେ ଲଭିବ
ବାଳକୃଷ୍ଣ ସ୍ପର୍ଶ ପାଇଲେ ତୁମ ଶରୀର ହେବ ॥୨୧॥
ସ୍ମରଣ ତୁମର ଥିବତ ଏହି ଜନ୍ମର କଥା
ନନ୍ଦ ବାବା ଘର ଅଗଣା ତୁମେ ମନ ରଖିଥା ॥୨୨॥
ଦୁଇ ବୃକ୍ଷ ହୋଇ ଜନ୍ମିବ ନାମ ତୁମର ହେବ
ଯାମଳା ଅର୍ଜୁନ ଭାବରେ ନାମ ପ୍ରକାଶୁ ଥିବ ॥୨୩॥

ମଣିଗ୍ରୀବ ନଳକୁବେର   ବୃକ୍ଷ ଯାଆଁଳା ହେଲେ
ନନ୍ଦର ଅଗଣା ପାଖରେ   ଦୁହେଁ ରହିଣ ଥିଲେ ॥୨୪॥
ପ୍ରଭୁଙ୍କର ସ୍ପର୍ଶ ପାଇଣ   ବୃକ୍ଷ ପଡିଣ ଥିଲା
ଯଶୋଦା ମାତତ ଆସିଣ   ଦୁଃଖ ଅନେକ କଲା ॥୨୫॥
ଦଇବ ରଖିଲା ପୁଅକୁ   ବୃକ୍ଷ ପଡିଛି ଦୂରେ
ବନ୍ଧନ ଫିଟାଇ ଆଣିଲା   ନିନ୍ଦା ନିଜକୁ କରେ ॥୨୬॥
ଲୀଳାକୁ ବୁଝେନି ମାତାତ   ପୁତ୍ର ଭାବ ଆଣଇ
ବିଶ୍ୱକର୍ତ୍ତା ଅଟେ ପୁତ୍ରତ   ତାର ଏହି କହ୍ନାଇ ॥୨୭॥

--୦--

ତ୍ରିଂଶ ଅଧ୍ୟାୟ

ବ୍ରହ୍ମାଜୀଙ୍କ ମୋହ ଭଙ୍ଗ

ଧୂଳି ଖେଳ ଛାଡି ନନ୍ଦସୁତ ଏବେ ହେଲାଣିତ ବଡ଼ ପିଲା
ଧେନୁ ପହ୍ଲ ନେଇ ବନକୁ ଗଲାଣି ନନ୍ଦର ଦୁଃଖତ ଗଲା ॥୧॥
ଏକ ଦିନେ କାହ୍ନୁ ଭାଇ ବଳରାମ ସାଥେ ସଖା ବୃନ୍ଦ ଧରି
ବନ ଭୋଜି ପାଇଁ ଆୟୋଜନ କଲେ ବନକୁ ଗଲେ ବାହାରି ॥୨॥
ସାଥିରେ ଅଛନ୍ତ ଗୋପ ଧେନୁମାନେ ବୃନ୍ଦାବନ ଯିବେ ଚରି
ଆଗରେ ଯାଆନ୍ତି ଧେନୁ ଦଳ ଦଳ କୃଷ୍ଣ ଯାଏ ବଂଶୀ ଧରି ॥୩॥
ବନେତ ଖୋଜନ୍ତି ବସିବା ସ୍ଥାନତ ସ୍ଥାନ କଲେ ନିରୂପଣ
ସକଳେ ବସନ୍ତି ଏକତ୍ର ହୋଇଣ କୃଷ୍ଣ ଦିଏ ପ୍ରବଚନ ॥୪॥
ଏହି ସ୍ଥାନେ ଆମ ବଣ ଭୋଜି ହେବ କର ତୁମେ ଆୟୋଜନ
ଗୋପର ବାଳକେ ପ୍ରଶଂସା କରନ୍ତି କୃଷ୍ଣର ବଡ଼ାଇ ମାନ ॥୫॥
କିଏ ଚୂଲି ଖୋଳେ କିଏ କାଠ ଆଣେ କିଏତ ପରିବା କାଟେ
ଆନ କେଉଁ ସଖା ପାଖ ପଥରରେ ମସଲା ହାତରେ ବାଟେ ॥୬॥
ଭାଙ୍ଗି ଆଣିଛନ୍ତି ଶୁଷ୍କ କାଷ୍ଠ ବୃକ୍ଷୁ ଅଗ୍ନିର ସଂଯୋଗ କଲେ
ସମସ୍ତ ପଦାର୍ଥ ହାଣ୍ଡିରେ ପକାଇ ଢ଼ାଙ୍କଣା ଢ଼ାଙ୍କିତ ଦେଲେ ॥୭॥
ପଦ୍ମ ପତ୍ର ମାନ ପକାଇ ବସିଲେ ଆଣିଲେ ହାଣ୍ଡି ପାଖକୁ
ଢ଼ାଙ୍କଣା କାଢ଼ନ୍ତେ ବାସ ଚହଟିଲା ବ୍ୟସ୍ତ ହେଲେ ଖାଇବାକୁ ॥୮॥
ବଢ଼ା ହେଲା ଅନ୍ନ ଖେଚୁଡି ସମାନ ସକଳ ପରିବା ତହି
ସ୍ୱାଦତ ବଢ଼ିଛି ଘୃତତ ମିଶିଛି ବାଢ଼ିଦେଲେ ପତ୍ରେ ଯାଇ ॥୯॥
କିଏ କାହା ପତ୍ରୁ ଆଣିତ ଖାଉଛି କିଏ ଖୋଇ ଦିଏ ଆନେ
ପରସ୍ପର ହସ୍ତେ ଖୁଆନ୍ତି ଅନ୍ୟକୁ ସଖା ଭାବରଖି ମନେ ॥୧୦॥
ଆଗ୍ରହେ ଉଚ୍ଛିଷ୍ଟ କୃଷ୍ଣ ଖାଉଥିଲେ ଭାବ ଜଗତରେ ରହି
ଗୋପରେ ବାଳକ ସମସ୍ତେ ତାଙ୍କର ଆତ୍ମୀୟ ସ୍ୱଜନ ଭାଇ ॥୧୧॥

ଏହି ବଣ ଭୋଜି ସ୍ୱର୍ଗେ ଦେଖୁଥିଲେ ସକଳ ଦେବତା ଆସି
ବ୍ରହ୍ମା ଦେଖୁଥିଲେ ଏ ବଣ ଭୋଜିକୁ ବ୍ରହ୍ମ ଲୋକେ ସେତ ବସି ॥୧୨॥
ସନ୍ଦେହ ଜନ୍ମିଲା ଏହି କାହ୍ନୁ କ'ଣ ସତରେ ବିଷ୍ଣୁ ଆମର
ଗୋପାଳ ପୁଅଙ୍କ ଉଚ୍ଛିଷ୍ଟ ଖାଉଛି ନାହିଁତ ତାର ବିକାର ॥୧୩॥
ବିଚାର ନକରି ଗୋପାଳ ପିଲାଏ ଉଚ୍ଛିଷ୍ଟ ଖୁଆନ୍ତି ନେଇ
ନୁହଁତ କହ୍ନାଇ ବୈକୁଣ୍ଠ ବିହାରୀ ମନତ ବୁଝଇ ନାହିଁ ॥୧୪॥
ପରୀକ୍ଷା କରିବି ବୃନ୍ଦାବନ ଯିବି ନଦେଖିବେ କେହି ମତେ
ଅଜ୍ଞାନ୍ତେ ଆଣିବି ସକଳ ଧେନୁକୁ ରଖିବି ନେଇ ଗୁପତେ ॥୧୫॥
କି କରିବ କାହ୍ନା ଖୋଜିକି ପାଇବ କାନ୍ଦି କାନ୍ଦି ଯିବ ଘର
ନ ପାଇଣ ଧେନୁ ସକଳେ କାନ୍ଦିବେ ତାର ସଖା ସହୋଦର ॥୧୬॥
ଧେନୁ ମାନଙ୍କର ବସ୍ତାତ ଅଛନ୍ତି ଖୁଆଡେ ବନ୍ଦୀତ ହୋଇ
ଧେନୁତ ଫେରିଲେ କ୍ଷୀରତ ପିଇବେ ରହିଥିବେ ବସ୍ତା ରହିଁ ॥୧୭॥
ଆନନ୍ଦେ ଅଛନ୍ତି ଗୋପର ବାଳକେ କହ୍ନାଇ ସାଥୀରେ ଖେଳ
ଧେନୁ ପଲ୍ଲ କଥା ନାହିଁତ ମନରେ ମାଡି ଆସେ ସନ୍ଧ୍ୟା ବେଳା ॥୧୮॥
ସକଳ ଅଜ୍ଞାନ୍ତେ ବ୍ରହ୍ମା ନେଇଗଲେ ସକଳ ଧେନୁ ଗୁମ୍ଫାକୁ
କାହିଁଗଲେ ଧେନୁ ଖୋଜାତ ପଡିଲା ପଚରେ ଯାଇ କାହ୍ନାକୁ ॥୧୯॥
କାହ୍ନୁତ ଦେଖଇ ଦୃଶ୍ୟତ ନୁହଇଁ ନାହାନ୍ତି ଗୋଟିଏ ଧେନୁ
ଉଚ୍ଚାଟ କରିଣ ଡାକନ୍ତି ସ୍ୱରରେ ବଜାନ୍ତି କାହ୍ନୁତ ବେଣୁ ॥୨୦॥
ଯମୁନା ଧାରରେ ପାହାଡ ସନ୍ଧିରେ ଖୋଜିଲେ ସକଳେ ମିଶି
ସୁରୁଜ ବୁଡିଲା ସନ୍ଧ୍ୟା ନଇଁ ଆସେ ଚିନ୍ତିତ ହୋଇଲେ ବସି ॥୨୧॥
ଜାଣିଲେ କୃଷ୍ଣତ ବ୍ରହ୍ମା କାର୍ଯ୍ୟ ଏହି ସନ୍ଦେହ ଘେରେ ରହିଣ
ଧେନୁକୁ ଆମର ହରଣ କରିଛି ଦେବିତ ତାଙ୍କୁ ପ୍ରମାଣ ॥୨୨॥
କେହି ନଜାଣିଲେ ଧେନୁ ସୃଷ୍ଟି କଲେ ସେହି ରଂଗ ଆୟୁ ନେଇ
ସନ୍ଧ୍ୟାର ସମୟ ଫେରିଲେ ଧେନୁତ ନିଜର ଖୁଆଡେ ଯାଇ ॥୨୩॥
ଆନନ୍ଦେ ବସ୍ତାତ କ୍ଷୀର ପାନ କଲେ ମାତାତ ତାଙ୍କର ସେହି
ଏହି ମାୟା କଥା ଗୋପେ ନଜାଣିଲେ ସନ୍ଦେହ କାହର ନାହିଁ ॥୨୪॥

ଏହି ମାୟା ଋଲେ ଏକ ବର୍ଷ ଧରି ବ୍ରହ୍ମାକୁତ ଏକ ପଳ
ବ୍ରହ୍ମାତ ଦେଖନ୍ତି ଗୁମ୍ଫାରେ ଅଛନ୍ତି ଗୋପର ଧେନୁ ସକଳ ॥୨୫॥
ବୃନ୍ଦାବନେ ଛନ୍ତି ସମସ୍ତ ଧେନୁତ କାହାରିତ ଦୁଃଖ ନାହିଁ
କିଏତ କହୁନି ଧେନୁ ମୋ ହଜିଛି ଧେନୁ ଗଲେ ମୋର କାହିଁ॥୨୬॥
ଖେଳ କୋଉତୁକେ ସମସ୍ତେ ଅଛନ୍ତି ବ୍ରହ୍ମାତ ଦେଖନ୍ତି ନେତ୍ରେ
ବିଋର ବିମର୍ଶ ଯେତେ କଲେ ମଧ ସତ୍ୟତ ନୁହଁଇ ପ୍ରତେ ॥୨୭॥
ଗୁମ୍ଫାରେ ଅଛନ୍ତି ଧେନୁଏ ସକଳ ଏଠାର ସକଳ ଧେନୁ
କିଏ ସତ୍ୟ ଏଠି କିଏ ମିଥ୍ୟା ଅଟେ କିକଲା ଆଜିଏ କାହ୍ନୁ ॥୨୮॥
ମାୟା କରି ବ୍ରହ୍ମା ଧେନୁକୁ ହରଣ କରି ନେଇ ଲୁଋଇଲେ
ଏବେ ସେତ ମାୟା ବନ୍ଧନ ଭିତରେ ନିଜେତ ଲଜ୍ଜିତ ହେଲେ ॥୨୯॥
ବାଳକ କୃଷ୍ଣତ ଏକଥା ଜାଣିଲେ ବ୍ରହ୍ମାଙ୍କ ମନ ବିରସ
ଚତୁର୍ଭୁଜ ରୂପ ପ୍ରକାଶ କରିଣ ବ୍ରହ୍ମାକୁ କଲେ ସନ୍ତୋଷ ॥୩୦॥
ବ୍ରହ୍ମାଙ୍କ ସନ୍ଦେହ ମୋଚନ ହୋଇଲା ସ୍ତୁତି କଲେ ତାଙ୍କ ପାଦେ
ଦୃଶ୍ୟ ଜଗତରେ ନଦେଖନ୍ତି କେହି ଅଛନ୍ତି ବାଳକ ବୃନ୍ଦେ ॥୩୧॥
କୁହନ୍ତି ବ୍ରହ୍ମାତ ତୁମେ ପ୍ରଭୁ ନିତ୍ୟ ପରମ ବ୍ରହ୍ମ ଅନନ୍ତ
ଆତ୍ମା ରୂପେ ତୁମେ ସକଳ ଘଟରେ ରହିଛ ହୋଇ ଅଜ୍ଞାନ୍ତ ॥୩୨॥
ତୁମେତ ଅକ୍ଷୟ କାରଣ ସ୍ୱରୂପ ସଚ୍ଚିଦାନନ୍ଦ ଆପଣେ
ସନ୍ଦେହ ଆଣିଲି ବଣଭୋଜି ଦେଖି କରିଲି ମାୟା ଅଜ୍ଞାନେ ॥୩୩॥
କ୍ଷମା କରିଦିଅ ବିନତୀ ଜଣାଏ ଜାଣିଲେ ହେବି ନିନ୍ଦିତ
ସକଳ ଧେନୁତ ତୁମର ଅଟନ୍ତି ବ୍ରହ୍ମ ତୁମେ ନନ୍ଦ ସୁତ ॥୩୪॥
ଗୋପର ବାଳକେ କେତେ ପୁଣ୍ୟବନ୍ତ ଆମେତ ନହେବୁ ସରି
କୃପାମୟ ତୁମେ ପ୍ରେମ ଢ଼ାଳି ଦେଲ ପ୍ରେମେ ମଗ୍ନ ଗୋପପୁରି ॥୩୫॥
ବୃନ୍ଦାବନ ଧୂଳି ଶିରେ ହୋଇ ବୋଲି ଯାଇଛି ବିଦାୟ ଘେନି
ମର୍ତ୍ତ୍ୟେ ଆସି ମୁଁ ତ ଦର୍ଶନ କରିଲି ଅନ୍ତର୍ଯ୍ୟାମୀ ଦେଲ ଜାଣି ॥୩୬॥

--୦--

ଏକତ୍ରିଂଶ ଅଧ୍ୟାୟ

କାଳୀୟ ଦଳନ

ଦୁଷ୍ଟଙ୍କ ସଂହାର ନିମନ୍ତେ ଅବତାର ଗ୍ରହଣ
କେତେ କେତେ କ୍ଷେତ୍ରେ ଦୁଷ୍ଟତ କେତେ ରୂପ ହୋଇଣ ॥୧॥
ଧରାପୃଷ୍ଠେ ଜନ୍ମ ଲଭନ୍ତି ବିହି ନିର୍ଦ୍ଦେଶେ ଜାଣ
ସୃଷ୍ଟିକୁ ରକ୍ଷାତ କରନ୍ତି ପ୍ରଭୁ ଦେଖ ପ୍ରମାଣ ॥୨॥
ଯମୁନା ତଟର ସରରେ କାଳ ନାଗତ ଥିଲା
ବିଷର ଜ୍ୱାଳାରେ ଜଳତ ବିଷ ହୋଇଣ ଗଲା ॥୩॥
ବନ ଉପବନ ପାର୍ଶ୍ୱରେ ତାର ବିଷ ଜ୍ୱାଳାରେ
ସବୁଜ ରଂଗତ ବିନାଶେ ପୋଡିଯାଏ ବିଷରେ ॥୪॥
ତୃଣମାନ ଆଉ ନଉଠେ ଧେନୁ ଚରା ଭୂମିତ
ନଗଲେ ସେଠାକୁ ପ୍ରାଣୀଏ କୃଷ୍ଣ ହେଲେ ଚିନ୍ତିତ ॥୫॥
ଜଳ ପାନ କଲେ ସେଠାରେ ପ୍ରାଣୀ ଯାଏତ ମରି
ଦୂରେ ପଶୁପକ୍ଷୀ ରୁହନ୍ତି ଜନେ ଥାଆନ୍ତି ଡରି ॥୬॥
ବାଳ କହ୍ନାଇତ ଜାଣିଲେ ଏହା ଜନେ ବିପତ୍ତି
ବିନାଶ କରିବେ ନାଗକୁ ମନେ ଚିନ୍ତା କରନ୍ତି ॥୭॥
ସକଳେ ବାଳକେ ଅଛନ୍ତି ସାଥେ ବଳରାମତ
ଗୋପ ଗୋପୀମାନେ ଦେଖନ୍ତି କୂଳେ ଲୀଳା କେମନ୍ତ ॥୮॥
ବୃକ୍ଷ ଏକ ଥିଲା ସେଠାରେ ନାମ ଅଟେ କଦମ୍ବ
ଚଢ଼ିଗଲେ ଶିଖେ କହ୍ନାଇ ମନେ ରଖିଣ ଦମ୍ଭ ॥୯॥
ସକଳେ ରହିଣ ଦେଖନ୍ତି ବୃକ୍ଷ ଉର୍ଦ୍ଧ୍ୱ ଭାଗକୁ
ଆଖି ପିଛୁଳାକେ ଡେଇଁଲେ ପ୍ରଭୁତାର କୂଳକୁ ॥୧୦॥
ଭୟଙ୍କର ଶବ୍ଦ ହୋଇଲା ସେଠି ଉଛୁଳେ ପାଣି
ମତ୍ତହସ୍ତୀ ପ୍ରାୟ ପ୍ରଭୁତ କ୍ଷେଣେ ମନ୍ଥିଲେ ଜାଣି ॥୧୧॥

କାହିଁଥିଲା କାଳ ନାଗତ ଆସେ କାହ୍ନୁ ପାଖକୁ
କ୍ରୋଧରେ ଗୁଡାଏ ଶରୀର ଟେକି ତାର ଫଣାକୁ ॥୧୨॥
ସର୍ବାଙ୍ଗ ଶରୀର ସର୍ପତ ଦିଏ ଅଂଗ ମଣ୍ଡାଇ
ଦେଖନ୍ତି ଗୋପାଳ ବାଳକେ ଏକି କଲା କହ୍ନାଇ ॥୧୩॥
ଏଡେ ବିପତ୍ତିକୁ ଡାକିଲା ଗଲା କହିଲା ନାହିଁ
କିଅବା କରିବୁ ଆମେତ ଆମ ସାମର୍ଥ କାହିଁ ॥୧୪॥
ହୁରି ପକାଇଲେ ସକଳେ ବ୍ରଜବାସୀ ଆସିଲେ
ନାଗତ ବାନ୍ଧିଛି ଫାଶରେ କାହ୍ନା ରହିଛି ଜଳେ ।୧୫॥
ହା କାହ୍ନୁ ହା କାହ୍ନୁ ଡାକନ୍ତି କାନ୍ଦେ ଯଶୋମତୀତ
କି କଲୁ କି କଲୁ କହ୍ନାଇ କହି ହେଲେ ମୂର୍ଚ୍ଛିତ ॥୧୬॥
ଗୋପୀଏ ଆସିଣ କାନ୍ଦନ୍ତି ଦେଖି କାହ୍ନୁ ଜଳରେ
ଚିନ୍ତିଲେ ସକଳେ ଯିବେତ ଠେଙ୍ଗା ବାଉଙ୍ଗି କରେ ॥୧୭॥
ବଳରାମ ଥିଲେ ପାଖରେ ଦେଲେ ସାନ୍ତ୍ୱନା ବାଣୀ
ନବୁଝେ ମନତ କାହାରି ବ୍ୟସ୍ତ ହୃଦୟେ ପୁଣି ॥୧୮॥
ଦେଖତ ଜଳରେ ଗୋବିନ୍ଦ ସର୍ପ ଧରିଛି ହସ୍ତେ
ପାଲଟଣ ହୁଏ ସର୍ପତ ଯୁଝେ କୃଷ୍ଣ ସହିତେ ॥୧୯॥
କାଳୀୟ ନାଗର ବଳତ କ୍ରମେ ଦୁର୍ବଳ ହେଲା
ଫେଣାର ଉପରେ ପ୍ରଭୁଙ୍କ ପାଦ ଦୃଶ୍ୟ ହୋଇଲା ॥୨୦॥
ତାହାର ମସ୍ତକେ କହ୍ନାଇ ହେଲେ ଦଣ୍ଡାୟମାନ
ନୃତ୍ୟ କଲେ କାହ୍ନୁ ଦେଖନ୍ତି ଏହା ନାଗ ଦଳନ ॥୨୧॥
ସ୍ୱର୍ଗରୁ ଆସିଣ ଦେଖନ୍ତି ସ୍ୱର୍ଗ ଦେବତା ଗଣ
ମସ୍ତକେ ପକାନ୍ତି ପୁଷ୍ପତ ଶୋଭା ନୁହଁ ବର୍ଣ୍ଣନ ॥୨୨॥
ଦେଖିବା ଜନତ କହିବେ ଏହା ବିଚିତ୍ର ଲୀଳା
କୁହନ୍ତି ଗାରଡି ମନ୍ତ୍ରତ ଜାଣେ କହ୍ନାଇ କେଳା ॥୨୩॥
ସାମାନ୍ୟ ଆଘାତେ ନାଗର ବହେ ମୁଖରୁ ରକ୍ତ
ଭୟେ ନାଗ ନାରୀ ଆସଇ କହେ ଯୋଡିଣ ହସ୍ତ ॥୨୪॥

କ୍ଷମା କରିଦିଅ ପ୍ରଭୁତ ମାର ନାହିଁ ପତିଙ୍କୁ
ତୁମେତ ଦେଇଛ ଶରୀର ଏହି ବିଷ ଆମକୁ ॥୨୫॥
ନାଗ ସ୍ତୁତି କରେ ପ୍ରଭୁଙ୍କୁ ନିଏ ପାଦେ ଶରଣ
ନମାରିଲେ ହସ୍ତେ ନାଗକୁ ଦେଲେ ତାକୁ ଜୀବନ ॥୨୬॥
କୁହନ୍ତି ବୁଝାଇ ପ୍ରଭୁତ ଆରେ ଛାଡିବୁ ସ୍ଥାନ
ସମୁଦ୍ରେ ଯାଇଣ ରହିବୁ ବେଗେ କର ଗମନ ॥୨୭॥
ପ୍ରଭୁ ଆଜ୍ଞା ପାଇ ନାଗତ ଗଲା ନାଗୁଣୀ ସାଥେ
କ୍ରୀଡା ସାରି ପ୍ରଭୁ ଆସନ୍ତି ଦେଖି ପ୍ରଫୁଲ୍ଲ ଚିତ୍ତେ ॥୨୮॥
ପ୍ରାଣକି ପଶିଲା ଶରୀରେ ବ୍ରଜବାସୀ ସକଳେ
କାହ୍ନୁ ସ୍ପର୍ଶ ପାଇଁ ବ୍ୟସ୍ତତ ଗଲେ ପାଖେ ବିକଳେ ॥୨୯॥
ଜୟ ଜୟ କାର ପଡଇ କାହ୍ନୁ କୀର୍ତ୍ତି ରଚିଲା
କାଳୀୟ ଦଳନ ନାମତ ଆଜି ସୃଷ୍ଟି ହୋଇଲା ॥୩୦॥

--୦--

ଦ୍ୱାତ୍ରିଂଶ ଅଧ୍ୟାୟ

ଗୋବର୍ଦ୍ଧନ ଗିରି ଧାରଣ

ସେଦିନ ପ୍ରଭାତେ କୃଷ୍ଣ ଯାଇଥିଲେ
ସକାଳେ ଭ୍ରମଣ ପାଇଁ
ଦେଖନ୍ତି ଆଜିତ ସକଳେ ଜାଗ୍ରତ
ବ୍ୟସ୍ତରେ ସକଳ ଗୋଇ ॥୧॥

ଘରର ଦ୍ୱାରରେ କଳସ ବସିଛି
ନବ ବସ୍ତ୍ରେ ଗୋପୀ ଗଣ
ପୂଜା ଦ୍ରବ୍ୟ ମାନ ସଂଗ୍ରହ କରନ୍ତି
ଭକ୍ତି ଭୟେ ରଖି ମନ ॥୨॥

ଆଜିତ ସେମାନେ ଯଜ୍ଞତ କରିବେ
ନପାରିଲେ ବୁଝି କୃଷ୍ଣ
ଆସି ପଚାରିଲେ ନନ୍ଦର ବାବାଙ୍କୁ
କାହିଁ ପାଇଁ ଆୟୋଜନ ॥୩॥

କୁହନ୍ତି ନନ୍ଦତ ତମେ ଟିକି ପିଲା
ଏକଥା ଜାଣତ ନାହିଁ
ଜୀବନ ଧାରଣେ ଇନ୍ଦ୍ର ଅବଦାନ
କେତେ ଯେ ଅଛି କହ୍ନାଇ ॥୪॥

ଶସ୍ୟ କ୍ଷେତ୍ରେ ଇନ୍ଦ୍ର ବାରି ବରଷିଲେ
ଫସଲ ଫଳିବ କ୍ଷେତେ
କଅଁଳିଲେ ଘାସ ଧେନୁତ ଖାଇବେ
କ୍ଷୀର ଦେବେ ଯେଝା ମତେ ॥୫॥

ମେଘର ଦେବତା ଇନ୍ଦ୍ରତ ଅଟନ୍ତି
ପୂଜୁଛୁ ତାଙ୍କ ଚରଣ

ଯଜ୍ଞ ଆୟୋଜନ ତାଙ୍କରି ଉଦ୍ଦେଶ୍ୟେ
ସନ୍ତୁଷ୍ଟ କରିବୁ ଧନ ॥୬॥
ବେଗି ବେଗି ତୁମେ କାମ ସାରିଦିଅ
ଯିବାକୁ ଯଜ୍ଞର ସ୍ଥଳି
କେତେ କେତେ ବାଦ୍ୟ ବାଜିବ ସେଠାରେ
ଶିଙ୍ଘା ଶଙ୍ଖ ହୁଳହୁଳି ॥୭॥
ସକଳ କଥାକୁ ଶୁଣିଲେ କହ୍ନାଇ
ପହଞ୍ଚିଲେ ଯଜ୍ଞ ସ୍ଥଳେ
ବ୍ରଜବାସୀ ମାନେ ଅଛନ୍ତି ସମସ୍ତେ
ଯଜ୍ଞକୁ ବିରୋଧ କଲେ ॥୮॥
ଇନ୍ଦ୍ରକୁ ପୂଜିବା ନୁହେଁତ ବିଧାନ
ଆମେତ ଗୋପାଳ ଜାତି
ଗୋମାତା ପୂଜିବା ସେତ ଅନ୍ନଦାତା
ତାବିନା ନାହିଁତ ଗତି ॥୯॥
ଗିରି ଗୋବର୍ଦ୍ଧନ ଚରା ଭୂମି ଅଟେ
ତାକୁତ ଆମେ ପୂଜିବା
ଗୁରୁ ବ୍ରାହ୍ମଣଙ୍କୁ ଦେବତା ଭାବିଣ
ତାଙ୍କର ପଦ ସେବିବା ॥୧୦॥
ଏକି ନୂଆ କଥା ଶୁଣିଲେ ସମସ୍ତେ
ନନ୍ଦ ବାବା ଶୁଣୁଛନ୍ତି
ଗୋପ ଗୋଇମାନେ କୃଷ୍ଣ ସଖା ଗଣେ
ସକଳେ ରାଜି ହୁଅନ୍ତି ॥୧୧॥
କେତେ ଜଣ ବୃଦ୍ଧ ଶଙ୍କାରେ ରହିଲେ
କାଳେକି ବିଘ୍ନ ଘଟିବ
ମନେ ମନ କଥା ପ୍ରକାଶ ନକରି
ରହିଲେ ସେତ ନିରବ ॥୧୨॥

ବିଧି ମତେ ପୂଜା ଆରମ୍ଭ ହୋଇଲା
ଶଙ୍ଖ ଶବ୍ଦେ ହୁଳହୁଳୀ
ଗିରି ଗୋବର୍ଦ୍ଧନ ପୂଜନ୍ତି ସକଳେ
ଇନ୍ଦ୍ର କଥା ଗଲେ ଭୁଲି ॥୧୩॥
ପ୍ରଦକ୍ଷିଣ କଲେ ଗିରି ଗୋବର୍ଦ୍ଧନ
ଭକ୍ତି ଭାବେ ବ୍ରଜବାସୀ
କେତେ ଭୋଗରାଗ ବାଣ୍ଟିଣ ଖାଇଲେ
ସକଳେ ଥିଲେତ ଖୁସି ॥୧୪॥
କିଏ ଜାଣିଥିଲା ଦୁର୍ଦ୍ଦିନ ଆସିବ
ଇନ୍ଦ୍ରତ କରିବ କୋପ
ସ୍ୱର୍ଗେ ଥାଇ ଇନ୍ଦ୍ର ସମସ୍ତ ଦେଖିଛି
ତାର ପୂଜା ହେଲା ଲୋପ ॥୧୫॥
ବିଧାନକୁ ଭାଙ୍ଗି ଗୋପର ବାଳକେ
ବାଳକ ବୁଦ୍ଧିକୁ ମାନି
ମୋହର ସମ୍ମାନ ଦେଲେ ନାହିଁ ମତେ
ସମ୍ମାନ କଲେ ମୋ ହାନୀ ॥୧୬॥
ଦେଖିବି ବାଳକ କିପରି ରଖିବ
ବୁଡାଇବି ଗୋପ ଜଳେ
ନିଶ୍ଚିହ୍ନ କରିବି ବ୍ରଜବାସୀ କୂଳ
କୀର୍ତ୍ତି ଥିବ ମହୀ ତଳେ ॥୧୭॥
ଇନ୍ଦ୍ର ନପୁଜିଲେ କିଫଳ ଭୋଗନ୍ତି
ସକଳେ ଜାଣିବେ ସେହି
ଶିକ୍ଷାପ୍ରଦ ହେବ ଭୟତ ଆସିବ
ମନେ ଥିବ କଥା ରହି ॥୧୮॥

କ୍ରୋଧେ ଡାକି ଇନ୍ଦ୍ର ଆଦେଶ ଦିଅଇ
ଯାଅ ତୁମେ ମେଘ ମାନେ
ଢାଳି ଦିଅ ଜଳ ଦିବସ ରଜନୀ
ମରନ୍ତୁ ବ୍ରଜର ଜନେ ॥୧୯॥
ଗର୍ବ ଅହଂକାର ବହିଣ ଅଛନ୍ତି
ସମ୍ପତ୍ତି କରିଣ ଠୁଳ
ରଖିବି ନାହିଁ ମୁଁ ଧନ ସମ୍ପତ୍ତିକୁ
ନାଶିବି ତାଙ୍କର କୁଳ ॥୨୦॥
ଆଦେଶ କରିଲେ ମେଘମାନେ ମିଶି
ବର୍ଷଣ କରିଲେ ଜଳ
ଘଡଘଡି ସଙ୍ଗେ ଚମକେ ବିଜୁଳି
ଘୋଟିଲା ଦୁର୍ଦ୍ଦିନ କାଳ ॥୨୧॥
ନଦିଶଇ ପଥ ଅନ୍ଧାର ଘୋଟିଲା
ଗୋପରେ ମହା ବିପତ୍ତି
ରଖ ରଖ ଡାକ ବ୍ରଜକୁ ଆମର
ଆମେତ କଲୁ ଅନୀତି ॥୨୨।
ଇନ୍ଦ୍ର କୋପେ ଆଜି ସକଳେ ମରିବା
ନାହିଁତ ଜୀବନ ଆଶା
ଚଲ ସର୍ବେ ଯିବା ନନ୍ଦ ବାବା ପାଖେ
ଦେବକି ସିଏ ଭରସା ॥୨୩॥
କୃଷ୍ଣତ ଜାଣିଲେ ଇନ୍ଦ୍ର କୋପ ଏହି
କହନ୍ତି ଡାକି ସକଳେ
ଗୋବର୍ଦ୍ଧନ ଗିରି ପାଖକୁ ଆସିବ
ରହିବ ତୁମେ ନିଶ୍ଚଳେ ॥୨୪॥

ପିଲା ଛୁଆ ସାଥେ ଧେନୁ ନେଇ ଆସ
ନକରିଣ ଆଉ ଡେରି
ଛତ୍ର ପ୍ରାୟ କୃଷ୍ଣ ବାମ ହସ୍ତେ ଗିରି
ଆକାଶେ ଟେକିଲେ ଧରି ॥୨୫॥
ବ୍ରଜବାସୀ ସର୍ବେ ଆଶ୍ରୟ ନେଲେତ
ନିରାପଦେ ଗଲେ ରହି
ଇନ୍ଦ୍ରତ ଦେଖଇ ମୋର କୋପ ବୃଥା
କରିଲା ବାଳକ ସେହି ॥୨୬॥
ଚିନ୍ତଇ ଇନ୍ଦ୍ରତ ନୁହେଁ ସେ ବାଳକ
ବାଳକ କାର୍ଯ୍ୟତ ନୁହେଁ
ଭଗବାନ ନିଶ୍ଚେ ଜାଣିଲା ଏଥର
ବିଶ୍ୱାସ ଆସେ ହୃଦୟେ ॥୨୭॥
ଦିନେ ଅଧେ ନୁହେଁ ସପ୍ତଦିନ ବ୍ୟାପି
ପ୍ରଭୁ ହସ୍ତେ ଥାଏ ଗିରି
ଗିରି ଗୋବର୍ଦ୍ଧନ ଧନ୍ୟ ହୋଇଯାଏ
ମନେ ସ୍ମରୁ ଥାଏ ହରି ॥୨୮॥
ସନ୍ଦେହ ମୋଚନ ଇନ୍ଦ୍ରର ହୋଇଲା
ଗର୍ବ ହୋଇଗଲା ଚୂନା
ନତ ମସ୍ତେ ଆସେ କାହ୍ନାର ପାଖକୁ
ଦୃଶ୍ୟତ ନହୁଏ ଜଣା ॥୨୯॥
କୁହଇ ଇନ୍ଦ୍ରତ ଅହଂକାର ବୃଦ୍ଧି
ମତେତ ଗ୍ରାସିଲା ଜାଣ
ପଦର ମର୍ଯ୍ୟାଦା ପାରିଲିନି ରଖି
ଅକର୍ମେ ମର୍ଯ୍ୟାଦା କ୍ଷୁନ୍ନ ॥୩୦॥

ପ୍ରଭୁତ କୁହନ୍ତି　　　　ଅହଂକାର ଡାକେ
　　ବିପତ୍ତି ବିନାଶ ଦୁଃଖ
ଅହଂକାରିମାନେ　　　　ନପା'ନ୍ତି ଜୀବନେ
　　ମୋହର ପରମ ସୁଖ ।।୩୧।।
ଇନ୍ଦ୍ରର ଆଦେଶେ　　　　ଐରାବତ ଆସେ
　　ଶୁଣ୍ଢରେ ଆଣିଲା ଜଳ
ସେହି ଜଳେ ଇନ୍ଦ୍ର　　　　ଅଭିଷେକ କରି
　　ପିନ୍ଧାଏ ପ୍ରଭୁଙ୍କୁ ମାଳ ।।୩୨।।
ପାରିଜାତ ପୁଷ୍ପ　　　　ପାଦେ ଦେଇ ଇନ୍ଦ୍ର
　　କ୍ଷମା ଭିକ୍ଷା ମାଗିନିଏ
ଗୋବିନ୍ଦ ନାମକୁ　　　　ପ୍ରଦାନ କରିଣ
　　ଇନ୍ଦ୍ରତ ସ୍ୱର୍ଗକୁ ଯାଏ ।।୩୩।।
ଗୋବିନ୍ଦ ଗୋବିନ୍ଦ　　　　ଜୀବତ ଭଜିଲେ
　　ଗୋବିନ୍ଦ କରନ୍ତି ପାରି
ନାମ ବ୍ରହ୍ମ ଅଟେ　　　　ଜାଣିବେ ନରେଶ
　　ତୁମେତ ରଖିଥା ଧରି ।।୩୪।।

--୦--

ତ୍ରୟୋତ୍ରିଂଶ ଅଧ୍ୟାୟ

ଜଳ କ୍ରୀଡା-ବସ୍ତ୍ର ହରଣ ସମର୍ପଣ

ବର୍ଷକ ମଧ୍ୟରେ କାର୍ତ୍ତିକ ମାସ ଅଟଇ ସାର
ଏହି ମାସେ ପୁଣ୍ୟ ଅର୍ଜନେ ବ୍ୟସ୍ତ ରୁହନ୍ତି ନର ॥୧॥
ଗୋପେ ଗୋପାଙ୍ଗନା ସକଳେ ନତବ୍ରତ ଆଚରି
ପୂଜନ୍ତି ଶଙ୍କର ପ୍ରାପ୍ତତ ହେବେ ସେଯେ ଶ୍ରୀହରି ॥୨॥
ମାସଟି ହବିଷେ ଭୁଞ୍ଜିଣ ବ୍ରତ କରିଣ ଥିଲେ
ଆଜିତ ପୂର୍ଣ୍ଣାଙ୍ଗ ହୋଇବ ସର୍ବେ ଯମୁନା ଗଲେ ॥୩॥
ପୂଜା ଦ୍ରବ୍ୟ ମାନ ନେଇଣ କୂଳେ ବାଲୁକା ସ୍ଥାପି
ଗଢ଼ନ୍ତି ଶଙ୍କର ମୂର୍ତ୍ତିକୁ ହସ୍ତେ ସକଳ ଗୋପୀ ॥୪॥
ଦଧି ସର ଆଉ ଲବଣୀ ଶିରେ ଢ଼ାଳନ୍ତି ନେଇ
ବେଲ ପତ୍ରମାନ ରଖନ୍ତି ଦୁଃଖ ନିଜର କହି ॥୫॥
ବିନୀତ ପ୍ରାର୍ଥନା ତାଙ୍କର ପତ୍ନୀ କୃଷ୍ଣଙ୍କ ହେବେ
ଅଭିଳାଷ ପୂର୍ଣ୍ଣ ନିମନ୍ତେ ଅଳି କରନ୍ତି ଶିବେ ॥୬॥
ପୂଜନ ସରିଲା ମାସକ ସେହି ମୂର୍ତ୍ତିକୁ ଧରି
ଜଳେ ବିସର୍ଜନ କରିଲେ ବ୍ରତ ଗଲାତ ସରି ॥୭॥
ସ୍ନାନତ କରିବେ ଜଳରେ ବାସ ରଖନ୍ତି ତୁଠେ
ଯମୁନା ଜଳତ ସ୍ୱଭାବେ କୃଷ୍ଣ ରଂଗ ପ୍ରକଟେ ॥୮॥
ଭାବ ଜଗତରେ ରହିଣ କୃଷ୍ଣ ସାଥେ ମିଶିବେ
ଉଲଗ୍ନ ହୋଇଣ ଜଳରେ ପଶି ଗଲେତ ସର୍ବେ ॥୯॥
ନୀଳପଦ୍ମ ନୀଳ କୁମୁଦେ ମନ ରଖିଣଛନ୍ତି
ନିଜର ବକ୍ଷରେ ଆକୁଳେ ଧରି ପ୍ରେମ କରନ୍ତି ॥୧୦॥
ସତେକି ଲଭନ୍ତି କୃଷ୍ଣଙ୍କୁ ସେହି ଯମୁନା ଜଳେ
କୋଳାକୋଳି ଜଳେ ହୁଅନ୍ତି ଗୋପ ନାରୀ ସକଳେ ॥୧୧॥

ଏ କାଳେ ଶୁଭିଲା କର୍ଣ୍ଣରେ କାହ୍ନୁ ବେଣୁର ସ୍ୱର
ଚେତନା ପଶିଲା ହୃଦରେ ସେତ ନଗ୍ନ ଶରୀର ॥୧୨॥
ଦେଖନ୍ତି ତୁଠରେ ନାହିଁତ କାର ବାସ ସେଠାରେ
କାହ୍ନୁ ଖେଳେ ଦୋଳି ଦେଖନ୍ତି ବସି ବୃକ୍ଷ ଶାଖାରେ ॥୧୩॥
କିପରି ଜଳରୁ ଉଠିବେ ଚିନ୍ତା ସକଳେ ଘାରେ
ବିନୀତ କଣ୍ଠରେ ଡାକନ୍ତି ଜଳେ ଉଚ୍ଚ ସ୍ୱରରେ ॥୧୪॥
ବାସ ଆମ ଦିଅ କହ୍ନାଇ ଯାଅ ତୁଠରୁ ତୁମେ
ଉଲଗ୍ନ ହୋଇଣ ସ୍ନାନତ କରୁଥିଲୁତ ଭ୍ରମେ ॥୧୫॥
ବାସ ଚୋରୀ କରି ନେଇଣ ବଂଶୀ ବାଦନ କର
ଜାଣିଲେ ବ୍ରଜରେ ଏକଥା ନିନ୍ଦା ହେବ ତୁମର ॥୧୬॥
କହ୍ନାଇ କୁହନ୍ତି ଗୋପୀଏ ମତେ କହୁଛ ଚୋର
ବାସକୁ ତୁମର ମଳୟ ନେଉଥିଲା ପଚ୍ଚର ॥୧୭॥
ଆକଟ କରିଣ ରଖିଲି ନିନ୍ଦା ତୁମେତ ଦିଅ
ପର ଉପକାର କରିଲେ ଏହି ଫଳକି କୁହ ॥୧୮॥
କଣ୍ଠାଗ୍ରତ ଜଳେ ଗୋପୀଏ ନିବେଦନ କରନ୍ତି
ଅଂଗତ ଶୀତଳ ହୁଅଇ କୃଷ୍ଣ ଆସ ଝଟତି ॥୧୯॥
ଲଜ୍ଜା ଆଉ ଦିଅ ନାହିଁତେ ପତି ତୁମେ ଆମର
ଜଳରେ ରହିଣ ଯୋଡୁଛୁ ଆମେ ତୁମକୁ କର ॥୨୦॥
ବାସ ଗୋଟି ଗୋଟେ ଆଣିଣ କୃଷ୍ଣ ତୁଠ ଉପରେ
ବାସ ନିଅ ତୁମେ ଚିହ୍ନିଣ ଧରି ଅଛି ହସ୍ତରେ ॥୨୧॥
ଜଳରୁ ଆସନ୍ତି ଗୋପୀଏ ନତ ମୁଖତ ହୋଇ
ବକ୍ଷେ ଏକ ହାତ ରହିଛି ଆନ ନିମ୍ନେ ଅଛଇ ॥୨୨॥
ଲଜ୍ଜାଶୀଳ ଭାବ ରଖିଣ ଆଖି ବୁଜିଣ ଛନ୍ତି
ଅପଥକୁ ପଥ ଭାବିଣ ମେଲି ବାନ୍ଧି ଆସନ୍ତି ॥୨୩॥

ନତ ମୁଖ ସ୍କନ୍ଧେ ଢ଼ଳିଛି ଅଙ୍ଗୁ ନୀରତ ଝରେ
ମୁକୁଳିତ କେଶ ପୃଷ୍ଠରେ ସ୍ପର୍ଶ ନିତମ୍ବ କରେ ॥୨୪॥
କୁହନ୍ତି ଶ୍ରୀକୃଷ୍ଣ ଗୋପୀଙ୍କୁ ବାସ ନିଅ ଚିହ୍ନିଣ
ଜାଣିନି କା ବାସ କାହାର ତୁମେ ଖୋଲ ନୟନ ॥୨୫॥
କର ଯୋଡ଼ି ମାଗ ବସ୍ତ୍ରତ ଦେବି କରେ ବଢ଼ାଇ
ତୁମ ମନ କଥା ଜାଣିଣ ଆସି ଅଛିତ ମୁହିଁ ॥୨୬॥
ଦେହ ଜ୍ଞାନ ହଜି ଗଲାତ ସେହି ଯମୁନା କୂଳେ
ପତି ପତ୍ନୀ ଭାବ ଆସିଲା ଲଜ୍ଜା ସର୍ବେ ତେଜିଲେ ॥୨୭॥
ନିଶ୍ଚେତନ ଥିଲା ବସ୍ତ୍ରତ ଜୀବ ପରମ ମଧ୍ୟେ
ସମର୍ପଣ ଭାବ ଆସିଲା ପ୍ରଭୁ ସକଳ ହୃଦେ ॥୨୮॥
ଲଜ୍ଜା ଗଲେ ଅପସରିତ ଦେହ ଜ୍ଞାନତ ହଜେ
ବିଦେହେ ଖୋଜିଲେ କୃଷ୍ଣଙ୍କୁ ସେତ ପରମେ ମଜେ ॥୨୯॥
ସମର୍ପଣ କଥା ରାଜନ ଏହା ମନେ ରଖିବ
କ୍ଷେତ୍ରତ ତୁମର ଶରୀର ତାକୁ କୃଷ୍ଣଙ୍କୁ ଦେବ ॥୩୦॥
ଅକର୍ତ୍ତା ହୋଇଲେ ରାଜନ ଜୀବ ଦୁଃଖତ ନାଶେ
ସକଳ ବିଶାଦ ଆସଇ କର୍ତ୍ତା ଲୋଭର ବଶେ ॥୩୧॥

--୦--

ଚତୁଃତ୍ରିଂଶ ଅଧ୍ୟାୟ

ରାସ ଲୀଳା

ଦ୍ୱାପର ଯୁଗର ରାସଲୀଳା ଏତ ପ୍ରେମ ଭକ୍ତି ବିଶ୍ୱାସର
ପଞ୍ଚ ଅଧ୍ୟାୟତ ରାସଲୀଳା ଅଟେ ଭାଗବତ ମଧ୍ୟେ ସାର ॥୧॥
ଯମୁନା ତଟରେ କୃଷ୍ଣଙ୍କ ସାଥିରେ ଗୋପୀମାନଙ୍କର ଲୀଳା
ଶୁଣିବ କର୍ଣ୍ଣରେ ଭକ୍ତିତ ଆସବ ନାଶିବ ଭବର ଜ୍ୱାଳା ॥୨॥
ପବିତ୍ର କଥାତ ଅମୃତରେ ବୋଳା ଶୁକଦେବ ମୁଖୁ ବାଣୀ
ଶୁଣିଥିଲେ ସେତ ପରୀକ୍ଷିତ ରାଜା ମୃତ୍ୟୁକୁ ଥିଲେତ ଜିଣି ॥୩॥
ଜୀବ ପରମଙ୍କ ପ୍ରେମ ଗ୍ରନ୍ଥ ଏହି ଭକ୍ତି ହୃଦେ ଭକ୍ତ ଶୁଣ
ଅଷ୍ଟମ ବର୍ଷତ କୃଷ୍ଣଙ୍କୁ ହୋଇଛି ପ୍ରେମରେ ବଳିଛି ମନ ॥୪॥
ଏହି ବାଳକର କି ଗୁଣ କହିବା ପୁତନା କରିଲା ବଧ
କାଳୀୟ ଦଳନ କରିଣ ଅଛନ୍ତି ଗୋକୁଳା ନନ୍ଦଏ ଚନ୍ଦ ॥୫॥
କରେ ଧରି ଗିରି ରକ୍ଷାତ କରିଲେ ଗୋପପୁର ଗୋପବାସୀ
ଗର୍ବ ଚୂର୍ଣ୍ଣ କଲେ ଇନ୍ଦ୍ର ରାଜାଙ୍କର ସକଳେ ହୋଇଲେ ଖୁସି ॥୬॥
ଗୋପଗୋପୀମାନେ ନିଷ୍ଠାରେ କରିଣ କାତ୍ୟାୟିନୀ ଦେବୀ ପୂଜା
ଲଭିଲେ କୃଷ୍ଣଙ୍କୁ ଦେଲେ ମନ ପ୍ରାଣ ଛାଡିଲେ ସକଳ ଲଜ୍ଜା ॥୭॥
ଆଜିତ ପୂର୍ଣ୍ଣିମା ଆକାଶ ମଣ୍ଡଳେ ଚନ୍ଦ୍ରର ଆଲୋକ ଖେଳେ
ବିକଶିତ କଇଁ ସତେକି ପାଖୁଡା ଧରାପରେ ଫୁଟି ଖୋଲେ ॥୮॥
ଯମୁନା ତଟରେ ଓଜାଡି ପଡିଛି ଚନ୍ଦ୍ର ରଶ୍ମି ରାଶି ରାଶି
ଯମୁନା ଜଳରେ ପ୍ରତିବିମ୍ବ ପଡେ ତରଙ୍ଗ ଉଠଇ ହସି ॥୯॥
ଚନ୍ଦିନୀ ରାତ୍ରରେ କୁହୁକ ବଂଶୀତ କୃଷ୍ଣତ ବଜାନ୍ତି କୂଳେ
ସପ୍ତ ସ୍ୱର ଧ୍ୱନୀ କମ୍ପାଏ ମେଦିନୀ ଗୋପପୁରେ ଶବ୍ଦ ଖେଳେ॥୧୦॥
ଶୁଣନ୍ତି ଗୋପୀଏ ଏ ବଂଶୀ ସ୍ୱରକୁ ଅସ୍ଥିର ହୋଇଲା ଚିତ୍ତ
ସୁପ୍ତ ବା ଜାଗ୍ରତେ ଥିଲେ ଗୋପୀମାନେ ହେଲେ ସେତ ଅସ୍ତ ବ୍ୟସ୍ତ ॥୧୧॥

ସ୍ୱାମୀ ମନା ଘେନା　କରିଲେ ନାହିଁତ　ଆସିଲେ ସକଳେ ଧାଇଁ
ଦରଜା କିଏବା　ଦେଇଛି ଦ୍ୱାରରେ　କାରବା ଖୋଲା ଅଛଇ ॥୧୨॥
ସକଳ କାର୍ଯ୍ୟରୁ　ନିବୃତ୍ତି ନେଇଣ　ଯମୁନା କୂଳେ ଆସିଲେ
କୃଷ୍ଣତ ଦେଖନ୍ତି ଗୋପଗୋପୀମାନେ　ଭାବରେ ପାଗଳୀ ଥିଲେ ॥୧୩॥
ରାଗ ମିଶା କଣ୍ଠେ　କହନ୍ତି ଗୋପୀଙ୍କୁ　କିବା ପ୍ରୟୋଜନେ ଆସ
ଦିବସ ନୁହଁତ　ରାତ୍ରତ ହୋଇଛି　କି ଭାବେ କଲ ସାହାସ ॥୧୪॥
ଅବଳା ଦୁର୍ବଳା　ଏ ବନ ମଧ୍ୟରେ　ହିଂସ୍ର ଜନ୍ତୁ ରହିଛନ୍ତି
ନିରାପଦ ନୁହଁ　କୋମଳ ଜୀବନ　ଛାଡିଛ ଜୀବନ ପ୍ରୀତି ॥୧୫॥
ଚନ୍ଦ୍ର ଉପଭୋଗ　ନିମନ୍ତେ ଆସିଛ　ଯମୁନା କୂଳକୁ ଯଦି
ଉପଭୋଗ କରି　ଫେରତ ସଅଳ　ସ୍ୱାମୀ ହେବେ ପ୍ରତିବାଦୀ ॥୧୬॥
ଘରେ ସ୍ୱାମୀ ପୁତ୍ର　ଛାଡିଣ ଆସିଛ　ମନରେ ମୋର ସନ୍ଦେହ
ଦିବସ ନୁହଁଇ　ରାତ୍ରତ ଅଟଇ　ଆସିଛ ହୋଇ ନିର୍ଭୟ ॥୧୭॥
ଫେରି ଯାଅ ତୁମେ　ନକରିଣ ଡେରି　ସ୍ୱାମୀ କ୍ରୋଧେ ହେବ ଦୋଷୀ
ଶୁଣିଣ ଏକଥା　ନିଷ୍ଠୁର ବଚନ　ହଜିଗଲା ସୁଖ ରାଶି ॥୧୮॥
କହନ୍ତି ଗୋପୀଏ　ସକଳ ତେଜିଛୁ　ସ୍ୱାମୀ ପୁତ୍ର ଘରଦ୍ୱାର
ଆସିଛୁ ପୂଜିବୁ　ପାଦ ଦ୍ୱୟ ତୁମ　ଏତିକି ସୁଦୟା କର ॥୧୯॥
ଆଶ୍ରୟ ଦିଅତ　ଅଭୟ ପାଦରେ　ଆନ ଅଭିଳାଷ ନାହିଁ
ଏହି ପାଦ ଦ୍ୱୟ　ଲକ୍ଷ୍ମୀ ମାତାଙ୍କର　ହୃଦରେ ରଖନ୍ତି ଧ୍ୟାଇ ॥୨୦॥
କେତେ ଯୋଗୀ ମୁନି　ସ୍ପର୍ଶ କରି ପାଦ　ଜୀବନ ଧନ୍ୟ ମଣନ୍ତି
ତୁମେତ ରକ୍ଷକ　ତୁମ ବ୍ରଜ ଭୂମି　ଆମେତ ତୁମ ସମ୍ପତ୍ତି ॥୨୧॥
ଶ୍ରୀହସ୍ତ କମଳ　ସ୍ପର୍ଶ ଦେଇ ତୁମେ　ଦାସୀ ପଣେ ନିଅ ତୋଳି
ଏତିକି ସୁଦୟା　କର ତୁମେ କାହ୍ନା　ନଦିଅ କଥାକୁ ଟାଳି ॥୨୨॥
ଗୋପୀଙ୍କ ହୃଦୟ　କଥାକୁ ଶୁଣିଣ　ପ୍ରଭୁତ ମଧୁର ସ୍ୱରେ
ପାଖକୁ ଡାକିଣ　ସ୍ନେହ ଶ୍ରଦ୍ଧା ଦେଲେ　କ୍ରୀଡାତ କଲେ ସାଥୀରେ ॥୨୩॥

ମନ ସାଥେ ମନ ପ୍ରାଣ ସାଥେ ପ୍ରାଣ ଶରୀର ମିଶେ ଶରୀରେ
ଏକାକାର ହୁଏ ଜୀବ ପରମତ ସଓାତ ହଜେ ପ୍ରେମରେ ॥୨୪॥
ଏକାଳେ ପରୀକ୍ଷା ପ୍ରଭୁତ କରନ୍ତି ଅନ୍ତର୍ଦ୍ଧାନ ଗଲେ ହୋଇ
ଗୋପୀଏ ସକଳ ଖୋଜନ୍ତି କୃଷ୍ଣଙ୍କୁ ଗଲେ କୃଷ୍ଣ ଆମ କାହିଁ ॥୨୫॥
ଖୋଜନ୍ତି ରାତ୍ରରେ ଲୁଚିଗଲେ କାହିଁ ବୃକ୍ଷ କିବା ବୁଦାମୂଳେ
ବୃକ୍ଷକୁ ଅନାନ୍ତି କାଳେ ପ୍ରଭୁ ଯାଇ ବସିଥିବେ ବୃକ୍ଷ ଡାଳେ ॥୨୬॥
ପାଗଳୀ ପରାଏ ପଚ୍ଚରୁ ଅଛନ୍ତି ଅଶୋକ ଚମ୍ପା ପୁଷ୍ପକୁ
ଦେଖିଛ କି ତୁମେ କାହିଗଲେ ଆମ ଶ୍ରୀକୃଷ୍ଣ ପ୍ରାଣ ଧନଙ୍କୁ ॥୨୭॥
ତୁଳସୀ ବୃକ୍ଷକୁ ପୁଚ୍ଛନ୍ତି ଶ୍ରଦ୍ଧାରେ ତୁମର ତାଙ୍କର ପ୍ରୀତି
କହିକି ପାରିବ କେଣେ ଗଲେ ପ୍ରଭୁ କରୁଛୁ ପାଖେ ବିନତୀ ॥୨୮॥
ଚୂତ ବୃକ୍ଷ ଦେଖି ପଚ୍ଚରି ବୁଝନ୍ତି କାହିଁଗଲେ କୃଷ୍ଣଧନ
କେଉଁ ପଥ ଦେଇ ଯାଇସେ ଅଛନ୍ତି ଦିଅହେ ତାର ପ୍ରମାଣ ॥୨୯॥
ଯମୁନା ଜଳକୁ ପଚ୍ଚରି ବୁଝନ୍ତି ନେଇଛୁ କି କୃଷ୍ଣ ଧନ
ଚ୍ଚେରଣୀ ଅଟୁତୁ ଚ୍ଚେରାଇ ନେଇଛୁ ଆମରି କୃଷ୍ଣଙ୍କ ବର୍ଣ୍ଣ ॥୩୦॥
ଚୂନା ହୋଇଯାଏ ଗୋପୀଙ୍କ ହୃଦୟ ନପାଇଲେ କାହ୍ନା କାହି
ସକଳେ ଭାବନ୍ତି ଆମରି ଗହଣୁ କି ଭାବେ ଗଲେ ପଳାଇ ॥୩୧॥
ଚର୍ମ ଆଖି ଆମ ଫୁଟିତ ନଗଲା ଆଖି ଥାଇ କିବା ଲାଭ
ଅନ୍ଧ ପ୍ରାୟେ ଆମେ ଜାଣି ନପାରିଲେ ଅଦୃଶ୍ୟତ ପଦ୍ମନାଭ ॥୩୨॥
ଆନ ସଖୀ କହେ ଆଖି ଦୋଷ ନାହିଁ ଦୋଷତ ନାହିଁ କାହାର
ସଗୁଣ ନିର୍ଗୁଣ ଅଟନ୍ତି ସିଏଲୋ ଜ୍ଞାନରତ ଅଗୋଚର ॥୩୩॥
ଶେଯରେ ଶୋଇଣ ମାରିକି ନଥିଲା ପୁତନା ରାକ୍ଷସୀ ସେହି
କାଳୀୟ ଦଳନ ଆଖିରେ ଦେଖିଲେ ଭୁଲି କି ଗଲୁଲୋ ସହି ॥୩୪॥
କେତେ ବଡ଼ ଗିରି କାଣୀ ଆଙ୍ଗୁଠିରେ ଟେକିତ ଥିଲା ସେଦିନ
ଚିହ୍ନିକି ଅଚିହ୍ନା ଆମେତ ହୋଉଛେ ନାହିଁତ ଆମର ଜ୍ଞାନ ॥୩୫॥

ଆଉ କିଛି ଦୂର ଗମନ୍ତି ଗୋପୀଏ ଦେଖନ୍ତି ଭୂମିର ପରେ
ଆଉ ଏକ ପାଦ ଚିହ୍ନତ ପଡିଛି ସନ୍ଦେହ ଆସେ ମନରେ ॥୩୬॥
କିଏବା ନେଇଛି ଆମଠୁ ଛଡାଇ କିଏ ସିଏ ଭାଗ୍ୟବତୀ
କିଛି ଅହଂକାର ଗୋପୀଙ୍କର ଥିଲା ପ୍ରଭୁତ ଲୀଳା କରନ୍ତି ॥୩୭॥

× × × × ×

କେତେ କେତେ କଥା ମନକୁ ଆସଇ ରୂପତ ନାଚେ ନୟନେ
ଦୃଶ୍ୟ ହୋଇଯାଏ ଭ୍ରମେ କୃଷ୍ଣ ରୂପ ଦେଖନ୍ତି ସେହି କାନନେ ॥୩୮॥
ପ୍ରଭୁ ଲୀଳ ଅଟେ ଅମୃତ ସମାନ ଜ୍ଞାନୀ ଯୋଗୀ ଜ୍ଞାନେରତ
ସେ ଲୀଳା ଶ୍ରବଣେ ପାପ ତାପ ଯାଏ ପବିତ୍ର ହୁଅଇ ଭକ୍ତ ॥୩୯॥
ପରମ ସୁନ୍ଦର ସେ ଲୀଳା ଚରିତ ଶ୍ରୋତା ବକ୍ତା ଦୁହେଁ ମୁକ୍ତି
ସେହି ଲୀଳାମୟ ଅଦୃଶ୍ୟେ ଅଛନ୍ତି ଗୋପୀଏ ଦୁଃଖେ କାନ୍ଦନ୍ତି ॥୪୦॥
ଭାବନ୍ତି ମନରେ ଗଲେ କିବା ଗୋପେ କହିଲେ ନାହିଁତ ପଦେ
ଦେଖିଥିଲେ ଆମେ କୋଳେ ନେଇଥାନ୍ତୁ ନଥାନ୍ତା ଧୂଳିତ ପାଦେ ॥୪୧॥
କୋମଳ ପାଦତ କଷ୍ଟ ଲଭିଥିବ ରାସ୍ତାତ କଠିନ ଅଟେ
ଦରଦି ଭାବତ ଆସଇ ମନରେ ଚିନ୍ତତି ଆପଣା ଘଟେ ॥୪୨॥
ତୁମେ ଆମ ପ୍ରାଣ ତୁମେତ ଜୀବନ ତୁମ ବେଣୁ ସ୍ୱନ ଶୁଣି
ପତି ପୁତ୍ର ଭାଇ ଛାଡିତ ଆସିଲୁ ନ ପାରିଲୁ କିଛି ଜାଣି ॥୪୩॥
ଲାଜ ସରମତ ଦେଇଛୁ ତୁମକୁ ସେଦିନ ଯମୁନା ଘାଟେ
ଏବେ କୁହ କୃଷ୍ଣ କଅଣ କରିବୁ ଯିବୁ ଆମେ କେଉଁ ବାଟେ ॥୪୪॥
ସକଳ ପ୍ରାର୍ଥନା ବିଫଳ ହୋଇଲା ଗୋପୀଏ କଲେ ରୋଦନ
ଉଚ୍ଚ ସ୍ୱରେ ସେତ ରୋଦନ କରନ୍ତି ବିଟପୀ ପ୍ରାୟ ଲକ୍ଷ୍ୟଣ ॥୪୫॥
ସେକାଳେ ପ୍ରକାଶ ମୁରଲି ଧରତ ଗୋପୀଙ୍କ ସମ୍ମୁଖେ ଆସି
ଦେଖିଣ ଆନନ୍ଦ ମନ ପ୍ରାଣେ ହେଲେ ଅଭୀମାନେ ଗଲେ ବସି ॥୪୬॥
ମଦନ ମୋହନ ଭାଙ୍ଗି ଅଭିମାନ ନେଲେ ତ ଯମୁନା ତୀରେ
କେତେ ରଂଗେ କ୍ରୀଡା କରନ୍ତି ପ୍ରଭୁତ ଗୋପୀଙ୍କୁ ଧରି ବକ୍ଷରେ ॥୪୭॥
ଶରତ ରାତ୍ରିରେ ପୂର୍ଣ୍ଣିମା ଚନ୍ଦ୍ରତ ଧବଳମୟ କରିଛି
ଯମୁନା ତଟରୁ ନାନା ଜାତି ପୁଷ୍ପ ସୁଗନ୍ଧ ଭାସି ଆସୁଛି ॥୪୮॥

ମଳୟ ଆଣୁଛି ଶୀତଳ ବାୟୁତ ଯମୁନା ଜଳରେ ମିଶା
ମଧୁ ମକ୍ଷୀମାନେ ଶବ୍ଦ କରୁଛନ୍ତି ଫୁଲରେ ତାଙ୍କର ନିଶା ॥୪୯॥
ପ୍ରକୃତି ରାଣୀର ଶୋଭାର ପସରା ବନ ଉପବନେ ହସେ
ସକଳ ସୌନ୍ଦର୍ଯ୍ୟ ଠୁଳ ହୋଇଯାଏ ବେଣୁ ସ୍ୱନର ଆକର୍ଷେ ॥୫୦॥
ଗୋପୀଙ୍କ ମଣ୍ଡଳେ ପ୍ରଭୁତ ଅଛନ୍ତି ଅପରୂପ ଶୋଭା ନେଇ
ଭାବ ଜଗତରେ ଗୋପୀଏ ଖୋଜନ୍ତି ବାହୁରେ ରହିବା ପାଇଁ ॥୫୧॥

× × × × ×

ଅନ୍ତର୍ଯ୍ୟାମୀ ପ୍ରଭୁ ଜାଣନ୍ତି ସମସ୍ତ ଲୀଳାତ ରଚନ୍ତି ଦେଖ
ଦୁଇ ଗୋପୀ ମଧ୍ୟେ ରସ ରାଜ କୃଷ୍ଣ ଗୋପୀଙ୍କୁ ଦିଅନ୍ତି ସୁଖ ॥୫୨।
ସନ୍ତୁଷ୍ଟ ନୁହଁନ୍ତି ଭାବନ୍ତି ଗୋପୀତ କୃଷ୍ଣ ଅଟେ ଏକା ମୋର
ଏବେ ପ୍ରଭୁ ଜାଣି ଗୋଟିଏ ଗୋପୀକୁ ଆଣନ୍ତି ବକ୍ଷ ଉପର ॥୫୩॥
ପତି ପତ୍ନୀ ଭାବେ ଯୋଡାଯୋଡି ହେଲେ ଭାବନ୍ତି କୃଷ୍ଣ ମୋହରି
ଗୋଟିଏ ଗୋପୀକୁ ଗୋଟିଏ କୃଷ୍ଣତ କୋଳରେ ଅଛନ୍ତି ଧରି ॥୫୪॥
ବିଶ୍ୱପତି ଆଜି ଗୋପୀଙ୍କର ପତି ଜୀବର ଆଶ୍ରୟ ସ୍ଥଳ
ଏ ପ୍ରେମ ଭାଷାରେ କିଏବା ବର୍ଣ୍ଣିବ ହେବକି ସେତ ସଫଳ ॥୫୫॥
ହୃଦରେ ଦେଖନ୍ତି କୃଷ୍ଣତ ଅଛନ୍ତି ବାହ୍ୟ ଜଗତରେ କୃଷ୍ଣ
ପ୍ରେମର ସାଗରେ ବୁଡିଛନ୍ତି ସର୍ବେ ପ୍ରେମରେ ହୋଇଣ ମଗ୍ନ ॥୫୬॥
ଚର୍ତୁପାର୍ଶ୍ୱେ କୃଷ୍ଣ ଦୃଶତ୍ୟ ହୁଅଇ ଯୁଗଳ ଭଙ୍ଗିକୁ ଧରି
ଚନ୍ଦ୍ରେ ପ୍ରତିବିମ୍ବ ସଂଖ୍ୟାତ ବଢ଼ାଏ ନୁହେଁତ ଗଣନା କରି ॥୫୭॥
ଏ ରାସ ଲୀଳାକୁ ଚନ୍ଦ୍ରତ ଦେଖୁଛି ଦେଖୁଛି ଯମୁନା ନଈ
ଧନ୍ୟ ଗୋପାଙ୍ଗନା ସମର୍ପଣ ଭାବେ ମିଶିଲେ ପରମେ ଯାଇ ॥୫୮॥
ସ୍ୱାମୀ ମାନେ ତାଙ୍କ ମାୟାରେ ଆଚ୍ଛନ୍ନ ନପାରିଲେ କିଛି ଜାଣି
ଭାବନ୍ତି ସକଳେ ପୂର୍ବ ଭାବ ରଖି ପାଖରେ ଥିଲେ ଘରଣୀ ॥୫୯॥

--୦--

ପଞ୍ଚତ୍ରିଂଶ ଅଧ୍ୟାୟ

ସୁଦର୍ଶନ ନିଧନ

ନନ୍ଦ ବାବା ଦିନେ ରାତ୍ରିତ ଯାପନ କରୁଥିଲେ ନଦୀ କୂଳେ
ସରସ୍ୱତୀ କୂଳେ ଥିଲାତ ଉତ୍ସବ ଯାଇଥିଲେ ସାଙ୍ଗ ମେଳେ ॥୧॥
ହର ପାର୍ବତୀଙ୍କ ଉତ୍ସବ ଥିଲାତ ଜନ ସମାଗମ ତୀର୍ଥେ
କ୍ଳାନ୍ତ ଶରୀରକୁ ବିଶ୍ରାମ ଦିଅନ୍ତି ନନ୍ଦ ବାବା ଥିଲେ ସୁପ୍ତେ ॥୨॥
ବିଶାଳ ସର୍ପତ ଆକ୍ରମଣ କଲା ଭୟେ ନନ୍ଦ ବାବା ଡାକେ
କହ୍ନାଇ ଆସିଣ ଧରନ୍ତି ସର୍ପକୁ ସର୍ପତ କୃଷ୍ଣଙ୍କୁ ଦେଖେ ॥୩॥
ଗିଳିଥିଲା ସର୍ପ ବକ୍ଷର ପର୍ଯ୍ୟନ୍ତେ ଆଉତ ନପାରେ ଗିଳି
କାହ୍ନା ପଦା ଘାତେ ପଡିଲା ଭୂତଳେ ଅଜଗର ସର୍ପ ଟଳି ॥୪॥
ବାହାରି ଆସିଲେ ନନ୍ଦ ବାବା ସିନା ସର୍ପତ ମରିଣ ଗଲା
ମୃତ ସର୍ପୁ ଏକ ଦିବ୍ୟ ଶରୀରତ କୃଷ୍ଣଙ୍କୁ ପ୍ରଣାମ କଲା ॥୫॥
ପୁଚ୍ଛନ୍ତି କୃଷ୍ଣତ ତୁମେ କିଏ କୁହ କିବା ଥିଲା ଅଭିଶାପ
ସନ୍ଦେହ ମୋଚନ କରହେ ପୁରୁଷ ପ୍ରାପ୍ତ ହେଲ ଦିବ୍ୟ ରୂପ ॥୬॥
ସ୍ତୁତିତ ଜଣାଇ କୁହେସେ ପୁରୁଷ ଇନ୍ଦ୍ରରାଜ ପୁତ୍ର ଥିଲି
ସୁନ୍ଦର ରୂପର ଗର୍ବ ଥିଲା ମୋର ଋଷି ପୁତ୍ରେ ଘୃଣା କଲି ॥୭।
ଅଙ୍ଗିରା ଋଷିଙ୍କ ପୁତ୍ରମାନେ କ୍ରୋଧେ ଅଭିଶାପ ଦେଇଥିଲେ
ଅଜଗର ସର୍ପ ହେଲି ପ୍ରଭୁ ମୁହିଁ ଥିଲି ସରସ୍ୱତୀ କୂଳେ ॥୮॥
ଶାପତ ଖଣ୍ଡନ ତୁମେ ହସ୍ତେ ହେବ କହିଥିଲେ ଋଷି ପୁତ୍ରେ
ଆଜିତ ଆପଣ ପଦା ଘାତ କଲେ ପୂର୍ବ ରୂପ ଦେଖେ ନେତ୍ରେ ॥୯॥
କୃପାମୟ ତୁମେ କୃପାତ କରିଲ ଅଭିଶାପୁ କଲ ମୁକ୍ତ
ପ୍ରାର୍ଥନା କରୁଛି ସ୍ୱର୍ଗେ ଯିବା ପାଇଁ ପିତା ମାତା ଥିବେ ବ୍ୟସ୍ତ ॥୧୦॥
ଇନ୍ଦ୍ର ପୁତ୍ରକୁତ ଉଦ୍ଧାର କରିଣ ଫେରନ୍ତିତ ଗୋପପୁର
ସୁଦର୍ଶନ ଗଲା ବିଦାୟ ନେଇଣ ଆନନ୍ଦରେ ସ୍ୱର୍ଗପୁର ॥୧୧॥

--୦--

ଷଟ୍‌ତ୍ରିଂଶ ଅଧ୍ୟାୟ

ଶଙ୍ଖଚୂଡ

ଆନ ଏକ ଦିନେ ଗୋପୀଙ୍କ ଗହଣେ କାହ୍ନୁ ସାଥେ ବଳରାମ
ବୃନ୍ଦାବନ ଗଲେ କ୍ରୀଡାତ କରିବେ ଗୋପୀଙ୍କୁ ବାଣ୍ଟିବେ ପ୍ରେମ ॥୧॥
ଶୀତଳ ବସନ୍ତ ମଳୟ ବହୁଛି କେତେ ପୁଷ୍ପ ଗନ୍ଧେ ମିଶି
ଚନ୍ଦ୍ରିନୀ ରାତିତ ବୃନ୍ଦାବନ ଶୋଭା ବଢ଼ାନ୍ତି ଗୋପୀଏ ଆସି ॥୨॥
କଟୀରେ ମେଖଳା ଝିନ ବାସେ କାହ୍ନା ମୁଖୁ ଆସେ ବେଣୁ ଧ୍ୱନୀ
ମୟୂର ପୁଚ୍ଛତ ଶୀରେ ଶୋଭା ପାଏ ଆକର୍ଷେ ଆସନ୍ତି ପ୍ରାଣୀ ॥୩॥
ଦର୍ଶନ କରନ୍ତି ଶ୍ରୀକୃଷ୍ଣ ରୂପକୁ ତରୁଲତା ବୃନ୍ଦାବନ
ଧନ୍ୟ ବୃନ୍ଦାବନ ନିଜକୁ ମଣଇ ବକ୍ଷେ ରଖେ ପଦ ଚିହ୍ନ ॥୪॥
ସକଳ କାମିନୀ ଗୀତେ ନାଚୁଛନ୍ତି କୃଷ୍ଣଙ୍କର ଚର୍ତୁପାର୍ଶ୍ୱେ
ଏକାଳେ ଆସିଲା କାହୁଁ ଏକ ସର୍ପ ଗୋପୀଙ୍କ ନୟନେ ଦିଶେ ॥୫॥
ଭୟ କଲେ ଗୋପୀ ଆଶ୍ରୟ ଲୋଡିଲେ କୃଷ୍ଣତ ଅଭୟ ଦେଲେ
ପୃଷ୍ଠ ଭାଗେ ତାଙ୍କୁ ରଖିଣ ଆଗକୁ ଦୁଇ ଭାଇ ଚଳିଗଲେ ॥୬॥
ଶଙ୍ଖଚୂଡ ନାମ ସର୍ପର ଅଟଇ କୁବେର ପୁତ୍ରତ ସେହି
ଅଭିଶାପେ ଆଜି ସର୍ପତ ହୋଇଛି ଆସଇ ଦଂଶନ ପାଇଁ ॥୭॥
ଭୟଙ୍କର ରୂପେ ଆସୁଛି ସର୍ପତ ବିରାଟ ଫେଣାକୁ ଟେକି
ବୃକ୍ଷକୁ ଓପାଡି କୃଷ୍ଣ ବଳରାମ ରୋଧିଲେ ଗଲା ଅଟକି ॥୮॥
ସର୍ପ ଫେଣା ପରେ ମୁଷ୍ଟିକୁ ପ୍ରହାରି ଫେଣାରୁ ଆଣିଲେ ମଣି
ଶଙ୍ଖଚୂଡ ମୁକ୍ତି ଲଭିଲା ସେଠାରେ ମାଗଇ ଦିଅ ମେଲାଣି ॥୯॥
କୁବେର ପୁରକୁ ଗଲାତାର ପୁତ୍ର ପ୍ରଭୁତ ଅଭୟ ଦେଲେ
ଗୋପ କାମିନୀତ ଦେଖନ୍ତି ଲୀଳାକୁ ସମର୍ପିତ ପଦେ ହେଲେ ॥୧୦॥
ମଣିକୁ ପ୍ରଦାନ ଜ୍ୟେଷ୍ଠ ଭ୍ରାତାକୁତ ଦିଅନ୍ତି କାହ୍ନାତ ହସ୍ତେ
କେତେକେତେ ମୋକ୍ଷ କୃଷ୍ଣତ କରିଲେ କିଏବା ବର୍ଣ୍ଣିବ ସତେ ॥୧୧॥
ଶୁକ ମୁନି ଆଜି କୁହନ୍ତି ରାଜନେ ଗୋପଲୀଳା ଏହିପରି
ଇଚ୍ଛାମୟ ହରି ଚହିଁଲେ କ୍ଷଣକେ ଯିବେ ରାଜା ସ୍ୱର୍ଗପୁରି ॥୧୨॥

--୦--

ସପ୍ତତ୍ରିଂଶ ଅଧ୍ୟାୟ

ଅରିଷ୍ଟାସୁର

ଆଉ ଏକ ଦିନେ ବ୍ରଜ ଧାମେ ଆସେ ବୃଷଭ ଅତି ବିଶାଳ
ଅରିଷ୍ଟ ନାମତ ଅସୁର ଅଟଇ ବ୍ରଜରେ କରିଲା ଗୋଳ ॥୧॥
ତିକ୍ଷ୍ଣ ଶୃଙ୍ଗ ତାର ଭୟଙ୍କର ରୂପ ଦେଖିଣ ବ୍ରଜ ବାସୀଏ
ପ୍ରାଣ ଭୟେ ଡାକ ଡାକନ୍ତି ରଖତ ଆସିଣ ନନ୍ଦ ପୁଅଏ ॥୨॥
ଖୁରାରେ ତାଡଇ ବ୍ରଜର ଭୂମିକୁ ଘରଦ୍ୱାର ଭାଙ୍ଗି ଦିଏ
ଧେନୁମାନେ ଦେଖି ଖୁଆଡୁ ଡେଇଣ ପଳାନ୍ତି ପ୍ରାଣର ଭୟେ ॥୩॥
ନିର୍ଭୟେ ଶ୍ରୀକୃଷ୍ଣ କୁହନ୍ତି ଅସୁର ପଠାଇବି ଯମପୁର
କ୍ଷିପ୍ରେ ଯାଇ କୃଷ୍ଣ ଶୃଙ୍ଗକୁ ଧରିଲେ ସ୍ପର୍ଶ ଲଭେ ଷଣ୍ଢ କର ॥୪॥
ମୂର୍ଚ୍ଛାଗତ ହୋଇ ପଡିଲା ମହୀରେ କୁହେ ରଖ ପ୍ରଭୁ ମତେ
ପ୍ରଭୁଙ୍କ ଦୟାରୁ ଅସୁର ଯାଏତ ବୈକୁଣ୍ଠ ପୁରର ପଥେ ॥୫॥
କୃଷ୍ଣ ଜୟଗାନ ବାଳ ବୃଦ୍ଧ ଯୁବା ଯୁବତୀ ଗଣ ମିଶିଣ
ଆନନ୍ଦେ କୁହନ୍ତି କୃଷ୍ଣତ ଆମର ସକଳ ପ୍ରାଣର ଧନ ॥୬॥
ଶତ୍ରୁ ଭାବ ରଖି ଦେଖତ ରାଜନ ମୁକ୍ତିପଥ ବାଛି ନେଲେ
ପତି ପୁତ୍ର ସଖା ଭାବରେ ବ୍ରଜରେ କୃଷ୍ଣଙ୍କୁ ନିଜର କଲେ ॥୭॥
କଳଙ୍କ ଛାଡିଲେ ଆକର୍ଷେ ଚୁମ୍ବକ ଏହିତ ଜଡ଼ ବିଧାନ
ଚେତନ ଜଗତେ ଅହଂକାର ଗଲେ ଜୀବତ ପାଏ ଦର୍ଶନ ॥୮॥

--୦--

ଅଷ୍ଟତ୍ରିଂଶ ଅଧ୍ୟାୟ

ଅକ୍ରୁର ଓ କୃଷ୍ଣ ବଳରାମ

ଭ୍ରମୁ ଭ୍ରମୁ ଭ୍ରମେ ଶୂନ୍ୟ ମାର୍ଗୁ ଦିନେ ମହର୍ଷି ନାରଦ ଆସି
ମଥୁରା ନଗରେ ପ୍ରବେଶ କରନ୍ତେ କୃଷ୍ଣ ନାମ ଘୋଷି ଘୋଷି ॥୧॥
ଆପଣାର ଭାବ ନେଇ ଆସିଛନ୍ତି କଂସର ମଂଗଳ ପାଇଁ
ଗୁପ୍ତ କଥା ମାନ ଗୁପ୍ତରେ କହିବେ କେହିତ ଜାଣିବେ ନାହିଁ ॥୨॥
କଂସତ ଜାଣିଲେ ମହର୍ଷି ନାରଦ ଆସୁଛନ୍ତି ପାଖେ ମୋର
ଅଭ୍ୟର୍ଥନା କରି ଆଣିବା ଉଚିତ ଯାଅ ଏବେ ମନ୍ତ୍ରୀ ବର ॥୩॥
ଶ୍ରଦ୍ଧା ସ୍ନେହ ଭକ୍ତି ହୃଦରେ ରଖିଣ ପାଛୋଟି ଆଣିବ ଯାଅ
ଆସନ୍ତି ନାରଦ ପୁଚ୍ଛନ୍ତି କାରଣ ଆଗମନ ବାର୍ତ୍ତା କୁହ ॥୪॥
କିବା କାରଣରେ ଆସିଣ ଅଛନ୍ତି ମନରେ ଆସେ ସନ୍ଦେହ
ଗୁପ୍ତରେ କୁହନ୍ତି ନାରଦ ମୁନିତ ଶତ୍ରୁର ନହେଲା କ୍ଷୟ ॥୫॥
ସକଳ ଚେଷ୍ଟାତ ବିଫଳ ହୋଇଲା ଗୋପପୁରେ ଶତ୍ରୁ ତୁମ
ଦୁଇଟି କୁମର ନନ୍ଦ ଘରେଛନ୍ତି ନାମ କୃଷ୍ଣ ବଳରାମ ॥୬॥
ବଳରାମ ଯିଏ ଦେବକୀ ମାତାର ସପ୍ତମ ସନ୍ତାନ ଅଟେ
ଅଷ୍ଟମ କୃଷ୍ଣତ ନନ୍ଦବଳା ଏବେ ବୁଲଇ ଗୋପେ ଉଚ୍ଚାଟେ ॥୭॥
ରୋହିଣୀ ନନ୍ଦନ ବଳରାମ ଅଟେ ଯଶୋମତୀ ପୁତ୍ର କାହ୍ନା
ଭାରି ଶ୍ରଦ୍ଧା ସ୍ନେହେ ବଢ଼ନ୍ତି ସେଠାରେ ସମସ୍ତଙ୍କ ଗେହ୍ଲା ସିନା ॥୮॥
ଯଶୋଦା ଗର୍ଭର ଦୁହିତା ଥିଲାତ ଯେଉଁ କନ୍ୟା ମାରିଥିଲ
ନମଲା ସେ କନ୍ୟା ଉର୍ଦ୍ଧ୍ୱେ ଚଳିଗଲା ସେ କଥା କି ଭୁଲିଗଲ ॥୯॥
ଏହି ସତ୍ୟ କଥା ସମ୍ବାଦ ଆଣିଛି ଆନେ ନାହିଁ ମୋର ମତି
ସକଳ ମଂଗଳେ ନିତ୍ୟ ରହିଥାଏ ସ୍ୱଭାବେ ମୁହିଁତ ଯତି ॥୧୦॥
ମନଯାନ ଏବେ ଶୂନ୍ୟେ ଉଡିଯାଏ ବୀଣାର ବାଦନ ଥାଏ
ମୁଖେ ନାମ ରଖି ଗଲେତ ମହର୍ଷି କଂସ ପ୍ରାଣେ ଭୟ ହୁଏ ॥୧୧॥

ପୀୟୂଷ ପରାଏ ନାରଦ କଥାତ କଂସତ କରିଲା ପାନ
ଚେତନା ପଶଇ ସତ୍ୟକୁ ଜାଣିଲା ସନ୍ଦେହ ହେଲା ମୋଚନ ॥୧୨॥
ମହର୍ଷି ବଚନ ସତ୍ୟତ ଅଟଇ ମିଥ୍ୟାତ କୁହନ୍ତି ନାହିଁ
ଶତ୍ରୁ ମୋର ଗୋପେ ବଢୁଣ ଅଛନ୍ତି ମାରିବି ନିଶ୍ଚୟ ମୁହିଁ ॥୧୩॥
ପଠାଇଲି ଯେତେ ଅସୁରମାନଙ୍କୁ ଗୋପରେ ମରିଲେ ସିଏ
ଶତ୍ରୁକୁ ଡାକିବି ଆଦର କରିଣ ଆସିବେ ଭଣଜା ଦୁହେଁ ॥୧୪॥
ମାରିବି ଏଠାରେ ଛଳ କପଟରେ ବାଳକ ଜାଣିବେ ନାହିଁ
ମାମୁଁ କଂସ ଡାକେ ଆସିବେ ନିଶ୍ଚୟେ ସତ୍ୟ କଥା ଅଟେ ଏହି ॥୧୫॥
ଚତୁର୍ଦ୍ଦଶୀ ତିଥି ସ୍ଥିରତ ହୋଇଲା ଧନୁ ଯଜ୍ଞ ମଥୁରାରେ
ଭଣଜା ଆସିବେ ଯଜ୍ଞକୁ ଦେଖିବେ ଏହିତ ବିଚାର କରେ ॥୧୬॥
କଂସର ଆଦେଶେ ଯଜ୍ଞର ନିମନ୍ତେ ମଣ୍ଡପ ହେଲା ନିର୍ମାଣ
ତୋରଣ ମାନତ ଶୋଭା ପ୍ରକାଶିଲେ ଆଲୋକିତ ରାସ୍ତାମାନ ॥୧୭॥
ଧନୁଶାଳେ ଧନୁ ଯତ୍ନରେ ରଖିଲେ ଜଗିଲେ ପ୍ରହରୀମାନେ
ଶୋଭାର ପସରା ଧନୁ ମଣ୍ଡିଅଛି ରହିଅଛି ଉଚ୍ଚାସନେ ॥୧୮॥
ମୁଖ୍ୟ ଦ୍ୱାରେ ଏବେ କୁବଳୟା ହସ୍ତୀ ଅମାପ ଶକ୍ତି ତାହାର
ଚାଣୁର ମୁଷ୍ଟିକ ଦୁଇ ମଲ୍ଲଛନ୍ତି ଯୁଦ୍ଧ ରଙ୍ଗା ସେ ଯେ ବୀର ॥୧୯॥
ଭଣଜା ଆସିବେ ସେହି ଦ୍ୱାର ବାଟେ ପାଛୋଟି ଆଣିବେ ଜନ
ହସ୍ତୀ ହେଉ କିବା ମଲ୍ଲମାନେ ମୋର ନେବେତ ଦୁହିଁଙ୍କ ପ୍ରାଣ ॥୨୦॥
ଏହା ସ୍ଥିର କରି ଡାକଇ ଅକ୍ରୁରେ ଯାଅ ରଥ ନେଇ ଗୋପ
ଶ୍ରଦ୍ଧାରେ ଭଣଜା ଆଣିବ ରଥରେ ନକହିବ ମୋର କୋପ ॥୨୧॥
ନିମନ୍ତ୍ରଣ ଦେବ ନନ୍ଦ ରାଜନଙ୍କୁ ଯଜ୍ଞକୁ ଆସିବା ପାଇଁ
କହିବ ଆଦେଶ ଦେଇଛନ୍ତି କଂସ ଯିବାକୁତ ଦୁଇ ଭାଇ ॥୨୨॥
ଏତେ ବଡ଼ ଯଜ୍ଞ ଦେଖିବେ ଭଣଜା ଶତ୍ରୁଭାବ ନାହିଁ ମୋର
କେତେ ବିତ୍ତଶାଳୀ ମାମୁଁ ତ ତାଙ୍କର ନୁହେଁତ ତୁଲ୍ୟ କୁବେର ॥୨୩॥
ବେଗେ ରଥ ନେଇ ଯାଅତ ଅକ୍ରୁର ନକର କାର୍ଯ୍ୟରେ ଡେରି
ଶତ୍ରୁତ ବଞ୍ଚିଲେ ନିଦ୍ରା ନ ଆସିବ କ୍ଷୁଧା ତୃଷ୍ଣା ଯାଏ ମରି ॥୨୪॥

ରଥ ସଜ ହେଲା ଅକ୍ରୁର ଆସିଲେ ଯଦୁବଂଶ ଶ୍ରେଷ୍ଠ ବ୍ୟକ୍ତି
ସକଳେ ସମ୍ମାନ ଦିଅନ୍ତି ତାହାଙ୍କୁ ହୃଦରେ ରଖିଣ ଭକ୍ତି ॥୨୫॥
ବ୍ରଜଧାମେ ରଥ ଆଣନ୍ତି ଅକ୍ରୁର ନନ୍ଦ ବାବା ମନ୍ଦିରକୁ
ରଥକୁ ଦେଖିଣ ଆଶ୍ଚର୍ଯ୍ୟ ହୁଅନ୍ତି ଡାକନ୍ତି ଯଶୋମତୀକୁ ॥୨୬॥
ମୋର ଦାଣ୍ଡେ ରଥ କିଏ ଆଣିଅଛି ଶତ୍ରୁ କିବା ମିତ୍ର କିଏ
ଘେରି ଗଲେ ଜନେ ରଥକୁ ଦେଖିବେ ନନ୍ଦଙ୍କ ସନ୍ଦେହ ହୁଏ ॥୨୭॥
କେତେ କେତେ ଶତ୍ରୁ ଆସିଣ ଅଛନ୍ତି ମାୟା ରୂପ ଧରି ଯେତେ
ଦେଇଛନ୍ତି ପ୍ରାଣ ଫେରିତ ନାହାନ୍ତି ଆମରି କହ୍ନାଇ ହାତେ ॥୨୮॥
ଏକାଳେ ରଥରୁ ଓହ୍ଲାଇ ଆସନ୍ତି କଂସର ଦୂତ ଅକ୍ରୁର
ନିମନ୍ତ୍ରଣ ନେଇ ଆସିଛି ଗୋପକୁ ନେବାକୁ ଦୁଇ କୁମର ॥୨୯॥
ମଥୁରା ନଗରେ ଧନୁ ଯଜ୍ଞ ହେବ ଭଣଜା ଯିବେତ ଦେଖି
ନନ୍ଦ ବାବା ଯିବେ ନେଇଣ ସ୍ୱଜନ ଦେଇଛନ୍ତି ପତ୍ର ଲେଖି ॥୩୦॥
ରଥେ ବସାଇଣ ନେବି ବଳରାମ ସାଥୀରେ କହ୍ନାଇ ଯିବେ
ଭଲ ମନ୍ଦ କିବା ମତେ ଜଣାଅଛି ନଗଲେ ଦଣ୍ଡିତ ହେବେ ॥୩୧॥
ନନ୍ଦ ବାବା ଶୁଣି ଆନନ୍ଦ ହୋଇଣ ପାଛୋଟି ନେଲେତ ଗୃହେ
ଅତିଥି ସତ୍କାର କରିଲେ ଶ୍ରଦ୍ଧାରେ କଥୋପ କଥନ ଦୁହେଁ ॥୩୨॥
ଏକାଳେ ମିଳନ୍ତି କୃଷ୍ଣ ବଳରାମ ଦାଣ୍ଡରେ ରହିଛି ରଥ
ସୁସଜ୍ଜିତ ରଥ ସୁନ୍ଦର ଦିଶୁଛି ରଥର ଉପରେ ଛତ୍ର ॥୩୩॥
ଗୃହରେ ଦେଖନ୍ତି ଅତିଥି ଜଣେତ ବୟସ୍କ ପିତୃ ସମାନ
ପ୍ରଣାମ କରନ୍ତି ପଦସ୍ପର୍ଶ କରି ଦିଅନ୍ତି ଭକ୍ତି ସମ୍ମାନ ॥୩୪॥
ମାମୁଁ ଘର ଯିବେ ରଥତ ଆସିଛି ଯଜ୍ଞତ ଦେଖିବା ପାଇଁ
ମାତାଙ୍କୁ ସମ୍ବାଦ ଦେଲେ ଦୁଇପୁତ୍ର ଶୁଭ ସମାଚର ଏହି ॥୩୫॥
ଶୁଣିଣ ଯଶୋଦା ମନାକଲେ ପୁତ୍ରେ ନବଳା ପୁଅରେ ମନ
ବଡ଼ ଅବିଶ୍ୱାସୀ ମଥୁରା ରାଜନ ବିଶ୍ୱାସ ଘାତକ ଜାଣ ॥୩୬॥
ମାମୁଁ ହୋଇ କେତେ ବିପଦ ଦେଲା ସେ ରହିଛି ମୋହର ମନେ
ତାହାର ଶ୍ରଦ୍ଧାରେ ବିଷ କି ଅମୃତ ଅଜଣା ସକଳ ଜନେ ॥୩୭॥

ପିଲାଙ୍କ ଆନନ୍ଦ କହିଲେ ନସରେ ଯିବାକୁ ହେଲେ ପ୍ରସ୍ତୁତ
ସମ୍ବାଦ ଖେଳିଲା ଗୋପର ପୁରରେ ସକଳେ ହୋଇଲେ ବ୍ୟସ୍ତ ॥୩୮॥
ସଖାମାନେ ଶୁଣି ଦଉଡି ଆସିଲେ ଆକଟ କରିବା ପାଇଁ
ନଦୀ ତୁଠେ କିଏ ଶୁଣିଲା ଏକଥା ନକରି ସ୍ନାନ ଆସଇ ॥୩୯॥
ଖାଇବା ସ୍ଥାନରୁ କିଏବା ଆସିଲା ଆସିଲା କିଏ ଗୋଠାରୁ
ଗୋପାଙ୍ଗନାମାନେ ସକଳେ ଆସିଲେ କହନ୍ତି କଥାତ ଗରୁ ॥୪୦॥
କିଏସେ ଆସିଛି କେଉଁ ବଡ଼ପଣେ କିଏବା ମାମୁଁ କାହାର
ମଥୁରା ନରେଶ ନୁହେଁତ ମଣିଷ ନାହିଁତ ଶାସ୍ତ୍ର ବିଚାର ॥୪୧॥
ପିତାକୁ ଜଗାଏ ଦ୍ୱାରପାଳ ଯିଏ ପ୍ରଜାଙ୍କୁ ଦିଏ ପୀଡ଼ନ
ଜୀବନରେ ନ୍ୟାୟ କାର୍ଯ୍ୟତ କରେନି ବ୍ରାହ୍ମଣେ ଦିଏ କଷଣ ॥୪୨॥
ତାହର ନଗରେ ଅପୂଜା ଦେବତା ମନ୍ଦିରେ ପଡିଛି ତାଲା
ଜ୍ଞାନୀ ଗୁଣିଜନ ପଳାଇ ଆସିଲେ ସମ୍ମାନ ତାଙ୍କୁ ନଦେଲା ॥୪୩॥
ଉଦ୍ଦେଶ୍ୟ ତାହାର ମନ୍ଦତ ଅଟଇ କହିବା ନନ୍ଦ ବାବାକୁ
ଆକଟ କରିବ ନଯିବା ପାଇଁକି କହ୍ନାଇ ବଳରାମକୁ ॥୪୪॥
ଆନ ଗୋପୀକହେ ଅକ୍ରୁର ଆଣିଛି ସଜାଇଣ ଏକ ରଥ
ଦୁଇସୁତ ନେବ ରଥରେ ବସାଇ କଂସର ଆଦେଶ ସେତ ॥୪୫॥
ଶୁଣି ଏକ ଗୋପୀ କୁହେରେ ଜାଣିନା ନାମତ ତାର ଅକ୍ରୁର
କ୍ରୁର ର ସ୍ୱଭାବେ ଆସିଛି ଗୋପକୁ କହୁଛି କଥା ମଧୁର ॥୪୬॥
ଜନ ଗହଳିତ ହୋଇଗଲା କ୍ଷଣେ ନନ୍ଦର ଉଆସ ଦେଖି
ବୃଦ୍ଧ ବୃଦ୍ଧାମାନେ ହାତେ ବାଡି ଧରି ଆସନ୍ତି ନନ୍ଦର ପାଖ ॥୪୭॥
ଆକଟ କରିବେ ଛାଡନା ପୁତ୍ରକୁ ସନ୍ଦେହ ଆସୁଛି ମନେ
ମାମୁଁ ନୁହେଁ କଂସ ଅଟଇ ରାକ୍ଷସ ବିପଦ ଅଟଇ ପ୍ରାଣେ ॥୪୭॥
ଗୋପ ଗୋପୀନାଥ କଳା କହ୍ନାଇତ ଆମେତ ଛାଡିବୁ ନାହିଁ
ଧରାଧରି ହୋଇ ଗୋପୀଏ ସକଳ ରଥକୁ ଘେରିଲେ ଯାଇ ॥୪୮॥
କହ୍ନାଇ ଆମର ଆତ୍ମାତ ଅଟଇ ଗୋପତ ଅଟେ ଶରୀର
ଆତ୍ମା ଚାଲିଗଲେ ଶରୀରଟା ଶବ ଏହିତ ଶାସ୍ତ୍ର ବିଚାର ॥୪୯॥

ସଖାମାନେ ମେଳି କରିତ ବସିଲେ ନଯାଉ କହ୍ନାଇ ଆମ
ନନ୍ଦ ବାବାକୁତ କୁହନ୍ତି ସମସ୍ତେ କଂସତ ଅଟଇ ଯମ ॥୫୦॥
ସେକାଳେ ଶୁଭଇ ହମ୍ବା ହମ୍ବା ରଡ଼ି ଆସନ୍ତି ଧେନୁ ସକଳ
କାକ ପିକ ପକ୍ଷୀ ମୟୁର ଆସିଣ ରାବନ୍ତି ହୋଇ ବିକଳ ॥୫୧॥
କୃଷ୍ଣ ବଳରାମ ଆକଟ ନମାନି ଯିବାକୁ ପ୍ରସ୍ତୁତ ହେଲେ
ଯଶୋଦା କହନ୍ତି ନଯାଅ କହ୍ନାଇ ମରିଯିବି ତୁମେ ଗଲେ ॥୫୨॥
କୁଳ ଭୁଆସୁଣୀ କବାଟ କଣରେ ଇଙ୍ଗିତେ ମନା କରନ୍ତି
ଗୋପାଙ୍ଗନାମାନେ ନିରୂପାୟ ହୋଇ ନୟନୁ ଲୁହ ଝରାନ୍ତି ॥୫୩॥
ରଥ ପରେ ଦେଖ କୃଷ୍ଣ ବଳରାମ ପ୍ରୀତି ସ୍ନେହ ଉର୍ଦ୍ଧେ ରହି
ବିନାଶିବେ କଂସ ଏହି ଲକ୍ଷ୍ୟ ତାଙ୍କ ଅସହ୍ୟ ହେଲାଣି ମହୀ ॥୫୪॥
ରଥେ ଦେଖି କୃଷ୍ଣ ଗୋପୀଏ କୁହନ୍ତି ସତରେ କପଟୀ ତୁହି
ଭଲ ପାଉଥିଲୁ କାଳେତୁ ଆମକୁ ସବୁତ ମିଥ୍ୟା ଅଟଇ ॥୫୫॥
ଆନ କହେ ସଖୀ ଆମେତ ଗାଉଁଲି ମଫସଲି ନାରୀ ଗଣ
ମଥୁରା ନଗରେ ରୂପବତୀ ମାନେ ଆମଠୁ ସୁନ୍ଦର ଜାଣ ॥୫୬॥
ନଗରୀ ରମଣୀ ମାନେତ ଚତୁରୀ ତାଙ୍କ ଆକର୍ଷଣ ଆଜି
କହ୍ନାଇକୁ ଘାରେ ଆମକୁ ଭୁଲିଲା ସପନେ ଗଲାଣି ମଜ୍ଜି ॥୫୭॥
କୁହନ୍ତି କହ୍ନାଇ ଚାରିଦିନ ପାଇଁ ମଥୁରା ଯାଉଛୁ ଆମେ
କାହିଁ ପାଇଁ ବ୍ୟସ୍ତ ହେଉଛ ସମସ୍ତେ ଡାକିଅଛି ମାମୁଁ ପ୍ରେମେ ॥୫୮॥
ଅକ୍ରୁର ଆସନ୍ତି ରଥ ଉପରକୁ ରଥତ ଦାଣ୍ଡେ ଚାଲିଲା
ଗୋପପୁର ବାସୀ ଚାଲନ୍ତି ପଛରେ କୃଷ୍ଣଙ୍କ ଦୁଃଖ ବଢ଼ିଲା ॥୫୯॥
ମନେ ପଡିଯାଏ ବନବାସ ଯାତ୍ରା ପିତୃ ସତ୍ୟ ପାଳିଥିଲେ
ଅଯୋଧ୍ୟା ବାସୀତ ଏହିପରି ଦିନେ ପଛରେ ଧାଇଁଣ ଗଲେ ॥୬୦॥
କି କରିବି ଆନ ଭାବନ୍ତି ମନରେ ବିଶ୍ୱାସ ଭରିବି ମନେ
ବିଶ୍ୱାସ ଆସିଲେ ଫେରିବେ ନିଶ୍ଚୟ ନଯିବେତ ଆଉ ଜନେ ॥୬୧॥
ମାୟାଧର କୃଷ୍ଣ ମାୟାରେ ପ୍ରବେଶ ସକଳ ହୃଦରେ ଯାଇ
ବିଶ୍ୱାସ ଜନ୍ମାନ୍ତି ନିଶ୍ଚୟ ଫେରିବ ଗୋପକୁ ଆମ କହ୍ନାଇ ॥୬୨॥

କିଛି ପଥ ଆସି ଫେରିଲେ ସକଳେ କହ୍ନେଇ ନିଶ୍ଚେ ଆସିବ
ସିଏତ ଆମର ଆମେତ ତାହାର କାହିଁକି ସେଠି ରହିବ ॥୬୩॥
କ୍ଷୀର ସର କଥା ପଡିବ ମନରେ ଟକଳା ଅଟେ କହ୍ନାଇ
ରାସଲୀଳା ନିଶ୍ଚେ ମନରେ ପଡିବ ରହିକି ପାରିବି ସେହି ॥୬୪॥
ଅଦୃଶ୍ୟ ହୋଇଲା ରଥ ଆଖି ଆଗୁ ପହଞ୍ଚେ ଯମୁନା ତୀରେ
ବିଶ୍ରାମ କରିବେ ଏହି ଭାବ ଆସେ ରଥତ ଅଟକେ ଧିରେ ॥୬୫॥
ଅକ୍ରୁର କୁହଇ ସ୍ନାନ ମୁଁ କରିବି ତୁମେ ରଥେ ଥାଅ ବସି
କ୍ଷଣକ ମଧରେ ଆସିବି ମୁହିଁତ ଦେଖ ତୁମେ ଶୋଭା ରାଶି ॥୬୬॥
ଯମୁନା କୂଳରେ ପ୍ରବେଶ କରିଲେ ଅକ୍ରୁର କରିବେ ସ୍ନାନ
ମନେ ତାଙ୍କ ଭୟ କାଲେ ପଳାଇବେ ରଥୁ ବଳରାମ କୃଷ୍ଣ ॥୬୭॥
ବୁଡନ୍ତି ଜଳରେ ଜଳେତ ଦେଖନ୍ତି ରଥେ କୃଷ୍ଣ ବଳରାମ
ଭାବନ୍ତି ମନରେ ପ୍ରତିବିମ୍ବ ପଡେ ନଚେତ ମନର ଭ୍ରମ ॥୬୮॥
ପୁନ୍ନରାୟ ଜଳେ ବୁଡିଲେ ଅକ୍ରୁର ଶେଷ ନାଗ ପରେ କୃଷ୍ଣ
ବସିଣ ଅଛନ୍ତି ଧ୍ୟାନ ମୁଦ୍ରାରେତ ନନ୍ଦ ପୁତ୍ରର ସମାନ ॥୬୯॥
ରଥେ ଯେଉଁ ରୂପ ସେହି ରୂପ ଜଳେ ନୁହଁଇ ରୂପତ ଭିନ୍ନ
ଆଶ୍ଚର୍ଯ୍ୟ ହୋଇଲେ ଚିନ୍ତିଲେ ମନରେ କୃଷ୍ଣ ନିଶ୍ଚେ ଭଗବାନ ॥୭୦।
ଅଷ୍ଟମ ସନ୍ତାନ ଏହି ସତ୍ୟ ଜାଣ ସନ୍ଦେହ ଆଉତ ନାହିଁ
ବେଗି ବେଗି ଆସି ସେ ପଦ ଯୁଗଳେ ମଥାକୁ ରଖିଲେ ନେଇ ॥୭୧॥
ସ୍ତୁତିତ କରିଲେ ଲୀଳାମୟ ତୁମେ ଆସିଅଛ ଅବତାରେ
କେତେ କେତେ ରୂପ ଧାରଣ କରିଛ ସେ ରୂପ ପୂଜନ୍ତି ନରେ ॥୭୨॥
ମତ୍ସ୍ୟ ରୂପେ ତୁମେ ସମୁଦ୍ରେ ଥିଲିତ ହୟଗ୍ରୀବ ଅବତାର
ମଧୁ କୈଟଭକୁ ସଂହାର କରିଲ ତୁମକୁ ମୋ ନମସ୍କାର ॥୭୩॥
କୂର୍ମ ଅବତାରେ ମନ୍ଦର ପର୍ବତ ତୁମେତ କଲ ଧାରଣ
ସମୁଦ୍ର ମନ୍ଥନେ ତୁମେ ରହିଥିଲ ପୂଜୁଛି ତୁମ ଚରଣ ॥୭୪॥
ବରାହ ରୂପତ ଧରିଥିଲ ତୁମେ କରିଲ ପୃଥ୍ୱୀ ଉଦ୍ଧାର
ସେହି ରୂପକୁତ ପ୍ରଣାମ କରଇ ଘେନ ହେ ନନ୍ଦ କୁମାର ॥୭୫॥

ହିରଣ୍ୟ କଶ୍ୟପୁ ବଧ କରିଥିଲ ନୃସିଂହ ରୂପକୁ ଧରି
ସେ ରୂପ ଚିନ୍ତିଲେ ମନେ ଭୟ ଆସେ ପ୍ରଣାମ ଘେନ ମୋହରି ॥୭୬॥
କେଡେ ଟିକି ପିଲା ବାମନ ରୂପରେ ତ୍ରିପୁର ଢ଼ାଙ୍କିଲା ପାଦ
ସେହି ପାଦେ ମୋର ମନ ରହିଥାଉ ଦିଅ ତୁମେ ଆଶୀର୍ବାଦ ॥୭୭॥
ପରଶୁରାମର ରୂପକୁ ଧରିଣ କ୍ଷତ୍ରୀୟ କଲ ନିଧନ
ପ୍ରଣାମ କରୁଛି ସେହି ରୂପକୁତ ଆଦରେ କର ଗ୍ରହଣ ॥୭୮॥
ରାମ ଅବତାରେ ରାବଣ ମାରିଲ ମର୍ଯ୍ୟାଦା ପୁରୁଷ ରାମ
ସେହି ରୂପ ମୋର ହୃଦେ ରହିଥାଉ ତୁଣ୍ଡେ ଥାଉ ତୁମ ନାମ ॥୭୯॥
ତୁମେ ସତ୍ୟ ପ୍ରଭୁ ତମେ ବାସୁଦେବ ତୁମକୁ ପ୍ରଣାମ କରେ
କଂସକୁ ନିଧନ କରିବେ ଆପଣ ଅବତାର ଧରା ପରେ ॥୮୦॥
ପ୍ରଣମି ପାଦରେ ରଥରେ ବସିଲେ ଯିବେତ ଏବେ ମଥୁରା
କୃଷ୍ଣଙ୍କୁ ଚିହ୍ନିଲେ ସନ୍ଦେହତ ଗଲା କୃଷ୍ଣତ ମୁକ୍ତି ପସରା ॥୮୧॥
ଆନନ୍ଦେ କୃଷ୍ଣତ ଗ୍ରହଣ କରିଲେ ଅକ୍ରୁରର ଭାବ ଭକ୍ତି
ଆଶ୍ୱାସନା ଦେଲେ ନିଶ୍ଚୟ ଲଭିବ ଜୀବନରେ ତୁମେ ମୁକ୍ତି ॥୮୨॥

--୦--

ଊନଚତ୍ୱାରିଂଶ ଅଧ୍ୟାୟ

କଂସ ବଧ

ମଥୁରା ଦାଣ୍ଡରେ ପହଞ୍ଚିଲା ରଥ ବିଜେ କୃଷ୍ଣ ବଳରାମ
ନମାନିଲେ ମନା ଓହ୍ଲାଇ ଆସିଲେ ଭାଇ ସାଥେ ଘନଶ୍ୟାମ ॥୧॥
ଭକ୍ତଜନ ଆସ ମଥୁରା ପୁରକୁ ଦେଖ କୃଷ୍ଣ ବଳରାମ
ଅପରୂପ ଶୋଭା ପ୍ରକାଶ ହୁଅଇ ଶତ ଶତ ସୂର୍ଯ୍ୟ ସମ ॥୨॥
ଭାନୁର ଉଦୟେ ତମସା ପଳାଏ ଗଗନୁ ଲୁଚନ୍ତି ତାରା
ସେହି ପ୍ରାୟ ଆଜି କଂସ ଭୟ ଯିବ ପ୍ରେମରେ ହସିବ ଧରା ॥୩॥
ମଥୁରା ଦାଣ୍ଡରେ ଧୂଳି କଣା କହେ ଏପରି କୋମଳ ପାଦ
ବକ୍ଷେ ମୋର କେବେ ପଡିତ ନଥିଲା ଜ୍ୱଳା ଲଭୁଥିଲା ହୃଦ ॥୪॥
ଧରଣୀ କୁହଇ ଅହଂକାରୀ ପାଦ ଦେଉତ ଥିଲା ଆଘାତ
ଏପଦ ସ୍ପର୍ଶରେ କ୍ଷଣେ ଭୁଲିଗଲା ପୁଲକି ଉଠିଲା ଚିତ୍ତ ॥୫॥
ମଥୁରା ନଗର ଶୋଭାକୁ ଦେଖନ୍ତି ପ୍ରଭୁତ ଆନନ୍ଦେ ହସି
ଜନ ଭିଡ ହୁଏ ଗ୍ରାମ ଦାଣ୍ଡେ ଦେଖ ବୃଦ୍ଧ ଯୁବା ଗଲେ ଆସି ॥୬॥
କବାଟ ଝରକା ଖୋଲିତ ଦିଅନ୍ତି ମଥୁରାର କୂଳ ବଧୂ
କେତେ କେତେ କଥା ଶୁଣିଣ ଅଛନ୍ତି ଦେଖନ୍ତି ପୂର୍ଣ୍ଣିମା ଇନ୍ଦୁ ॥୭॥
ନଖରୁ ନାସିକା ବିହିତ ଗଢ଼ିଛି ସକଳ ସୁନ୍ଦର ଆଣି
ସତେକି ସୌନ୍ଦର୍ଯ୍ୟ ବ୍ରହ୍ମା ସର୍ଜନାର ଏହିତ ସୌନ୍ଦର୍ଯ୍ୟ ଖଣି ॥୮॥
ମେଘ ବର୍ଣ୍ଣ ପ୍ରାୟ ଗୋଟିଏ ଶରୀର ଅନ୍ୟଟି ଚନ୍ଦ୍ରର କାନ୍ତି
ସରଳ ମୃଗର ସ୍ୱଭାବ ପ୍ରକାଶେ ଅଟନ୍ତି ଚପଳ ମତି ॥୯॥
ଧିରେ ଧିରେ ପାଦ ଆଗେ ପଡୁଥାଏ ମୟୂର ଚନ୍ଦ୍ରିକା ଶିରେ
ଭକ୍ତ ଜନ ନେତ୍ରେ ପଲକ ପଡେନି ଦେଖନ୍ତି ରହି ସେଠାରେ ॥୧୦॥
ମଥୁରା ବାସୀଙ୍କ ମନ ପ୍ରାଣେ ବସା କୃଷ୍ଣ ନାମ କରିଥିଲା
ନାମ ଜାଣିଥିଲେ ରୂପତ ଅଜଣା ନେତ୍ରତ ଆଜି ଦେଖିଲା ॥୧୧॥

କାଖେ ଧରି ପିଲା କେଉଁ ନାରୀ ଦେଖେ କିଏବା ରୋଷେଇ ଛାଡି
ଜନ ଗହଳିତ ଦାଣ୍ଡେ ଲାଗିଗଲା ଆଗପଛ ଧାଡି ଧାଡି ॥୧୨॥
ଆଗେ ଗଲେ ଚଳି ସେ ଚଲା ପଥରୁ ଦେଖଏ ଆଣନ୍ତି ଧୂଳି
କେତେ ବୃଦ୍ଧବୃଦ୍ଧା ଅଂଗରେ ବୋଳନ୍ତି ନୟନରୁ ଅଶ୍ରୁ ଢ଼ାଳି ॥୧୩॥
ଭାବନ୍ତି ମନରେ ଧନ୍ୟ ହୋଇଗଲୁ ସାର୍ଥକ ଲଭିଲା ପ୍ରାଣ
ଅଷ୍ଟମ ଗର୍ଭରେ ସନ୍ତାନ ଏହିତ କୃଷ୍ଣ ନାମେ ଭଗବାନ ॥୧୪॥
ଜନର ସମୁଦ୍ରେ ପ୍ରଭୁତ ରହିଣ ଦେଖନ୍ତି ମଥୁରାପୁର
ଗୋପ ତୁଳନାରେ ଅମାପ ସଂପତ୍ତି ଏହିତ କଂସ ମାମୁଁର ॥୧୫॥
ବିଶାଳ ବିଶାଳ ଭବନ ରହିଛି ରୂପାରେ ନିର୍ମିତ କାନ୍ଥ
ସୁନାର କବାଟ ଝଲସି ଉଠୁଛି ଉପରେ ଉଡୁଛି ନେତ ॥୧୬॥
ବନ ଉପବନୁ ପୁଷ୍ପ ଗନ୍ଧ ଆସେ ମଳୟ ପରଶେ ଆସି
ସକଳ ଦେବତା ଅଦୃଶ୍ୟେ ଦେଖନ୍ତି ମଥୁରାର ଶୋଭା ରାଶି ॥୧୭॥
କି ହେଲା ରାଜ୍ୟରେ ବିଚିତ୍ର କଥାତ ବିଶ୍ୱାସ ନଆସେ ମନେ
ନେତ୍ରତ ଦେଖୁଛି ମିଥ୍ୟାତ ନୁହଁଇ ନିର୍ଭୟେ ଆସନ୍ତି ଜନେ ॥୧୮॥
ଯାର ନାମ ତୁଣ୍ଡେ ଧରି ପକାଇଲେ ମୃତ୍ୟୁ ଦଣ୍ଡ ଲଭେ ପ୍ରାଣୀ
ସେହି ରୂପକୁତ ଦେଖନ୍ତି ସକଳେ ନିର୍ଭୟେ ଜନତା ପୁଣି ॥୧୯॥
ପ୍ରଭାତ ଆସିଲେ ଘନ ଅନ୍ଧକାର ଲୁଚିଯାଏ ଯେଉଁ ପରି
ଭୟ ଚଳିଗଲା ସକଳ ହୃଦରୁ ଦାଣ୍ଡରେ ଦେଖନ୍ତି ହରି ॥୨୦॥
ଅଷ୍ଟମ ସନ୍ତାନ ଏହି ଭଗବାନ ରାଜନର ଥିଲା ଭୟ
ମାମୁଁ ଭଣଜାରେ ସମ୍ପର୍କ ତୁଟିବ ଭଣଜାର ହେବ ଜୟ ॥୨୧॥
ସକଳ ପ୍ରଜାତ ନିର୍ଭୟ ହୋଇଣ କୃଷ୍ଣ ସାଥେ ମେଳି ହେଲେ
ଜନ ସମୁଦ୍ରରେ ଢ଼େଉତ ଦର୍ଶାଏ କଂସକି ବୁଡିବ ଜଳେ ॥୨୨॥
ଅହଂକାର ତାକୁ ସମ୍ରାଟ କରିଛି ପିତାକୁ ରଖିଛି ଦ୍ୱାରୀ
ନିର୍ମାଣ କରିଛି ରଂଗ ମଞ୍ଚେ ସେହି ଭଣଜାଙ୍କୁ ଦେବ ମାରି ॥୨୩॥

ପଥରେ ଦେଖନ୍ତି ବାଳକ କୃଷ୍ଣତ ରଜକ ଯାଉଛି ଆଗେ
ଗଣ୍ଠିଲି ତାହାର କାନ୍ଧରେ ରହିଛି ବାସ ଲୁଗା କେତେ ରଂଗେ ॥୨୪॥
କହନ୍ତି ରଜକେ ଆମକୁ ଦିଅତ ପାଟ ମଠା ରାଜ ଧୋତି
ଆମେତ ପିନ୍ଧିବୁ ଭଣଜା ରାଜାର ଆମଠାରେ ମାମୁଁ ପ୍ରୀତି ॥୨୫॥
ବାରଣ କରଇ ନଶୁଣେ କଥାକୁ ରଜକକୁ ଦେଲେ ଚାହିଁ
ରଜକ ଦେଖିଣ ସେ ରୂପ ମାଧୁରୀ ଦେହର ଜ୍ଞାନ ହଜଇ ॥୨୬॥
ଶ୍ରୀପଦେ ପଡିଲା ବାଛି ବାଛି ଦେଲା ବସନ ପ୍ରଭୁ ହସ୍ତରେ
ବାସ ପାଲଟିଣ ପିନ୍ଧନ୍ତି ବସନ ଦେଖନ୍ତି ଜନ ଦାଣ୍ଡରେ ॥୨୭॥
ନୟନରେ ଦୃଶ୍ୟ ଭିନ୍ନ ଭିନ୍ନ ଥାଏ ଭାବ ଭକ୍ତି ହୃଦେ ନେଇ
ବିଶାଳ ରୂପତ କା'ର ଦୃଶ୍ୟ ହୁଏ ପୁତନା ମାରିଛି ଏହି ॥୨୮॥
କାହାର ଦୃଷ୍ଟିକୁ ଟିକି ପିଲା ଭାବ ଅଟନ୍ତି କ୍ଷୁଦ୍ର ବାଳକ
ଜାଣିତ ନାହାନ୍ତି ମୃତ୍ୟୁ ଡାକି ଆଣେ କାନ୍ଦିବେ ଗୋପର ଲୋକ ॥୨୯॥
ବାତ୍ସଲ୍ୟ ମମତା ହୃଦରେ ଜାଗଇ କାନ୍ଦନ୍ତି ମଥୁରା ନାରୀ
କେଡେ ସେ ଦାରୁଣ ନିଷ୍ଠୁର କଂସତ ଦେବତ ନିଶ୍ଚୟ ମାରି ॥୩୦॥
ଆନ ସଖୀ କହେ ଟିକି ପିଲା ଭାବୁ ନୁହେଁଲୋ ସେ ଟିକି ପିଲା
ବାମ ହସ୍ତେ ଗିରି ଟେକିଣ ଥିଲାଲୋ ଇନ୍ଦ୍ର ଦର୍ପ ଚୂର୍ଣ୍ଣ କଲା ॥୩୧॥
ଗୋପପୁର ଗୋପୀ କେତେ ଭାଗ୍ୟବତୀ ଅଂଗ ସଂଗ କରିଥିଲେ
ନୟନେ ଦେଖିବା କପାଳେ ଯୋଟିଲା ପୂର୍ବ ଭାଗ୍ୟ ତପ ବଳେ ॥୩୨॥
ଆନ କହେ ଧରି ସଖୀର ହାତକୁ ଗୋପପୁର ଗୋପୀଗଣ
ଯମୁନା କୂଳରେ କ୍ରୀଡାତ କରନ୍ତି କୃଷ୍ଣଙ୍କୁ ପତି ଭାବିଣ ॥୩୩॥
କିଏବା ସ୍ନେହରେ ଲହୁଣୀ ଖୁଆଏ କିଏ ବକ୍ଷେ ଧରିଥାଏ
ଦେହ ଜ୍ଞାନ ହାରି ଶ୍ରୀମୁଖେ ସ୍ତନକୁ ପୁତ୍ର ଭାବେ ଖୋଇଦିଏ ॥୩୪॥
ଚୌର୍ଯ୍ୟ ବୃତ୍ତି କରେ ଘରେ ପଶି ଖାଏ ଏହିଲୋ କହ୍ନାଇ ଜାଣ
ଉଲଗ୍ନ କରିଲା ଗୋପର ଗୋପୀଙ୍କୁ ଯମୁନା ନଦୀ ପ୍ରମାଣ ॥୩୫॥

କ୍ରମେ କ୍ରମେ ପଥ ଅତିକ୍ରମ ହୁଏ ରଥତ ଆସେ ପଛରେ
କେତେକେତେ ଭାବ ପୁରୁଷ ନାରୀଙ୍କ ଉଛୁଳେ ତାଙ୍କ ହୃଦରେ ।।୩୬।।
ରାଜ ପୋଷାକରେ ମଣ୍ଡିଛି ଶରୀର ଆଗରେ ସୁଦାମା ମାଳି
ଆଗ୍ରହେ ସୁଦାମା ମାଳା ପିନ୍ଧାଇଲା ମୁଖରେ ଚନ୍ଦନ ବୋଳି ।।୩୭।।
ଦେଖନ୍ତି ପ୍ରଭୁତ ସମ୍ମୁଖେ ତାଙ୍କର କୁଜା ବଙ୍କା ଏକ ନାରୀ
ଅଗରୁ ଚନ୍ଦନ ଥାଳି ଧରିଅଛି ନିବୃତେ ଗଡୁଛି ବାରୀ ।।୩୮।।
ଦ୍ୱାରରେ କଳସ ଶୋଭା ପାଉଅଛି ଦାଣ୍ଡେ ଶୋଭା ଝୋଟିପାଏ
ରମ୍ଭା ବୃକ୍ଷ ଦ୍ୱାରେ ଚୂତ ପତ୍ରମାଳେ କୁଟୀରତ ଦୃଶ୍ୟ ହୁଏ ।।୩୯।।
କୁହଇ ବିନୀତେ ଦୟାକର ମତେ କପାଳେ ଦେବି ଚନ୍ଦନ
ମୋର ଶେଯ ପରେ ବିଶ୍ରାମ କରିବ ମାଗୁଣି ମୋହର ଘେନ ।।୪୦।।
ଭକ୍ତ ବତ୍ସଳତ ଭାବର ଠାକୁର ଦେଲେ ସ୍ପର୍ଶ ଜାଣିଶୁଣି
ସ୍ପର୍ଶ ପାଇ କ୍ଷଣେ ରୂପବତୀ ପଣେ କୁବୁଜା ନୋହିଲା ଚିହ୍ନି ।।୪୧।।
କଥା ଦେଲେ ତାକୁ ଆସିବେ ଗୃହକୁ କଂସର ନିଧନ ପରେ
ହୃଦେ ପ୍ରଭୁ ନାମ ଜପିଣ କୁବୁଜା ରହିଲା ପ୍ରଭୁ ଧ୍ୟାନରେ ।।୪୨।।
ଧନୁ ଯଜ୍ଞ କାର୍ଯ୍ୟ ଆରମ୍ଭ ହେଲାଣି ମନ୍ତ୍ର ଉଚ୍ଚାରଣ ହୁଏ
ରଂଗ ଶାଳାଠାରେ ଧନୁତ ରହିଛି ଯଜ୍ଞ କାର୍ଯ୍ୟ ଚାଲିଥାଏ ।।୪୩।।
ଇନ୍ଦ୍ର ଧନୁ ପ୍ରାୟ ଧନୁତ ଅଟଇ ଜ୍ୟୋତିତ ପ୍ରକାଶ କରେ
ଧନୁକୁ ଦେଖିବା ଲାଳସା ବଢ଼ଇ କୃଷ୍ଣତ ଗଲେ ପ୍ରଖରେ ।।୪୪।।
ଆକଟ ନମାନି କଂସର ସୈନ୍ୟକୁ ହସ୍ତରେ ଆଡେଇ ଦେଲେ
ହସ୍ତ ସ୍ପର୍ଶେ ସୈନ୍ୟ ପଡନ୍ତି ଭୂମିରେ ଆଶ୍ଚର୍ଯ୍ୟେ ଜନେ ଦେଖିଲେ ।।୪୫।।
ଚାଲିଯାଇ ପ୍ରଭୁ ଧନୁକୁ ଆଣିଲେ ଚଢ଼ାଇବେ ତାର ଗୁଣ
ଗୁଣ ଦେବା ବେଳେ ଖଣ୍ଡ ଖଣ୍ଡ ହେଲା ସତେକି ଖାଡି ସମାନ ।।୪୬।।
ଅନ୍ୟ ସୈନ୍ୟମାନେ ଧାଇଁତ ଆସନ୍ତି ବଳରାମ ରୋକି ଦେଲେ
କୃଷ୍ଣଙ୍କୁ ମାରିବେ ଧନୁସେ ଭାଙ୍ଗିଛି ଏହି ଭାବନାରେ ଥିଲେ ।।୪୭।।

ଧରାଶାୟୀ ହେଲେ	କୃଷ୍ଣଙ୍କୁ ଦେଖିଲେ	ଚିହ୍ନିଲେତ ଭଗବାନ
ନିଶ୍ଚିତ ଜାଣିଲେ	ନିଧନ ହୋଇବେ	ଆମରି କଂସ ରାଜନ ॥୪୮॥
ସମ୍ବାଦ ଖେଳିଲା	ମଥୁରା ନଗରେ	ଧନୁତ ଭାଙ୍ଗିଲେ କୃଷ୍ଣ
ପ୍ରଥମ ଦିନର	ସମ୍ବାଦ ଜାଣିଲେ	ସତେକି ସେ ଭଗବାନ ॥୪୯॥
ଦ୍ୱିତୀୟ ଦିନରେ	ମଲ୍ଲ ଯୁଦ୍ଧ ହେବ	ମଞ୍ଚାସନେ ଥାଏ କଂସ
ଚାଣୁର ମୁଷ୍ଟିକ	ଶ୍ରେଷ୍ଠ ବଳବାନ	ମଲ୍ଲ ଯୁଦ୍ଧେ ଥାଏ ଯଶ ॥୫୦॥
ଭାବୁଛି କଂସତ	ମଲ୍ଲ ଯୁଦ୍ଧେ ନିଶ୍ଚେ	ମରିବେ ବାଳକ ଦୁଇ
ରଂଗ ଭୂମି ଦ୍ୱାରେ	କୁବଳୟା ହସ୍ତୀ	ଜଗିଛି ଛାଡିବ ନାହିଁ ॥୫୧॥
ଦେଖନ୍ତି କୃଷ୍ଣତ	କୁବଳୟା ହସ୍ତୀ	ମାହୁନ୍ତ ପୃଷ୍ଠ ଦେଶରେ
ଡାକି ମାହୁନ୍ତକୁ	କୁହନ୍ତି ହସ୍ତୀକୁ	ନେଇଯାଅ ତୁତ ଦୂରେ ॥୫୨॥
ରାଜନ ଭଣଜା	ପାରୁନୁକି ଚିହ୍ନି	ଆମେ କୃଷ୍ଣ ବଳରାମ
ମାମୁଁ ପାଶେ ଯିବୁ	ଯଜ୍ଞତ ଦେଖିବୁ	ମାମୁଁ ଯିବ ସ୍ୱର୍ଗ ଧାମ ॥୫୩॥
ମାହୁନ୍ତ କୁହଇ	ରାଜନ ଆଦେଶ	ମତେ କିବା ପ୍ରଭୁ ଜଣା
ସେବକ ପରାଏ	କର୍ମ କରୁଥିଲି	ଏହି ତାର ଅଭ୍ୟର୍ଥନା ॥୫୪॥
କୁବଳୟା ହସ୍ତୀ	ପଥରୋଧ କରେ	ପ୍ରଭୁତ ଧରିଲେ ଦନ୍ତ
ଉପାଡ଼ି ଆଣିଲେ	ଫୁଟା ଛତୁ ସମ	ବହିଲା ମୁଖରୁ ରକ୍ତ ॥୫୫॥
ଭୂତଳେ ପଡିଲା	ପ୍ରଭୁଙ୍କୁ ଦେଖିଲା	ଗଲା ସେତ ସ୍ୱର୍ଗପୁର
ରଂଗ ଭୂମି ପାଖେ	ପହଞ୍ଚି ଗଲେତ	ରୋକିଲେତ ମଲ୍ଲ ବୀର ॥୫୬॥
ମଞ୍ଚାସନେ ଜନେ	ଦେଖନ୍ତି ସକଳେ	କୃଷ୍ଣ ବଳରାମ ରୂପ
ହସ ହସ ମୁଖେ	ଆସନ୍ତି ସମ୍ମୁଖେ	ନାହିଁତ ସାମାନ୍ୟ କୋପ ॥୫୭॥
ନିଷ୍ଠୁର ପଣରେ	ମଲ୍ଲତ ରୋକନ୍ତି	କଂସର ଆଦେଶ ଘେନି
ପ୍ରଥମେ ଚାଣୁର	ଉଚ୍ଚ ସ୍ୱର କହେ	ଶୁଣରେ ବାଳକ ବେନି ॥୫୮॥
ଧେନୁ ଚରା ତୁମେ	ପାହାଡ ପର୍ବତେ	ତୁମେତ ଧେନୁ ରକ୍ଷକ
ମଲ୍ଲ ଯୁଦ୍ଧ ଶିକ୍ଷା	ତୁମେତ କରିନା	ନାହାନ୍ତି ଗୋପେ ଶିକ୍ଷକ ॥୫୯॥

ଦେଖିନା ତ ମଲ୍ଲ ଯୁଦ୍ଧ କିବା ଜଣା ମରିବ ମୋହର ହସ୍ତେ
ରାଜନ କୁହଇ ତୁମେ କାଳେ ଯୋଦ୍ଧା ଦେଖିବି ରଣର କ୍ଷେତ୍ରେ ॥୬୦॥
ମଲ୍ଲ ଯୁଦ୍ଧ ହୁଏ ସମ ମଲ୍ଲ ସାଥେ ତୁମେତ ବାଳକ ପୁଣି
ଜନେ ନିନ୍ଦା ହେବ ରାଜନ ଆଦେଶ ପାଖକୁ ଆସହେ ଧନି ॥୬୧॥
କୁବଳୟା ହସ୍ତୀ ତୁମେ ମାରିଥିଲ ବିଶ୍ୱାସ ନୁହଁଇ ମୋର
ଧନୁକୁ ଭାଙ୍ଗିଛ ଖଣ୍ଡ ଖଣ୍ଡ କରି ରାଜାଙ୍କର ଅଛି ଡର ॥୬୨॥
ପୁରୁଣା ଧନୁଟା ସେ ବୁଢ଼ା ହାତୀଟା ଭାଙ୍ଗି ମାରି ନେଲ ଯଶ
ମତି ଭ୍ରମେ ରାଜା ଭୟତ କରୁଛି ଶୋଉନି ରାତ୍ର ଦିବସ ॥୬୩॥
ଆସହେ ବାଳକ ମଲ୍ଲ ଯୁଦ୍ଧ ପାଇଁ ମୃତ୍ୟୁତ ତୁମର ଆଜି
କୃଷ୍ଣ ଗଲେ ପାଖେ ଯୁଦ୍ଧ ହେଲା ଦେଖ ଯୁଦ୍ଧ ବାଦ୍ୟ ଉଠେ ଗର୍ଜି ॥୬୪॥
ଚରଣ ମାରଇ ବ୍ରଜସମ ବିଧା ପ୍ରଭୁଙ୍କ ଶରୀରେ କ୍ରୋଧେ
ସେହି ଭୂଜ ଦ୍ୱୟ ଓପାଡି ଆଣିଲେ ହସ୍ତ ନାହିଁ ଆଉ ସ୍କନ୍ଧେ ॥୬୫॥
ଗଣ୍ଡିଟା ପଡିଲା ଭୂମିର ଉପରେ ଚରଣ ରହିଛି ଚହିଁ
ସତ୍ୟ ସତ୍ୟ ତୁମେ ଭଗବାନ ପ୍ରଭୁ ଆସିଛ ଭଣଜା ହୋଇ ॥୬୬॥
ମୁଷ୍ଟିକ ସାଥୀରେ ଭାଇ ବଳରାମ ମଲ୍ଲ ଯୁଦ୍ଧ ଆରମ୍ଭିଲେ
କେତେବା ସମୟ ଯୁଝିବ ମୁଷ୍ଟିକ ଏକ ବିଧା ମାରି ଦେଲେ ॥୬୭॥
ଗୋଟିଏ ବିଧାରେ ମୁଷ୍ଟିକ ମରିଲା ପିଲା ଖେଳ ପ୍ରାୟ ହେଲା
ଅନ୍ୟ ମଲ୍ଲ ମାନେ ଦେଖିଣ ପଳାନ୍ତି ମୃତ୍ୟୁ ଭୟ ଆସିଗଲା ॥୬୮॥
ଦେଖି କଂସ ରାଜ ଦିଅଇ ଆଦେଶ କାହିଁ ଅଛ ବୀରମାନେ
ଦୁଇ ବାଳକଙ୍କୁ ବିଦା କରିଦିଅ ନଆଣ ମୋ ସନ୍ନିଧାନେ ॥୬୯॥
ନନ୍ଦ ବନ୍ଦୀ କରି ଲୁଣ୍ଠିତା ସମ୍ପତ୍ତି ହତ୍ୟାକର ବସୁଦେବ
ଆଦେଶ ପାଳନ ନକଲେ ତୁମକୁ ମୃତ୍ୟୁ ଦଣ୍ଡ ପ୍ରାପ୍ତ ହେବ ॥୭୦॥
ପ୍ରଭୁତ ଦେଖନ୍ତି ମଞ୍ଚାସନେ ମାମୁଁ ନିଷ୍ଠୁର ଆଦେଶ ଦିଏ
ଚଢ଼ିଗଲେ ପ୍ରଭୁ ମଞ୍ଚ ଉପରକୁ କଂସତ ଦେଖୁଛି ଭୟେ ॥୭୧॥

ସମ୍ମୁଖେ ମୃତ୍ୟୁକୁ ଦେଖି ଭୟେ କଂସ ମଞ୍ଚରୁ ପଡିଲା ଗଡି
ହସି ହସି ପ୍ରଭୁ ଗଲେ ତ ପାଖକୁ ଏହି ତ ମୃତ୍ୟୁର ଘଡି ॥୭୨॥
କଂସତ ଦେଖଇ ଛୋଟିଆ ବାଳକ ସକଳ ବ୍ରହ୍ମାଣ୍ଡ ଧରି
କ୍ଷିପ୍ରେ ମାଡି ଆସେ ନିଶ୍ଚିତ ମୃତ୍ୟୁତ ମୋହର ହସ୍ତେ ତାହାରି ॥୭୩॥
ଆକୁଳେ ପ୍ରାର୍ଥନା ମାମୁଁ ତ କରଇ ଆଜିତ ଭଣଜା ପାଖେ
ଦର୍ଶନର ଭିକ୍ଷା କିଛି ଲୋଡା ନାହିଁ ବସ ଆସି ମୋର ବକ୍ଷେ ॥୭୪॥
ଶେଷ ଶ୍ୱାସ ବେଳେ ସ୍ୱର୍ଗତ ଲଭିବି ଅହଂକାର ଯିବ ମରି
ଦର୍ଶନ କରିବି ଭଣଜାକୁ ମୁହିଁ ଶଂଖ ଚକ୍ର ଥିବ ଧରି ॥୭୫॥
ସକଳ ବାଞ୍ଛାତ ପୁରଣ କରନ୍ତି ସେହି ପ୍ରଭୁ ନାରାୟଣ
ଦର୍ଶନ ଦେଲେତ ଅନ୍ତିମ କାଳରେ ମୁକ୍ତିତ ଲଭେ ରାଜନ ॥୭୬॥
କଂସର ନିଧନ ସମ୍ବାଦ ଶୁଣିଣ ତାର ଭାଇମାନେ କ୍ରୋଧେ
ଧାଇଁତ ଆସନ୍ତି ମାରିବେ କୃଷ୍ଣଙ୍କୁ ଲଢ଼ିଣ ତା ସାଥେ ଯୁଦ୍ଧେ ॥୭୭॥
ଅଷ୍ଟ ଭାଇ ତାର ଏକକୁ ଆରେକ ଶକ୍ତିଶାଳୀ ପରାକ୍ରମୀ
ଏକା ବଳରାମ ଯୁଝିଲେ ସେଠାରେ ସର୍ବେ ହେଲେ ସ୍ୱର୍ଗଗାମୀ ॥୭୮॥
ଆକାଶ ମାର୍ଗରୁ ପୁଷ୍ପ ବୃଷ୍ଟି କଲେ ଦେବତା ଆନନ୍ଦ ଚିତ୍ତେ
ମଥୁରାରେ ଜୟ ଧ୍ୱନିତ କମ୍ପିଲା ଧନ୍ୟ ଧନ୍ୟ ନନ୍ଦ ସୁତେ ॥୭୯॥
ଦୁନ୍ଦୁଭି ଶବ୍ଦତ କମ୍ପମାନ ହେଲା କଂସର ନିଧନ ପାଇଁ
ନମାରିଲେ ପ୍ରଭୁ ଦେଖିମଲା କଂସ ବିଚିତ୍ର କଥାତ ଏହି ॥୮୦॥
ଅନ୍ତିମ ସଂସ୍କାର କରନ୍ତି ପ୍ରଭୁତ ଭଣଜା ପୁତ୍ର ସମାନ
କର୍ମକାଣ୍ଡ ବିଧି ଯେମନ୍ତ ଲେଖିଛି କରିଲେ ପ୍ରଭୁ ପାଳନ ॥୮୧॥
ବନ୍ଦୀ ଗୃହୁ ମୁକ୍ତି କରିଣ ଆଣନ୍ତି ଭକ୍ତିରେ ପିତା ମାତାକୁ
ଆଦରେ ଅଜାକୁ ଆଣନ୍ତି ନାତିଏ ବର୍ଣ୍ଣିବ କିଏ ସୁଖକୁ ॥୮୨॥

--୦--

ଚତ୍ୱାରିଂଶ ଅଧ୍ୟାୟ

ଉଗ୍ରସେନ୍‌ଙ୍କୁ ରାଜ୍ୟ ଦାନ

କଂସର ନିଧନ ହୋଇଲା ସର୍ବେ ମଥୁରା ବାସୀ
କୃଷ୍ଣଙ୍କର ଜୟଗାନତ କଲେ ହୋଇଣ ଖୁସି ॥୧॥
କୃଷ୍ଣ ବଳରାମ ଦୁହେଁତ ମନେ ବ୍ୟସ୍ତତ ହୋଇ
ପିତାମାତା ପାଖେ ଆସନ୍ତି ବନ୍ଦୀ ଗୃହକୁ ଧାଇଁ ॥୨॥
ପିତା ମାତା ବନ୍ଦୀ ଗୃହରେ ପୁତ୍ର ଜୟ ଗାନକୁ
ଶୁଣିଣ ସନ୍ଦେହ ଆସଇ ମାରିଛନ୍ତି ମାମୁଁଙ୍କୁ ॥୩॥
ପୁତ୍ର ତାଙ୍କ ଅଟେ ଈଶ୍ୱର ନାହିଁ ମନେ ସନ୍ଦେହ
ନର କିଏ ମାରି ମାରିବ କଂସ ଅଟେ ଅଜୟ ॥୪॥
ଏହି ସମୟରେ ଫାଟକ ଉଗ୍ରସେନ ଖୋଲିଲେ
ଶିର ନତ କରି ପାଦରେ ମନ ସ୍ଥିର ରଖିଲେ ॥୫॥
ଜାଣନ୍ତି ଦ୍ୱୟସେ ନାତୀ ମୋ ନାତୀ ପ୍ରଣାମ କଲେ
ଉଗ୍ରସେନ ବକ୍ଷେ ଧରଇ ନେତ୍ରେ ଲୁହ ଉଚ୍ଛୁଳେ ॥୬॥
କାହିଁ ପିତା ମାତା ଆମର ସାଥେ ଦେଖାଅ ନେଇ
ଲୁହଛଳ ଛଳେ ଯାଆନ୍ତି ଉଗ୍ରସେନ ନିଅଇ ॥୭॥
ପିତା ମାତାଛନ୍ତି ବନ୍ଧନେ ଦେଖି ଅଶ୍ରୁ ଝରଇ
ବନ୍ଧନ ଖୋଲିଣ ପାଦରେ ମଥା ରଖନ୍ତି ନେଇ ॥୮॥
ଭୟରେ ଦୂରାନ୍ତି ଉଭୟ ପିତା ମାତା ତାଙ୍କର
ଭାବରେ ଦେଖନ୍ତି ସିଏତ ପୁତ୍ର ନୁହଁ ଈଶ୍ୱର ॥୯॥
ମାୟାଧର ମାୟା କରିଣ ଭାବ ଦେଲେ ଦୂରେଇ
କୁହନ୍ତି ମାତାଙ୍କୁ ପୁତ୍ରତ କୋଳେ ନେବନା ନାହିଁ ॥୧୦॥
ଆମ ପାଇଁ କଷ୍ଟ ପାଇଲେ ପିତା ମାତା ଆପଣେ
ବାଲ୍ୟ ସ୍ନେହୁଁ ଆମେ ବଞ୍ଚିତ କଂସ ରାଜା ବିଧାନେ ॥୧୧॥

ଆମ ଏ ଶରୀର ଅଟେତ ତୁମ ଦୁହିଁଙ୍କ ଦାନ
ପିତା ମାତା ଋଣ କିଏବା ଶୁଝେ ପୁତ୍ର ହୋଇଣ ॥୧୨॥
କଂସ ରାଜନର ପ୍ରତାପେ ଆମେ ଗୋପପୁରରେ
ଲୁଚିଣ ରହିଲୁ ମାତାତ ନନ୍ଦ ଯଶୋଦା ଘରେ ॥୧୩॥
କଂସର ନିଧନ କରିଛୁ ଏବେ ମଥୁରାଜୟୀ
ଶତ୍ରୁତ ନାହାଁନ୍ତି କେହିତ ମିତ୍ର ଭାବ ଆସଇ ॥୧୪॥
କୋଳରେ ଧରିଣ ପୁତ୍ରଙ୍କୁ ପିତା ମାତାତ ଦୁଇ
ଅଶ୍ରୁରେ ଭିଜୁଛି ବକ୍ଷତ କଥା ନ ହୁଏ କହି ॥୧୫॥
ବୃଦ୍ଧ ଉଗ୍ରସେନ ଦେଖନ୍ତି ଭାବ ଜଗତେ ରହି
ଏହିତ କହ୍ନାଇ ଈଶ୍ୱର ସୃଷ୍ଟି ସେତ ପାଳଇ ॥୧୬॥
ଉଦରେ ଭରିଛି ବ୍ରହ୍ମାଣ୍ଡ ମାଳ ମାଳତ ହୋଇ
ଲୋକାଚାରେ ପୁତ୍ର ଏବେତ ମୋର ନାତୀ ଅଟଇ ॥୧୭॥
କାହ୍ନୁତ କୁହନ୍ତି ମାତାଙ୍କୁ ରାଜ୍ୟ ମଥୁରା ମୋର
ଦାନ ମୁଁ କରିବି କାହାକୁ ତୁମେ ବିଚାର କର ॥୧୮॥
ଦୁଇ ଭାଇ ସ୍ଥିର କରିଛୁ ରାଜ୍ୟ ଦେବୁ ଫେରାଇ
ତୁମ ପିତା ଉଗ୍ରସେନତ ରାଜା ହୋଇବେ ସେହି ॥୧୯॥
ମଥୁରା ବାସୀଙ୍କ ହୃଦୟେ ଥିଲା କେତେ ସପନ
ରାଜା ହେବେ ରାଜ୍ୟେ ଆମର ମାୟାଧର ଶ୍ରୀକୃଷ୍ଣ ॥୨୦॥
କୃଷ୍ଣଙ୍କ ଆଦେଶେ ଆସିଲେ ବିପ୍ର ପଣ୍ଡିତ ଗଣ
ତୀର୍ଥଜଳ ତୀର୍ଥୁ ଆସିଲା ହେଲା ବେଦ ପଠନ ॥୨୧॥
ମଙ୍ଗଳ ବାଦ୍ୟତ ବାଜିଲା ଶଙ୍ଖ ତୁରୀ ମହୁରୀ
ହୁଳହୁଳୀ ଦେଲେ ଆସିଣ କେତେ ସଧବା ନାରୀ ॥୨୨॥
ବସୁଦେବ ସାଥେ ଯଶୋଦା ବସି ସେଠି ଦେଖନ୍ତି
ଆକାଶ ମାର୍ଗରୁ ପୁଷ୍ପତ ଦେବ ବୃନ୍ଦ ପକାନ୍ତି ॥୨୩॥
ଉଗ୍ରସେନ ହେଲେ ରାଜାତ ଆଜି ମଥୁରା ପୁରେ
ଛତ୍ର ଧରିଥିଲେ ନାତିଏ ସିଂହାସନ ପାଖରେ ॥୨୪॥

-୦୦-

ଏକଚତ୍ୱାରିଂଶ ଅଧ୍ୟାୟ

ଗୁରୁ ଦକ୍ଷିଣା

ଅବନ୍ତି ପୁରୀରେ ଗୁରୁତ ସନ୍ଦିପନି ରୁହନ୍ତି
ପ୍ରସିଦ୍ଧି ତାଙ୍କର ରହିଛି ଗୁରୁପଣରେ ଖ୍ୟାତି ॥୧॥
କୃଷ୍ଣ ବଳରାମ ଦ୍ୱୟତ ଶିକ୍ଷା ଲାଭ ନିମନ୍ତେ
ପହଞ୍ଚି ଦେଖନ୍ତି ସେଠାରେ ଶିଷ୍ୟ ଅଛନ୍ତି କେତେ ॥୨॥
ମୁନିପାଦେ ନେଇ ଆଶ୍ରୟ କର ଯୋଡି କୁହନ୍ତି
ଶିଷ୍ୟ ପଣେ ଗୁରୁ ଘେନିବ ଏହି ଆମ ବିନତୀ ॥୩॥
ଗୁରୁତ ଜାଣନ୍ତି ଏ ଛାତ୍ର ମାରିଛନ୍ତିତ କଂସ
ଭୋଜବଂଶେ ରାଜ୍ୟଦାନତ ଦେଇ କଲେ ନରେଶ ॥୪॥
ଉଗ୍ରସେନ ରାଜା ଅଟଇ ଏବେ ମଥୁରା ପୁରୀ
ଗୋପେ ମାରିଥିଲେ କେତେଯେ ବାଲ୍ୟ କାଳେ ଅସୁରୀ ॥୫॥
ଅହଂକାର ନାହିଁ ହୃଦୟେ ଦ୍ୱୟ ବିନମ୍ର ଅତି
ସାମାନ୍ୟ ବାଳକ ନୁହନ୍ତି ଗୁରୁ ଜ୍ଞାନେ ଜାଣନ୍ତି ॥୬॥
ଏକାଗ୍ର ଚିତ୍ତରେ ପଢ଼ନ୍ତି ଶାସ୍ତ୍ରେ ରଖିଲେ ମନ
ଧର୍ମ ନୀତି ତର୍କ ସହିତ ରାଜନୀତି ବିଧାନ ॥୭॥
ଚୌଷଠି ଦିବସ ମଧ୍ୟରେ ସର୍ବ ବିଦ୍ୟା ଆୟତ
ଗୁରୁ ଗୃହୁ ନେବେ ବିଦାୟ ବିଦ୍ୟା ହେଲା ସମାପ୍ତ ॥୮॥
ଗୁରୁଙ୍କୁ କୁହନ୍ତି ଦକ୍ଷିଣା ଗୁରୁ ଦେବୁତ ଆମେ
ଗୁରୁତ ଭାବନ୍ତି ସୌଭାଗ୍ୟ ଆଜି ଏ ଧରା ଧାମେ ॥୯॥
ପରମ ବ୍ରହ୍ମତ ଶ୍ରୀକୃଷ୍ଣ ତାଙ୍କ ଗୁରୁ ହୋଇଲି
ଆଉ ବା ଦକ୍ଷିଣା କିନେବି ସବୁ ପ୍ରାପ୍ତତ ହେଲି ॥୧୦॥
ବିଚ୍ଛେଦ ଯନ୍ତ୍ରଣା ଆସେତ ଥିଲେ ପୁତ୍ରର ପ୍ରାୟ
ସେକାଳେ ପତ୍ନୀତ ଆସନ୍ତି ଶୁଣି ଶିଷ୍ୟ ବିଦାୟ ॥୧୧॥

ଦୁଃଖରେ କୁହନ୍ତି ଶିଷ୍ୟଙ୍କୁ ତୁମେ ବିଦାୟ ନେବ
ବହୁତ ଦୁଃଖତ ଲଭିବି ହୃଦ ଭାଙ୍ଗିଣ ଯିବ ॥୧୨॥
ତୁମକୁ ଦେଖିଣ ଭୁଲିତ ଥିଲି ପୁତ୍ର ବିଛେଦ
ପୁତ୍ର ଭାବେ ସ୍ନେହ କରିଣ ଲଭୁଥିଲି ଆନନ୍ଦ ॥୧୩॥
ଦିବସ ରଜନୀ ଯାଏତ ତୁମ ମୁଖକୁ ଚାହିଁ
ଚାଲିଯିବ ତୁମେ ଆଶ୍ରମୁ ଆଉ ଆସିବ ନାହିଁ ॥୧୪॥
ଏହି କଥା କହି କାନ୍ଦନ୍ତି ଗୁରୁ ପତ୍ନୀ ସେଠାରେ
ଶ୍ରୀକୃଷ୍ଣ କୁହନ୍ତି ମାତାତ ମନେ ସନ୍ଦେହ ଘାରେ ॥୧୫॥
କିପରି ନିଧନ ହୋଇଲା ପୁତ୍ର କୁହତ ମାତା
ଆଣିଦେବି ପୁତ୍ର କୋଳକୁ ଦୂର କରିବି ଚିନ୍ତା ॥୧୬॥
କହନ୍ତି ମାତାତ ପୁତ୍ରମୋ ଗଲା ପ୍ରବାସ କ୍ଷେତ୍ର
ସତେକି ଜୀବନେ ଅଛି ସେ ନୁହଁ ମୁହିଁରେ ଭ୍ରାନ୍ତ ॥୧୭॥
ଏକଥା ଶୁଣିଣ ଶ୍ରୀକୃଷ୍ଣ ଭାଇ ସାଥିରେ ଗଲେ
ପ୍ରବାସ କ୍ଷେତ୍ରରେ ସିନ୍ଧୁକୁ ଡାକି ଆଦେଶ ଦେଲେ ॥୧୮॥
ଗୁରୁ ପୁତ୍ର ଦିଅ ଫେରାଇ ପାଖେ ବିନତୀ କରେ
ସିନ୍ଧୁ ଦୁଇକର ଯୋଡିଣ ସତ୍ୟ କହେ ପାଖରେ ॥୧୯॥
ପଞ୍ଚଜନ ଗୁରୁ ପୁତ୍ରକୁ କଲା ସେତ ଭକ୍ଷଣ
ଶ୍ରୀକୃଷ୍ଣ ସିନ୍ଧୁରେ ପଶିଣ ପଞ୍ଚଜନ ଫାଡିଣ ॥୨୦॥
ଦେଖନ୍ତି ପେଟରେ ପୁତ୍ରତ ନାହିଁ ଶଙ୍ଖ ଦେଖିଲେ
ଶଙ୍ଖକୁ ଆଣନ୍ତି ସିନ୍ଧୁରୁ ପ୍ରାପ୍ତ ଶଙ୍ଖତ ହେଲେ ॥୨୧॥
ଯମ ପାଖେ ଗଲେ ସ୍ୱର୍ଗକୁ ଯମ ପାଖେ କୁହନ୍ତି
ଗୁରୁ ପୁତ୍ର କର ପ୍ରଦାନ ଗୁରୁ ଲଭିବେ ଶାନ୍ତି ॥୨୨॥
ସେହି ହେବ ଆମ ଦକ୍ଷିଣା ଏହା କରିଛୁ ସ୍ଥିର
ବିଳମ୍ବ ନକରି ଦିଅତ ନେବୁ ଗୁରୁ କୁମର ॥୨୩॥

ପ୍ରଣାମ ଜଣାଇ କୁହେତ ଯମ ପ୍ରଭୁ ପାଖରେ
ଅବତାର ତୁମେ ଘେନିଛ ପ୍ରଭୁ ଆଜି ମର୍ତ୍ତ୍ୟରେ ॥୨୪॥
ତୁମରି ବିଧାନ ପାଳେତ ମୋର ଦୋଷତ ନାହିଁ
ଜାଣିତ ନଥିଲି ତୁମେତ ନେବ ଆସି ଫେରାଇ ॥୨୫॥
କୃଷ୍ଣ ବଳରାମ ଆଣିଲେ ଗୁରୁ ପୁତ୍ରକୁ ଧରି
ଗୁରୁ ପତ୍ନୀ ପାଖେ ଦେଲେତ ନିଅ ପୁତ୍ର ତୁମରି ॥୨୬॥
ମାତା କୋଳେ ପୁତ୍ର ଧରିଲେ ଝରେ ଅଶ୍ରୁ ଆନନ୍ଦେ
ସାକ୍ଷାତ ପରମ ବ୍ରହ୍ମତ ପ୍ରତେ ହୋଇଲେ ହୃଦେ ॥୨୭॥
ସନ୍ଦିପନି ମୁନି ଦେଖନ୍ତି ଯହା ସମ୍ଭବ ନୁହେଁ
ସମ୍ଭବ କରିଲେ ଶିଷ୍ୟମୋ ଆଜ ଭ୍ରାତତ ଦୁହେଁ ॥୨୮॥
ଆଶୀର୍ବାଦ ଦେଲେ ଦୁହିଁକି କୀର୍ତ୍ତି ରଖ ଧରାରେ
ଅସତ୍ୟ କରିଣ ବିନାଶ ଜୟୀ ହୁଅ ଧର୍ମରେ ॥୨୯॥
ଆଶ୍ରମୁ ଆସିଲେ ପୁତ୍ରତ ଦୁହେଁ ମଥୁରାପୁର
ମୃତ ପୁତ୍ର ସ୍ୱର୍ଗୁ ଆଣିଲେ ହେଲା ରାଜ୍ୟେ ପ୍ରଚାର ॥୩୦॥
ଦର୍ଶନ ନିମନ୍ତେ ପ୍ରଜାଏ ରୁଣ୍ଡ ହୋଇଲେ ଆସି
ଦେବକୀ ମାତାତ ଜାଣିଣ ହେଲେ ଅତ୍ୟନ୍ତ ଖୁସି ॥୩୧॥
ଜୟ ଜୟ କୃଷ୍ଣ କୁହନ୍ତି ନର ନାରୀ ସମସ୍ତେ
ଅପରୂପ ଛବି ପ୍ରଭୁଙ୍କ ଦେଖୁ ଅଛନ୍ତି ନେତ୍ରେ ॥୩୨॥

--୦--

ଦ୍ୱିଚତ୍ୱାରିଂଶ ଅଧ୍ୟାୟ

ଉଦ୍ଧବଙ୍କ ବ୍ରଜ ଆଗମନ

ମଥୁରା ପୁରରେ କୃଷ୍ଣ ତ ଶିକ୍ଷା ସମାପ୍ତି କଲେ
କଂସକୁ ନିଧନ କରିଣ ରାଜ୍ୟ ଅଜାଙ୍କୁ ଦେଲେ ।୧।
ପିତାମାତା ଏବେ ଭଲରେ ଛନ୍ତି ରାଜ ଭବନେ
ମଥୁରା ପ୍ରଜାଏ ସୁଖୀ ତ ଉଗ୍ରସେନ ଶାସନେ ।୨।
ବ୍ରଜକଥା ଏବେ ମନକୁ କରେ ଅତି ଅସ୍ଥିର
ପ୍ରତିଧ୍ୱନୀ କର୍ଣ୍ଣେ ବାଜେ ତ ଯଶୋମତିର ସ୍ୱର ।୩।
ଗୋପବାଳୀଙ୍କର ପ୍ରେମ ତ ମନେ ପଡୁଛି ଆଜି
ସଖା ସାଥୀ ଗଣେ ସେଦିନ କରୁଥିଲେ ତ ଭୋଜି ।୪।
ନନ୍ଦବାବା କାନ୍ଧେ ବସାଇ ଦାଣ୍ଡେ ନିଅନ୍ତି ମତେ
ଯମୁନା କୂଳରେ ଗୋପୀଏ ଗାଳି ଦିଅନ୍ତି କେତେ ।୫।
ବଂଶୀଧ୍ୱନୀ ଶୁଣି ଧେନୁ ତ ପାଖେ ଆସୁଣ ଥିଲେ
ବନ ମୃଗ ଶିଶୁ ପକ୍ଷୀଏ ଆସି ବସନ୍ତି କୋଳେ ।୬।
ଆକଟ କିଏ ତ ନକରେ ଏଠି ଛାଟ ଧରିଣ
ବିରୁଦ୍ଧେ କିଏ ତ କହୁନି କାହ୍ନା ଖାଏ ମାଖନ ।୭।
ମୋ ଘରେ ପଶିଲା ଭାଙ୍ଗିଲା କ୍ଷୀର ଲବଣୀ ବଢ଼ା
ଏ କଥା ନ ଶୁଣେ କର୍ଣ୍ଣ ତ ଗୋପ ଶା ସନ କଡ଼ା ।୮।
ଘରେ ବନ୍ଦୀ କରି କିଏସେ ଆସେ ମାତା ପାଖକୁ
ପ୍ରମାଣ ଦେବ ସେ ଠେର ମୁଁ ବାନ୍ଧିଅଛି ପୁତ୍ରକୁ ।୯।
ବନ୍ଧନେ କିଏ ବା ବାନ୍ଧିବ ମିଥ୍ୟା ହୋଇଣ ଯାଏ
ମାତା କହେ କାହ୍ନା ଶୋଇଛି ଏହା ସତ୍ୟତ ହୁଏ ।୧୦।
କେତେ କଟୁକଥା କୁହନ୍ତି ଗୋପ ଗୋପ ଗୋପୀଏ
ଗାଳି ତ ମୋହର ଚନ୍ଦନ ପ୍ରେମ ପ୍ରୀତି ବଢ଼ାଏ ।୧୧।

ଡାକନ୍ତି ପ୍ରଭୁତ ଉଦ୍ଧବ ଆସ ସଖା ମୋହର
ରଥ ନେଇଯାଅ ତୁମେତ ଆଜ ମୋ ଗୋପପୁର ।୧୨।
କଥା ଦେଇଥିଲି ମୁହିଁତ ଚାରିଦିନେ ଫେରିବି
ଝୁରି ହେଉଥିବେ ସକଳେ ମତେ ସର୍ବଦା ଭାବି ।୧୩।
କହିବ ଉଦ୍ଧବ ବୁଝାଇ ପିତାମାତାଙ୍କୁ ମୋର
ମୋ ପ୍ରାଣ ରହିଛି ଗୋପରେ ଏଠି ଅଛି ଶରୀର ।୧୪।
ସର୍ବ ଘଟେ ବାସ ମୋହର ଆତ୍ମା ଭାବରେ ଥାଏ
ଗୋପୀଙ୍କୁ କହିବ ସର୍ବଦା ଅଛି ତାଙ୍କ ହୃଦରେ ।୧୫।
ସମର୍ପଣ ଭାବ ରଖିଣ ନିତ୍ୟ ଯିଏ ତ ସ୍ମରେ
ସର୍ବଦା ଦର୍ଶନ କରଇ ସେତ ନନ୍ଦ କୁମରେ ।୧୬।
ରଥ ସଜ ହେଲା ଉଦ୍ଧବ ବ୍ରଜ ଧାମକୁ ଯିବେ
ବ୍ରଜରେ ଭାଳେଣି ପଡ଼ିଛି କୃଷ୍ଣ କେବେ ଆସିବେ ।୧୭।
ଚାରି ଦିନ ନୁହଁ ଚାରିଟା ମାସ ଗଲାଣି ବିତି
ନ ଆସିଲା କୃଷ୍ଣ ଗୋପ ତ ଏହା ପୁରୁଷ ନୀତି ।୧୮।
ରାଜା ଭୁଲେ ପ୍ରଜା ପାଇଲେ ସେତ ରାଜପଦକୁ
ନଦୀପାର ହେଲେ ଭୁଲନ୍ତି ଜନେ ସେହି ନାବକୁ ।୧୯।
ଶିଷ୍ୟ ତ ଭୁଲନ୍ତି ଗୁରୁଙ୍କୁ ଶିକ୍ଷା ସରିଣ ଗଲେ
ରୋଗୀ ତ ଭୁଲଇ ବଇଦ ରୋଗ ଆରୋଗ୍ୟ ହେଲେ ।୨୦।
ଦକ୍ଷିଣା ପାଇଲେ ଭୁଲନ୍ତି ଦ୍ୱିଜ ଯଜମାନଙ୍କୁ
ଫଳ ସରିଗଲେ ପକ୍ଷୀ ତ ତ୍ୟାଗକରେ ବୃକ୍ଷକୁ ।୨୧।
ଭଜନ ପରେ ତ ଅତିଥି ଦାତା କଥା ଭୁଲଇ
କ୍ଷୀର ଛାଡ଼ିଦେଲେ ପୁତ୍ର ତ ଯାଏ ପାଖୁ ଦୂରେଇ ।୨୨।
ସେହି ପ୍ରାଏ କାହ୍ନା ଭୁଲିଲା ଏକି ନୂଆ କଥା କି
ପରସ୍ପର ଗୋପ ଗୋପୀଏ କଥା ହୁଅନ୍ତି ଡାକି ।୨୩।
ମଥୁରା ରମଣୀ ନୁହଁନ୍ତି ଆମ ପରି ସରଳ
କଥା ତ ମଧୁର କୁହନ୍ତି ହୃଦେ ରଖି ଗରଳ ।୨୪।

ପହଞ୍ଚିଲା ରଥ ନନ୍ଦର ଯାଇଁ ଦ୍ୱାର ଦେଶରେ
ମନଲୋଭା ରଥ ଅଟଇ ଗଢ଼ା ସୁନାରୂପାରେ ।୨୫।
ଚହଳ ପଡ଼ିଲା ଗୋପରେ ପୁଣି ଆସିଛି ରଥ
ଅକ୍ରୁର ନୁହେଁତ ଉଦ୍ଧବ ଆସେ ଜନର ସ୍ରୋତ ।୨୬।
କୃଷ୍ଣ-ବଳରାମ ନାହାଁନ୍ତି ରଥ ଶୂନ୍ୟ ଲାଗଇ
ଭାବନ୍ତି ସନ୍ଦେଶ କିଛି ତ କାହ୍ନା ଥିବ ପଠାଇ ।୨୭।
ରାତ୍ର ତ ଯାପନ ଉଦ୍ଧବ ନନ୍ଦ ଘରେ କରିଲେ
ସ୍ୱାଗତ କରିଲେ ନନ୍ଦତ ପୁତ୍ର ଭାବ ମଣିଲେ ।୨୮।
ପୁତ୍ର ସଖା ସେତ ଅଟଇ ବଡ଼ ଜ୍ଞାନୀରେ ଗଣା
ପଠାଇଛି ପୁତ୍ର ଆମକୁ ଦେବ ସେତ ସାନ୍ତ୍ୱନା ।୨୯।
ଉଦ୍ଧବକୁ ନନ୍ଦ କୁହନ୍ତି ମୋର ପଡୁଛି ମନେ
ନାମକରଣର ଉତ୍ସବ କରିଥିଲି ଭବନେ ।୩୦।
କୁଳଗୁରୁ ମୋର ଗର୍ଗ ତ କହିଥିଲେ ସେଦିନ
କାହ୍ନା ତୋର ଅଟେ ଈଶ୍ୱର ଏହା କରିବୁ ଧ୍ୟାନ।୩୧।
ପୂର୍ବର ସୌଭାଗ୍ୟ ଥିବାରୁ ଆଜି ତୋର ସନ୍ତାନ
ସତ୍ୟ ଧର୍ମ ରକ୍ଷା କରିବ ଦୈତ୍ୟ କରି ନିଧନ ।୩୨।
ଅବତାରେ ସେତ ଜନ୍ମିଛି ନନ୍ଦ ଏକଥା ଜାଣ
ବିଶ୍ୱାସ ନଥିଲା କଥା ତ ଭାବେ ପୁତ୍ର ସମାନ ।୩୩।
ସତରେ ଉଦ୍ଧବ କାହ୍ନା ମୋ ଦେଲା କଂସକୁ ମାରି
କୁବଳୟା ହସ୍ତୀ ସହିତ ଅଷ୍ଟ ମଲ୍ଲ ତାହାରି।୩୪।
ଖଣ୍ଡ ଖଣ୍ଡ କଲା ଧନୁକୁ ଯାଇ ଯଜ୍ଞ ଶାଳାରେ
ଏହି କଥା ହୁଏ ପ୍ରଚର ମୋର ଗୋପପୁରରେ ।୩୫।
ବିଶ୍ୱାସ ହୁଏନି ମୋହର କଥା ଅଟେ କି ସତ
ଦେଖିଛୁ ଆଖିରେ ଉଦ୍ଧବ ସେତ ତୋହର ମିତ ।୩୬।
ଶୟନେ ସପନେ ଦେଖୁଛି କାହ୍ନା ବଳରାମକୁ
ଭୋକ ଶୋଷ ନାହିଁ ଉଦ୍ଧବ ସତ କହେ ତୁମକୁ ।୩୭।

ଯଶୋମତି ରାଣୀ ମୋହର ସେତ ପାଗଳୀ ପ୍ରାୟ
ନୟନେ ତାହାର ନାହିଁତ ସରିଯାଇଛି ଲୁହ ।୩୮।
ଅଙ୍ଗର ଭୁଷଣ ନ ପିନ୍ଧେ ସ୍ନାନ ଭୋଜନ ନାହିଁ
ଶୋଇଲେ ବାଉଳି ହୁଅଇ ଡାକେ ସେତ କହ୍ନାଇ ।୩୯।
ଉଦ୍ଧବ ଶୁଣିଣ କୁହନ୍ତି ଦୁଃଖ କାହିଁକି କର
ପୁତ୍ର ତୁମ ଆସି ଅଛନ୍ତି ଧରା ହେବ ଉଦ୍ଧାର ।୪୦।
କହିଲେ ମତେ ସେ ଦୁଃଖରେ ଯାଅ ଉଦ୍ଧବ ତୁମେ
ପିତାମାତାଙ୍କୁ ତ ବୁଝାଇ ଦେବ ଫେରିବୁ ଆମେ ।୪୧।
ମଥୁରାରେ ଅଛି ଶରୀର ଗୋପେ ମୋର ହୃଦୟ
ପିତାମାତା କଥା କରେ ତ ମତେ ନିତ୍ୟ ଅଥୟ ।୪୨।
ଶତ୍ରୁର ନିଧନ କରିଛୁ ରାଜ୍ୟ କରିଛୁ ଦାନ
ଉଗ୍ରସେନ ରାଜା ଏବେତ କରୁଛନ୍ତି ଶାସନ ।୪୩।
ଗୋପସାଥେ ପ୍ରୀତି ବଢ଼ିବ ଶତ୍ରୁଭାବ ତ ନାହିଁ
କେତେ କଥା କହି କାନ୍ଦିଲେ କୃଷ୍ଣ ତୁମରି ପାଇଁ।୪୪।
କଥୋପକଥନେ ରାତ୍ରି ତ ଗଲା ହେଲା ପ୍ରଭାତ
ନିତ୍ୟକର୍ମ ସାରି ଉଦ୍ଧବ ହେଲେ ଏବେ ପ୍ରସ୍ତୁତ ।୪୫।
ଫେରିବେ ମଥୁରା ଆଜିତ ରଥ ପାଖେ ଆସନ୍ତି
ରଥ ଚତୁଃପାର୍ଶ୍ୱେ ଦେଖନ୍ତି ଗୋପୀଗଣ ଅଛନ୍ତି ।୪୬।
ଅଭିମାନ ଭରା ଭଙ୍ଗୀରେ କେତେ କଥା କୁହନ୍ତି
ଛଳ ଛଳ ହୁଏ ନୟନ ନେତ୍ରୁ ଲୁହ ଝରାନ୍ତି ।୪୭।
ସଖା ତୁମ କୃଷ୍ଣ ଲମ୍ପଟ ମିଥ୍ୟା ବାଦୀ ତ ଚୋର
ଚାରିଦିନ କଷ୍ଟ ଦେଇଣ ଲୁଚେ ମଥୁରା ପୁର ।୪୮।
ମନପ୍ରାଣ ଆଉ ଶରୀର ତାକୁ କରିଲୁ ଦାନ
ଶରୀର ତାହାର ଅଟଇ କାଟୁ ବିରହେ ଦିନ ।୪୯।
ଜାଗ୍ରତେ ସପନେ ଦେଖୁତ ଦେଖୁ ଯମୁନା କୂଳେ
ବଂଶୀ ସ୍ୱନ ଶୁଭେ ନିତ୍ୟ ତ ତା'ର ମାୟାର ବଳେ ।୫୦।

ତାହା ପାଇଁ ଆମେ ଶୁଣୁଛୁ	କେତେ କଟୂ ଗଞ୍ଜଣା
ଅସତୀ ପଣରେ ନିନ୍ଦାତ	ଗୋପେ ବାଜେ ବାଜଣା ।୫୧।
ଅଭିମାନ କଥା ଶୁଣିଣ	କହେ ଉଦ୍ଧବ ଶୁଣ
କୃଷ୍ଣ ଆଉ ତୁମ ମଧ୍ୟରେ	ନାହିଁ କିଛି ତ ଭିନ୍ନ ।୫୨।
ତୁମ ହୃଦେ କୃଷ୍ଣ ଅଛନ୍ତି	ତୁମେ ତାଙ୍କ ହୃଦରେ
ଭିନ୍ନତା ଆଣଇ ଶରୀର	ମାୟା ଆଚ୍ଛନ୍ନ କରେ ।୫୩।
ଜାଗଯଜ୍ଞ ଆଉ ସାଧନା	ମୁନୀରଷି କରନ୍ତି
କେତେ ତ ଜନମ ବିତଇ	ମିଳେ ନାହିଁ ତ ଭକ୍ତି ।୫୪।
ଭକ୍ତି ସମର୍ପଣ ନ ଆସେ	ପ୍ରଭୁ ନ କଲେ ଦୟା
ପତି ରୂପେ ତୁମେ ପାଇଲ	ଯାଚି ଦେଇଣ କାୟା ।୫୫।
ତୁମ ପଦରଜ ମୋତେ ତ	ଦୟା କରି ତ ଦିଅ
ଶରୀରେ ବୋଳିଲେ କାଳେ କି	ଭକ୍ତି ହେବ ଉଦୟ ।୫୬।
ପଦରେ ପ୍ରଣାମ କରିଣ	ପଦରଜ ଆଣନ୍ତି
ଗୋପାଙ୍ଗନା ହୃଦେ କୃଷ୍ଣଙ୍କୁ	ସେ ଯେ ଦେଖୁଣ ଛନ୍ତି ।୫୭।
ଧନ୍ୟ ଧନ୍ୟ ଗୋପୀ ସକଳେ	ଶୁଣ ବାର୍ତ୍ତା ତ ଏହି
କାହ୍ନା ତ କହିଛି ତୁମେ ତ	ହୃଦେ ରହିଛ ଯାଇ ।୫୮।
ଜଳରେ ତରଙ୍ଗ ଉଠଇ	ସେତ ଜଳ ଅଟଇ
ଦୃଶ୍ୟ ଜଗତରେ ଭିନ୍ନ ତ	ଭାବ ମନେ ଆସଇ ।୫୯।
ସ୍ମରଣ ଚିନ୍ତନ କରିବ	ଧ୍ୟାନ କରିବ ମତେ
ତୁମ ଠାରୁ ପ୍ରିୟ ନାହାଁନ୍ତି	ମୋର ଏହି ଜଗତେ ।୬୦।
ପ୍ରଭୁଙ୍କ ନୟନେ ଅଶ୍ରୁ ତ	ଝରି ଆସୁଣ ଥିଲା
ପଠାଇଲେ ମତେ ଗୋପକୁ	ଶୁଣ ଗୋପର ବାଳା ।୬୧।
ଗୋପୀଙ୍କ ଭାବକୁ ଦେଖିଣ	ମନେ ଉଦ୍ଧବ ଚିନ୍ତି
ଗୋପରେ ରହିଲେ ଗୋପୀଙ୍କ	ସାଥେ ରଖିଣ ଭକ୍ତି ।୬୨।
କିଛି ଦିନ ପରେ ଫେରିଲେ	ରଥେ ମଥୁରା ପୁରୀ
କୃଷ୍ଣଙ୍କୁ କୁହନ୍ତି ଗୋପରେ	ସର୍ବେ ହୁଅନ୍ତି ଝୁରି ।୬୩।

-- ୦ --

ତ୍ରିଚତ୍ୱାରିଂଶ ଅଧ୍ୟାୟ

ହସ୍ତିନାପୁରର କଥା

ବିଶ୍ୱ ସ୍ରଷ୍ଟା ପ୍ରଭୁ ଶ୍ରୀକୃଷ୍ଣ ଏବେ ମଥୁରାପୁରେ
ଦୁଷ୍ଟଙ୍କୁ ନାଶିଣ ସନ୍ଥଙ୍କୁ ଦେବେ ନ୍ୟାୟ ଧରାରେ ॥୧॥
ହସ୍ତିନାପୁରକୁ ଦୃଷ୍ଟିତ ପ୍ରଭୁ ରଖିଣଛନ୍ତି
ପଣ୍ଡୁଙ୍କ ନିଧନ ପରେତ ନାହିଁ ଧର୍ମର ନୀତି ॥୨॥
ଧୃତରାଷ୍ଟ୍ର ରାଜା ହୋଇଲେ ପଣ୍ଡୁ ନିଧନ ପରେ
ନୀତିଭ୍ରଷ୍ଟ ଅହଂକାରୀ ସେ ଥାଏ ପୁତ୍ର ମୋହରେ ॥୩॥
ବିଧବା ମାତା ମୋ କୁନ୍ତୀତ ଦୁଃଖେ ରହିଣଛନ୍ତି
ନିରାପଦ ନୁହଁ ଜୀବନ ଭୟ ଦିବସ ରାତି ॥୪॥
ତାହାର ପୁତ୍ରର ନିଧନେ ଦୁର୍ଯ୍ୟୋଧନର ଚିନ୍ତା
ମନ୍ଦ ବୁଦ୍ଧି ବଳେ ଅକାର୍ଯ୍ୟ ମାନି ମାମୁଁର କଥା ।୫॥
ଆକୁଳ ପ୍ରାର୍ଥନା କୁନ୍ତୀଙ୍କ ହୃଦ କରେ ଅସ୍ଥିର
ଅକ୍ରୁରକୁ ଡାକି କୁହନ୍ତି ଯାଅ ହସ୍ତୀନାପୁର ।୬॥
ସ୍ୱଭାବେ ତୁମର ଭଗ୍ନୀତ କୁନ୍ତୀ ମାତା ମୋହର
ପାଞ୍ଚ ପୁତ୍ର ପାଇଁ ବିପଦ ହେଉ ନାହିଁତ ଦୂର ॥୭॥
ଅଖଣ୍ଡ ବିଶ୍ୱାସ ରଖିଛି ନିରନ୍ତରତ ଡାକେ
ନିଜ ବଳେ ବଳୀ କୌରବ ଦମ୍ଭ ପ୍ରଚୁର ବୁକେ ॥୮॥
ସ୍ୱଭାବେ ଜାଣିଛି ତୁମେତ ରାଜନୀତିରେ ବିଜ୍ଞ
ଧର୍ମନୀତି ତୁମେ ଜାଣିଛ ଧୃତରାଷ୍ଟ୍ରତ ଅଜ୍ଞ ॥୯॥
କହିବ ତାହାକୁ ବୁଝାଇ ରାଜନୀତି ଶାସ୍ତ୍ରର
ଯଦିବା ମାନିବ ମଂଗଳ ହେବ ହସ୍ତୀନାପୁର ॥୧୦॥
ଅକ୍ରୁର ଆସିଲେ ହସ୍ତୀନା ପ୍ରଭୁ କଥାକୁ ମାନି
କୁନ୍ତୀଙ୍କୁ ସାକ୍ଷାତ କରିଲେ ଦୁଃଖେ ଅଛିତ ଭଗ୍ନୀ ॥୧୧॥

କୁହନ୍ତି ଦୁଃଖରେ ସର୍ବଦା ମୋର ପୁତ୍ର ମରଣେ
ଆନ ଚିନ୍ତା ନାହିଁ ରାଜାଙ୍କ ସେତ ପୁତ୍ର ଅଧୀନେ ॥୧୨॥
ଭାତୃ ଭାବ ଏଠି ନାହିଁତ ଏତ ହସ୍ତୀନାପୁର
ଯନ୍ତ୍ରଣା ପ୍ରାୟ ଭ୍ରାତାତ ଦୁର୍ଯ୍ୟୋଧନ କୁମାର ॥୧୩॥
ହିତୈଷି ମାନେତ ନିରବ ଖାଲି ଦେଖନ୍ତି ବସି
ଭରସା ମୋହର କୃଷ୍ଣତ ସ୍ମରେ ଦିବସ ନିଶି ॥୧୪॥
ମୋ ମାତୃ ବଂଶର ଆତ୍ମଜ ସେହି ମୋର ଭରସା
ବାପର ଛେଉଣ୍ଡ ପିଲାଏ ନାହିଁ ବଞ୍ଚିବା ଆଶା ॥୧୫॥
ଅକ୍ରୁର ବୁଝାନ୍ତି ଭଗ୍ନୀଙ୍କୁ ତୁମେ ବିଶ୍ୱାସ ରଖ
ସତ୍ୟର ପଥିକ ପାଣ୍ଡବେ ଯିବ ଅଚିରେ ଦୁଃଖ ॥୧୬॥
ଧର୍ମ ସଂସ୍ଥାପନା ହୋଇବ ହେବ ଧର୍ମର ଜୟ
ଦୁର୍ବଳ ନକର ମନକୁ ପୁତ୍ରେ ସାହାସ ଦିଅ ॥୧୭॥
ଶ୍ରୀକୃଷ୍ଣ ଆଦେଶ ଆସିଛି ଦେଲେ ଅଭୟ ମତେ
ସର୍ବଦା ଅଛନ୍ତି ତୁମର ପାଖେ ସେତ ଜାଗ୍ରତେ ॥୧୮॥
ସାନ୍ତ୍ୱନା ଦେଇଣ ଅକ୍ରୁର ଗଲେ ରାଜନ ପାଖେ
ଧୃତରାଷ୍ଟ୍ର ଅନ୍ଧ ରାଜାତ ଏବେ ହସ୍ତୀନା ବକ୍ଷେ ॥୧୯॥
ସମ୍ମାନ ଜଣାଇ ରାଜନେ ପରିଚୟ ଦିଅନ୍ତି
ସ୍ୱାଗତ କରିଣ ରାଜନ ପାଖେ ନେଇ ବସାନ୍ତି ॥୨୦॥
କୁହନ୍ତି ଅକ୍ରୁର ରାଜାଙ୍କୁ ପ୍ରଜା ବତ୍ସଳ ଭାବ
ରାଜାତ ଈଶ୍ୱର ଅଟନ୍ତି ପିତୃ ସ୍ୱଭାବ ଥିବ ॥୨୧॥
ପ୍ରଜାଙ୍କୁ ସୁଖରେ ରଖିଲେ ଯଶ କୀର୍ତ୍ତି ବଢ଼ଇ
ତୁମେ ଜ୍ଞାନୀ ରାଜା ଅଟତ କିବା କହିବି ମୁହିଁ ॥୨୨॥
ଆତ୍ମୀୟ ସ୍ୱଜନେ ସମତା ଭାବ ରଖ ରାଜନ
ଭାତୃ ପୁତ୍ର ମାନେ ତୁମର ସୁଖ କର ପ୍ରଦାନ ॥୨୩॥

ଆସିଥିଲେ ମର୍ତ୍ତ୍ୟେ ଏକାତ ସଖା ନଥିଲେ କେହି
ଗଲାବେଳେ ଏକା ଯିବତ କିଛି ନେବତ ନାହିଁ ॥୨୪॥
ଧର୍ମ ଏକା ସାର ଅଟଇ ଧର୍ମ ନାବଟି ଜାଣ
ଏ ଭବ ସାଗରୁ ଜୀବତ ଯାଏ ନାବେ ବସିଣ ॥୨୫॥
ରାଜପଦ କିବା ପୁତ୍ରତ ଶତ ସହସ୍ର ହେଲେ
ଲାଗିବେନି ତୁମ କାର୍ଯ୍ୟରେ ଯମ ସମନ ଦେଲେ ॥୨୬॥
କଲା କର୍ମ ତୁମେ ଭୋଗିବ ଏହା ସତ୍ୟ ଅଟଇ
ଅହଂକାର ନିଏ ଜୀବକୁ ପଥ ତାଙ୍କୁ ଭୁଲାଇ ॥୨୭॥
ମୋର ବୋଲି ଯାହା କୁହତ ନୁହଁ ଶରୀର ମୋର
ଆଉକେ ଭରସା ରାଜନ କର ଏହା ବିଚାର ॥୨୮॥
ପକ୍ଷପାତ କାର୍ଯ୍ୟ କଲେତ ନିନ୍ଦା ହେବ ଭୂଷଣ
ବଂଶର ମର୍ଯ୍ୟାଦା କ୍ଷୁନ୍ନତ କର ନାହିଁ ରାଜନ ॥୨୯॥
ଧୃତରାଷ୍ଟ୍ର ଶୁଣି କୁହନ୍ତି ତୁମେ ଦୟାଳୁ ଜ୍ଞାନୀ
ମଥୁରାବାସୀତ କୁହନ୍ତି ଖ୍ୟାତି ଅଛି ମୁଁ ଶୁଣି ॥୩୦॥
ରାଜନୀତି ଜ୍ଞାନେ ତୁମେତ ଶୁଦ୍ଧ ବିଚାର ଦିଅ
ଚିତ୍ତ ମୋର କରେ ବିଭ୍ରମ ଭୁଲି ଯାଏତ ନ୍ୟାୟ ॥୩୧॥
ଜାଣିଛି ନିଶ୍ଚିତ ବିଧାନ ଅଛି ଏହି ଧରାରେ
ଧର୍ମେ ଗ୍ଲାନି ହେଲେ ମର୍ତ୍ତ୍ୟକୁ ପ୍ରଭୁ ଅବତାରରେ ॥୩୨॥
ଆସିଣ ଦୁଷ୍ଟଙ୍କୁ ବିନାଶ ହସ୍ତେ ନିଜେ କରନ୍ତି
ଦେବତା ବ୍ରାହ୍ମଣ ସନ୍ଥଙ୍କୁ ମୁକ୍ତି ପଥ ଦେଖାନ୍ତି ॥୩୩॥
ଧର୍ମର ପ୍ରଚାର କରନ୍ତି ଧର୍ମ ପ୍ରତିଷ୍ଠା କରି
ଏକଥା ଜାଣିଛି ଅକ୍ରୁର ହେଲେ ପାରୁନି ଧରି ॥୩୪॥
ଅନ୍ଧ ନୁହେଁ ଖାଲି ମୁହିଁତ ଅନ୍ଧ ପୁତ୍ର ସ୍ନେହରେ
କ୍ଷମତା ନିମନ୍ତେ ଅନ୍ଧ ମୁଁ ଥାଏ ଅନ୍ଧ ବିଚାରେ ॥୩୫॥

ବିନାଶ ନିଶ୍ଚୟ ଆସିବ ପଥ ହୁଡିଲି ମୁହିଁ
ଦୁର୍ଯ୍ୟୋଧନ କଥା ମାନେତ ସେତ ଜ୍ୟେଷ୍ଠ ଅଟଇ ॥୩୬॥
ଅକ୍ରୁର ଜାଣିଲେ ରାଜନ ଭାବ ନୁହଁ ମହତ
ସତ୍ୟ ଶିକ୍ଷା ବୃଥା ହୋଇଲା ରାଜା ମୋହେ ଆସକ୍ତ ॥୩୭॥
ବିଦାୟ ନେଇଣ ଫେରିଲେ ମଥୁରାକୁ ଅକ୍ରୁର
ସକଳ ସମ୍ବାଦ ଦେଲେତ ପ୍ରଭୁ ହେଲେ ଗୋଚର ॥୩୮॥
ସମୟକୁ କର ଅପେକ୍ଷା ଆନ ଉପାୟ ନାହିଁ
ଧର୍ମ ସଂସ୍ଥାପନ ନିମନ୍ତେ ଆସି ଅଛିତ ମୁହିଁ ॥୩୯॥

-- ୦ --

ଚତୁଷ୍ଟଦ୍ୱାଚିଂଶ ଅଧ୍ୟାୟ

ଜରାସନ୍ଧ ଯୁଦ୍ଧ

ମଗଧ ରାଜ୍ୟର ରାଜାତ   ଜରା ସନ୍ଧତ ଥିଲେ
କଂସଙ୍କ ଶ୍ୱଶୁର ଅଟନ୍ତି   ଶକ୍ତିଶାଳୀତ ବଳେ ॥୧॥
ଶୁଣିଲା ଯୋଇଁର ମରଣ   କୃଷ୍ଣ ହାତେ ହୋଇଲା
କ୍ରୋଧ ତାର କୃଷ୍ଣ ଉପରେ   ତାଙ୍କ ମୃତ୍ୟୁ ଚିନ୍ତିଲା ॥୨॥
ବିଶାଳ ସୈନ୍ୟକୁ ନେଇଣ   ଆସେ ମଥୁରା ରାଜ୍ୟେ
ଆକ୍ରମଣ କଲା ହକାରି   କ୍ରୋଧେ କୃଷ୍ଣଙ୍କୁ ଖୋଜେ ॥୩॥
ଏକାଳେ ଶୂନ୍ୟରୁ ଆସିଣ   ଦୁଇ ପହଞ୍ଚେ ରଥ
ସୁସଜ୍ଜିତ ରଥ ହୋଇଛି   ରଥେ ଭରିଛି ଅସ୍ତ୍ର ॥୪॥
ଜରାସନ୍ଧ ମୃତ୍ୟୁ ନିମନ୍ତେ   ସ୍ୱର୍ଗ ଦେବତା ଗଣ
ପଠାଇ ଅଛନ୍ତି ଅସ୍ତ୍ରକୁ   ପ୍ରଭୁ କଲେ ଗ୍ରହଣ ॥୫॥
ଭାଇଙ୍କୁ କୁହନ୍ତି ଅସ୍ତ୍ରତ   ତୁମେ ରଥୁ ଆଣିଣ
ବିଳମ୍ବ ନକରି ଶୀଘ୍ରତ   କର ସୈନ୍ୟେ ପ୍ରଦାନ ॥୬॥
ମଥୁରା ସୈନ୍ୟତ ପାଇଲେ   ସର୍ବେ ନୂତନ ଅସ୍ତ୍ର
ଉତ୍ସାହ ବଢ଼ିଲା ପ୍ରାଣରେ   ଯୁଦ୍ଧେ ହେଲେ ପ୍ରସ୍ତୁତ ॥୭॥
କୃଷ୍ଣ ବଳରାମ ଯାଇଣ   ରଥେ ବେଗେ ବସିଲେ
ଭୟଙ୍କର ଯୁଦ୍ଧ ହୋଇଲା   କେତେ ସୈନ୍ୟତ ମଲେ ॥୮॥
ଜରାସନ୍ଧ ରଥ ସମ୍ମୁଖେ   କୃଷ୍ଣ ରଥକୁ ନେଲେ
ତା'ର ସାଥେ ଯୁଦ୍ଧ କରିବେ   ଏହା ଭାବିଣ ଥିଲେ ॥୯॥
ଜରାସନ୍ଧ ଡାକି କୁହଇ   ତୁତ ଅଟୁ ବାଳକ
ତୋର ସାଥେ ଯୁଦ୍ଧ କରିଲେ   ନିନ୍ଦା ଦେବେ ଭୂଲୋକ ॥୧୦॥
ନିଜର ମାମୁଁଙ୍କୁ ହତ୍ୟାତ   କରି ପାପ ଅର୍ଜିଛୁ
ପାପୀ ସାଥେ ଯୁଦ୍ଧ ନକରେ   ତୁତ କାହିଁ ଆସିଛୁ ॥୧୧॥

ବଳରାମ ଶୁଣି ଆସିଲେ ବ୍ରହ୍ମ ଅସ୍ତ୍ରକୁ ଧରି
ବରୁଣ ଫାଶରେ ବାନ୍ଧିଲେ ଦର୍ପ ଗଲା ତାହାରି ॥୧୨॥
କେତେ ସୈନ୍ୟ ତାର ମରିଲେ ଗଲେ ମଗଧ ଫେରି
ଫାଶରୁ ମୁକାଳି ଦିଅନ୍ତି କୃଷ୍ଣ ତାକୁ ନମାରି ॥୧୩॥
ଲଜ୍ଜିତ ହୋଇଣ ମଗଧ ଜରାସନ୍ଧତ ଗଲା
ସତର ବାରତ ମଥୁରା ଆକ୍ରମଣ କରିଲା ॥୧୪॥
ପ୍ରଭୁ ତ ଅପେକ୍ଷା କରିଲେ ପାପୀ ହେବ ବିନାଶ
ଯୁଦ୍ଧତ ନକରେ ମୋ ସାଥେ ଜରାସନ୍ଧ ନରେଶ ॥୧୫॥
ମାରିବି ତାହାକୁ ଛଳରେ ଏହା କରିଛି ସ୍ଥିର
ଭାଇକୁ କହିଲେ ସତ୍ୟତ ଭାଇ ଚିନ୍ତା ନକର ॥୧୬॥

--୦--

ପଞ୍ଚଚତ୍ୱାରିଂଶ ଅଧ୍ୟାୟ

କାଳଯବନ ଏବଂ ମୁଚୁକୁନ୍ଦ

ମଥୁରା ରାଜ୍ୟକୁ ବିପଦ   କ୍ରମେ ମାଡି ଆସଇ
କାଳ ଯବନତ ଯୁଦ୍ଧକୁ   ଆସେ ପ୍ରସ୍ତୁତ ହୋଇ ॥୧॥
ତିନିକୋଟି ସୈନ୍ୟ ତାହାର   ହେବ ମଥୁରା ଜୟୀ
କଂସର ଏମାନେ ବନ୍ଧୁତ   କ୍ରୋଧ ନିଧନ ପାଇଁ ॥୨॥
ଶ୍ରୀକୃଷ୍ଣ ଭାବନ୍ତି ନଗର   ଏକ ହେବ ନିର୍ମାଣ
ନଥିବ ସେଠାରେ ଶତ୍ରୁଙ୍କ   ଭୟ ଯୁଦ୍ଧ ଆହ୍ୱାନ ॥୩॥
ସାଗରକୁ ଡାକି କହିଲେ   ସ୍ଥାନ ଦେବାର ପାଇଁ
ଅତଳ ସାଗର ମଧ୍ୟରେ   ବିଶ୍ୱକର୍ମା ଗଢ଼ଇ ॥୪॥
ବିଚିତ୍ର ଭାବରେ ନିର୍ମାଣ   ହେଲା ଦ୍ୱାରୀକାପୁର
ତିନି ଭୁବନର ଶୋଭାକୁ   ମଣ୍ଡେ ସେହି ନଗର ॥୫॥
ସୁନ୍ଦର ଉଦ୍ୟାନ ସହିତ   ସୈନ୍ୟ ରହିବା ଘର
ଚାରିବର୍ଣ୍ଣ ପ୍ରଜା ନିମନ୍ତେ   ସ୍ଥାନ ଚାରି ପ୍ରକାର ॥୬॥
ପାରିଜାତ ସ୍ୱର୍ଗୁ ଆସିଲା   ଇନ୍ଦ୍ର କାର୍ଯ୍ୟରେ ରତ
ସମସ୍ତ ଦେବତା ସଜାନ୍ତି   ମର୍ତ୍ତ୍ୟ ବୈକୁଣ୍ଠ ସେତ ॥୭॥
ସେହି ନଗରରେ ରଖିଲେ   ନେଇ ଯାଦବ ବଂଶ
ମଥୁରାରେ ନିଜେ ରହିଲେ   ମାରିବାକୁ ରାକ୍ଷସ ॥୮॥
କାଳ ଯବନତ ଆସିଛି   ଯୁଦ୍ଧ କରିବା ପାଇଁ
ଆହ୍ୱାନ କରୁଛି ଆସହେ   ତୁମେ ରହିଛ କାହିଁ ॥୯॥
କୃଷ୍ଣ ବଳରାମ ଆସିଲେ   ଦୁହେଁ କଲେ ବିଚାର
କାଳ ଯବନର ସୈନ୍ୟତ   ଚର୍ତୁପାଶ୍ୱେ ଆମର ॥୧୦॥
କୃଷ୍ଣତ କୁହନ୍ତି ଭାଇଙ୍କୁ   ତୁମେ ଜଗିବ ଦ୍ୱାର
ନଗରୁ ମୁହିଁତ ଯାଉଛି   ପ୍ରାଣ ନେବି ତାହାର ॥୧୧॥

କାଳ ଯବନତ ଦେଖିଣ		କୃଷ୍ଣ ପାଖେ ଆସଇ
ପ୍ରତେ ହୁଏ ସତେ ପ୍ରଭୁତ		ଭୟେ ଗଲେ ପଳାଇ ॥୧୨॥
ଅତି ବେଗେ ପ୍ରଭୁ ଯାଆନ୍ତି		ଦୃଶ୍ୟ ଅଦୃଶ୍ୟ କ୍ଷଣେ
କାଳ ଯବନତ ଗୋଡାଏ		ପ୍ରଭୁ ଗଲେ ଅରଣ୍ୟେ ॥୧୩॥
ସତେକି ମୃଗୁଣୀ ଯାଉଛି		ପ୍ରାଣ ଭୟେ ପଳାଇ
ବ୍ୟାଘ୍ରକି ଗୋଡାଏ ଶିକାର		ସେହି ଭାବ ଆସଇ ॥୧୪॥
କ୍ଷେପଣ କରିବ ଅସ୍ତ୍ରତ		ଧ୍ୟାନେ ହୁଏ ପ୍ରସ୍ତୁତ
ଦେଖାଦେଇ ପୁଣି ପ୍ରଭୁତ		ହୋଇ ଯାଆନ୍ତି ଗୁପ୍ତ ॥୧୫॥
ପ୍ରଭୁତ ପ୍ରବେଶ କରିଲେ		ଏକ ଗିରୀ ମୁଖରେ
କାଳ ଯବନତ ପଶିଲା		ସେହି ଗୁମ୍ଫା ମଧ୍ୟରେ ॥୧୬॥
ସେଠାରେ ଦେଖଇ ଶୋଇଛି		ଏକ ବ୍ୟକ୍ତି ନିଶ୍ଚିତେ
ଭାବିଲା ଶ୍ରୀକୃଷ୍ଣ ସିଏତ		ଆଜି ଧରିବି ହସ୍ତେ ॥୧୭॥
ପ୍ରାଣ ଭୟେ କୃଷ୍ଣ ଶୋଇଛି		ଭାବି ମାରିଲା ପାଦେ
ଉଠିଲା ସେ ବ୍ୟକ୍ତି କ୍ରୋଧରେ		କିଏ ଗୁମ୍ଫାର ମଧ୍ୟେ ॥୧୮॥
କାଳ ଯବନକୁ ଦେଖିଣ		ତାର ଆଖିରୁ ଅଗ୍ନି
ପ୍ରକାଶ ହୋଇଲା ପ୍ରବଳ		ସେତ ପ୍ରକୋପ ବହ୍ନି ॥୧୯॥
ଜଳିଗଲା କାଳ ଯବନ		ସେହି ଗୁମ୍ଫା ଭିତରେ
ମାରିଲେନି ପ୍ରଭୁ ମରିଲା		ଆଜି କୋପ ଅଗ୍ନିରେ ॥୨୦॥
ଶୋଇଥିବା ବ୍ୟକ୍ତି ଅଟନ୍ତି		ମୁଚୁକୁନ୍ଦ ରାଜନ
ଇକ୍ଷ୍ୱା ବଂଶେ ତାଙ୍କ ଜନମ		ଶକ୍ତିଶାଳୀ ମହାନ ॥୨୧॥
ଖ୍ୟାତି ତାଙ୍କ ଥିଲା ମହୀରେ		ତ୍ୟାଗୀ ସତ୍ୟ ବ୍ରତୀତ
ମାନନ୍ଧାତାଙ୍କର ପୁତ୍ରସେ		ନାମ ମୁଚୁକୁନ୍ଦତ ॥୨୨॥
ଦେବତା ଭୟରେ ଆଶ୍ରୟ		ଲୋଡିଥିଲେ ତ ଦିନେ
ପରାସ୍ତ ଲଭିଲେ ରାକ୍ଷସ		ଜୟୀ ଦେବତା ଗଣେ ॥୨୩॥

ସନ୍ତୁଷ୍ଟ ହୋଇଣ ଦେବତା ଯାଚି ଦେଲେତ ବର
ବରଥିଲା ତାହ ଶୋଇବ ଧ୍ୟାନ କରି ଈଶ୍ୱର ॥୨୪॥
ତଥାସ୍ତୁ କହିଣ ଦେବତା ଆନ ବରତ ଦେଲେ
ନିଦ୍ରାଭଗ୍ନ ଯିଏ କରିବ ଭସ୍ମ ହେବସେ କାଳେ ॥୨୫॥
କାଳ ଯବନକୁ ଭସ୍ମତ ପ୍ରଭୁ କରି ଫେରିଲେ
କୃଷ୍ଣଙ୍କର ଜୟଗାନତ କୃଷ୍ଣ ସୈନ୍ୟ କରିଲେ ॥୨୬॥
କାଳ ଯବନର ନିଧନ ବାର୍ତ୍ତା ହେଲା ପ୍ରଚାର
ତାର ସୈନ୍ୟମାନେ ଭୟରେ ଗଲେ ମଗଧପୁର ॥୨୭॥

--୦--

ଷଟ୍‌ଚତ୍ୱାରିଂଶ ଅଧ୍ୟାୟ

ରୁକ୍ମଣୀ ବିବାହ

ବିଦର୍ଭ ରାଜ୍ୟର ରାଜନ କଥା ଶ୍ରବଣ କର
ଭିଷ୍ମକ ନାମଯେ ଅଟଇ ଖ୍ୟାତିଥିଲା ତାଙ୍କର ॥୧॥
ପଞ୍ଚପୁତ୍ର ସାଥେ କନ୍ୟାତ ନାମ ରୁକ୍ମିଣୀ ଥିଲା
ରୂପର ସାମ୍ରାଜ୍ୟେ ଶ୍ରେଷ୍ଠତ ସେହି ଅଟଇ ବାଳା ॥୨॥
ଚନ୍ଦ୍ର ପଦ୍ମ ନୁହଁ ତୁଲ୍ୟତ ଆନେ କିବା ତୁଳିବା
ଗୁଣେ ଗୁଣବତୀ ଅଟଇ ସେତ ହୋଇଲା ଯୁବା ॥୩॥
ରୁକ୍ମିଣୀ ଜାଣନ୍ତି ଜ୍ଞାନରେ ଜଣେ ଅଛି ପୁରୁଷ
ଦ୍ୱାରୀକା ନଗର ନରେଶ ଖ୍ୟାତି ଅଛିତ ଯଶ ॥୪॥
କନ୍ଦର୍ପ ନୁହେଁତ ସରିତ ତାଙ୍କ ରୂପେ ତୁଳନା
ଝୁରନ୍ତି ନିତ୍ୟ ସେ ରୂପକୁ ଗୋପେ ଗୋପ ଲଳନା ॥୫॥
ସର୍ବଗୁଣ ଯୁକ୍ତ ଅଟନ୍ତି ପୂର୍ଣ୍ଣ ବ୍ରହ୍ମ ପରାଏ
କଳଙ୍କର ଛିଟା ନାହିଁତ ଯଶ ଧରଣୀ ଗାଏ ॥୬॥
ସେହି ପ୍ରାୟ ଆଜି ଶ୍ରୀକୃଷ୍ଣ ହୃଦେ ରୁକ୍ମିଣୀ ଛବି
ସୁନ୍ଦରୀ ରୂପର ଲାବଣ୍ୟେ ନିତ୍ୟ ହୁଅନ୍ତି ଭାବି ॥୭॥
ବିଧାନ ବିଧିର ରହିଛି କିଏ କରିବ ଆନ
ବିଧିର ବିଧାନେ ଚଳଇ ଧରା ପରେ ଶାସନ ॥୮॥
ନିଶ୍ଚିତ ଫଳିବ ସେ ଫଳ ନୁହଁ ଖଣ୍ଡନ କେବେ
ବିବାହ ଯୋଗ୍ୟତ ହୋଇଲା ବର ଖୋଜନ୍ତି ଏବେ ॥୯॥
ରୁକ୍ମିଣୀଙ୍କ ଭ୍ରାତା ରୁକ୍ମତ ବର ସ୍ଥିର କରିଛି
ଶିଶୁପାଳ ନାମ ତାହାର ଚେଦି ବଂଶେ ଜନ୍ମିଛି ॥୧୦॥
ନରେଶ ପଣରେ ବନ୍ଧୁତା ତାର ରୁକ୍ମି ସାଥିରେ
ରୁକ୍ମିତ ସିଦ୍ଧାନ୍ତ ନେଇଛି ଭଗ୍ନୀ ଦେବ ହାତରେ ॥୨୦।

ଜାଣିଲେ ଭଗ୍ନୀତ ଭ୍ରାତାର ମନ୍ଦ ବୁଦ୍ଧି ଅଟଇ
କୃଷ୍ଣଙ୍କ ସାଥିରେ ଶତ୍ରୁତା ଭାବ ରଖିଛି ଭାଇ ॥୨୧॥
ରୁକ୍ମଣୀ ବିଶ୍ୱାସୀ ବ୍ରାହ୍ମଣ ହସ୍ତେ ପଠାନ୍ତି ପତ୍ର
ଗୁପ୍ତରେ ବ୍ରାହ୍ମଣ ଆସଇ କିଏ ନୁହନ୍ତି ଜ୍ଞାନ୍ତ ॥୨୨।
ଦ୍ୱାରୀକା ପୁରରେ ବ୍ରାହ୍ମଣ ପତ୍ର ଦେଲାତ ହସ୍ତେ
ଖୋଲିଣ ପତ୍ରକୁ ଶ୍ରୀକୃଷ୍ଣ ପଢୁ ଅଛନ୍ତି ନେତ୍ରେ ॥୨୩॥
ପତ୍ରେ ଲେଖା ଥିଲା ସ୍ୱାମୀମୁଁ ସମର୍ପିତା ପାଦରେ
ଅନ୍ୟ ବରେ ବିଭା ହେବିନି ଏହି ସିଦ୍ଧାନ୍ତ କରେ ॥୨୪॥
ଅବଳା ଦୁର୍ବଳା ଅଟଇ ପିତା ଭ୍ରାତାତ ମୋର
ଅନ୍ୟ ବରେ ବାଧ କରନ୍ତି ତୁମେ କର ଉଦ୍ଧାର ॥୨୫॥
ରାତ୍ର ପାହିଗଲେ ବିବାହ ଦିନ ମୋର ଆସିବ
ଶିଶୁପାଳ ବର ଅଟଇ ପତି ତୁମେ ଜାଣିବ ॥୨୬॥
କହୁଛି ତୁମକୁ ସତ୍ୟତ ତୁମେ ମନେ ରଖିବ
ସଂସାର ବିଧିତ ଅଟଇ କନ୍ୟା ମନ୍ଦିର ଯିବ ॥୨୭॥
ଅମ୍ବିକା ମନ୍ଦିର ଯିବି ମୁଁ ସଖୀଗଣ ମଧ୍ୟରେ
ବିମାନେ ଆସିଣ ନେବତ ତୁମେ ସ୍ୱର୍ଗ ପଥରେ ॥୨୮॥
ନୋହିଲେ ମୃତ୍ୟୁତ ମୋହର ପ୍ରାଣ ନିଜେ ତେଜିବି
ପର ଜନ୍ମେ ମଧ ତପସ୍ୟା ତୁମ ପାଇଁ କରିବି ॥୨୯॥
ଗୁପ୍ତରେ ବ୍ରାହ୍ମଣ ପତ୍ରତ ଦେଲା ଶ୍ରୀକୃଷ୍ଣ ହସ୍ତେ
ନଜାଣନ୍ତି କେହି ଏକଥା ପିତା ମାତାକି ଭ୍ରାତେ ॥୩୦॥
ନିଶ୍ଚିତ କରିଲେ ପ୍ରଭୁତ ବିଭା ହେବେ ରୁକ୍ମଣୀ
ସଖୀଗଣ ମଧ୍ୟୁ ଉଠାଇ ନେବେ ବାଳାକୁ ଚିହ୍ନି ॥୩୧॥
ସାରଥୀ ଡାକିଣ ପ୍ରଭୁତ ରଥେ ଯାତ୍ରା କରିଲେ
ବିଦର୍ଭ ରଜ୍ୟରେ ପହଞ୍ଚି ରାଜଧାନୀ ଖୋଜିଲେ ॥୩୨॥

କୁଣ୍ଡନ ନଗ୍ରତ ଅଟଇ	ରାଜଧାନୀ ତାଙ୍କର
ବିମାନ ରଖିଲେ ଅଦୃଶ୍ୟେ	ପାର୍ଶ୍ୱେ ମାତା ମନ୍ଦିର ।।୩୩।।
ଭ୍ରାତ ବଳରାମ ଜାଣିଲେ	କୃଷ୍ଣ ବିଦର୍ଭ ଗଲା
ନିଶ୍ଚେ ଯୁଦ୍ଧ ହେବ ସେଠାରେ	କୃଷ୍ଣ ଅଛି ଏକଲା ।।୩୪।।
ନିଜ ସୈନ୍ୟ ସେନା ନେଇଣ	ଯାତ୍ରା ଜ୍ୟେଷ୍ଠ ଭ୍ରାତାତ
କୁଣ୍ଡନପୁରରେ ପହଞ୍ଚି	ଯୁଦ୍ଧ ପାଇଁ ପ୍ରସ୍ତୁତ ।।୩୫।।
ଭିଷ୍ମକ ପ୍ରସ୍ତୁତ ହୁଅନ୍ତି	କନ୍ୟା ବିବାହ ପାଇଁ
ଶିଶୁପାଳ ପିତା ବସିଛି	ଦମ ଘୋଷ ଅଟଇ ।।୩୬।।
ବ୍ରାହ୍ମଣ ନିର୍ଦ୍ଦେଶେ ବେଦୀତ	ହୋଇ ଅଛି ନିର୍ମାଣ
ଚୂତ ପତ୍ରେ ଶୋଭା ଦିଶଇ	ରମ୍ଭା ବୃକ୍ଷ ରୋପଣ ।।୩୭।।
ନାନା ପୁଷ୍ପେ ମଣ୍ଡି ଅଛଇ	ବେଦୀ ବିମାନ ପରି
ବିବହ ସାମଗ୍ରୀ ସମସ୍ତ	ଅଛି ସେଠାରେ ପୁରି ।।୩୮।।
ଚିନ୍ତିତ ଅବସ୍ଥା ଘାରେତ	ମନେ ରୁକ୍ମଣୀ ବ୍ୟସ୍ତ
ଫେରିନି ବ୍ରାହ୍ମଣ ଏଯାଏ	କିବା ନେବି ସିଦ୍ଧାନ୍ତ ।।୩୯।।
ସତେକି ଆସିବେ ମୋ କାନ୍ତ	ନେବେ ରଥେ ବସାଇ
ଦ୍ୱାରୀକା ଭୁବନ ଦେଖିବି	ପତ୍ନୀ ସୌଭାଗ୍ୟ ନେଇ ।।୪୦।।
ବ୍ରାହ୍ମଣ ପହଞ୍ଚି ସନ୍ଦେହ	ଦୂର କଲା ମନରୁ
ଯଥା କାଳେ ପ୍ରଭୁ ପହଞ୍ଚି	ନେବେ ସଖୀ ମଧ୍ୟରୁ ।।୪୧।।
ଏବେତ ସମୟ ଆସିଲା	କନ୍ୟା ଯିବ ମନ୍ଦିର
ସଖୀଗଣ ମଧ୍ୟେ ନାରୀଏ	ଯିବେ ସାଥେ ତାହାର ।।୪୨।।
ଅମ୍ବିକା ମନ୍ଦିର ଯାତ୍ରାତ	ଶୁଭ ସାମଗ୍ରୀ ନେଇ
ଯାଆନ୍ତି ସକଳେ ଆନନ୍ଦେ	କନ୍ୟା ମଙ୍ଗୁଳା ପାଇଁ ।।୪୩।।
ଶଙ୍ଖ ହୁଳହୁଳି କମ୍ପୁଛି	ବାଜେ ଶୁଭେ ଶା'ନାଇ
ଅପରୂପ ଶୋଭା ମଣ୍ଡିଛି	କନ୍ୟା ଓଢ଼ଣୀ ଦେଇ ।।୪୪।।

ବାଳସୂର୍ଯ୍ୟ ଯେହ୍ନେ ଉଦୟ   ହୁଏ ପ୍ରଭାତ କାଳେ
ତମସା ବିଲୋପ ହୁଅଇ   ଏହି ଧରା ମଣ୍ଡଳେ ॥୪୫॥
ସ୍ୱଭାବେ ସନ୍ଧ୍ୟାର ସମୟ   ନାରୀ ରତନ ଆସେ
ବାଳା ମୁଖଚନ୍ଦ୍ର ଜ୍ୟୋତିତ   ସନ୍ଧ୍ୟା କାଳୀମା ନାଶେ ॥୪୬॥
ପ୍ରକାଶିତ ହୁଏ କିରଣ   ଝିନ ବସନୁ ତାର
ସୁବର୍ଣ୍ଣ ଝରିରେ ଓଢ଼ଣୀ   ମଣ୍ଡିଥାଏ ଶରୀର ॥୪୭॥
ଅମ୍ବିକା ଚରଣ ପୂଜିବ   ଧୀରେ ଧୀରେ ଗମନ
ହଂସ ଗଜ ତୁଲ୍ୟ ନୁହନ୍ତି   ମୋହେ ଯତିଙ୍କ ମନ ॥୪୮॥
ଆଦରେ ଆଣନ୍ତି ସଖୀତ   ଜେମା କର ଧରିଣ
ପହଞ୍ଚି ଗଲେତ ମନ୍ଦିରେ   କଲେ ମାତା ଦର୍ଶନ ॥୪୯॥
ମାତାଙ୍କର ସ୍ନାନ ମାର୍ଜନା   ଗନ୍ଧଗୋଳା ହଳଦୀ
ସୁବାସିତ ଜଳେ କରନ୍ତି   ଯାହା ଥିଲାତ ବିଧି ॥୫୦॥
ପୁଷ୍ପମାଳା ମାନ ମଣ୍ଡାନ୍ତି   ମାତା ଗଳାରେ ନେଇ
ଦୀପ ଧୂପେ କଲେ ବନ୍ଦନା   ହୁଳହୁଳି ପକାଇ ॥୫୧॥
ଶୁଭ ଶଂଖ ବାଜେ ସେକାଳେ   ବାଜେ ଯୋଡି ମୋହୁରୀ
ମାତାଙ୍କ ସମ୍ମୁଖେ ଜେମାଙ୍କ   ଗଡେ ନୟନୁ ବାରି ॥୫୨॥
ବିନୀତ ପ୍ରାର୍ଥନା କରନ୍ତି   ମାତା ଚରଣ ଧ୍ୟାୟୀ
ମାତାଙ୍କ ଶିରରୁ ପୁଷ୍ପତ   ଆସି କରେ ପଡଇ ॥୫୩॥
ନିଶ୍ଚିତ କାମନା ପୂରଣ   ମାତା ଦେଲେ ଆଦେଶ
ସଖୀଗଣ ସାଥେ ଜେମାତ   ହେଲେ ଅତି ସନ୍ତୋଷ ॥୫୪॥
ମନ୍ଦିରୁ ଫେରନ୍ତି ଉଆସେ   ଧିର ମନ୍ଥର ଗତି
ରୁକ୍ମଣୀ ଖୋଜନ୍ତି କାହିଁମୋ   ପତି ଦୃଶ୍ୟ ନୁହଁନ୍ତି ॥୫୫॥
ଏକାଳେ ଆସିଣ ଶ୍ରୀକୃଷ୍ଣ   ହସ୍ତେ ଟେକିଣ ନେଲେ
ଚହଳ ପଡିଲା କନ୍ୟାକୁ   କିଏ ନେଇତ ଗଲେ ॥୫୬॥

ନିମନ୍ତ୍ରିତ ବର ବସିଛି କିଏ ଚୋର ପରାଏ
କନ୍ୟାକୁ ନେଇଣ ଗଲାତ କାହିଁ ଦୃଶ୍ୟ ନହୁଏ ॥୫୭॥
ଶିଶୁପାଳ ମନ ଦୁଃଖରେ ଭାଗ୍ୟ ନିନ୍ଦୁ ଅଛଇ
ଜରାସନ୍ଧ ଆସି ବୁଝାଏ ଜ୍ଞାନ କଥାକୁ କହି ॥୫୮॥
କିଏ ଜଣେ ଯାଦୁକରତ କାଷ୍ଠ ପିତୁଳି ପ୍ରାୟ
ନଚାଏ ଆମକୁ ରାଜନ ବୁଝି ନ୍ୟାୟ ଅନ୍ୟାୟ ॥୫୯॥
ସୁଖ ଦୁଃଖ ଜୀବ ଭୋଗଇ ଦିନ ପରେ ତ ରାତି
ସୌଭାଗ୍ୟ ଦୁର୍ଭାଗ୍ୟ ଆମର ଦ୍ୱୟେ ରଖିବା ପ୍ରୀତି ॥୬୦॥
ଅଠର ଥରତ ମଥୁରା ଗଲି ସୈନ୍ୟକୁ ନେଇ
ଥରେତ ବିଜୟୀ ନୋହିଲି ସବୁଥର ହାରଇ ॥୬୧॥
ସମୟ ଆସିଲେ ବିଜୟୀ ହେବି ଏହା ନିଶ୍ଚିତ
କନ୍ୟା ଭାଗ୍ୟେ ନାହିଁ ତୁମର ଯାଅ ରାଜ୍ୟେ ଫେରିତ ॥୬୨॥
ସେକାଳେ ଯୁଦ୍ଧର ଘୋଷଣା ଶୁଣି ହେଲେ ପ୍ରସ୍ତୁତ
ରୁକ୍ମଣୀଙ୍କୁ ନେଇ ଯାଏତ ଗୋପ ନନ୍ଦର ସୁତ ॥୬୩॥
ସକଳ ମିଳିଣ ଯୁଦ୍ଧତ କରି ହେଲେ ପରାସ୍ତ
ରୁକ୍ମିଣୀ ଭ୍ରାତା ତ କ୍ରୋଧରେ ଯାଇ ରୋଧିଲା ପଥ ॥୬୪॥
ନିମିଷକେ ପ୍ରଭୁ ତାହାର ମୁଣ୍ଡ କାଟିବା କଥା
ରୁକ୍ମିଣୀ କୁହନ୍ତି ନମାର ମୋର ଜ୍ୟେଷ୍ଠ ସେ ଭ୍ରାତା ॥୬୫॥
ବାନ୍ଧିଣ ଥିଲେତ ତାହାକୁ କାଟି ଦେଲେ ତ କେଶ
ଗର୍ବ ଅହଂକାର ଗଲାତ ପ୍ରଭୁ କରିଲେ ନାଶ ॥୬୬॥
ବଳରାମ ଆସି ବନ୍ଧନୁ ଦେଲେ ମୁକ୍ତ କରିଣ
ଲଜ୍ଜା ନେଇ ଫେରେ ରୁକ୍ମତ ନାହିଁ ମୁଖେ ବଚନ ॥୬୭॥
ଦ୍ୱାରୀକା ପୁରରେ ଆସିଣ ରଥ ପହଞ୍ଚି ଗଲା
ବର କନ୍ୟାଙ୍କର ବିବାହ କାର୍ଯ୍ୟ ଆରମ୍ଭ ହେଲା ॥୬୮।

--୦--

ସପ୍ତଚତ୍ୱାରିଂଶ ଅଧ୍ୟାୟ

ପ୍ରଦ୍ୟୁମ୍ନ

ଦ୍ୱାରୀକାପୁରରେ କ୍ରନ୍ଦନ ଏବେ ଶିଶୁତ କରେ
ରୁକ୍ମଣୀ ଗର୍ଭର ସନ୍ତାନ ଜନ୍ମ ଆଜି ମର୍ତ୍ତ୍ୟରେ ॥୧॥
ଉତ୍ସବ ମୁଖର ଦ୍ୱାରୀକା ସର୍ବେ ଆନନ୍ଦ ଚିତ୍ତ
ଭାଟମାନେ ଆସି ଗାୟନ କଲେ ସ୍ତୁତି ସଙ୍ଗୀତ ॥୨॥
ବିପ୍ରମାନେ ଆସି ନେଲେତ ପ୍ରଭୁ ହସ୍ତରୁ ଦାନ
ପ୍ରଜାଙ୍କୁ ଡାକିଣ ଦେଲେତ ବସ୍ତ୍ର ସହିତ ଅନ୍ନ ॥୩॥
ଦିନ ପରେ ଦିନ ବିତିଲା ଆଜି ଷଷ୍ଠ ଦିବସ
ଷଷ୍ଠୀ ଦେବୀଙ୍କର ପୂଜନେ ମାତୃଗଣେ ଉଲ୍ଲାସ ॥୪॥
ସଧବା ନାରୀଏ ପୁତ୍ରକୁ ସ୍ନାନ କରିଣ ଦେବେ
ଆସିଲେଣି ମେଳି ବାନ୍ଧିଣ ପୁତ୍ର କୋଳକୁ ନେବେ ॥୫॥
ସ୍ନାନ କାର୍ଯ୍ୟ ସାରି ଦେଲେତ ମାତା ପୁତ୍ର ଆଣିଣ
ନୂତନ ବସ୍ତ୍ରକୁ ପିନ୍ଧାଏ କଳା ଟିପା ଦେଇଣ ॥୬॥
କ୍ଷୀର ପାନଦେଇ ଶେଯରେ ଦେଲା ପୁତ୍ରକୁ ଶୋଇ
ଗୁପ୍ତେ ଶମ୍ବାସୁର ରାକ୍ଷସ ଦେଖୁଥିଲାତ ରହି ॥୭॥
ପୁତ୍ରକୁ ଉଠାଇ ନେଲାତ ଗୃହ ମଧ୍ୟେ ପଶିଣ
ନଥିଲେ ସେକାଳେ ପୁତ୍ରର ପାଖେ କେହିତ ଜନ ॥୮॥
କ୍ରୋଧରେ ଫିଙ୍ଗିଲା ପୁତ୍ରକୁ ସିନ୍ଧୁ ଜଳ ମଧ୍ୟରେ
ଜଳେ ଥିଲା ଏକ ମତ୍ସ୍ୟତ ଗିଳି ଦେଲା ଗର୍ଭରେ ॥୯॥
ସେହି ମାଛ ପଡ଼େ ଜାଲରେ ଜଣେ ଧୀବର ଧରେ
ମାଛକୁ ବିକ୍ରୟ କରିଲା ଶମ୍ବାସୁରର ଘରେ ॥୧୦॥
ଆନନ୍ଦେ ମାଛକୁ କାଟନ୍ତେ ଗର୍ଭୁ ଆସେ ସନ୍ତାନ
କୁଆଁ କୁଆଁ ରାବ କରଇ ଅଛି ତାର ଜୀବନ ॥୧୧॥

ଦିବ୍ୟ ଶିଶୁ ପ୍ରାୟ ରଙ୍ଗତ	ଦେଖି ମମତା ଆସେ
କୋଳକୁ ଆଣନ୍ତି ଶିଶୁକୁ	ଯତ୍ନେ ଧରି ହରସେ ॥୧୨॥
ଦାସୀ ଏକ ପାଳେ ପୁତ୍ରକୁ	ମାତା ଭାବ ରଖିଣ
ଶମ୍ବାସୁର ଦେଖି ସମ୍ମତି	କଲା ତାକୁ ପ୍ରଦାନ ॥୧୩॥
ଦାସୀ ପଣେ ରତୀ ଦେବୀତ	ଆଜି ରାକ୍ଷସ ଘରେ
ସ୍ୱାମୀ ଭସ୍ମ ପରେ ରାକ୍ଷାସ	ଆଣିଥିଲା କ୍ରୋଧରେ ॥୧୪॥
ସ୍ନେହ ଶ୍ରଦ୍ଧା ଭାବ ରଖିଣ	ପୁତ୍ର ପାଳୁ ଅଛଇ
କୃଷ୍ଣ ବୀର୍ଯ୍ୟେ ସେତ ସନ୍ତାନ	ତାଙ୍କୁ କଳି ନୁହଁଇ ॥୧୫॥
ଶୁକ୍ଳ ପକ୍ଷ ଚନ୍ଦ୍ର ପରାଏ	ଶିଶୁ ବଢ଼ିଲା ନିତି
ସୁନ୍ଦର ପଣରେ ପ୍ରକାଶେ	ତାର ଅଙ୍ଗର କାନ୍ତି ॥୧୬॥
ଏକଦା ଗୁପ୍ତରେ ଆସିଣ	ରତୀଦେବୀ ପାଖରେ
ନାରଦ ମହର୍ଷି କହିଲେ	ସତ୍ୟ ଶୁଣ କର୍ଣ୍ଣରେ ॥୧୭।
ଶିବ କୋପାନଳେ ତୋ ସ୍ୱାମୀ	ଝାସ ଦେଇଣ ଥିଲା
କୃଷ୍ଣ ବୀର୍ଯ୍ୟେ ଜନ୍ମ ଏହାର	ନାମ ପ୍ରଦ୍ୟୁମ୍ନ ହେଲା ॥୧୮॥
ସେହି ଶିଶୁ ଆଜି ତୋ ପାଖେ	ଯୁବ କନ୍ଦର୍ପ ସେହି
ଏହି କଥା ତତେ କହୁଛି	ଯାଅ ତୁମେ ପଳାଇ ॥୧୯॥
ଦ୍ୱାରୀକା ଭୂବନେ ତୋହର	ଛନ୍ତି ଶାଶୁ ଶ୍ୱଶୁର
ଜଗତର କର୍ତ୍ତା ଶ୍ରୀକୃଷ୍ଣ	ପୁତ୍ର ଶୋକେ ଅଧିର ॥୨୦॥
ରୁକ୍ମଣୀ ମାତାତ ପୁତ୍ରର	ପାଇଲାନି ସନ୍ଧାନ
ଭାବିଛି ପୁତ୍ରର ନିଶ୍ଚିତ	ହୋଇଅଛି ମରଣ ॥୨୧॥
ନାରଦ ସମ୍ବାଦ ରତୀତ	କହେ ପ୍ରଦ୍ୟୁମ୍ନ ପାଖେ
ପୁତ୍ରର ମମତା ଛାଡିଣ	ସ୍ୱାମୀ ଭାବରେ ଦେଖେ ॥୨୨॥
ପୂର୍ବ ଜନ୍ମେ ତୁମେ ସ୍ୱାମୀ ମୋ	ମୁଁ ତ ପତ୍ନୀ ଅଟଇ
ରତୀ ଦେବୀ ମୋର ନାମତ	ସ୍ମର ସତ୍ୟତ ଏହି ॥୨୩॥

ଦେବତା ମଙ୍ଗଳେ ଝାସତ	ଶିବ କୋପ ଅନଳେ
ଶମ୍ବାସୁର ଆଣି ତୁମକୁ	ଫିଙ୍ଗିଥିଲା ତ ଜଳେ ॥୨୪॥
ରୁକ୍ମଣୀ ମାତାଙ୍କ ଗର୍ଭରୁ	ତୁମେ ହୋଇଛ ଜାତ
ଶିବଙ୍କ ବାକ୍ୟତ ସ୍ୱାମୀମୋ	ହେଲା ଏବେ ତ ସତ ॥୨୫॥
ଦୁହେଁ ମିଶି ଗୁପ୍ତେ ମାରିଲେ	ଶମ୍ବାସୁର ରାକ୍ଷାସ
ପତି ପତ୍ନୀ ଦୁହେଁ ଆସିଲେ	ଏବେ ଦ୍ୱାରୀକା ଦେଶ ॥୨୬॥
ରୁକ୍ମିଣୀ ମାତାତ ନ ଚିହ୍ନେ	ମନେ ସନ୍ଦେହ କଲା
ଷଷ୍ଠୀ ଘର ଦିନ ପୁତ୍ର ମୋ	କିଏ ନେଇଣ ଗଲା ॥୨୭॥
ତୁମେ ଆସି କୁହ କିପରି	ପୁତ୍ର ମୋହର ହେଲ
ନବ ବଧୂ ଏକ ସାଥୀରେ	କାହୁଁ ତୁମେ ଆଣିଲ ॥୨୮॥
ଆଶ୍ଚର୍ଯ୍ୟ ଲାଗୁଛି ମତେତ	ଜନେ ଶୁଣି ହସିବେ
କିବା ସତ୍ୟ ଅଛି କଥାରେ	କୁହ ଜନେ ଜାଣିବେ ॥୨୯॥
ରତୀ ଦେବୀ କଲେ ପ୍ରକାଶ	ଏହି ପୁତ୍ର ତୁମର
ମାରିଣ ଆସିଲେ ମାତାତ	ସେହି ଶମ୍ବରାସୁର ॥୩୦॥
ଏକାଳେ ଶୂନ୍ୟରୁ ନାରଦ	ବାଣୀ ଶୁଣାତ ଗଲା
ସତ୍ୟ ସତ୍ୟ ଏହା କହୁଛି	ଘେନ ରୁକ୍ମଣୀ ଭଲା ॥୩୧॥
ସିନ୍ଧୁ ଗର୍ଭେ ପଡିଥିଲାତ	ପୁତ୍ର ମରିତ ନାହିଁ
ପ୍ରଭୁଙ୍କ ସନ୍ତାନ କେବେକି	କିଏ ମାରି ପାରଇ ॥୩୨॥
ହଜିଲା ପୁତ୍ରକୁ ପାଇଲେ	ଆଜି ରୁକ୍ମିଣୀ ମାତା
ପୁତ୍ର ସାଥେ ବଧୂ କୋଳକୁ	ନେଲେ ବିଚିତ୍ର କଥା ॥୩୩॥

--୦--

ଅଷ୍ଟଚତ୍ୱାରିଂଶ ଅଧ୍ୟାୟ

ସ୍ୟାମନ୍ତକଙ୍କ ମଣି-ଜାମ୍ବବତୀ ସତ୍ୟଭାମା

କହୁଛନ୍ତି ଶୁକ ମୁନିତ   ରାଜା ପରୀକ୍ଷିତଙ୍କୁ
ସ୍ୟାମନ୍ତକମଣି କଥାତ   ପ୍ରାପ୍ତ ହେଲା କୃଷ୍ଣଙ୍କୁ ॥୧॥
ସୂର୍ଯ୍ୟସମ ପ୍ରଭା ତାହାର   ସୂର୍ଯ୍ୟ ପାଖେତ ଥିଲା
ସତ୍ରାଜିତ ପୂଜି ସୂର୍ଯ୍ୟଙ୍କୁ   ସେତ ସନ୍ତୁଷ୍ଟ କଲା ॥୨॥
ସୂର୍ଯ୍ୟ ଦେବ ଦେଲେ ତାହାକୁ   ମଣି ମର୍ତ୍ତ୍ୟେ ଆସିଲା
ବିଚିତ୍ର ମଣି ସେ ଅଟଇ   କ୍ରିୟା ବିଚିତ୍ର ଥିଲା ॥୩॥
ପ୍ରତିଦିନ କରେ ପ୍ରଦାନ   ଆଠଗୁଣ ସୁବର୍ଣ୍ଣ
ସତ୍ରାଜିତ ପ୍ରାପ୍ତ ହୁଅଇ   କରି ମଣିକୁ ଧ୍ୟାନ ॥୪॥
ସକଳ ଐଶ୍ୱର୍ଯ୍ୟ ପ୍ରାପ୍ତତ   ସତ୍ରାଜିତ ଲଭିଲା
ଗ୍ରହପୀଡା ରୋଗ ଆସେନି   ଶାପ ଭୟ ନଥିଲା ॥୫॥
ଅକାଳ ମୃତ୍ୟୁତ ନ ଆସେ   ନାହିଁ ମୃତ୍ୟୁର ଡର
ନିର୍ମାଣ କରିଛି ମଣିର   ପାଇଁ ଏକ ମନ୍ଦିର ॥୬॥
ରଖଇ ଯତନେ ମଣିକୁ   ସିଂହାସନ ଉପରେ
ପୂଜା ପାଠ ନିତ୍ୟ କରଇ   ଭକ୍ତି ଭାବ ଚିତ୍ତରେ ॥୭॥
ଅମାପ ସୁବର୍ଣ୍ଣେ ମାଲିକ   ସତ୍ରାଜିତ ହୋଇଲା
ଶ୍ରୀକୃଷ୍ଣ ଜାଣିଣ ପଠାନ୍ତି   ଦୂତ ସେଠାକୁ ଗଲା ॥୮॥
ପ୍ରଭୁ କହିଛନ୍ତି ବିନୀତେ   ମଣି ଦେବାର ପାଇଁ
ମଥୁରାବାସୀଙ୍କ ନିମନ୍ତେ   ଭିକ୍ଷା ପ୍ରଭୁ କରଇ ॥୯॥
ଦରିଦ୍ରତା ଦୂର ନିମନ୍ତେ   ମଣୀ କର ପ୍ରଦାନ
କିଛିଦିନ ମଣି ରହିଲେ   ପ୍ରାପ୍ତ ହେବୁ ସୁବର୍ଣ୍ଣ ॥୧୦॥
ଉଗ୍ରସେନେ କର ପ୍ରଦାନ   ଏହି ଭିକ୍ଷା ତାଙ୍କର
ଏହି ବାର୍ତ୍ତା ନେଇ ଆସିଛି   ତୁମେ ଗ୍ରହଣ କର ॥୧୧॥

ପ୍ରତ୍ୟାଖ୍ୟାନ କଲା ନ ଦେଲା ମଣି ଉଗ୍ରସେନଙ୍କୁ
ନିରବ ରହିଲେ ଶ୍ରୀକୃଷ୍ଣ ଦେଖି କାଳ ଗତିକୁ ॥୧୨॥
ସତ୍ରାଜିତ ଭାଇ ଅଟଇ ନାମ ପ୍ରସେନଜିତ
ଶିକାର ନିମନ୍ତେ ବନକୁ ଯିବ ହେଲା ପ୍ରସ୍ତୁତ ॥୧୩॥
ଗଳାରେ ଲମ୍ବାଇ ଅଛିତ ସ୍ୟାମନ୍ତକ ମଣିକୁ
ଅଶ୍ୱପୃଷ୍ଠେ ବସି ଖୋଜଇ ବନେ ମୃଗ ମାନଙ୍କୁ ॥୧୪॥
ଏକାଳେ ସିଂହତ ଆସିଲା ଧାଇଁ ପ୍ରବଳ ବେଗେ
ଧନୁଶର ଧରି ଅଛିତ ସିଂହ ଝାମ୍ପିଲା ରାଗେ ॥୧୫॥
ସିଂହ ନେଇଗଲା ମଣିକୁ ପ୍ରସ୍ନେଜିତ ମାରିଣ
ପର୍ବତ ଗୁମ୍ଫାକୁ ଯାଅଇ ସିଂହ କରି ଗର୍ଜନ ॥୧୬॥
ଥିଲେ ଜାମ୍ବବାନ ସେଠାରେ ହତ୍ୟା ସିଂହକୁ କରି
ମଣିକୁ ଆଣିଲେ ହସ୍ତରେ ଗଲେ ଗୃହକୁ ଫେରି ॥୧୭॥
ନଫେରେ ଭ୍ରାତାତ ଯାଇଛି ବନେ ଶିକାର କରି
କି ହେଲା ବନରେ ସନ୍ଦେହ ଆସେ ସୈନ୍ୟଙ୍କୁ ଧରି ॥୧୮॥
ବନ ପଥେ ଦେଖେ ଭ୍ରାତାତ ତାର ମରି ପଡିଛି
ଗଳାରେ ନ ଦିଶେ ମଣିତ କିଏ ନେଇ ଯାଇଛି ॥୧୯॥
ସନ୍ଦେହ କରିଲା କୃଷ୍ଣକୁ କୃଷ୍ଣ ମାଗିଣ ଥିଲା
ଭାଇକୁ ମାରିଣ ମଣିକୁ ନିଶ୍ଚେ ନେଇତ ଗଲା ॥୨୦॥
ବିନା ଦୋଷେ କୃଷ୍ଣ ଦୋଷୀତ ସତ୍ୟ ନପେଡ଼ ଜଣା
ନିନ୍ଦା ଅପବାଦ ଘୋଟିଲା ବୃଥା ସନ୍ଦେହ ସିନା ॥୨୧॥
ଶ୍ରୀକୃଷ୍ଣ ଆସନ୍ତି ବନକୁ ଧରି ସୈନ୍ୟ ସାମନ୍ତ
ଦେଖନ୍ତି ବନରେ ପଡିଛି ଅଶ୍ୱ ଲଭି ମୃତ୍ୟୁତ ॥୨୨॥
କିଛି ଦୂରେ ଗଲେ ଦେଖନ୍ତି ଏକ ଗୁମ୍ଫା ରହିଛି
ଗୁମ୍ଫାରେ ନିକଟେ ମରିଣ ଏକ ସିଂହ ପଡିଛି ॥୨୩॥
ସୈନ୍ୟ ସାମନ୍ତଙ୍କୁ ବାହାରେ ରଖିଗଲେ ଗୁମ୍ଫାକୁ
ଜାମ୍ବବାନ ପୁତ୍ର ଖେଳୁଛି ଧରି ସେହି ମଣିକୁ ॥୨୪॥

କୃଷ୍ଣଙ୍କୁ ଦେଖିଣ ବାଳକ   କରେ ଚିତ୍କାର ଭୟେ
ଜାମ୍ବବାନ ଶୁଣି ଆସିଲା   ଶତ୍ରୁ ଆସିଛି କିଏ ॥୨୫॥
ଦେଖଇ ସମ୍ମୁଖେ ଶ୍ରୀକୃଷ୍ଣ   କ୍ରୋଧେ ଯୁଦ୍ଧ କରିଲା
ଅଠର ଦିନତ ଯୁଦ୍ଧ ସେ   ସେଠି କରିଣ ଥିଲା ॥୨୬॥
ଜାମ୍ବବାନ ଚିହ୍ନେ କୃଷ୍ଣତ   ରାମଚନ୍ଦ୍ର ମୋହର
ତାଙ୍କରି ବରରେ ଆଜି ମୁଁ   ମର୍ତ୍ତ୍ୟେ ଅଛି ଅମର ॥୨୭॥
ମୋର ରାମ ଏବେ ଶ୍ରୀକୃଷ୍ଣ   ଏହି ଦ୍ୱାପରେ ଯୁଗେ
କଥା ଥିଲା ତାଙ୍କ ସହିତ   ଯୁଦ୍ଧ କରିଲି ରାଗେ ॥୨୮॥
ପ୍ରଭୁ ମୋର ଜନ୍ମି ଅଛନ୍ତି   ଆଜି ମଥୁରାପୁରେ
ଆସିଛନ୍ତି ମର୍ତ୍ତ୍ୟେ ଏବେତ   କୃଷ୍ଣ ଅବତାରରେ ॥୨୯॥
ସେହିତ ଶ୍ୟାମଳ ଶରୀର   ସୌମ୍ୟ ମୁରତି ଦେଖେ
ଜଟାର ମୁକୁଟ ନାହିଁତ   ପୁଚ୍ଛ ମୟୂର ଶିଖେ ॥୩୦॥
ପାଦତଳେ ପଡି କୁହେତ   ପ୍ରଭୁ ତୁମେ ମୋ ରାମ
ଯୁଦ୍ଧତ କରିଲି ସାଥିରେ   ମୋର ହୋଇଲା ଭ୍ରମ ॥୩୧॥
କ୍ଷମ ଅପରାଧ ମୋହର   କାହିଁ ଆସିଛ କୁହ
ଭାବଭକ୍ତି ପଡେ ଉଛୁଳି   ଝରି ଆସଇ ଲୁହ ॥୩୨॥
ପ୍ରଭୁତ କୁହନ୍ତି ବିନୟେ   ଜାମ୍ବବାନ ଜାଣିବ
ବିନା ଦୋଷେ ଦୋଷୀ ହୋଇଛି   ମତେ ସାହାଯ୍ୟ ଦେବ ॥୩୩॥
ସ୍ୟାମନ୍ତକ ମଣି ମାଗଇ   ମତେ କର ପ୍ରଦାନ
ଅପନିନ୍ଦା ମୋର ଗାଉଛି   ସତ୍ରାଜିତ ରାଜନ ॥୩୪॥
ଭାଇକି ତାହାର ମାରିଛି   କରେ ମିଥ୍ୟା ପ୍ରଚାର
ସତ୍ୟର ପ୍ରକାଶ ନିମନ୍ତେ   ଅନୁରୋଧ ମୋହର ॥୩୫॥
ପୁତ୍ର ତୁମ ଧରି ଖେଳୁତ   ଥିଲା ସେହି ମଣିକୁ
ଜାମ୍ବବାନ ମଣି ଆଣିଲା   ଦେବ ପ୍ରଭୁ ହସ୍ତକୁ ॥୩୬॥
କୁହଇ ବିନୀତେ ପ୍ରଭୁଙ୍କୁ   ଯୋଡ ହସ୍ତ କରିଣ
ଜାମ୍ବବତୀ କନ୍ୟା ମୋହର   ତାକୁ କର ଗ୍ରହଣ ॥୩୭॥

ଭକ୍ତର ସମସ୍ତ କାମନା ପ୍ରଭୁ ପୂର୍ଣ୍ଣ କରନ୍ତି
ତଥାସ୍ତୁ କହିଲେ ଶ୍ରୀକୃଷ୍ଣ ନାହିଁ ମୋର ଆପତ୍ତି ॥୩୮॥
କନ୍ୟା ସାଥେ ମଣି ଦେଇଣ ଭକ୍ତ ପଡ଼ଇ ପାଦେ
ଜାମ୍ବବତୀ ତପ ବଳରେ ଆଜି ପ୍ରଭୁଙ୍କ ହୃଦେ ॥୩୯॥
ବିଦାୟ ନେଇଣ ଆସନ୍ତି ଜାମ୍ବବତୀ ସାଥିରେ
ମଣିସାଥେ କନ୍ୟା ପ୍ରାପ୍ତତ ଲୀଳା ତାଙ୍କ ମର୍ତ୍ତ୍ୟରେ ॥୪୦॥
ମଥୁରା ନଗରେ ଚହଳ କୃଷ୍ଣ ଫେରିଲେ ନାହିଁ
ସନ୍ଦେହ ଘେରରେ ସମସ୍ତେ ମାତା ପିତାତ ଦୁଇ ॥୪୧॥
ଦୁର୍ଗତୀ ନାଶିନୀ ଦୁର୍ଗାଙ୍କ ପାଖେ ପୂଜା ଅର୍ଚ୍ଚନା
କରନ୍ତି ମଥୁରା ବାସୀଏ କରି ଶୁଭ କାମନା ॥୪୨॥
ଏକାଳେ ମଥୁରା ନଗରେ ପ୍ରଭୁ ପହଞ୍ଚି ଗଲେ
ସକଳ ବୃତ୍ତାନ୍ତ ସତ୍ୟକୁ ସେତ ପ୍ରକାଶ କଲେ ॥୪୩॥
ସତ୍ରାଜିତ ଶୁଣି ଲଜ୍ଜିତ ନିଜ ଦୋଷ ବୁଝିଲା
ଆସିଣ ପ୍ରଭୁଙ୍କ ପାଖରେ କ୍ଷମା ପ୍ରାର୍ଥନା କଲା ॥୪୪॥
ଜାଣିଲା ଶ୍ରୀକୃଷ୍ଣ ଅଟନ୍ତି ନିଶ୍ଚେ ସେତ ଈଶ୍ୱର
ଦେବକୀ ନନ୍ଦନ ସ୍ୱଭାବେ ଭ୍ରାନ୍ତ ଜଗତେ ନର ॥୪୫॥
ବିଚାର କରିଣ ନିଜର କନ୍ୟା ସତ୍ୟଭାମାକୁ
ପ୍ରଦାନ କରିଲା ନେଇଣ ପ୍ରଭୁ କୃଷ୍ଣ ପାଖକୁ ॥୪୬॥
ମଣି ମୋର ଲୋଡା ନାହିଁତ ଏହି ବିନତୀ ମୋର
ସତ୍ୟଭାମା ମୋର କନ୍ୟାକୁ ପ୍ରଭୁ ଗ୍ରହଣ କର ॥୪୭॥
ପ୍ରଭୁତ ଗ୍ରହଣ କରିଲେ କରେ ଆଣିଲେ ଧରି
ମଥୁରା ନଗରେ ଦେଖନ୍ତି ଦୃଶ୍ୟ ନର ଓ ନାରୀ ॥୪୮॥

--୦--

ଊନଚତ୍ୱାରିଂଶ ଅଧ୍ୟାୟ

ଇନ୍ଦ୍ରପ୍ରସ୍ଥକୁ ଶ୍ରୀକୃଷ୍ଣଙ୍କ ଆଗମନ

ଇନ୍ଦ୍ରପ୍ରସ୍ଥ କୃଷ୍ଣ ଗମନ କୁନ୍ତୀ ମାତା ଦର୍ଶନେ
ଦୁର୍ଯ୍ୟୋଧନ ମନ୍ଦ ବୁଦ୍ଧିତ ଲାକ୍ଷ ଗୃହ ଦହନେ ॥୧॥
ବଞ୍ଚିଗଲେ ପଞ୍ଚ ପାଣ୍ଡବ ସେତ ବିଫଳ ହେଲା
ଲାକ୍ଷ ଗୃହ ହେଲା ଦହନ କିଏ ତାଙ୍କୁ ରଖିଲା ॥୨॥
ସାତ୍ୟକିକୁ ଧରି ପ୍ରଭୁତ ଗଲେ କୁନ୍ତୀଙ୍କ ପାଖେ
ପ୍ରଣାମ କରନ୍ତି ଭକ୍ତିରେ କୁନ୍ତୀ ଆଶ୍ଚର୍ଯ୍ୟେ ଦେଖେ ॥୩॥
ବକ୍ଷକୁ ଆଣିଣ କାନ୍ଦଇ ଦୁଃଖ ସବୁ କହିଣ
ତୁତ ଅଟୁ ମୋର ହିତୈଷୀ ଏଠି ଶତ୍ରୁ ରାଜନ ॥୪॥
ତତେତ ସକଳେ ସ୍ମରଣ ନିତ୍ୟ କରୁଅଛନ୍ତି
ଭେଦାଭେଦ ନାହିଁ ତୋହର ରଖୁ ସକଳେ ପ୍ରୀତି ॥୫॥
ସ୍ମରଣ ଜନଙ୍କ ଦୁଃଖକୁ ତୁତ କରୁ ବିନାଶ
ଏତେ ବଡ଼ ମୋର ବିପଦ ହାରିଥିଲି ବିଶ୍ୱାସ ॥୬॥
ପୁତ୍ର ମୋ ବଞ୍ଚିଲେ ଜୀବନେ ଲାକ୍ଷ ଗୃହ ଅଗ୍ନିରୁ
କିପରି ଉଦ୍ଧାର କରିଲୁ ଜ୍ଞାନ୍ତ ଥିଲୁ ଆଗରୁ ॥୭॥
ସମସ୍ତ କଥାକୁ କହିଣ ମାତା କୋଳକୁ ନେଲେ
ପଞ୍ଚ ପାଣ୍ଡବତ ଆସିଣ କୃଷ୍ଣ ସାଥେ ମିଳିଲେ ॥୮॥
ଅଭୟ ପ୍ରଦାନ କରନ୍ତି ମାତ ରୁହ ନିଶ୍ଚିତେ
ସର୍ବଦା ରହିଛି ପାଖରେ ନିତ୍ୟ ରହି ଜାଗ୍ରତେ ॥୯॥
ଦ୍ରୌପଦୀ ମିଳନ୍ତି ଆସିଣ ପଦେ ପ୍ରଣାମ କଲେ
ନୟନରେ ଭରା ଅଶ୍ରୁତ ପଡେ ଗଣ୍ଡର ସ୍ଥଳେ ॥୧୦॥
ପ୍ରବୋଧି ବସାନ୍ତି ପାଖରେ କୃଷ୍ଣ ଆଦର କରି
ବନବାସ କ୍ଳେଶ ବର୍ଣ୍ଣନା କଲେ ଶୁଣନ୍ତି ହରି ॥୧୧॥
ଆଶ୍ୱାସନା ଦେଲେ ଶ୍ରୀକୃଷ୍ଣ ଚରିମାସ ରହିଲେ
ସାଧୁ ସନ୍ଥ ଜନେ ଜାଣିଣ ପ୍ରଭୁ ଦର୍ଶନ କଲେ ॥୧୨॥

ଦିନେତ ଅର୍ଜ୍ଜୁନ ସାଥିରେ   ବନେ ଯାତ୍ରା କରିଲେ
ପିତୃ ଶ୍ରାଦ୍ଧ ପାଇଁ ଶିକାର   ବନେ ଖୋଜୁଣ ଥିଲେ ॥୧୩॥
ଦେଖନ୍ତି ଯମୁନା କୂଳରେ   ବାଲି ସ୍ତୁପ ଉପରେ
ଅପୂର୍ବ ସୁନ୍ଦରୀ ବସିଛି   ଅଛି ଧ୍ୟାନ ଚିତ୍ତରେ ॥୧୪॥
ଅର୍ଜ୍ଜୁନ ଯାଇଣ ପୁଚ୍ଛନ୍ତି   ତପ କାହିଁକି କର
ତରୁଣୀ କହିଲା ଲଭିବି   କୃଷ୍ଣ ହେବେତ ବର ॥୧୫॥
ଯଦି ନମିଳନ୍ତି ଜୀବନେ   ତେବେ ହାରିବି ପ୍ରାଣ
ଏହି କଥା ଶୁଣି ଆସିଣ   ବାର୍ତ୍ତା ଦେଲେ ଅର୍ଜ୍ଜୁନ ॥୧୬॥
ପ୍ରଭୁତ ଯାଇଣ ବାଳାକୁ   କରେ ଧରି ଆଣିଲେ
ସଫଳ ସାଧନା ହୋଇଛି   ପତ୍ନୀ ଭାବେ ଘେନିଲେ ॥୧୭॥
ତାର ପାଇଁ ହେଲା ନିବାସ   ବିଶ୍ୱକର୍ମା କରିଲା
ସେହି ନିବାସରେ କାଳନ୍ଦୀ   ପତ୍ନୀ ତାଙ୍କ ରହିଲା ॥୧୮॥
କିଛିଦିନ ଗଲା ବିତିତ   ଦିନେ ଅଗ୍ନି ପୁରୁଷ
ପ୍ରଭୁ ପାଖେ ଆସି କୁହଇ   ରୋଗ କର ବିନାଶ ॥୧୯॥
ସତ୍ୟବ୍ରତ ଯଜ୍ଞେ ଭକ୍ଷିଲି   ପ୍ରଭୁ ଘୃତତ ମୁହିଁ
ସେଦିନୁ ଭୋଗୁଛି ରୋଗତ   ଭଲ ହେଉତ ନାହିଁ ॥୨୦॥
ପ୍ରଭୁତ ଆଦେଶ ଦିଅନ୍ତି   ପାଖେଛନ୍ତି ଅର୍ଜ୍ଜୁନ
କରିବ ଯାଇଣ ଦାହାତ   ତୁମ ଖାଣ୍ଡବ ବନ ॥୨୧॥
ବନୌଷଧି ତୁମେ ଖାଇଲେ   ରୋଗୁ ମୁକ୍ତ ହୋଇବ
ଚତୁର୍ପାଶ୍ୱ ବନ୍ଦି କରିଣ   ବନ ଜାଳିତ ଦେବ ॥୨୨॥
ଅଗ୍ନିତ ଔଷଧ ଖାଇଣ   ରୋଗୁ ମୁକ୍ତ ହୋଇଲେ
ସନ୍ତୁଷ୍ଟ ହୋଇଣ ଅଗ୍ନିତ   ତୃଣୀ ପ୍ରଦାନ କଲେ ॥୨୩॥
ଅକ୍ଷୟ ତୂଣୀତ ଅର୍ଜ୍ଜୁନ   ଆଜି ପ୍ରାପ୍ତ ହୋଇଲେ
ଶ୍ରୀକୃଷ୍ଣଙ୍କ ଲୀଳା ଏହାତ   ପାର୍ଥ ଜାଣିଣ ଗଲେ ॥୨୪॥
ଖାଣ୍ଡବ ବନର ଦାହନ   କାଳେ ଅର୍ଜ୍ଜୁନ ପାଖେ
ମୟତ ଶରଣ ଲୋଡିଲା   କରି ବିନତୀ ଦୁଃଖେ ॥୨୫॥

ସୁରକ୍ଷା ତାହାକୁ ଦେଲେତ   ଅଗ୍ନି କୋପୁ ବଞ୍ଚିଲା
ମୟତ ନିର୍ମାଣି ମଣ୍ଡପ   ଦାନ ଅର୍ଜ୍ଜୁନେ ଦେଲା ॥୨୬॥
ସ୍ୱର୍ଗ ମର୍ତ୍ତ୍ୟ କିବା ପାତାଳେ   ଏହି ମଣ୍ଡପ ନାହିଁ
ଦୃଶ୍ୟ ଜଗତରେ କିଏବା   ଆନ ଦେଖିବ କାହିଁ ॥୨୭॥
ଦୁର୍ଯ୍ୟୋଧନ ଦେଖି ଭ୍ରମେତ   ଜଳ କିବା ସ୍ଥଳରେ
ନିର୍ମାଣ ହୋଇଛି ମଣ୍ଡପ   ମଥା ତାହାର ଘୂରେ ॥୨୮॥
ଇନ୍ଦ୍ରପ୍ରସ୍ଥୁ ପ୍ରଭୁ ବିଦାୟ   ଏବେ ନେଇ ଆସିଲେ
ଦ୍ୱାରୀକା ପୁରରେ ବିବାହ   ଆୟୋଜନ କରିଲେ ॥୨୯॥
କାଳନ୍ଦୀ ସାଥିରେ ପ୍ରଭୁଙ୍କ   ହେଲା ବିବାହ ଶେଷ
କୃଷ୍ଣ ଲୀଳା ଶୁକ କୁହନ୍ତି   ଶୁଣୁଛନ୍ତି ନରେଶ ॥୩୦॥

--୦--

ଊନପଞ୍ଚାଶତ ଅଧ୍ୟାୟ

ଉଷା ହରଣ

ବଳିର ଚରିତ୍ର ନରେଶ ତୁମେ ଜାଣି ଅଛତ
ବାଣାସୁର ଅଟେ ବଳିର ପରାକ୍ରମୀ ପୁତ୍ରତ ॥୧॥
ଶୋଣିତ ପୁରର ରାଜନ ବଡ଼ ପ୍ରତାପୀ ଥିଲା
ହଜାର ବାହୁତ ତାହାର ଶିବେ ବରେ ହୋଇଲା ॥୨॥
ତାର କନ୍ୟା ଥିଲା ଉଷାତ ଅତି ସୌନ୍ଦର୍ଯ୍ୟବତୀ
ଦେଖିଣ ରୂପକୁ ଟଳିବ ହେଲେ ହେଉସେ ଯତି ॥୩॥
ସପନେ ଦେଖଇ ଉଷାତ ରାତ୍ରେ ପୁରୁଷ ଜଣେ
ଗୁପ୍ତ ପ୍ରଣୟତ କରିବ ଆସେ ଚୋର ସମାନେ ॥୪॥
ସପନେ ଆସିଛି ଶଯ୍ୟାକୁ ଧରି କନ୍ଦର୍ପ ରୂପ
ବାର୍ତ୍ତାଳପ କରି ମିଶଇ ଶରେ ମଦନ କୋପ ॥୫॥
ରାତ୍ର ପାହିଗଲା ପ୍ରଭାତ ଉଷା ନଭୁଲେ ରୂପ
ଯୁବକ କଥାକୁ ଭାବିଣ କରେ ବାଳୀ ପ୍ରଳାପ ॥୬॥
ମନ୍ତ୍ରୀ କନ୍ୟା ଅଟେ ତାହାର ମିତ୍ର ଚିତ୍ର ଲେଖାତ
ସପନ ଯୁବକ ରୂପକୁ କର୍ଣ୍ଣେ ଶୁଣଲୋ ମିତ ॥୮॥
ଜାଣିନି ସେ ପୁତ୍ର କାହାର କିବା ନାମ ତାହାର
କହଇ ମିତଲୋ ସପନେ ଥିଲି ମୁଁ ତ ବିଭୋର ॥୯॥
ପଚାରି ପାରନି ତୁମେତ କେଉଁ ରାଜ କୁମାର
କିବା ନାମ ଅଟେ କହିବ ନେଲ ସତୀତ୍ୱ ମୋର ॥୧୦॥
ଚିତ୍ର ଲେଖା ଚିତ୍ର ଆଙ୍କିଣ ଉଷା ପାଖେ ଦେଖାଏ
କେତେ କେତେ ରାଜକୁମାର ଚିହ୍ନ ସ୍ୱପ୍ନର କିଏ ॥୧୧॥
ଶେଷେ ଏକ ଚିତ୍ର ଆଙ୍କିଲା ମିତ୍ର ଚିତ୍ର ଲେଖାତ
ଉଷାତ ଦେଖିଣ କୁହଇ ଏହି ଯୁବକ ମିତ ॥୧୨॥
କେଉଁ ରାଜ୍ୟ ରାଜକୁମାର ନାମ କିବା ତାହାର
ଜଣାକି ତୁମକୁ ସଖୀଲୋ କର ସନ୍ଦେହ ଦୂର ॥୧୩॥

ଚିତ୍ର ଲେଖା ଯୋଗ ବିଦ୍ୟାରେ ଅଟେ ସେତ ମହାନ
ଚିତ୍ର ଆଙ୍କି ଦେଲେ ଜୀବନ୍ତ ହୁଏ ପ୍ରତୀୟ ମାନ ॥୧୪॥
ବିଦ୍ୟା ବଳେ ରାଜ୍ୟ ନାମକୁ ସେ ଯେ ଜାଣିପାରଇ
ପ୍ରକାଶ କରିଲା ଏ ଚିତ୍ର ଅନିରୁଦ୍ଧ ଅଟଇ ॥୧୫॥
ପିତା ତାର ଅଟେ ପ୍ରଦ୍ୟୁମ୍ନ ସେତ ଶ୍ରୀକୃଷ୍ଣ ନାତୀ
ଦ୍ୱାରୀକା ନଗର ବାସୀତ ଚିତ୍ରଲେଖା କୁହନ୍ତି ॥୧୬॥
ଉଷା କହେ ମିତ କିପରି ତାଙ୍କ ସଙ୍ଗ ଲଭିବି
ଉପାୟ କରଲୋ ନୋହିଲେ ପ୍ରାଣ ମୁଁ ତ ହାରିବି ॥୧୭॥
ମିତ୍ର ଚିତ୍ରଲେଖା କୁହଇ ଧୈର୍ଯ୍ୟ ଜେମାତ ଧର
ଆଜ ରାତ୍ରେ ମଧ୍ୟେ ଭେଟତ ହେବ ସଖୀ ତୁମର ॥୧୮॥
ଆକାଶ ମାର୍ଗରେ ରାତ୍ରରେ ଚିତ୍ର ଲେଖାତ ଗଲା
ଶୟନ କକ୍ଷରେ ପ୍ରବେଶ ଯୋଗବଳେ କରିଲା ॥୧୯॥
ନିଦ୍ରାରୁ ଉଠାଇ ଆଣେତ ଅନିରୁଦ୍ଧ ଆସିଲା
ଉଷାର ଶୟନ କକ୍ଷରେ ଆଣି ଛାଡିଣ ଦେଲା ॥୨୦॥
ପରସ୍ପର ରୂପ ଦେଖିଣ ଗଲେ ଭୁଲିଲେ ସ୍ଥିତି
ନିର୍ଭୟେ ମିଳିଲେ ରାତ୍ରରେ ଗାଢେ ରଚିଲେ ପ୍ରୀତି ॥୨୧॥
ଏହିପରି ଗୁପ୍ତ ପ୍ରଣୟ ରାତ୍ରେ ଚଳଇ ନୀତି
ବାଣାସୁର ଜ୍ଞାନ୍ତ ହୋଇଲା ଅନୁଚର ଜଣାନ୍ତି ॥୨୨॥
ଏକରାତ୍ରେ ବାଣାସୁରତ ପଶେ କନ୍ୟାର ଗୃହେ
ଦେଖଇ ପ୍ରେମର ବନ୍ଧନେ ରହିଛନ୍ତିତ ଦୁହେଁ ॥୨୩॥
କ୍ରୋଧରେ କ୍ରୋଧିତ ହୋଇଣ ଆଣେ ଅନିରୁଦ୍ଧକୁ
ନାଗ ଫାଶେ ବାନ୍ଧି କୁହଇ ହତ୍ୟାକର ତାହାକୁ ॥୨୪॥
ନାରଦ ଜାଣିଣ ଏକଥା କୃଷ୍ଣ ପାଖେ କହିଲେ
ନାତୀ ତୁମ ବନ୍ଧା ହୋଇଛି ଖଣ୍ଡା ଝୁଲୁଛି ଗଳେ ॥୨୫॥
ବାଣାସୁର କରି ବନ୍ଧନ ନାଗ ଫାଶେ ରଖିଛି
ତାର କନ୍ୟା ସାଥେ ନାତୀତ ପ୍ରେମେ ଫଶି ଯାଇଛି ॥୨୬॥
ବିଳମ୍ବ ନକରି ଶ୍ରୀକୃଷ୍ଣ ଡାକି ସୈନ୍ୟ ସାମନ୍ତ
ଯୁଦ୍ଧ କରିବାକୁ ଗଲେତ ନାତୀ କରିବେ ମୁକ୍ତ ॥୨୭॥

ପ୍ରବଳ ଯୁଦ୍ଧତ ହୋଇଲା ଦୁଇ ପକ୍ଷ ମଧ୍ୟରେ
ବାଣାସୁର ଯୁଦ୍ଧ କରେତ ସହ ସହ ହସ୍ତରେ ॥୨୮॥
ସହସ୍ର ହସ୍ତରୁ ଶରତ କ୍ଷୀପ୍ର ବେଗେ ଆସଇ
ମେଦିନୀ ଥରିଲା ଭୟରେ ବାଣ ପ୍ରକୋପ ପାଇ ॥୨୯॥
ଶ୍ରୀକୃଷ୍ଣ ପଠାନ୍ତି ଚକ୍ରକୁ ଛେଦ ତାହାର ହସ୍ତ
ହସ୍ତ ଗୋଟି ଗୋଟି କାଟିଲେ ରହେ ଚାରୋଟି ମାତ୍ର ॥୩୦॥
ଶଙ୍କର ବିନୟ ପ୍ରାର୍ଥନା କୃଷ୍ଣ ପାଖେ କରିଲେ
ଶଙ୍କରଙ୍କ ଭକ୍ତ ଅଟଇ କ୍ଷମା କୃଷ୍ଣତ ଦେଲେ ॥୩୧॥
ନାଗର ବନ୍ଧନୁ ଫିଟାଇ ନାତୀ ଉଦ୍ଧାର କଲେ
ଉଷା ଆସି କରେ ପ୍ରଣାମ ତାକୁ ଆଣନ୍ତି କୋଳେ ॥୩୨॥
ବିବାହ ଉତ୍ସବ କରିଲେ ପ୍ରଭୁ ଦ୍ୱାରୀକା ପୁରେ
ବାଣାସୁର ଦର୍ପ ଗଞ୍ଜନ ହେଲା ପ୍ରଭୁ ହସ୍ତରେ ॥୩୩॥

--୦--

ପଞ୍ଚାଶତ ଅଧ୍ୟାୟ

ନାରଦଙ୍କ ଦ୍ୱାରିକା ଦର୍ଶନ

ମହର୍ଷି ନାରଦ ଜାଣନ୍ତି ପ୍ରଭୁ ଦ୍ୱାରୀକାପୁରେ
ପତ୍ନୀଙ୍କ ଗହଣେ ଅଛନ୍ତି ଅତି ଖୁସି ମନରେ ॥୧॥
ଦେଖିବା ଲାଳସା ବଢ଼ିଲା ଯିବେ ଦ୍ୱାରୀକା ପୁର
ହସ୍ତେ ବୀଣା ଧରି ବାଦନ ନାମେ ଅଛନ୍ତି ସ୍ଥିର ॥୨॥
ମନରେ ଉତ୍ସାହ ରହିଛି ବିଶ୍ୱକର୍ମା କେମନ୍ତେ
ଦ୍ୱାରୀକା ଭବନ ଗଢ଼ିଛି ସିନ୍ଧୁ ଜଳର ସ୍ରୋତେ ॥୩॥
ଜଳର ଭିତରେ ନଗର ଏତେ ବିଚିତ୍ର କଥା
ନଆସନ୍ତି ଶତ୍ରୁ ଭୟରେ ନିରାପଦ ବ୍ୟବସ୍ଥା ॥୪॥
ବୀଣାର ଶବଦ ପ୍ରକାଶେ ଆଜି ଦ୍ୱାରୀକା ପୁରେ
ପ୍ରବେଶ କରନ୍ତି ଗୃହକୁ ନାମ ଉଚ୍ଚାରି ସ୍ୱରେ ॥୫॥
ଶୟନ କକ୍ଷରେ ଦେଖନ୍ତି ପ୍ରଭୁ ଶୋଇଣ ଛନ୍ତି
ରୁକ୍ମିଣୀ ପାଖରେ ବସିଣ ପାଦେ ସେବା କରନ୍ତି ॥୬॥
ପ୍ରଭୁତ ଦେଖିଲେ ମହର୍ଷି ମୁନି ସମ୍ମୁଖେ ଉଭା
ଜାଗ୍ରତ ହୋଇଣ ଆସନ୍ତି ପାଦ କରିବେ ସେବା ॥୭॥
ପଦରଜ ଆଣି ହସ୍ତରେ ପ୍ରଭୁ ଶିରେ ବୋଳନ୍ତି
ମଥାନତ କରି ରୁକ୍ମଣୀ ମୁନି ପାଦେ ପଡନ୍ତି ॥୮॥
ରୁକ୍ମଣୀ ସହିତ ଶ୍ରୀକୃଷ୍ଣ ପାଦ ଧୌତ କରିଣ
ଚରଣ ଅମୃତ ଜଳକୁ ଗୃହେ କଲେ ସିଞ୍ଚନ ॥୯॥
ଗୃହସ୍ଥ ଧର୍ମକୁ ପାଳନ୍ତି ଭାବ ଭକ୍ତି ରଖିଣ
ବସାନ୍ତି ନେଇଣ ମୁନିଙ୍କୁ ଦେଇ ଉଚ୍ଚା ଆସନ ॥୧୦॥
ପଚାରି ବୁଝନ୍ତି କୁଶଳ ବାର୍ତ୍ତା କର ପ୍ରଦାନ
ବିନମ୍ର ଭାବରେ ନାରଦ ମୁଖୁ ଆସେ ବଚନ ॥୧୧॥

ଲୋଭ ଥିଲା ମୋର ଶ୍ରୀପଦ କଲି ପ୍ରଭୁ ଦର୍ଶନ
ଦ୍ୱାରୀକାପୁରକୁ ଦେଖିଲି ତୃପ୍ତି ଲଭେ ନୟନ ॥୧୨॥
ବ୍ରହ୍ମା ଶିବ ଆଉ ଦେବତା ହୃଦେ ପଦକୁ ଧ୍ୟାଇ
ମାନସେ ପୂଜନ୍ତି ନିତ୍ୟତ ଏହା ସତ୍ୟ ଅଟଇ ॥୧୩॥
ସଂସାରି ଜନତ ସର୍ବଦା ମୋହ କୂପେ ପଡଇ
ବିଶ୍ୱାସର କାଚ ଘରକୁ ନିତି ଗଢ଼ି ଭାଙ୍ଗଇ ॥୧୪॥
ପୂର୍ବ କର୍ମ ଥିଲେ ଚିନ୍ତିଣ ଜନ ଉଦ୍ଧାର ପାଏ
ଟାଣ ପଣେ ତୁମ ପାଦକୁ ହୃଦେ ଧରିତ ଥାଏ ॥୧୫॥
ଏତିକି ସୁଦୟା କରିବ ପଦେ ବାନ୍ଧିବି ମନ
ଦିବାନିଶି ରହୁ ଲକ୍ଷ୍ୟତ ନାମ ବୀଣା ବାଦନ ॥୧୬॥
ପ୍ରଭୁ ଦେଲେ ତାଙ୍କୁ ବଚନ ବାଞ୍ଛା ପୂରଣ କଲେ
ନାରଦ ମହର୍ଷି ସେଠାରୁ ଅନ୍ୟ କକ୍ଷକୁ ଗଲେ ॥୧୭॥
ଅନ୍ୟ ଏକ କକ୍ଷେ ଦେଖନ୍ତି ପଶା ଉଦ୍ଧବ ସାଥେ
ପତ୍ନୀମାନେ ଖେଳୁ ଅଛନ୍ତି କାଠି ଧରିଣ ହସ୍ତେ ॥୧୮॥
ଦେଖିଣ ସକଳେ ସମ୍ମାନ ଉଠି ପ୍ରଦାନ କଲେ
ନାରଦ ଭ୍ରମନ୍ତି ଅନ୍ୟତ୍ର ଦୃଶ୍ୟ ଦେଖୁଣ ଥିଲେ ॥୧୯॥
ଶୋଭାର ଭଣ୍ଡାର ମଣ୍ଡିଛି ଏହି ଦ୍ୱାରୀକାପୁର
ବିଶ୍ୱକର୍ମା ହସ୍ତେ ନିର୍ମାଣ କରିଛନ୍ତି ଈଶ୍ୱର ॥୨୦॥
ପ୍ରଶଂସା କରନ୍ତି ମୁନିତ ଆଜି ବିଶ୍ୱକର୍ମାକୁ
ଦେଖନ୍ତି କୃଷ୍ଣଙ୍କ ଚରିତ୍ର ଗୃହ ଗୃହି ଧର୍ମକୁ ॥୨୧॥
ସକଳ କକ୍ଷରେ ପ୍ରଭୁତ ଭିନ୍ନ ଭିନ୍ନ ରୂପରେ
କାର୍ଯ୍ୟେରତ ନିତ୍ୟେ ଅଛନ୍ତି ଗୃହୀ ଜନ ଭାବରେ ॥୨୨॥
ପ୍ରଶାସନ ପଣେ ଦକ୍ଷତା ଶତ୍ରୁ ଦେଖିଣ ଡରେ
ଅତିଥି ବ୍ରାହ୍ମଣ ଦେବତା ପୂଜ୍ୟ ନିତ୍ୟ ସେଠାରେ ॥୨୩॥

ଚର୍ତୁପାର୍ଶ୍ୱ କରି ଦର୍ଶନ   ଗଲେ ପ୍ରଭୁଙ୍କ ପାଖେ
ନାମ ନାରାୟଣ ରହିଛି   କରୁ ଅଛନ୍ତି ମୁଖେ ॥୨୪॥
ବିନୀତ ପ୍ରାର୍ଥନା କରନ୍ତି   ମୋତେ ଆଦେଶ ହେଉ
ଦ୍ୱାରୀକାର ଯଶ ପତାକା   ଏହି ତୁଣ୍ଡତ ଗାଉ ॥୨୫॥
ଗୃହସ୍ଥ ଧର୍ମର ପ୍ରଚାର   ଯାହା ଦେଖିଲି ନେତ୍ରେ
ସଂସାରୀ ଜନତ ଜାଣିବେ   ପ୍ରଭୁ କରନ୍ତି ହସ୍ତେ ॥୨୬॥
ଆଜ୍ଞା ଦେଲେ ପ୍ରଭୁ ଶ୍ରୀକୃଷ୍ଣ   ଶୁଣି ନାରଦ ମୁନି
ଧର୍ମର ପ୍ରତିଷ୍ଠା ନିମନ୍ତେ   କଲେ ପ୍ରକାଶ ବାଣୀ ॥୨୭॥
ଶୁକତ କୁହନ୍ତି ରାଜନ   କର୍ମ ଶ୍ରେଷ୍ଠ ଅଟଇ
କର୍ମ ଫଳ ଭୋଗେ ଜୀବତ   ସୁଖ ଦୁଃଖ ଅଛଇ ॥୨୮॥

--୦--

ଏକପଞ୍ଚାଶତ୍ ଅଧ୍ୟାୟ

ଜରାସନ୍ଧ ବଧ

ଦ୍ୱାରୀକାକୁ ଦିନେ ଆସିଣ ବିପ୍ର କୃଷ୍ଣଙ୍କୁ କୁହେ
ଜରାସନ୍ଧ ବନ୍ଦୀ କରିଛି କେତେ ରାଜନ ଗୃହେ ॥୧॥
ଦୁର୍ଦ୍ଦଶା ଲଭନ୍ତି ସକଳେ ପୀଡା ଅନେକ ଦିଏ
ତୁମକୁ ସ୍ମରଣ କରନ୍ତି ଜରାସନ୍ଧର ଭୟେ ॥୨॥
ଏକମାତ୍ର ତୁମେ ଉଦ୍ଧାର ନିଶ୍ଚେ କରି ପରିବ
ଏହି କଥା ପାଇଁ ଆସିଛି ପ୍ରଭୁ କଥା ରଖିବ ॥୩॥
ଯୁଧିଷ୍ଠିର ଯଜ୍ଞ ନିମନ୍ତେ ରାଜା ଜଣେ ନାହାନ୍ତି
ରାଜସୂୟ ଯଜ୍ଞ କିପରି ହେବ କୁହନ୍ତି ଚିନ୍ତି ॥୪॥
ଆଦେଶ ପ୍ରଦାନ କରିଲେ ଯଜ୍ଞ କାର୍ଯ୍ୟତ ହେବ
ରାଜନ ମାନଙ୍କୁ ଉଦ୍ଧାର କର ପ୍ରଭୁ ମାଧବ ॥୫॥
ଉଦ୍ଧବ ଅଛନ୍ତି ପାଖରେ ଶୁଣି ବିପ୍ରଙ୍କ କଥା
କୁହନ୍ତି କୃଷ୍ଣଙ୍କୁ ଉଦ୍ଧାର କର ସୃଷ୍ଟି କରତା ॥୬॥
ସ୍ୱାଗତ ଜଣାନ୍ତି ଶ୍ରୀକୃଷ୍ଣ ଜରାସନ୍ଧ ମାରିବି
ବନ୍ଧନୁ ମୁକ୍ତତ ହୋଇବେ ରାଜ୍ୟ ତାଙ୍କୁ ମୁଁ ଦେବି ॥୭॥
ଯୁଧିଷ୍ଠିର ଯଜ୍ଞ ହୋଇବ ଏହା ନିଶ୍ଚିତ ଜାଣ
ଯାଅ ବିପ୍ର ତୁମେ କଥା ମୋ ସତ୍ୟ ହେବ ପ୍ରମାଣ ॥୮॥
ପ୍ରଭୁତ ଚିନ୍ତତି କିପରି ଜରାସନ୍ଧ ମରିବ
ସମ କଛ ଯୋଦ୍ଧା କିଏବା ତାର ସାଥେ ଲଢ଼ିବ ॥୯॥
ଛଦ୍ମ ବେଶେ ହୋଇ ବ୍ରାହ୍ମଣ ଯିବି ତାର ପୁରକୁ
ଭୀମ ସାଥେ ଯିବ ଅର୍ଜ୍ଜୁନ ଧରି ବିପ୍ର ବେଶକୁ ॥୧୦॥
ଉଦ୍ଧବକୁ ପ୍ରଭୁ କହିଣ ଇନ୍ଦ୍ର ପ୍ରସ୍ଥ ଆସନ୍ତି
ଯୁଧିଷ୍ଠିର ଦେଖି ସ୍ୱାଗତ କରି ନେଇ ବସାନ୍ତି ॥୧୧॥

ରାଜସୂୟ ଯଜ୍ଞ ନମନ୍ତେ　ଯୁଧିଷ୍ଠିର ପ୍ରସ୍ତୁତ
ଅପେକ୍ଷା ଶ୍ରୀକୃଷ୍ଣ ସମ୍ମତି　ତେଣୁ ଥିଲେ ବ୍ୟଥିତ ॥୧୨॥
ଶ୍ରୀକୃଷ୍ଣଙ୍କ ନେଇ ଆଦେଶ　ଯୁଧିଷ୍ଠିର ପଠାନ୍ତି
ଚାରି ଦିଗେ ଚାରି ଭାଇତ　ବୀର ବେଶେ ଯାଆନ୍ତି ॥୧୩॥
ସହଦେବ ଗଲେ ଦକ୍ଷିଣେ　ଉତ୍ତରକୁ ଅର୍ଜ୍ଜୁନ
ଭୀମସେନ୍ ଗଲେ ପୂର୍ବକୁ　ଦିଗ ସ୍ଥିର କରିଣ ॥୧୪॥
ପଶ୍ଚିମକୁ ଗଲେ ନକୁଳ　ରାଜ୍ୟ ଜୟ ନିମନ୍ତେ
ରାଜ୍ୟ ଜୟୀ ହୋଇ ଫେରନ୍ତି　ସର୍ବେ ଆନନ୍ଦ ଚିତ୍ତେ ॥୧୫॥
କେତେ କେତେ ଧନ ସମ୍ପତ୍ତି　ଘେନି ରାଜ୍ୟେ ଫେରିଲେ
ଜରାସନ୍ଧ ରାଜ୍ୟେ ସକଳେ　ଯୁଦ୍ଧେ ପରାସ୍ତ ହେଲେ ॥୧୬॥
କହନ୍ତି ଭାଇଙ୍କ ପାଖରେ　ଜରାସନ୍ଧର କଥା
ରାଜସୂୟ ଯଜ୍ଞ କିପରି　ହେବ କରିଲେ ଚିନ୍ତା ॥୧୭॥
ଯୁଧିଷ୍ଠିରେ ଦେଇ ସାନ୍ତ୍ୱନା　କୃଷ୍ଣ ଛଦ୍ମ ବେଶରେ
ଭୀମ ଅର୍ଜ୍ଜୁନଙ୍କ ସହିତ　ତ୍ରୟ ବିପ୍ର ଭାବରେ ॥୧୮॥
ଜରାସନ୍ଧ ରାଜଧାନୀରେ　କ୍ଷଣେ ପହଞ୍ଚିଗଲେ
ବେଦମନ୍ତ୍ର କଣ୍ଠୁ ପ୍ରକାଶେ　ଧ୍ୱନି ରାଜା ଶୁଣିଲେ ॥୧୯॥
ଅତିଥି କିଏବା ଆସିଛି　ଜରାସନ୍ଧ ଦେଖନ୍ତି
ଅତିଥି କୁହନ୍ତି ଆମେତ　ଲଭୁ ଅଶେଷ କ୍ଳାନ୍ତି ॥୨୦॥
ବହୁଦୂରୁ ଆମେ ଆସିଛୁ　ଆମ ରହିଛି ଆଶା
ଅବଶ୍ୟ ପୁରଣ କରିବ　ଦିଅ ତୁମେ ଭରସା ॥୨୧॥
ଜରାସନ୍ଧ ଦେଖେ ବ୍ରାହ୍ମଣ　ତ୍ରୟ ତିନି ପ୍ରକାର
ସୁଦୃଢ଼ ବକ୍ଷତ ବଳିଷ୍ଠ　ସ୍କନ୍ଧ ଅଟେ ତାଙ୍କର ॥୨୨॥
ବୀର୍ଯ୍ୟବାନ ଯୋଦ୍ଧା ପରାଏ　ଦୃଶ୍ୟ କ୍ଷତ୍ରୀୟ ପ୍ରାୟ
ବ୍ରାହ୍ମଣ ସ୍ୱଭାବ ନାହିଁତ　ମନେ ଆସେ ସନ୍ଦେହ ॥୨୩॥

ତଥାପି କୁହଇ ନିଶ୍ଚୟ ତୁମେ ଯାହା ମାଗିବ
ଦେବାକୁ ପ୍ରସ୍ତୁତ ରହିଛି ନାହିଁ କୁଣ୍ଠିତ ଭାବ ॥୨୪॥
ବଳୀ ଜାଣିଶୁଣି ଦାନତ ତିନି ପାଦତ ଦେଲା
ଗୁରୁଙ୍କ କଥାକୁ ନମାନି ସତ୍ୟ ରକ୍ଷଣ ଥିଲା ॥୨୫॥
ବଚନ ଦେଉଛି ତୁମକୁ ତୁମେ ତ୍ରୟ ବ୍ରାହ୍ମଣ
ଯାହାତ ଚାହିଁବ ପ୍ରାପତ ହେବ ନିଶ୍ଚିତ ଜାଣ ॥୨୬॥
ଶ୍ରୀକୃଷ୍ଣ କୁହନ୍ତି ସମର ଭିକ୍ଷା ଆମକୁ ଦେବ
ଚିର ଶତ୍ରୁ ମୁଁ ତ ଶ୍ରୀକୃଷ୍ଣ ଏଯେ ଦ୍ୱୟ ପାଣ୍ଡବ ॥୨୭॥
ଜରାସନ୍ଧ କହେ କୃଷ୍ଣକୁ ଲଜ୍ଜା ନାହିଁତ ତୋର
ମୋ' ଡରେ ଗଲୁତ ପଳାଇ ରହୁ ଦ୍ୱାରୀକା ପୁର ॥୨୮॥
ଭୟାଳୁ ଜନରେ ଯୁଦ୍ଧ ମୁଁ କୃଷ୍ଣ କରିବି ନାହିଁ
ଅର୍ଜ୍ଜୁନ ଅଟେତ ବାଳକ ସେତ କନିଷ୍ଠ ଭାଇ ॥୨୯।
ସତ୍ୟ ରକ୍ଷା ପାଇଁ ଯୁଦ୍ଧତ ନିଶ୍ଚେ କୃଷ୍ଣ ହୋଇବ
ମାୟାଧର ତୁତ କପଟୀ ଛଳ ତୋର ସ୍ୱଭାବ ॥୩୦॥
ଶୁଣିଛୁକି କର୍ଣ୍ଣେ କିଏବା ଯୁଦ୍ଧ ଭିକ୍ଷା ମାଗଇ
ଦାତା ଗ୍ରହିତାଙ୍କ ମଧ୍ୟରେ ଏହି ଭାବତ ନାହିଁ ॥୩୧॥
ଅତିଥି ସତ୍କାର ଯୁଦ୍ଧକି କେଉଁ ଶାସ୍ତ୍ରରେ ଲେଖା
ସଂସାର ଜନକୁ ତୁହିତ ଦେଉ ନୂତନ ଶିକ୍ଷା ॥୩୨॥
ସତ୍ୟ ରକ୍ଷା ପାଇଁ ମୋ ସାଥେ ଯୁଦ୍ଧ ଭୀମ କରିବ
ତୋର ଇଚ୍ଛା ନିଶ୍ଚେ ଆଜିତ ଜ୍ଞାନ୍ତେ ପୂରଣ ହେବ ॥୩୩॥
ଆଦେଶ ଦିଅଇ ପ୍ରହରୀ ଆଣ ଦୁଇଟି ଗଦା
ଗଦାତ ଆସିଲା ଆଦେଶେ ସେଯେ ପ୍ରଚଣ୍ଡ ଯୋଦ୍ଧା ॥୩୪॥
ଶତ୍ରୁ ହସ୍ତେ କରେ ପ୍ରଦାନ ଭୀମ ଧରଇ ହସ୍ତେ
ଦୁଇ ଯୋଦ୍ଧା ଯୁଦ୍ଧ କରିଲେ କୃଷ୍ଣ ଦେଖନ୍ତି ନେତ୍ରେ ॥୩୫॥

ସମକକ୍ଷ ଯୋଦ୍ଧା ଅଟନ୍ତି ଭୀମ କୃଷ୍ଣକୁ ଚହେଁ
ଜରାସନ୍ଧ ମୃତ୍ୟୁ ହେବନି ଏହା ଇଙ୍ଗିତେ କୁହେ ॥୩୬॥
କୃଷ୍ଣତ ଯାଇଣ ବୃକ୍ଷରୁ ଏକ ପତ୍ର ଆଣିଲେ
ଦୁଇ ଫାଳ କରି ଚିରିଣ ଭିନ୍ନ ପାର୍ଶ୍ୱେ ଫିଙ୍ଗିଲେ ॥୩୭॥
ଭୀମତ ବୁଝିଣ ଇଙ୍ଗିତ ଦୁଇ ଫାଳ କରିଲା
ଦୁଇ ଫାଳ ଭିନ୍ନ ଦିଗକୁ ଭୀମ ଫିଙ୍ଗିଣ ଦେଲା ॥୩୮।
ଦୁଇ ଭାଗ ହୋଇ ଜନ୍ମତ ଜରା ମର୍ତ୍ତେ ଆସିଲା
ଜରା ନାମୀ ଏକ ରାକ୍ଷସୀ ଦୁଇ ଭାଗ ଖାଇଲା ॥୩୯॥
ପ୍ରସବିଲା ଜରାସନ୍ଧକୁ ଏକ ଅଂଗ ପ୍ରକାଶେ
ରାକ୍ଷସ କୂଳରେ ପ୍ରତାପୀ ସର୍ବେ ଥିଲେତ ବଶେ ॥୪୦॥
ଜରାସନ୍ଧ ରାଜ୍ୟ ବିଜୟ କଲେ ପାଣ୍ଡବମାନେ
କୃଷ୍ଣଙ୍କର ମାୟା ଏହିତ ଶୁକ ଶୁଣାନ୍ତି ଜ୍ଞାନେ ॥୪୧॥
ସହଦେବ ନାମେ ପୁତ୍ରତ ଜରାସନ୍ଧର ଥିଲା
ଅଭିଷେକ ତାର କରିଲେ ସେତ ରାଜା ହୋଇଲା ॥୪୨॥
ବନ୍ଦୀ ହୋଇଥିଲେ କେତେଯେ ରାଜା ବନ୍ଦୀ ଗୃହରେ
ବନ୍ଦୀ ଗୃହେ ଯାଇ ଶ୍ରୀକୃଷ୍ଣ ମୁକ୍ତ କଲେ ସେଠାରେ ॥୪୩॥
ସକଳ ରାଜାତ ଆସିଣ ପାଦେ ସ୍ତୁତି କରନ୍ତି
ରାକ୍ଷସ ନିଧନେ ଆପଣ ମର୍ତ୍ତ୍ୟେ ଆସିଣ ଛନ୍ତି ॥୪୪॥
ତୁମେ ବାସୁଦେବ ଆମକୁ ପୁନ୍ନ ଦେଲ ଜୀବନ
ରାଜାର ସମ୍ମାନ ଦିଅତ ରାଜ୍ୟ କରି ପ୍ରଦାନ ॥୪୫॥
ନିଜ ନିଜ ରାଜ୍ୟ ରାଜନେ ସର୍ବେ ପ୍ରାପ୍ତ ହୋଇଲେ
ରାଜସ୍ୱୟ ଯଜ୍ଞ ସମ୍ବାଦ ପ୍ରଭୁ ଜ୍ଞାନ୍ତ କରିଲେ ॥୪୬॥

--୦--

ଦ୍ୱିପଞ୍ଚାଶତ୍ ଅଧ୍ୟାୟ

ରାଜସୂୟ ଯଜ୍ଞ ଶିଶୁପାଳ ବଧ

ଇନ୍ଦ୍ର ପ୍ରସ୍ଥେ ହୁଏ ଯଜ୍ଞତ ଯୁଧିଷ୍ଠିର କରନ୍ତି
ନିମନ୍ତ୍ରଣ ପାଇ ରାଜାତ ଯଜ୍ଞେ ଆସିଣଛନ୍ତି ॥୧॥
ସକଳ ରାଜାତ ଆସନ୍ତି ଆଜ୍ଞା କରି ପାଳନ
ବିଶ୍ୱଜୟୀ ଯୁଧିଷ୍ଠିରତ ଏହା ହେବ ପ୍ରମାଣ ॥୨॥
ବେଦଜ୍ଞ ବ୍ରାହ୍ମଣ ଅଛନ୍ତି ସାଥେ ଋଷି ମୁନିତ
ସାଧୁ ସନ୍ଥ ଯଜ୍ଞ ସ୍ଥଳରେ ସେତ ଶାସ୍ତ୍ରେ ପଣ୍ଡିତ ॥୩॥
ପିତାମହ ଭୀଷ୍ମ ଅଛନ୍ତି ଗୁରୁ ଦ୍ରୋଣ ଅଛନ୍ତି
ବିଦୁର ଅଛନ୍ତି ଯଜ୍ଞରେ ପୂଜ୍ୟ ସେତ ଅଟନ୍ତି ॥୪॥
ଯଜ୍ଞର ଆରମ୍ଭ ନିମନ୍ତେ ସର୍ବେ ହେଲେ ପ୍ରସ୍ତୁତ
ଦେବ ଇନ୍ଦ୍ର ସାଥେ ଦେବତା ଆସି ଅଛନ୍ତି ମର୍ତ୍ତ୍ୟ ॥୫॥
ବିଧି ବିଧାନରେ ସମ୍ମାନେ ବସିଛନ୍ତି ଆସନେ
ଯଜ୍ଞର ମଣ୍ଡପ ଶୋଭାକୁ ଦେଖୁ ଅଛନ୍ତି ଜନେ ॥୬॥
ଯଜ୍ଞର ମଣ୍ଡପ ନିର୍ମାଣ ବିଶ୍ୱକର୍ମା କରିଛି
ସକଳ ସୌନ୍ଦର୍ଯ୍ୟ ସ୍ୱର୍ଗରୁ ମର୍ତ୍ତ୍ୟେ ସେତ ଆଣିଛି ॥୭॥
ଦେଖିବା ଜନତ ନୟନେ ସେଯେ ଧନ୍ୟ ମଣଇ
ଯୁଧିଷ୍ଠିରଙ୍କର ଜୟର ଧ୍ୱନୀ କ୍ଷେତ୍ରେ ଶୁଭଇ ॥୮॥
ଯଜ୍ଞ କାର୍ଯ୍ୟ ଏବେ ଆରମ୍ଭ ଦେବଧ୍ୱନି ଶୁଭିଲା
ବିଜୟୀ ଶଙ୍ଖର ନାଦରେ କ୍ଷେତ୍ର କମ୍ପି ଉଠିଲା ॥୯॥
ସଧବା ନାରୀଙ୍କ କଣ୍ଠରୁ ହୁଳହୁଳି ଆସଇ
ମଙ୍ଗଳ ଅଷ୍ଟକ ଭାଟଙ୍କ କଣ୍ଠେ ଶୁଭୁ ଅଛଇ ॥୧୦॥
ପ୍ରଥମେ କାହାକୁ ପୂଜିବା ଏହି ପ୍ରଶ୍ନ ଉଠିଲା
ଉତ୍ତମ ପୁରୁଷ କିଏସେ ଜ୍ଞାନେ ତର୍କତ ହେଲା ॥୧୧॥

ସେହି ପୁରୁଷତ ପ୍ରଥମେ ଏଠି ପାଇବେ ପୂଜା
ବିଚାର ବିମର୍ଶ ହୋଇଲା ଶାସ୍ତ୍ରେ କରନ୍ତି ଖୋଜା ॥୧୨॥
ସହଦେବ ଉଠି କୁହନ୍ତି ସୃଷ୍ଟି ଯାର ଅଧୀନ
ସକଳ ଜୀବତ ମାନନ୍ତି ଯାର ଏଠି ବିଧାନ ॥୧୩॥
ସୃଷ୍ଟିର ସୁରକ୍ଷା ଦିଅନ୍ତି ସନ୍ଥ ଜନେ ପାଳନ୍ତି
ଦୁଷ୍ଟକୁ ବିନାଶି ଧର୍ମକୁ ସେତ ରକ୍ଷା କରନ୍ତି ॥୧୪॥
ସେହିତ ଆମର ଆରାଧ୍ୟ ଶ୍ରେଷ୍ଠ ଆସନ ଦିଅ
ପ୍ରଥମେ ପୂଜିବି ତାହାଙ୍କୁ ଏହି ମୋହର ନ୍ୟାୟ ॥୧୫॥
ସମ୍ମୁଖ ଭାଗରେ ଅଛନ୍ତି ସର୍ବେ ଜ୍ଞାନ୍ତ ଅଟନ୍ତି
ପରମ ବ୍ରହ୍ମତ ଶ୍ରୀକୃଷ୍ଣ ପାଦେ ମୋର ବିନତୀ ॥୧୬॥
ସଭାର ସଦସ୍ୟ ମାନେତ ଏହା ସ୍ୱାଗତ କଲେ
ଧନ୍ୟ ସହଦେବ ତୁମେତ ଜ୍ଞାନୀ ଧରା ମଣ୍ଡଳେ ॥୧୭॥
ରାଜା ଯୁଧିଷ୍ଠିର ପ୍ରଥମେ ଅର୍ଘ୍ୟ କୃଷ୍ଣଙ୍କୁ ଦେଲେ
ପ୍ରତିବାଦ ସ୍ୱର ଉଠିଲା ଶିଶୁପାଳତ କଲେ ॥୧୮॥
ଛୋଟିଆ ବାଳକ ଅଟେ ସେ ନୁହଁ ଜ୍ଞାନୀ ପଣ୍ଡିତ
ଆତ୍ମୀୟ ସମ୍ପର୍କ ରଖିଣ ସହଦେବ କହେତ ॥୧୯॥
ସଭା ମଧ୍ୟେ କେତେ ଯୋଗ୍ୟତ ସିଦ୍ଧ ସାଧୁ ଅଛନ୍ତି
ଏ ଛାର କୃଷ୍ଣକୁ ପୂଜିବ ସେତ ତୁମର ଗ୍ୟାନ୍ତି ॥୨୦॥
ଗୋପଗୋଇଙ୍କର ପ୍ରେମିକ ବସ୍ତ୍ର ଚୋର ଅଟଇ
କିବା ଜ୍ଞାନୀ ଗଣେ ଗଣୁଛ ଧେନୁ ଗୋପେ ଜଗଇ ॥୨୧॥
ଜାତି ଗୋତ୍ର ନାହିଁ ତାହାର ଶ୍ରେଷ୍ଠ ପୁରୁଷ ମାନ୍ୟ
ବିଚାର କରିଣ କୁହତ ଜ୍ଞାନେ ଦେଖତ ଅନ୍ୟ ॥୨୨॥
ଶ୍ରୀକୃଷ୍ଣ ଶୁଣିଣ ନିରବ ତାର କଟୂ ବଚନ
ରାଜାମାନେ ଶୁଣି ବିଦ୍ରୋହ କଲେ କ୍ରୋଧ ବହିଣ ॥୨୩॥

ଶିଶୁପାଳକୁତ ମାରିବେ ଗଲେ ସକଳେ ଧାଇଁ
ଶିଶୁପାଳ କରେ ଯୁଦ୍ଧତ ଭୟ କରେତ ନାହିଁ ॥୨୪॥
ଯଜ୍ଞସ୍ଥଳେ ହେଲା ଯୁଦ୍ଧତ ଶିଶୁପାଳ ସଂଗରେ
ଆଜ୍ଞା ଦେଲେ ପ୍ରଭୁ ଚକ୍ରକୁ ଚକ୍ରଗଲା ପ୍ରଖରେ ॥୨୫॥
କାଟିଲା ଶିରକୁ ଯାଇଣ ଶିଶୁପାଳ ମରିଲା
ତାହର ଅଙ୍ଗରୁ ଜ୍ୟୋତିତ ପ୍ରଭୁ ଅଙ୍ଗେ ମିଶିଲା ॥୨୬॥
ଅଭିଶାପ ଥିଲା ତିନୋଟି ଜନ୍ମ ରାକ୍ଷସ ହୋଇ
ପ୍ରଭୁଙ୍କ ହସ୍ତରେ ମରିଲେ ମୁକ୍ତି ଲଭିବ ସେହି ॥୨୭॥
ଶିଶୁପାଳ ହେଲା ନିଧନ ଯଜ୍ଞ କାର୍ଯ୍ୟ ଚାଲିଲା
ପୁରୁଷ ଉତ୍ତମ ଶ୍ରୀକୃଷ୍ଣ ଏହା ପ୍ରମାଣ ହେଲା ॥୨୮॥

--୦--

ତ୍ରିପଞ୍ଚାଶତ୍ ଅଧ୍ୟାୟ

ଶାଲ୍ୱ ଓ ଦନ୍ତବକ୍ର ବଧ

ଦ୍ୱାର ପାଳ ଥିଲେ ବୈକୁଣ୍ଠେ ଜୟ ବିଜୟ ଦୁଇ
ଅଭିଶପ୍ତ ସେତ ଅଛନ୍ତି ତିନି ଜନମ ପାଇଁ ॥୧॥
ରାକ୍ଷସ ଜନମ ଲଭିଣ ପ୍ରଭୁ ହସ୍ତେ ମରିବେ
ଅଭିଶାପ ହେବ ଖଣ୍ଡନ ସ୍ୱର୍ଗ ପୁରକୁ ଯିବେ ॥୨॥
ପ୍ରଥମ ଜନମେ ଜଣେତ ହିରଣ୍ୟାକ୍ଷ ରୂପରେ
ଅନ୍ୟତ ହିରଣ୍ୟକଶିପୁ ଦୁଇଭ୍ରାତା ମହୀରେ ॥୩॥
ଦ୍ୱିତୀୟେ ରାବଣ ଜ୍ୟେଷ୍ଠତ କୁମ୍ଭକର୍ଣ୍ଣତ ସାନ
ଶ୍ରୀରାମ ହସ୍ତରେ ଦେଲେତ ଦୁଇ ଭାଇତ ପ୍ରାଣ ॥୪॥
ତୃତୀୟ ଜନମ ତାଙ୍କର ଶିଶୁପାଳତ ଜଣେ
ଦନ୍ତ ବକ୍ର ଅନ୍ୟ ଅଟଇ ଶୁଣ ରାଜନ ଧ୍ୟାନେ ॥୫॥
ଶିଶୁ ପାଳ ମିତ୍ର ଶାଲ୍ୱତ ପ୍ରତିଶୋଧ ନିମନ୍ତେ
ତପସ୍ୟା କରିଲା ଯାଇଣ ବନେ ରହି ଗୁପତେ ॥୬॥
ଶଙ୍କରଙ୍କୁ ତପ ବଳରେ ମୁଗ୍ଧ କରିଣ ଦେଲା
ମାଟିକୁ ଖାଇଣ ତପତ ସେତ ସାଧିଣ ଥିଲା ॥୭॥
କୈଳାସୁ ଆସିଣ ଶଙ୍କର ଇଚ୍ଛା ପୂରଣ କଲେ
ବାୟୁଯାନ ଏକ ପ୍ରଦାନ ତାଙ୍କୁ କରିଣ ଥିଲେ ॥୮॥
ମାୟାବୀ ବିମାନ ଅଟଇ ଶାଲ୍ୱ ମାୟା ବଳରେ
ଦ୍ୱାରୀକାକୁ ଗଲା ଯୁଦ୍ଧତ ହେବ କୃଷ୍ଣ ସାଥିରେ ॥୯॥
ପ୍ରଦ୍ୟୁମ୍ନ ସଙ୍ଗତେ ଯୁଝିଲା ଶାଲ୍ୱ ପ୍ରବଳ ବେଗେ
ପ୍ରତିଶୋଧ ବହ୍ନି ଜଳୁଛି ଖୋଜେ କୃଷ୍ଣଙ୍କୁ ରାଗେ ॥୧୦॥
ରୁକ୍ମଣୀ ବିବାହ ସମୟେ ଅପମାନ ଲଭିଲା
କୃଷ୍ଣଙ୍କୁ ମାରିବା ପ୍ରତିଜ୍ଞା ତାର ମନରେ ଥିଲା ॥୧୧॥

ଏକାଳେ ମାୟାବି ରଚିଲା　ମାୟା ଦେଖନ୍ତି ହରି
ବସୁଦେବ ପିତା ସମ୍ମୁଖେ　ଶାଲ୍ୱ ଆଣିଛି ଧରି ॥୧୨॥
ହତ୍ୟାତ କରିଲା ସେଠାରେ　ସ୍କନ୍ଧୁ ରକତ ଝରେ
ବିଚଳିତ ହେଲେ ଶ୍ରୀକୃଷ୍ଣ　ଚକ୍ର ଧରନ୍ତି କରେ ॥୧୩॥
ଜାଣିଲେ ମାୟାତ ରଚନା　ଶାଲ୍ୱ କରିଅଛଇ
ମାୟା ବିମାନକୁ ପ୍ରଭୁତ　ତଳେ ଦେଲେ ଖସାଇ ॥୧୪॥
ଚକ୍ରକୁ ପେଶନ୍ତି ଶ୍ରୀହରି　ଶାଲ୍ୱ ଶିର କଟିଲା
ତିନୋଟି ଜନମ ମର୍ତ୍ତ୍ୟରେ　ଶାପ ସମାପ୍ତ ହେଲା ॥୧୫॥
କରୁଷ ରାଜ୍ୟର ରାଜନ　ଦନ୍ତବକ୍ର ତା ନାମ
ଶୁଣିଲା ମିତ୍ରର ମୃତ୍ୟୁତ　ଗଲା ଦ୍ୱାରିକା ଧାମ ॥୧୬॥
ଶତ୍ରୁ ତା'ର ଅଟେ ଶ୍ରୀକୃଷ୍ଣ　ସଖା ମାରିଛି ସେହି
ତାକୁତ ନିଶ୍ଚୟ ମାରିବି　ତିଳେ ସନ୍ଦେହ ନାହିଁ ॥୧୭॥
ଡାକିଣ କୁହଇ କ୍ରୋଧରେ　ତୁତ ମୋର ଆତ୍ମୀୟ
ମୋର ମାମୁଁ ପୁତ୍ର ଅଟୁତ　ହେଲୁ ବଡ଼ ନିର୍ଦ୍ଦୟ ॥୧୮॥
ସଖାକୁ ମୋହର ମାରିଲୁ　କ୍ଷମା କରିବି ନାହିଁ
ବଧିବି ତତେ ମୁଁ ଆଜିତ　ଗଦା ଧରି ଆସଇ ॥୧୯॥
ପ୍ରହାର ରୋକନ୍ତି ଶ୍ରୀକୃଷ୍ଣ　କୌମଦିକ ଗଦାରେ
ଦନ୍ତବକ୍ରକୁତ ମାରିଲେ　ରକ୍ତ ମୁଖୁ ବାହାରେ ॥୨୦॥
ଭୂମିରେ ପଡ଼ିଣ ରାକ୍ଷସ　ମଲା ଦ୍ୱାରିକା ପୁରେ
ଶରୀରୁ ପ୍ରକାଶ ହୋଇଲା　ଏକ ଜ୍ୟୋତି ସେଠାରେ ॥୨୧॥
ରାକ୍ଷସ ନିଧନେ ଦେବତା　ପୁଷ୍ପ ବୃଷ୍ଟିତ କଲେ
ଶ୍ରୀକୃଷ୍ଣଙ୍କ ଜୟଗାନ ତ　ସ୍ୱର୍ଗେ କରୁଣଥିଲେ ॥୨୨।

--୦--

ଚତୁଃପଞ୍ଚାଶତ୍ ଅଧ୍ୟାୟ

ସଖା ଶ୍ରୀଦାମ

ଶ୍ରୀଦାମ ନାମରେ ବ୍ରାହ୍ମଣ କୃଷ୍ଣ ସଖାତ ଥିଲେ
ସନ୍ଦୀପନୀ ମୁନି ଆଶ୍ରମେ ଶିକ୍ଷା ପ୍ରାପ୍ତ କରିଲେ ॥୧॥
ଜ୍ଞାନେ ଶ୍ରେଷ୍ଠ ଅଟେ ଶ୍ରୀଦାମ ସ୍ୱାଭିମାନୀ ଅଟଇ
ଦାରିଦ୍ର୍ୟ କଷ୍ଟେଣ ପତ୍ନୀତ ତାଙ୍କୁ ଦିନେ କୁହଇ ॥୨॥
ଦ୍ୱାରୀକାପୁରର ନାଥ ଯେ ଲକ୍ଷ୍ମୀକାନ୍ତ ଅଟନ୍ତି
ତୁମେ ତାଙ୍କ ସଖା ଏକଥା ଜନେ ଗ୍ରାମେ ଜାଣନ୍ତି ॥୩॥
ବାଲ୍ୟକାଳ ବନ୍ଧୁ ବୋଲିତ ତାଙ୍କ ଗୁଣତ କେତେ
କହିଛ ମତେତ ସ୍ୱାମୀ ଯେ ଅତି ଆନନ୍ଦ ଚିତ୍ତେ ॥୪॥
ବିପଦ ସମୟେ ଆଶ୍ରୟ ଯେବେ ତାଙ୍କ ଲୋଡ଼ିବା
ଦାରିଦ୍ରତା ଆମ ଘୁଞ୍ଚିବ କର ତାଙ୍କରି ସେବା ॥୫॥
ଦ୍ୱାରୀକାକୁ ଯାଇ ଜଣାଅ ମିତ୍ରେ ଆମରି କଥା
ଉପବାସ ଦାଉ ଅସହ୍ୟ ସ୍ୱାମୀ ବଢୁଛି ବ୍ୟଥା ॥୬॥
ଶୁଣିଣ ଶ୍ରୀଦାମ କଥାକୁ ମନେ କଲେ ବିଚାର
ପତ୍ନୀର କଥାକୁ ମାନିଣ ଯିବେ ଦ୍ୱାରୀକାପୁର ॥୭॥
ସଖାଙ୍କ ଦର୍ଶନ କରିବେ ଆସେ ଉତ୍ସାହ ମନେ
କହନ୍ତି ପତ୍ନୀଙ୍କୁ କି ନେବି ହସ୍ତେ ସଖା ଦର୍ଶନେ ॥୮॥
ଶୂନ୍ୟ ହସ୍ତେ ବନ୍ଧୁ ଘରକୁ କିଏ ଯାଏତ ନାହିଁ
କିବା ଅଛି ଘରେ ତୁମର ମତେ ଦେବାର ପାଇଁ ॥୯॥
ଚାରି ମୁଠା ଭିକ୍ଷା ତଣ୍ଡୁଳ ଘରେ ଥିଲାତ ରହି
ଭାଜିଲେ ପତ୍ନୀତ ଶ୍ରଦ୍ଧାରେ ସଖା କୃଷ୍ଣଙ୍କ ପାଇଁ ॥୧୦॥
ଛିନ୍ନ ବସ୍ତ୍ରେ ଗଣ୍ଠି ପକାଇ ଖୁଦ ଭଜା ବାନ୍ଧିଲେ
ଶ୍ରୀଦାମ ବ୍ରାହ୍ମଣ ଦ୍ୱାରୀକା ଭାବ ନେଇ ଆସିଲେ ॥୧୧॥

କେତେଯେ ପରୀକ୍ଷା ପଥରେ ପ୍ରଭୁ କରିଣଛନ୍ତି
ତଥାପି ଅଟଳ ବିଶ୍ୱାସ ଥିଲା ସଖାଙ୍କ ପ୍ରତି ॥୧୨॥
ପହଞ୍ଚି ଗଲେତ ଦ୍ୱାରୀକା ଚଲା ପଥେ ଚାଲିଣ
ପଥରେ କେତେଯେ ଶ୍ରୀଅଙ୍ଗେ ଲଭିଥିଲେ କଷଣ ॥୧୩॥
ପଥଶ୍ରମ ସେତ ଭୁଲିଲେ ଦେଖି ଦ୍ୱାରୀକାପୁର
ବୈକୁଣ୍ଠ ସମାନ ଅଟେତ ମର୍ତ୍ତ୍ୟେ ପ୍ରକାଶ ତାର ॥୧୪॥
ନଭଚୁମ୍ବି ଅଟେ ପ୍ରାସାଦ ସେତ ଧବଳମୟ
ଦ୍ୱାରରେ ଜଗିଛି ଦ୍ୱାରୀତ ସେ ଯେ ବିରାଟକାୟ ॥୧୫॥
ଦାରିଦ୍ର ବ୍ରାହ୍ମଣ କୁହଇ ମୁଁ ଯେ ସଖା ପଣରେ
ଆସିଛି ଦର୍ଶନ କରିବି ମୋର ସଖାଙ୍କୁ ଥରେ ॥୧୬॥
ଛାଡିଦିଅ ପଥ ମତେତ କାହିଁ ଆକଟ କର
ସନ୍ଦେହ ଯଦିବା ଆସୁଛି ଯାଇ ତାଙ୍କୁ ପଚାର ॥୧୭॥
ସମ୍ବାଦ ଗଲାତ କିଏତ ସଖା ଆସି ଅଛଇ
ଦାରିଦ୍ର ବ୍ରାହ୍ମଣ ପରାଏ ରୂପ ଭେକତ ନାହିଁ ॥୧୮॥
ସଖା ଶବ୍ଦେ ଥିଲା ଯାଦୁତ ପ୍ରଭୁ ଅନ୍ତପୁରରୁ
ଧାଇଁ ଆସି ନେଲେ ସଖାଙ୍କୁ ତାଙ୍କ ଦ୍ୱାର ପାଖରୁ ॥୧୯॥
କୋଳେଇ ନିଅନ୍ତି ସଖାଙ୍କୁ ସଖା ସଂକୋଚ ଭାବ
ପାଟ ପିତାମ୍ବରି ମଳିତ କାଳେ ହୋଇଣ ଯିବ ॥୨୦॥
ଆଦରେ ନେଇଣ ବସାନ୍ତି ଉଚ୍ଚା ଆସନ ଦେଇ
ସଖାତ ବ୍ରାହ୍ମଣ ଅଟନ୍ତି ପୂଜ୍ୟ ଭାବ ଆସଇ ॥୨୧॥
ଶ୍ରୀପଦ ଶ୍ରୀହରି ଶ୍ରୀହସ୍ତେ ଦେଲେ ଆଗ୍ରହେ ଧୋଇ
ପଦଧୌତ ଜଳ ଅମୃତ ପାନ କରନ୍ତି ନେଇ ॥୨୨॥
ରାଜ ଭବନରେ ସିଞ୍ଚନ୍ତି କ୍ଷେତ୍ର ପବିତ୍ର ପାଇଁ
ପରିଜନ ସର୍ବେ ଦେଖନ୍ତି ଭାବ ଆଶ୍ଚର୍ଯ୍ୟ ହୋଇ ॥୨୩॥
କୁଶଳ ବାରତା ପୁଛନ୍ତି ପାଦ ହସ୍ତେ ମଣ୍ଡଳି

କେତେ ପଥ ସଖା ଆସିଛ   ଏହି ପାଦରେ ଚାଲି ॥୨୪॥
ନୟନୁ ଅଶ୍ରୁତ ଝରୁଛି   ଶବ୍ଦ ନଆସେ ମୁଖେ
ଶଂକୋଚ ଭାବତ ରହିଛି   ପ୍ରଭୁ ଧରନ୍ତି ବକ୍ଷେ ॥୨୫॥
ସେକାଳେ ଦେଖନ୍ତି ରୁକ୍ମଣୀ   ଦୃଶ୍ୟ ଆସନ୍ତି ଧାଇଁ
ସଖାପାଦ ସେବା କରନ୍ତି   ଦାସୀ ସ୍ୱଭାବ ନେଇ ॥୨୬॥
ପୁଛନ୍ତି ସଖାଙ୍କୁ ଶ୍ରୀକୃଷ୍ଣ   କିବା ଆଣିଛ ସଖା
ପତ୍ନୀ ତୁମ ନିଶ୍ଚେ ମୋ ପାଇଁ   ଦେଇ ଅଛନ୍ତି ଦେଖା ॥୨୭॥
କ୍ଷୁଧା ଆସେ ସଖା ମୋହର   ଆଉ ନକର ଡେରି
ଶ୍ରୀଦାମ କାଷ୍ଠର ପିତୁଳା   ପ୍ରାୟ ଯାଏତ ଥରି ॥୨୮॥
କାନିରୁ ଫିଟାନ୍ତି ଶ୍ରୀଦାମ   ପ୍ରଭୁ ନେଲେ ଛଡାଇ
ଖୋଲିଣ ମୁଠାଏ ଖାଇଲେ   ସେହି ଭଜାକୁ ନେଇ ॥୨୯॥
ଆର ମୁଠା ନେବା ସମୟେ   ବାଧା ଦେଲେ ରୁକ୍ମଣୀ
ନିଜେତ ଛଡାଇ ଖାଇଲେ   ଆଜି ଦ୍ୱାରୀକା ରାଣୀ ॥୩୦॥
ଗୋଟିଏ ମୁଠାରେ ପ୍ରାପ୍ତତ   ଇହ ଲୋକ ସମ୍ପତ୍ତି
ପ୍ରଦାନ କରିଲେ ଶ୍ରୀକୃଷ୍ଣ   ସଖା ଜାଣି ନାହାନ୍ତି ॥୩୧॥
ଶ୍ରୀହସ୍ତେ ବସନ ପ୍ରଭୁତ   ଦେଲେ ଅଙ୍ଗେ ପିନ୍ଧାଇ
ଆସନେ ବସାଇ ଖୁଆନ୍ତି   ଦିବ୍ୟ ବ୍ୟଞ୍ଜନ ଥୋଇ ॥୩୨॥
ରୁକ୍ମଣୀ ବିଞ୍ଚନ୍ତି ପାଖରେ   ପଂଖା ଧରିଣ ହସ୍ତେ
ବଳାଇ ବଳାଇ ଖୁଆନ୍ତି   କଥା କହିଣ କେତେ ॥୩୩॥
ହସ୍ତ ପ୍ରକ୍ଷାଳନ ପରେତ   ପିନ୍ଧା ପିତମ୍ବରିରେ
ହସ୍ତକୁ ପୋଛନ୍ତି ଶ୍ରୀକୃଷ୍ଣ   ଶ୍ରଦ୍ଧା ସ୍ନେହ ଚିତ୍ତରେ ॥୩୪॥
ପଲଙ୍କେ ବସାଇ କୁହନ୍ତି   ସଖା ବିଶ୍ରାମ କର
ଶରୀରକୁ କଷ୍ଟ ହେଇଛି   ପଥ ଥିଲାତ ଦୂର ॥୩୫॥
ନିଦ୍ରାତ ଆସେନି ନୟନେ   ମନେ ହୁଅନ୍ତି ଗୁଣି
ବିଶ୍ୱାସ ନଥିଲା ସଖାମୋ   ମତେ ପାରିବେ ଚିହ୍ନି ॥୩୬॥
ସନ୍ଦିପନୀ ଗୁରୁ ଆଶ୍ରମ   କଥା ମନେ ପଡଇ
ପ୍ରଭୁତ କୁହନ୍ତି ସଖାକୁ   ପୂର୍ବ ସ୍ମୃତି ଜାଗଇ ॥୩୭॥

ଦିନକର କଥା କୁହନ୍ତି ସଖା ଅଛିକି ମନେ
କାଷ୍ଠ ପାଇଁ ଯାଇଥିଲେତ ଦୁହେଁ ସେ ଘୋର ବନେ ॥୩୮॥
କଳା ମେଘ ଘୋଟି ଆସିଲା ଦେଲା ଓଜାଡି ଜଳ
ଗଛର ଉପରେ ବସିଲେ ସେତ ରାତ୍ରର କାଳ ॥୩୯॥
ଭୋକର ଆତୁରେ ଖୋଜିଲି ମିଳେ ନାହିଁ ଆହାର
ଦେଇଥିଲ ଖୁଦ ଭଜାତ ପୂର୍ଣ୍ଣ କଲି ଉଦର ॥୪୦॥
ପ୍ରଭାତ ହୋଇଲା ଗୁରୁତ ବ୍ୟସ୍ତେ ଖୋଜନ୍ତି ବନେ
ଦେଖିଣ ଶ୍ରୀଗୁରୁ ଦେଲେତ ଆଶୀର୍ବାଦ ତକ୍ଷଣେ ॥୪୧॥
ଏହିପରି ନାନା କଥାତ ପ୍ରଭୁ କୁହନ୍ତି ବସି
ରାତ୍ରତ କଟିଲା ଗପରେ ଦ୍ୱୟ ହୋଇଲେ ଖୁସି ॥୪୨॥
ପ୍ରଭାତ ହୋଇଲା ଶ୍ରୀଦାମ ନିତ୍ୟ କାର୍ଯ୍ୟ ସାରିଲେ
ଗୃହକୁ ଫେରିବେ ଏକଥା ମନେ ଚିନ୍ତା କରିଲେ ॥୪୩॥
ନିଜର ଦାରିଦ୍ର୍ୟ କଥାକୁ ସେତ ଭୁଲିଣ ଗଲେ
ତୁଣ୍ଡ ଖୋଲିଲାନି ନୀରବ ସ୍ୱାଭିମାନ ରଖିଲେ ॥୪୪॥
ସଖାକୁ କୁହନ୍ତି ଗୃହକୁ ଯିବି ବିଦାୟ ଦିଅ
ଅନେକ ଆନନ୍ଦ ଲଭିଲି ତୃପ୍ତ ହେଲା ହୃଦୟ ॥୪୫॥
ଭାବିଥିଲି ସଖା ମତେତ ତାଙ୍କ ବଡ଼ ପଣରେ
ସତେକି ଚିହ୍ନିବେ ସନ୍ଦେହ ଥିଲା ମୋର ମନରେ ॥୪୬॥
ଦୟାମୟ ତୁମେ ଈଶ୍ୱର ସଖା ବ୍ରହ୍ମାଣ୍ଡ ପତି
ଶ୍ରୀପଦେ ଆଶ୍ରୟ ଦେଇଣ ଫେଡ ମୋର ଦୁର୍ଗତି ॥୪୭॥
ପ୍ରଭୁତ ଜାଣିଲେ ସଖାତ କିଛି ମାଗିଲେ ନାହିଁ
ନିଷ୍କାମ ଭକ୍ତିର ଲକ୍ଷଣ ସଖା ହୃଦେ ଅଛଇ ॥୪୮॥
ଧନ ଜନ ଲୋଡା ନାହିଁତ ମୋର ପାଦରେ ପ୍ରୀତି
କେତେଯେ ସରଳ ସଖା ମୋ ପ୍ରଭୁ ହୃଦେ ଚିନ୍ତତି ॥୪୯॥
ଦ୍ୱାରୀକାପୁରର ସକଳେ ଯେତେ ଥିଲେ ଆତ୍ମୀୟ
ପ୍ରଣାମ କରିଣ ସଖାକୁ ଦେଉଛନ୍ତି ବିଦାୟ ॥୫୦॥
ବକ୍ଷକୁ ଆଣିଣ ଶ୍ରୀକୃଷ୍ଣ କରେ ଧରନ୍ତି ଭିଡି
ରହିଯାଅ ସଖା ନଯାଅ ତୁମେ ଆମକୁ ଛାଡି ॥୫୧॥

ଆନନ୍ଦ ଅଶ୍ରୁତ ଝରଇ ମୁଖେ ନଆସେ କଥା
ଶ୍ରୀଦାମ ଭକ୍ତିରେ ପ୍ରଭୁଙ୍କ ପାଦେ ରଖନ୍ତି ମଥା ॥୫୨॥
ବିଦାୟ ଦେଇଣ ପ୍ରଭୁତ କିଛି ପଥ ଆସିଲେ
ଅଦୃଶ୍ୟ ହୁଅନ୍ତେ ସଖାତ ପ୍ରଭୁ ଗୃହେ ଫେରିଲେ ॥୫୩॥
ମାୟାର ଠାକୁର ମାୟାରେ ପଥ କଢ଼ାଇ ନେଲେ
କେତେବା ସମୟ ଲାଗିଲା ଗ୍ରାମେ ପହଞ୍ଚିଗଲେ ॥୫୪॥
ଚିହ୍ନା ଚିହ୍ନା ଲାଗେ ଗ୍ରାମତ ଦୃଶ୍ୟ ନହୁଏ ଘର
ଝାଟିମାଟି ମୋର କୁଡ଼ିଆ ଥିଲା ନଡା ଛପର ॥୫୫॥
ଦ୍ୱାରୀକା ଭବନ ପରାଏ ଅଟ୍ଟାଳିକା ଦିଶୁଛି
ପୁଷ୍କରିଣୀ ସାଥେ ଉଦ୍ୟାନ ଶୋଭା ପ୍ରକାଶୁ ଅଛି ॥୫୬॥
ଦାସ ଦାସୀ ରହି ଅଛନ୍ତି ଦ୍ୱାରେ ଦ୍ୱାରପାଳତ
ଦ୍ୱନ୍ଦ୍ୱରେ ପଡନ୍ତି ଶ୍ରୀଦାମ ଦେଖିହେଲେ ଚିନ୍ତିତ ॥୫୭॥
ଗ୍ରାମକୁ ଦେଖନ୍ତି ଗ୍ରାମତ ଦୃଶ୍ୟ ନଗର ପ୍ରାୟ
ଦାରିଦ୍ର୍ୟର ଚିହ୍ନ ନାହିଁତ ମନେ ଆସଇ ଭୟ ॥୫୮॥
ଭ୍ରମରେ ଭ୍ରମିତ ହୋଇଣ ଅନ୍ୟ ଗ୍ରାମେ ପଶିଲି
ନିଜର ଗ୍ରାମକୁ ମୁହିଁତ ଏବେ ଭୁଲିଣ ଗଲି ॥୫୯॥
ଆକୁଳେ ଡାକନ୍ତି ସଖାଙ୍କୁ ମତେ ଦେଖାଅ ପଥ
ଏକାଳେ ପତ୍ନୀତ ଆସିଣ ଧରି ନେଲେତ ହାତ ॥୬୦॥
ଦେଖନ୍ତି ନିଜର ପତ୍ନୀଙ୍କୁ ଅଙ୍ଗେ ଝିନ ବସନ
ଅଳଙ୍କାରେ ମଣ୍ଡି ହୋଇଛି ଅଙ୍ଗେ ଅଂଗ ଭୂଷଣ ॥୬୧॥
ପତ୍ନୀତ କୁହନ୍ତି ସକଳ କଥା ଯାହା ଘଟିଲା
ବିଶ୍ୱକର୍ମା ଆସି କେମନ୍ତେ ଏହା ନିର୍ମାଣି ଥିଲା ॥୬୨॥
ତୁମର ସଖାଙ୍କ ନିର୍ଦ୍ଦେଶେ ଏହା ହୋଇଛି ଜାଣ
ସଖାତ ତୁମର ଅଟନ୍ତି ମାୟାଧାରି ଶ୍ରୀକୃଷ୍ଣ ॥୬୩॥
ପହଞ୍ଚନ୍ତି ଗ୍ରାମବାସୀଏ ଆସି ଶ୍ରୀଦାମ ଘରେ
ପଦଧୂଳି ତାର ନଅନ୍ତି ବୋଲି ହୁଅନ୍ତି ଶିରେ ॥୬୪॥
ତୁମରି ପାଇଁତ ଆମର ହେଲା ଦାରିଦ୍ର୍ୟ ଦୂର
ଧନ୍ୟ ଧନ୍ୟ ତୁମେ ଭକ୍ତତ ଧନ୍ୟ ସଖା ତୁମର ॥୬୫॥

--୦--

ପଞ୍ଚପଞ୍ଚାଶତ୍ ଅଧ୍ୟାୟ

ମହାଦେବଙ୍କ ବରଦାନ

ପଥେ ଭ୍ରମୁଥିଲା ରାକ୍ଷସ ବୃକାସୁରତ ଦିନେ
ସାକ୍ଷାତ ହୋଇଲେ ନାରଦ ମୁନି ଅଛନ୍ତି ଧ୍ୟାନେ ॥୧॥
ତାଙ୍କ ପାଦ ତଳେ ପଡିଲା ଭକ୍ତି ଭାବ ମନରେ
ଜାଗ୍ରତ ହୋଇଲେ ମୁନିତ ସ୍ତୁତି ରାକ୍ଷସ କରେ ॥୨॥
ପଚାରେ ମୁନିଙ୍କୁ ରାକ୍ଷସ କେଉଁ ଦେବତା କୁହ
ସେବିଲେ ଦେବେସେ ବରତ ମତେ ବିଳମ୍ବ ନୁହଁ ॥୩॥
ନାରଦ କୁହନ୍ତି ଶୁଣିଣ ଶୁଣ ମୋର ବିଚାର
ଶ୍ମଶାନ ବାସୀତ ଅଛନ୍ତି ଏକା ଭୋଳା ଶଙ୍କର ॥୪॥
ଆଶୁତୋଷ ବୋଲି କୁହନ୍ତି ଅଳ୍ପେ ସନ୍ତୁଷ୍ଟ ସିଏ
ଯିଏ ଯାହା ମାଗେ ଦିଅନ୍ତି କୁଣ୍ଠା ଭାବ ନଥାଏ ॥୫॥
ଅକର୍ମୀକୁ ଦାନ ଦିଅନ୍ତି ଦାନେ ନାହିଁ ବିଚାର
ପାତ୍ର ବା ଅପାତ୍ରେ ନଥାଏ କେବେ ଦୃଷ୍ଟି ତାଙ୍କର ॥୬॥
ଏହା କହି ମୁନି ଗଲେତ ବୃକାସୁର ଚିନ୍ତିଲା
ସେ ଘୋର ବନରେ ଯାଇଣ ଧ୍ୟାନେ ବସିଣ ଗଲା ॥୭॥
କେତେ ବର୍ଷ ଗଲା ବିତିତ ପ୍ରଭୁ ଦର୍ଶନ ନାହିଁ
ଭାବିଲା ଯଜ୍ଞ ମୁଁ କରିବି ଶିବ ଯଜ୍ଞ ଅଟଇ ॥୮॥
ଆହୁତି ଦେଇଣ ଅଗ୍ନିରେ ମନ୍ତ୍ର ଉଚ୍ଚାରେ ମୁଖେ
ତଥାପି ପ୍ରଭୁଙ୍କୁ କାହିଁତ ଦେଖେ ନାହିଁ ପ୍ରତ୍ୟେକ୍ଷେ ॥୯॥
ସ୍ଥିର କଲା ବେକ କାଟିଣ ଯଜ୍ଞେ ମସ୍ତକ ଦେବି
ଦର୍ଶନ ନଦେଲେ ଶଙ୍କର ପ୍ରାଣ କାହିଁ ରଖିବି ॥୧୦॥
ଏକାଳେ ଅଗ୍ନିରୁ ପ୍ରକଟ ପ୍ରଭୁ ହେଲେ ଶଙ୍କର
ରୋଧିଲେ ନକାଟ ଭକ୍ତକୁ ଆରେ ଶିର ତୋହର ॥୧୧॥
ମାଗିନିଅ ବର ଯାହା ତୁ ମନେ କରିଛୁ ସ୍ଥିର
ଯେଉଁ ବରପାଇଁ ତପସ୍ୟା କ୍ଷୀଣ ହେଲା ଶରୀର ॥୧୨॥

ସମ୍ମୁଖେ ଦେଖିଣ ପ୍ରଭୁଙ୍କୁ ପ୍ରଣିପାତ ତ କଲା
ନାରଦ ମହର୍ଷି କଥାତ ଏବେ ସତ୍ୟ ହୋଇଲା ॥୧୩॥
ମାଗିଲା ବର ସେ ଯା ଶିରେ ମୁଁ ତ ରଖିବି ହସ୍ତ
ଭସ୍ମ ହୋଇଯିବ କ୍ଷଣକେ ସେତ ହୋଇବ ମୃତ ॥୧୪॥
ଶଙ୍କର ଶୁଣିଣ ବରତ କଲେ ତାକୁ ପ୍ରଦାନ
ରାକ୍ଷସ କରିବ ପରୀକ୍ଷା ସତ୍ୟ ହେବ ପ୍ରମାଣ ॥୧୫॥
ସେ ସ୍ଥାନେ ନାହାନ୍ତି କେହିତ ସେତ ନିର୍ଜନ ବନ
କା ଶିରେ କରିବ ପରୀକ୍ଷା ବ୍ୟସ୍ତ ହେଲାତ ମନ ॥୧୬॥
ଶିବ ଶିରେ ହସ୍ତ ରଖିଣ ସତ୍ୟ ଜାଣିବା ପାଇଁ
ପାଖକୁ ଗଲାତ ରାକ୍ଷସ ଶିବ ଗଲେ ପଳାଇ ॥୧୭॥
ବର ଦେଇ ଏବେ ଶଙ୍କର ଭୟେ ଗମନ୍ତି ଦୂରେ
ପୃଷ୍ଠ ଭାଗେ ଧାଏଁ ରାକ୍ଷସ ହସ୍ତ ରଖିବ ଶିରେ ॥୧୮॥
ସ୍ୱର୍ଗ ମର୍ତ୍ତ୍ୟ ଆଉ ପାତାଳ ଶିବ ଭୟେ ଯାଆନ୍ତି
ଶ୍ରୀହରି ଦେଖନ୍ତି ଶଙ୍କର ଲଭିଛନ୍ତି ବିପତ୍ତି ॥୧୯॥
ଯୋଗମାୟା ବଳେ ଶ୍ରୀହରି ବ୍ରହ୍ମଚାରୀ ରୂପରେ
ମିଳନ୍ତି ରାକ୍ଷସ ନିକଟେ ପୁଚ୍ଛା କରନ୍ତି ଧିରେ ॥୨୦॥
ସରଳ ଭାଷାର ବାଣୀତ ମିଠା ତାଙ୍କର ଥିଲା
ବାଣୀରେ ଜିତିଲେ ତାହାକୁ ସେତ ବିଶ୍ୱାସ କଲା ॥୨୧॥
କହିଲା ସମସ୍ତ କଥାକୁ ବ୍ରହ୍ମଚାରୀ ଶୁଣିଣ
ତିରସ୍କାର କରି କୁହନ୍ତି ବୃଥା କରୁ ଗମନ ॥୨୨॥
ଶ୍ମଶାନ ବାସୀତ ପାଗଳ ନାରୀ ଛଡା ହୋଇଛି
ଦକ୍ଷ ଅଭିଶାପେ ଏବେତ ଭୂତ ପ୍ରେତେ ରହୁଛି ॥୨୩॥
ସେହିମାନେ ତାର ସଂଗୀତ ସେତ ବାଛନ୍ଦ ହୋଇ
ପାଗଳ ପରାଏ ଭ୍ରମଇ କଥା ସତ୍ୟ ନୁହଁଇ ॥୨୪॥
ନିଶାଗ୍ରସ୍ତ ଥାଏ ସର୍ବଦା କିଛି ଜାଣେତ ନାହିଁ
ବରର ଅର୍ଥକି ବୁଝେ ସେ ଧାଅଁ ତୁମେ କିମ୍ପାଇଁ ॥୨୫॥

କଥାରେ ମୋହିତ କରିଣ ବଶୀଭୂତ କରିଲେ
ଆତ୍ମୀୟ ପରାଏ ଭାବତ ତାକୁ ପ୍ରଦାନ କଲେ ॥୨୬॥
ଅସ୍ତ୍ର ଶସ୍ତ୍ରେ ସିନା ମରନ୍ତି ଏହା ସକଳେ ଜଣା
ସ୍ପର୍ଶରେ ମରିବା କଥାତ କେବେ ହୋଇଛି ଶୁଣା ॥୨୭॥
ନିଜ ଶିରେ କର ରଖିଣ ଏବେ ପରୀକ୍ଷା କର
ପାଗଳ ଶଙ୍କର କଥାରେ କାହିଁ ରଖିଛ ଡର ॥୨୮॥
ପରୀକ୍ଷା କରିଲା ରାକ୍ଷସ ହସ୍ତ ଶିରେ ରଖିଣ
ଭସ୍ମିଭୂତ ହେଲା କ୍ଷଣକେ ଗଲା ତାହାର ପ୍ରାଣ ॥୨୯॥
ଦେବତା ଦେଖିଣ ଆକାଶୁ ପୁଷ୍ପ ବୃଷ୍ଟି କରିଲେ
ଶ୍ରୀହରି ନିକଟେ ଶଙ୍କର ଆସି ପହଞ୍ଚି ଗଲେ ॥୩୦॥
ପ୍ରଭୁତ କୁହନ୍ତି ରାକ୍ଷସ ପାପ ନେଲା ଆଦରି
ଆପଣଙ୍କ ଶତ୍ରୁ ହୋଇଲା ଦେଲି ତାଙ୍କୁ ମୁଁ ମାରି ॥୩୧॥

--୦--

ଷଟ୍‌ପଞ୍ଚାଶତ୍ ଅଧ୍ୟାୟ

ଭୃଗୁଙ୍କର ପଦାଘାତ

ସରସ୍ୱତୀ ନଦୀ ତଟରେ ଏକ ଯଜ୍ଞ ହୋଇଲା
ଋଷି ମୁନି ସାଧୁ ଏକତ୍ର ଯଜ୍ଞ ବିରାଟ ଥିଲା ॥୧॥
ଶାସ୍ତ୍ର ଆଲୋଚନା ଚାଲଇ ବେଦ ବେଦାନ୍ତ ଗୀତା
ସମ୍ମୁଖ ଭାଗରେ ଅଛନ୍ତି କେତେ ଜ୍ଞାନୀ ଯେ ଶ୍ରୋତା ॥୨॥
କେଉଁ ଦେବତାଙ୍କୁ ପ୍ରଥମେ ଆମେ ଅର୍ଘ୍ୟ ବାଢ଼ିବା
ତିନୋଟି ଦେବତା ଅଛନ୍ତି କାର ପଦ ସେବିବା ॥୩॥
ବ୍ରହ୍ମା ବିଷ୍ଣୁ ଆଉ ମହେଶ ସର୍ବେ ପୂଜ୍ୟ ଅଟନ୍ତି
କାହାକୁ ବା ନ୍ୟୁନ କରିବା କୁହ ସକଳେ ଚିନ୍ତି ॥୪॥
ଭୃଗୁମୁନି ଥିଲେ ସେଠାରେ ସେତ ବ୍ରହ୍ମାଙ୍କ ପୁତ୍ର
ସକଳେ କୁହନ୍ତି ତୁମେତ ଦିଅ ମୁନି ସିଦ୍ଧାନ୍ତ ॥୫॥
ଭୃଗୁତ କହିଲେ ପରୀକ୍ଷା ବଳେ ସିଦ୍ଧାନ୍ତ ନେବି
ବ୍ରହ୍ମା ବିଷ୍ଣୁ ଆଉ ମହେଶ ପୁରେ ମୁହିଁତ ଯିବି ॥୬॥
ପହଞ୍ଚିଲେ ଯାଇ ପିତାଙ୍କ ପାଖେ କଲେ ପରୀକ୍ଷା
ସମ୍ମାନ ନଦେଇ ପ୍ରବେଶ କଲେ ପିତାଙ୍କୁ ଦେଖା ॥୭॥
କ୍ରୋଧିତ ହୁଅନ୍ତି ପିତାତ ପୁତ୍ର ସ୍ୱଭାବ ଦେଖି
ତିରସ୍କାର କଲେ ପୁତ୍ରକୁ ମନେ ହୋଇଣ ଦୁଃଖୀ ॥୮॥
ପ୍ରଣାମ ନାହିଁତ ତାହାର ସ୍ତୁତି ସେତ ନକଲା
ଅହଂକାରି ପୁତ୍ର ମୋହର ନୀତି ଭ୍ରଷ୍ଟ ହୋଇଲା ॥୯॥
ନିଜ ପୁତ୍ର ଭାବି ଦେଲେନି ବ୍ରହ୍ମା ଅଭିଶାପତ
ପରୀକ୍ଷା କରିଣ ପିତାଙ୍କୁ ପୁତ୍ର ଫେରି ଆସେତ ।୧୦॥
ସେଠାରୁ ଗଲେତ କୈଳାସ ଶିବ ଶ୍ମଶାନେ ଥିଲେ
ଶଙ୍କର ଦେଖିଣ ଭୃଗୁକୁ ନେବେ ଭାବନ୍ତି କୋଳେ ॥୧୧॥

ଭୂତ ପ୍ରେତ ସାଥେ ଅଛନ୍ତି ଗଳେ ମୁଣ୍ଡର ମାଳ
ମସ୍ତକେ କରନ୍ତି ସର୍ପତ ଫଣା ଟେକିଣ ଖେଳ ॥୧୨॥
ଭୃଗୁତ ଦୂରେଇ ଆସନ୍ତି ସେତ ପରୀକ୍ଷା ନେବେ
ଶଙ୍କର ଭାବନ୍ତି ଭୃଗୁତ ଘୃଣା ମନରେ ଭାବେ ॥୧୩॥
ବ୍ୟାଘ୍ର ଛାଲ ବସ୍ତ୍ର ମୋହର ଭସ୍ମ ବୋଳା ଶରୀରେ
ସଂସାରୀ ଜନତ ରୁହଇ ଏହି ଦେହ ଜ୍ଞାନରେ ॥୧୪॥
ଦୂରେଇ ଗଲେତ ମୋ ଅଂଗ ସ୍ପର୍ଶ ଭାବିଲେ ଘୃଣା
ଶିବଶକ୍ତି କେତେ ପ୍ରଚଣ୍ଡ ତାକୁ ନୁହେଁତ ଜଣା ॥୧୫॥
ତ୍ରିଶୂଳ ଧରନ୍ତି କ୍ରୋଧରେ ଦେବେ ଭୃଗୁକୁ ମାରି
ସତୀ ଆସି ବେଗେ କୁହନ୍ତି ତାଙ୍କ ହାତକୁ ଧରି ॥୧୬॥
ସ୍ୱାମୀକୁ ବୁଝାନ୍ତି କ୍ଷମାତ ଦିଅ ପୁତ୍ର ଭାବରେ
ପରୀକ୍ଷା ସାରିଣ ଭୃଗୁତ ଗଲେ ବୈକୁଣ୍ଠ ପୁରେ ॥୧୭॥
ଦେଖନ୍ତି ଶ୍ରୀବିଷ୍ଣୁ ଶୟନେ ମାତା ଲକ୍ଷ୍ମୀ ସହିତ
ପଦାଘାତ କଲେ ବକ୍ଷକୁ ହୋଇ ସେତ କ୍ରୋଧିତ ॥୧୮॥
ପ୍ରଭୁତ ଶୟନୁ ଉଠିଣ କ୍ଷମା ମାଗନ୍ତି ଯାଇ
ଭୃଗୁଙ୍କ ପାଦକୁ ହସ୍ତରେ ଦେଉ ଅଛନ୍ତି ଧୋଇ ॥୧୯॥
ପଦସେବା ସେତ କରନ୍ତି କାଳେ ହେଲାକି କଷ୍ଟ
ଭୃଗୁତ ଜାଣିଲେ ଶ୍ରୀବିଷ୍ଣୁ ନିଶ୍ଚେ ଅଟନ୍ତି ଜ୍ୟେଷ୍ଠ ॥୨୦॥
ସ୍ୱାଗତ କରିଣ ଭୃଗୁଙ୍କୁ ବିଷ୍ଣୁ ପଚାରୁଛନ୍ତି
ପଦେ କିବା କଷ୍ଟ ଲଭିଛ କୁହ ତମେତ ଯତି ॥୨୧॥
ଆସିବାର ଥିଲା ଯଦିଚ ଜ୍ଞାନ୍ତ ଥାଆନ୍ତି ମୁହିଁ
ବାହାନ ପଠାଇ ନିଶ୍ଚିତ ଆଣି ଥାଆନ୍ତି ଯାଇ ॥୨୨॥
ଭୃଗୁତ ଦେଖନ୍ତି କ୍ରୋଧତ ନାହିଁ ତାଙ୍କ ହୃଦୟେ
ବିନମ୍ରେ କୁହନ୍ତି ଭୃଗୁତ କ୍ଷମା ମୁହିଁତ ରହେଁ ॥୨୩॥

ପରୀକ୍ଷା ନିମନ୍ତେ ଆସିଣ ଥିଲି ଜ୍ୟେଷ୍ଠ କନିଷ୍ଠ
ପରୀକ୍ଷା ମୋହର ସରିଛି ବକ୍ଷେ ଦେଇଛି କଷ୍ଟ ॥୨୪॥
ବିଦାୟ ନେଇଣ ଆସିଲେ ଯଜ୍ଞ ସ୍ଥଳକୁ ମୁନି
ଅପେକ୍ଷାରେ ଥିଲେ ସକଳେ ସେତ ସନ୍ଦେହ ପୁଣି ॥୨୫॥
କହନ୍ତି ପରୀକ୍ଷା କଥାତ ବିଷ୍ଣୁ ହୋଇଲେ ଶ୍ରେଷ୍ଠ
ବ୍ରହ୍ମା ଶଙ୍କରତ ବିଚାରେ ଆଜି ହେଲେ କନିଷ୍ଠ ॥୨୬॥
ସହନ ଶକ୍ତିତ ପ୍ରମାଣ କଲା ଶ୍ରେଷ୍ଠ ପଣକୁ
ଧର୍ମର ରକ୍ଷକ ବିଷ୍ଣୁତ ଧରିଛନ୍ତି ସୃଷ୍ଟିକୁ ॥୨୭॥
ସତ୍ୟ ଶାନ୍ତି ଦୟା କ୍ଷମାତ ତାଙ୍କ ନିଜସ୍ୱ ଗୁଣ
ସକଳର ଉତ୍ସ ଅଟନ୍ତି ସୃଷ୍ଟି ତାଙ୍କ ବିଧାନ ॥୨୮॥
ଯଜ୍ଞ ସ୍ଥଳେ ସର୍ବେ ସମ୍ମତି ବିଷ୍ଣୁ ଅର୍ଘ୍ୟ ଘେନିବେ
ଯଜ୍ଞ କାର୍ଯ୍ୟ କଲେ ଆରମ୍ଭ କଥା ରହିଲା ଭବେ ॥୨୯॥
ଶ୍ରୀବିଷ୍ଣୁ ବକ୍ଷରେ ପଦର ଚିହ୍ନ ରହିଣ ଗଲା
ଭକ୍ତ ବତ୍ସଳତ ଶ୍ରୀବିଷ୍ଣୁ ଏହା ପ୍ରମାଣ ହେଲା ॥୩୦॥
ଶୁକମୁନି କଥା କୁହନ୍ତି ପରୀକ୍ଷିତ ରାଜାଙ୍କୁ
ପ୍ରଣାମ କରନ୍ତି ହୃଦୟେ ଚିନ୍ତି ପଦ୍ମ ପାଦକୁ ॥୩୧॥

--o--

ସପ୍ତପଞ୍ଚାଶତ୍ ଅଧ୍ୟାୟ

ଦ୍ୱାରିକା ବର୍ଣ୍ଣନା

ପରୀକ୍ଷିତ ରାଜ କୁହନ୍ତି କୁହ ଦ୍ୱାରିକା କଥା
ଯଦୁ ବଂଶେ କିଏ ଅଛନ୍ତି ମନେ ଆସଇ ଚିନ୍ତା ॥୧॥
ଦ୍ୱାରିକା ନଗର କିପରି ଜଳେ ହେଲା ନିର୍ମାଣ
ସୌନ୍ଦର୍ଯ୍ୟ ଭରିଛି ଜଗତେ କହୁ ଅଛନ୍ତି ଜନ ॥୨॥
ଶୁକଦେବ କଲେ ବର୍ଣ୍ଣନ ସିନ୍ଧୁ ଜଳ ମଧ୍ୟରେ
ଆଶ୍ଚର୍ଯ୍ୟ ଭବନ ନିର୍ମାଣ ହୋଇଅଛି ମର୍ତ୍ତ୍ୟରେ ॥୩॥
ସକଳ ସୌନ୍ଦର୍ଯ୍ୟ ମଣ୍ଡିଛି ବିଶ୍ୱକର୍ମା ହସ୍ତରେ
ଶତ୍ରୁ ଭୟଭିତ ଦେଖିଣ ସେଠି ପଶି ନପାରେ ॥୪॥
ସୁବର୍ଣ୍ଣ କବାଟ ନିର୍ମିତ ରୋପ୍ୟ ନିର୍ମିତ କାନ୍ଥ
ସୁବର୍ଣ୍ଣ କଳସ ଚୂଡାରେ ଉଡେ ବିଜୟୀ ନେତ ॥୫॥
ରାସ୍ତା ଘାଟ ତାଙ୍କ ନିର୍ମାଣି ଛନ୍ତି ଶୀଳା ପଥରେ
ସୁନ୍ଦର ବାଟିକା ରହିଛି ଶୋଭା ଫୁଲ ଫଳରେ ॥୬॥
ଅଶ୍ୱ ଗଜମାନ ଅଛନ୍ତି ଯୁଦ୍ଧ ରଙ୍ଗା ସେମାନେ
ସୈନ୍ୟମାନେ ରହୁ ଅଛନ୍ତି ଗୁପ୍ତେ ଶତ୍ରୁ ସନ୍ଧାନେ ॥୭॥
ରୂପବତୀ ଗୁଣବତୀତ ନାରୀ ଅଛନ୍ତି ସତୀ
ଅଷ୍ଟରାଣୀ ମଧ୍ୟେ ଶ୍ରୀକୃଷ୍ଣ ସେତ ଦ୍ୱାରିକାପତି ॥୮॥
ଭୋଗ ବିଳାସରେ ସଭିଏଁ ନାହିଁ ବିଷାଦ ମନେ
ଶତ୍ରୁ ଭୟ ନାହିଁ ରାଜ୍ୟକୁ ସେଠି କୃଷ୍ଣ ଶାସନେ ॥୯॥
ଦଶ ଦଶ ପୁତ୍ର ଜନନୀ ଅଷ୍ଟରାଣୀ ସମସ୍ତେ
ତାଙ୍କୁ ମଧ୍ୟୁଛନ୍ତି ଅଠର ପୁତ୍ର ଜନ ବିଖ୍ୟାତେ ॥୧୦॥
ଅନିରୁଦ୍ଧ ଭାନୁ ନିଗ୍ରୋଧ ଶାମ୍ବ ବୃକ ଅରୁଣ
ଚିତ୍ରଭାନୁ କବି ପୁଷ୍କର ବେଦବାହୁ ପ୍ରଦ୍ୟୁମ୍ନ ॥୧୧॥

ଶୃତଦେବ ଆଉ ବିରୁପ ସୁନନ୍ଦନ ଶାରଣ
ବୃହତଭାନୁ ଚିତ୍ର ବାହୁ ସାଧୁ ସାତ୍ୟକି ଜାଣ ।।୧୨।।
ରୁକ୍ମଣୀଙ୍କ ପୁତ୍ର ଶ୍ରେଷ୍ଠତ ଯାର ନାମ ପ୍ରଦ୍ୟୁମ୍ନ
ସର୍ବଗୁଣ ଯୁକ୍ତ ଅଟଇ ବିଦ୍ୟାବୁଦ୍ଧି ସମ୍ପନ୍ନ ।।୧୩।।
ପ୍ରଦ୍ୟୁମ୍ନଙ୍କ ପୁତ୍ର ନାମତ ଅନିରୁଦ୍ଧ ଅଟଇ
ତାର ପୁତ୍ର ବଜ୍ର ଅଟନ୍ତି କୁଳେ ବଞ୍ଚିଲେ ସେହି ।।୧୪।।
ଅଛନ୍ତି ଦ୍ୱାରୀକା ନରେଶ କୃଷ୍ଣ ନାମେ ବିଖ୍ୟାତ
ଦେବକୀ ଗର୍ଭରେ ଆସିଣ କଲେ ଦୁଷ୍ଟ ନିହତ ।।୧୫।।
ଧର୍ମ ଧ୍ୱଜା ତାଙ୍କ ଉଡୁଛି ଯଶ ଗାଉଛି ମହୀ
ଧର୍ମକୁ ସ୍ଥାପନ କରିଲେ ସନ୍ଥେ ସୁରକ୍ଷା ଦେଇ ।।୧୬।।
ଗୋପାଙ୍ଗନା ମାନେ ଲଭିଲେ ଅଂଗ ସଂଗର ପ୍ରେମ
ସମର୍ପଣ ଭାବ ଆସିଲା ହେଲା ପ୍ରଚ୍ଛର ନାମ ।୧୭।

--○--

ଅଷ୍ଟଷଷ୍ଠିତମ ଅଧ୍ୟାୟ

ଋଷିମାନଙ୍କ ଅଭିଶାପ (ଏକାଦଶ ସ୍କନ୍ଧ)

ଶୁକଦେବ କହୁ ଅଛନ୍ତି ବିତ୍ତଶାଳୀ ଦ୍ୱାରୀକା
ସକଳ ଐଶ୍ୱର୍ଯ୍ୟ ଥିଲାତ ମନେ ନଥିଲା ଶଙ୍କା ।।୧।।
ଉନ୍ନତି ଶିଖରେ ରାଜ୍ୟତ ଶତ୍ରୁ ନାହାନ୍ତି କେହି
ଜନସଂଖ୍ୟା ବୃଦ୍ଧି ହୋଇଲା ଦୁଃଖ ବିଷାଦ ନାହିଁ ।।୨।।
ବିଳାସରେ ଦିନ କାଟନ୍ତି ଯୁବ ବାଳକ ମାନେ
ଜୁଆ ମଦ ମାଂସେ ଆସକ୍ତି ବଢ଼େ ଦିନକୁ ଦିନେ ।।୩।।
ଅହଂକାର ହୃଦେ ବଢ଼ିଲା ଜ୍ଞାନ ହୃଦୁ ହଜିଲା
ଗୁରୁ ଗୁରୁଜନ ଭାବତ ତାଙ୍କ ମନୁ ହଟିଲା ।।୪।।
ଅତ୍ୟାଚାରୀ ହେଲେ ସେମାନେ ବିତ୍ତ କ୍ଷମତା ବଳେ
ଭୋଗ ଭାବ ନେଇ ବଞ୍ଚିଲେ ନାରୀ ଧରିଣ କୋଳେ ।।୫।।
ତ୍ୟାଗ ଭାବ ଗଲା ମନରୁ ଦେଶ ପ୍ରେମ ହଜିଲା
ସେବା ଧର୍ମଭାବ ନାହିଁତ ନିତ୍ୟ ଅଧର୍ମ ହେଲା ।।୬।।
ଶ୍ରୀକୃଷ୍ଣ ଦେଖିଣ ଚିନ୍ତିଲେ ବଂଶ ସଂହାର ପାଇଁ
ବ୍ରହ୍ମ ଅଭିଶାପ ପଡିଲା ବଂଶ ରହିବ ନାହିଁ ।।୭।।
ଏହି କଥା ଶୁଣ ରାଜନ ବଂଶ ଧ୍ୱଂସର ଲୀଳା
ବିଚିତ୍ର କୃଷ୍ଣଙ୍କ ଚରିତ୍ର ଅଙ୍ଗେ ଷୋଳତ କଳା ।।୮।।
ଦ୍ୱାରୀକା ନିକଟେ କ୍ଷେତ୍ରତ ପିଣ୍ଡାରକ ଅଟଇ
ମୁନିଙ୍କ ଆଶ୍ରମ ସ୍ଥଳିତ ଯଜ୍ଞ ନିତ୍ୟ ହୁଅଇ ।।୯।।
ବିଶ୍ୱାମିତ୍ର ସାଥେ ନାରଦ ଆଉ ଦୁର୍ବାସା ମୁନି
ଯଜ୍ଞ କ୍ଷେତ୍ରେ ରହିଅଛନ୍ତି କର୍ଣ୍ଣେ ବେଦର ଧ୍ୱନି ।୧୦।।
ସେକାଳେ ମିଳନ୍ତି ବାଳକେ ଯଜ୍ଞ ଦେଖିବା ପାଇଁ
ଜାମ୍ବବତୀ ପୁତ୍ର ଶାମ୍ବତ ତାଙ୍କ ସଙ୍ଗେ ଅଛଇ ।।୧୧।।

ନାରୀ ବେଶ ତାକୁ କରିଣ   ମୁନି ପାଖକୁ ନେଇ
କୁହନ୍ତି ମୁନିଙ୍କୁ ଏ ନାରୀ   ଗର୍ଭବତୀ ଅଛଇ ॥୧୨॥
ଭବିଷ୍ୟ କଥାତ ଆପେଣ   ନିଶ୍ଚେ ଜାଣି ଅଛନ୍ତି
କନ୍ୟା କିବା ପୁତ୍ର ହୋଇବ   କୁହ କରୁ ମିନତୀ ॥୧୩॥
କ୍ରୋଧରେ ମୁନିତ କହିଲେ   ଆର ଗର୍ଭୁ ମୁଷଳ
ଜନ୍ମିଣ ତୁମର ବଂଶର   ହେବ ମୃତ୍ୟୁର କାଳ ॥୧୪॥
ବିନାଶ ହୋଇବ ବଂଶତ   ଏବେ ଯାଅ ପଳାଇ
ଭବିଷ୍ୟ କଥାତ ଜାଣିଲ   ଆଉ ରହିଛ କାହିଁ ॥୧୫॥
ଶାମ୍ବ ପେଟେ ବନ୍ଧା କପଡା   ଯେବେ ଖୋଲିଣ ଦେଲେ
ନିମ୍ନକୁ ଖସିଲା ମୁଷଳ   ଦେଖି ଆଶ୍ଚର୍ଯ୍ୟ ହେଲେ ॥୧୬॥
ମୁଷଳକୁ ଧରି ଆସିଲେ   ଉଗ୍ରସେନ ପାଖକୁ
ସମସ୍ତ କଥାକୁ କହିଲେ   ଭବିଷ୍ୟତ ବାଣୀକୁ ॥୧୭॥
ଦ୍ୱାରୀକାବାସୀତ ଶୁଣନ୍ତି   ଏହି ମୁଷଳ ଦିନେ
ଯଦୁବଂଶ ଧ୍ୱଂସ କରିବ   ରକ୍ଷାକର ରାଜନେ ॥୧୮॥
ରାଜାଙ୍କ ଆଦେଶେ ମୁଷଳ   ନେଲେ ସମୁଦ୍ର କୂଳେ
ପଥରେ ଘର୍ଷଣ କରିଲେ   ଚୂର୍ଣ୍ଣ ମିଶଇ ଜଳେ ॥୧୯॥
ମୁଷଳର ଶେଷ ଅଂଶତ   ହସ୍ତେ ଘଷି ନହେଲା
ସମୁଦ୍ରେ ଫିଙ୍ଗନ୍ତି ଅଂଶକୁ   ଏକ ମୀନ ଗିଳିଲା ॥୨୦॥
ଲୌହ ଚୂର୍ଣ୍ଣ ସବୁ ସମୁଦ୍ର   କୂଳେ ଲାଗିଣ ଗଲା
ଏରକ ନାମରେ ଘାସତ   ରୂପାନ୍ତରେ ହୋଇଲା ॥୨୧॥
ମାଛକୁ ଧରିଲା ଧୀବର   ଜାଲ ପକାଇ ଜଳେ
ମାଛକୁ କାଟନ୍ତେ ମୁଷଳ   ତାର ପେଟରୁ ମିଳେ ॥୨୨॥
ଜରା ନାମେ ଏକ ବ୍ୟାଧତ   ନେଇ ଲୌହ ଖଣ୍ଡକୁ
ତୀକ୍ଷ୍ଣ ଧାର କରି ଯତନେ   ତୀରେ ରଖେ ତାହାକୁ ॥୨୩॥
ସମସ୍ତ କଥାତ ଜାଣନ୍ତି   କୃଷ୍ଣ ଦ୍ୱାରୀକାଧିଶ
ଶାପକୁ ଖଣ୍ଡନ କଲେନି   ହେଉ ବଂଶତ ନାଶ ॥୨୪॥

--୦--

ଊନଷଷ୍ଟିତମ ଅଧ୍ୟାୟ

ନାରଦ ବସୁଦେବ ସମ୍ବାଦ

ଦ୍ୱାରୀକାରେ ଦିନେ ନାରଦ ଆସି ପହଞ୍ଚି ଗଲେ
ବସୁଦେବ କଲେ ସାକ୍ଷାତ ନମି ପାଦର ତଳେ ॥୧॥
ବସାନ୍ତି ନେଇଣ ଆସନେ ଶ୍ରଦ୍ଧା ଭକ୍ତି ମନରେ
କୁହନ୍ତି ମନର କଥାକୁ ହୃଦ ଅସ୍ଥିର କରେ ॥୨॥
ପୂର୍ବ ଜନ୍ମେ କଲି ତପସ୍ୟା ପ୍ରାପ୍ତ ହେଲେ ଈଶ୍ୱର
ସନ୍ତୁଷ୍ଟେ କୁହନ୍ତି ମାଗତ ତୁମ ବାଞ୍ଛିତ ବର ॥୩॥
ବରତ ମାଗିଲି ପ୍ରଭୁହେ ହେବ ପୁତ୍ର ମୋହର
କୋଳରେ ଧରିବି ତୁମକୁ ପିତା ହେବି ତୁମର ॥୪॥
କରୁଣା ସାଗର ଜନ୍ମିଲେ କୃଷ୍ଣ ହୋଇଲେ ପୁତ୍ର
ସଗୁଣ ବ୍ରହ୍ମକୁ ଦେଖିଲି ହେଲା ପବିତ୍ର ନେତ୍ର ॥୫॥
ମୁକ୍ତି ପଥ କଥା ଏବେତ ମନେ ଆସେ ମୋହର
ସଂସାର ବନ୍ଧନୁ ମତେତ ତୁମେ କର ଉଦ୍ଧାର ॥୬॥
ନାରଦ କୁହନ୍ତି ଶୁଣିଣ ତୁମେ ଶ୍ରେଷ୍ଠ ଯାଦବ
ସନ୍ତାନ ଭାବରେ ଲଭିଲ ପୁତ୍ର କୃଷ୍ଣ ମାଧବ ॥୭॥
ସଂସାରୁ ବୈରାଗ୍ୟ ଭାବତ ଏବେ ପ୍ରକାଶ ହେଲା
ଭାଗବତ ଧର୍ମେ ମନତ ମୋକ୍ଷ ଭାବ ଆସିଲା ॥୮॥
ସନ୍ତୋଷ ଲଭିଲି ଶୁଣିତ ତୁମ ମନର କଥା
ତୃପ୍ତିତ ଲଭିଲି ହୃଦୟେ ଶୁଣ ମୋକ୍ଷର ଗାଥା ॥୯॥
ବିଦେହ ରାଜନ ନିମି ଯେ ଯଜ୍ଞ କରୁଣ ଥିଲେ
ନବ ମୁନି ଯଜ୍ଞ ସ୍ଥଳରେ ଆସି ପହଞ୍ଚିଗଲେ ॥୧୦॥
ଋଷଭ ଦେବଙ୍କ ପୁତ୍ରତ ଏହି ସକଳ ମୁନି
ଯୋଗୀ ଜନେ ଶ୍ରେଷ୍ଠ ଅଟନ୍ତି ସେତେ ସ୍ୱଭାବେ ଜ୍ଞାନୀ ॥୧୧॥

କବି ହବି ଅନ୍ତରିକ୍ଷତ	ଜ୍ଞାନେ ଶ୍ରେଷ୍ଠ ଅଟନ୍ତି
ଦୁର୍ମିଳା ପ୍ରବୁଦ୍ଧ ଚମସ	ଧ୍ୟାନେ ରଖନ୍ତି ସ୍ଥିତି ॥୧୨॥
ପିପଳାୟନ ଆବିହୋତ୍ର	ସାଥେ କର ଭାଜନ
ନବ ପୁତ୍ର ଏହି ଅଟନ୍ତି	ନିମି କଲେ ସମ୍ମାନ ॥୧୩॥
ବସାନ୍ତି ନେଇଣ ଆସନେ	ପାଦ ପୂଜା କରିଣ
ଯଜ୍ଞ ସ୍ଥଳେ ଥିବା ଜ୍ଞାନୀଏ	ସ୍ପର୍ଶ କଲେ ଚରଣ ॥୧୪॥
ଦିଗମ୍ବର ସେତ ଅଟନ୍ତି	ଶିରେ ଜଟା ମଣ୍ଡିତ
ଶ୍ରୀଅଙ୍ଗୁ ପ୍ରକାଶ ଜ୍ୟୋତିତ	ଜନେ ହେଲେ ମୋହିତ ॥୧୫॥
ନିମିଙ୍କ ମନରେ ଥିଲାତ	କେତେ ସଂଶୟ କଥା
ସମ୍ମୁଖେ ଅଛନ୍ତି ଜ୍ଞାନୀତ	ଦେବେ ତତ୍ତ୍ୱର ବାର୍ତ୍ତା ॥୧୬॥
ବିନୀତ ସ୍ୱରରେ ପୁଛନ୍ତି	ମନେ ମୋର ସନ୍ଦେହ
କେତୋଟି ପ୍ରଶ୍ନର ଉତ୍ତର	ତୁମେ ମତେ ବୁଝାଅ ॥୧୭॥
ପ୍ରଥମ ପ୍ରଶ୍ନତ ରାଜାଙ୍କ	କେଉଁ ଧର୍ମ ପାଳନେ
ବିଷ୍ଣୁତ ପ୍ରଶନ୍ନ ହୋଇବେ	ନେବେ ତାଙ୍କୁ ଶରଣେ ॥୧୮॥
କବି ମୁନି ପ୍ରଶ୍ନ ଉତ୍ତର	ପ୍ରଭୁ ପଦରେ ନିତ୍ୟ
ସେବା କଲେ ଜୀବ ନିଶ୍ଚିତ	ହୁଏ ସଂସାରୁ ମୁକ୍ତ ॥୧୯॥
କାମନା ବାସନା ବନ୍ଧନ	ମାୟା ସଂସାର ଏହି
ଉପାସନା ନିତ୍ୟ କରିଲେ	ରିପୁ ରୁହନ୍ତି ନାହିଁ ॥୨୦॥
ମନ ବାକ୍ୟ କର୍ମ ସକଳ	ସମର୍ପଇ ପ୍ରଭୁଙ୍କୁ
କର୍ତ୍ତାପଣ ମନୁ ତ୍ୟାଗଇ	ରଖେ ଦାସ ଭାବକୁ ॥୨୧॥
ଦ୍ୱିତୀୟ ପ୍ରଶ୍ନତ ନିମିଙ୍କ	ଭକ୍ତ ଲକ୍ଷଣମାନ
ପ୍ରକାଶ କରନ୍ତୁ ମୁନିହେ	ସ୍ୱଚ୍ଛ ଲଭିବ ମନ ॥୨୨॥
ହବିତ ଉତ୍ତର ରଖନ୍ତି	ଶ୍ରେଷ୍ଠ ଭକ୍ତତ ଯିଏ
ସକଳ ଜୀବରେ ଦେଖଇ	ପ୍ରଭୁ ଅଛନ୍ତି ଦେହେ ॥୨୩॥
ପ୍ରଭୁଙ୍କ ମଧ୍ୟରେ ଦେଖେତ	ସର୍ବ ଜୀବ ଜଗତ
କେତେଯେ ବ୍ରହ୍ମାଣ୍ଡ ରହିଛି	ସୂର୍ଯ୍ୟ ଚନ୍ଦ୍ର ସହିତ ॥୨୪॥

ସକଳ ପ୍ରକାଶ ତାଙ୍କର ସର୍ବକ୍ଷେତ୍ରେ ଅଛନ୍ତି
ଏହି ଭାବ ନିତ୍ୟ ରଖଇ ହୃଦେ ଦେଖଇ ନିତି ॥୨୫॥
ଦ୍ୱିତୀୟ ଶ୍ରେଣୀର ଭକ୍ତତ ସର୍ବ ଜୀବରେ ଦୟା
ବିରୋଧ ଭାବତ ନଥାଏ ପ୍ରେମେ ଜଡିତ କାୟା ॥୨୬॥
ପର ଉପକାରେ ରହେତ ଦୁଃଖ ନଦିଏ ମନେ
ଗୁରୁ ଗୁରୁଜନେ ଭକ୍ତିତ ପ୍ରେମ ସଂସାରୀ ଜନେ ॥୨୭॥
ତୃତୀୟ ଶ୍ରେଣୀର ଭକ୍ତତ ନିତ୍ୟ ପ୍ରତିମା ପୂଜେ
ପ୍ରତିମାରେ ଦେଖେ ପ୍ରଭୁଙ୍କୁ ସେତ ସକାଳ ସଞ୍ଜେ ॥୨୮॥
ପାଦ୍ୟ ଅର୍ଘ୍ୟ ଆଚମନତ ମଧୁପର୍କ ଭୂଷଣ
ବସ୍ତ୍ର ଅଳଙ୍କାର ପିନ୍ଧାଏ କରି ପ୍ରଭୁଙ୍କୁ ସ୍ନାନ ॥୨୯॥
ଗନ୍ଧ ପୁଷ୍ପ ଦୀପ ଧୂପତ ଦିଏ ପ୍ରଭୁଙ୍କୁ ନିତ୍ୟ
ନୈବେଦ୍ୟ ବାଢ଼ଇ ସମ୍ମୁଖେ ସେତ ପଢ଼ିଣ ମନ୍ତ୍ର ॥୩୦॥
ତୃତୀୟ ପ୍ରଶ୍ନତ କୁହନ୍ତି ମାୟା ସ୍ୱରୂପ କୁହ
ଶୁଣିଲେ ହୋଇବ ମୋହର କାଳେ ଜ୍ଞାନ ଉଦୟ ॥୩୧॥
ଅନ୍ତରୀକ୍ଷ ମୁନି କହିଲେ ପ୍ରଭୁମାୟା ବଳରେ
ସୃଷ୍ଟିର ସର୍ଜନା କରନ୍ତି ମାୟାଧର ରୂପରେ ॥୩୨॥
ବଶିଭୂତ ସର୍ବେ ମାୟାରେ କାମ ବାସନା ପ୍ରିୟ
ଭ୍ରମଇ ଜୀବତ ମାୟାରେ ଭୁଲେ ସତ୍ୟ ଓ ନ୍ୟାୟ ॥୩୩॥
ତ୍ରିଗୁଣରେ ବନ୍ଦୀ ଜୀବତ ସତ୍ତ୍ୱ ରଜ ତମରେ
ପଞ୍ଚଭୂତମାନେ ସୃଷ୍ଟିତ ଏହି ମାୟା ବଳରେ ॥୩୪॥
ସାକ୍ଷୀ ଭାବେ ସ୍ରଷ୍ଟା ରୁହନ୍ତି ଏହି ଅନିତ୍ୟ ଦେହେ
ଜୀବତ ବୁଝେନି ସତ୍ୟକୁ ପଡେ ମାୟାର ମୋହେ ॥୩୫॥
ଚତୁର୍ଥ ପ୍ରଶ୍ନତ ଅଟଇ କେଉଁ ଉପାୟ କଲେ
ମାୟାରୁ ଉଦ୍ଧାର ହୋଇବେ ଏହି ଜୀବ ସକଳେ ॥୩୬॥
ପ୍ରବୁଦ୍ଧ କୁହନ୍ତି ଯଦିବା ଜୀବ ପୁଣ୍ୟ ବଳରେ
ବେଦଜ୍ଞ ଗୁରୁଙ୍କୁ ପାଆନ୍ତି ମାୟା ଯାଏତ ଦୂରେ ॥୩୭॥

ତତ୍ତ୍ୱ ବେତ୍ତା ତତ୍ତ୍ୱ ଗଣ୍ଠିକୁ ଖୋଲି କହିବେ ଜ୍ଞାନେ
ଆତ୍ମ ତତ୍ତ୍ୱ କଥା ଜାଣିଲେ ନିଜେ ନିଜକୁ ଚିହ୍ନେ ।।୩୮।।
ପଞ୍ଚମ ପ୍ରଶ୍ନତ କୁହନ୍ତି କିବା ସ୍ୱରୂପ ବ୍ରହ୍ମ
ଶୁଣିଲେ ମୋହର ଯିବତ ମୁନି ସଞ୍ଚିତ ଭ୍ରମ ।।୩୯।।
ପିପଳାୟନ ମୁନି ଶୁଣିଣ ଦେଲେ ପ୍ରଶ୍ନ ଉତ୍ତର
ନିମି ରାଜନତ ଶୁଣନ୍ତି ଚିତ୍ତ ରଖିଣ ସ୍ଥିର ।।୪୦।।
ସୃଷ୍ଟି ସ୍ଥିତି ତଥା ପ୍ରଳୟ ଯାର ନିର୍ଦ୍ଦେଶେ ହୁଏ
ସେହିତ ପରମ ବ୍ରହ୍ମତ ଅଛି ଆମରି ଦେହେ ।।୪୧।।
ଜନ୍ମ ମରଣର ଉର୍ଦ୍ଧ୍ୱରେ ତାଙ୍କ ସ୍ଥିତି ଅଛଇ
ସକଳ ଶକ୍ତିର ଉତ୍ସତ ଦୃଶ୍ୟ ଅଦୃଶ୍ୟ ସେହି ।।୪୨।।
କେଶ ଅଗ୍ରଭାଗ ଯଦି ବା ଭାଗ ହଜାର କର
ସେହି ହେବ ବ୍ରହ୍ମ ପରମ ଏତ ବେଦ ବିଚାର ।।୪୩।।
କେତେ ଯେ ବ୍ରହ୍ମାଣ୍ଡ ଅଛଇ ତାଙ୍କ ଅଂଗରେ ପୁରି
କିଏବା ଦେଖିବ ତାହାକୁ ସେତ ଅଛନ୍ତି ଧରି ।।୪୪।।
ଷଷ୍ଠ ପ୍ରଶ୍ନ ଅଟେ ରାଜାଙ୍କ କେଉଁ କର୍ମ କରିଲେ
ଭାବର ବନ୍ଧନେ ନପଡେ ଜୀବ ପରମ ମିଳେ ।।୪୫।।
ଆବିର୍ହୋତ ମୁନି ଦିଅନ୍ତି ଏହି ପ୍ରଶ୍ନ ଉତ୍ତର
ଶାସ୍ତ୍ରର ବିହତ କର୍ମରେ ହୁଏ ବନ୍ଧନ ଦୂର ।।୪୬।।
ଆସକ୍ତି ବିହିନ କର୍ମତ ଆଶା ରଖଇ ନାହିଁ
ପ୍ରଭୁଙ୍କ ପାଦରେ କର୍ମକୁ ସମର୍ପଣେ ଦିଅଇ ।।୪୭।।
କର୍ମରେ ଦେଖଇ ଈଶ୍ୱର ତାଙ୍କ ସେବା ପରାଏ
କର୍ମତ କରିଲେ ବନ୍ଧନୁ ଜୀବ ମୁକ୍ତିତ ହୁଏ ।।୪୮।।
ସପ୍ତମ ପ୍ରଶ୍ନତ ରାଜାଙ୍କ ପ୍ରଭୁ ମର୍ତ୍ତ୍ୟେ ଆସନ୍ତି
ଭିନ୍ନ ଭିନ୍ନ ଅବତାରରେ ଲୀଳା ସେତ କରନ୍ତି ।।୪୯।।
କେଉଁ ଅବତାରେ କି ଲୀଳା ପ୍ରଭୁ କରି ଅଛନ୍ତି
ସେହି କଥାମାନ କହିବ ମୁନି କରେ ମିନତୀ ।।୫୦।।

ଧର୍ମର ସ୍ଥାପନ କରନ୍ତି ଦୁଷ୍ଟ କରି ସଂହାର
ଦେବତା ବ୍ରାହ୍ମଣ ସୁରକ୍ଷା ନୀତି ଅଟେ ତାଙ୍କର ॥୫୧॥
ଅଂଶ ଅବତାରେ ଆସନ୍ତି ବିଶ୍ୱ କଲ୍ୟାଣ ପାଇଁ
ସଂସାର ଜନଙ୍କୁ ସୁପଥେ ନେବେ ଶାସ୍ତ୍ର ବୁଝାଇ ॥୫୨॥
ବେଦର ଉଦ୍ଧାର ନିମନ୍ତେ ଅବତାର ନେଇଣ
ମଧୁ ରାକ୍ଷସଙ୍କୁ ମାରିଲେ ହୟଗ୍ରୀବ ହୋଇଣ ॥୫୩॥
ମତ୍ସ୍ୟ ଅବତାରେ ପୃଥିବୀ ରକ୍ଷା କରିଣ ଥିଲେ
ଜଳେ ମଗ୍ନ ଥିଲା ଏଧରା ତାକୁ ଉଦ୍ଧାର କଲେ ॥୫୪॥
ଅବତାରେ ନେଲେ ବରାହ ହିରଣ୍ୟାକ୍ଷ ବଧିଲେ
ସମୁଦ୍ର ମନ୍ଥନ ସମୟେ କୁର୍ମ ହୋଇଣ ଥିଲେ ॥୫୫॥
ଭକ୍ତଙ୍କ ବିପତ୍ତି ସମୟେ ମର୍ତ୍ତ୍ୟେ ସେତ ଆସନ୍ତି
ଗଜ ଧ୍ରୁବ ଆଉ ପ୍ରହ୍ଲାଦ ଆସି ଉଦ୍ଧରିଛନ୍ତି ॥୫୬॥
ନରସିଂହ ରୂପ ଧରିଣ ମର୍ତ୍ତ୍ୟେ ଆସିଣ ହରି
ହିରଣ୍ୟକଶିପୁ ମାରିଲେ ବକ୍ଷନଖେ ବିଦାରି ॥୫୭॥
ପର୍ଶୁରାମ ଅବତାରରେ ଏକ ବିଂଶ ବାରତ
କ୍ଷତ୍ରୀୟ ନିଧନ କରିଲେ ପ୍ରଭୁ ମର୍ତ୍ତ୍ୟେ ଆସିତ ॥୫୮॥
ରାମ ଅବତାରେ ରାବଣ ପ୍ରଭୁ କଲେ ନିଧନ
କୃଷ୍ଣ ଅବତାରେ କଂସର ନେଇ ଅଛନ୍ତି ପ୍ରାଣ ॥୫୯॥
ବୁଦ୍ଧ ଅବତାରେ ଅହିଂସା ସତ୍ୟ କଲେ ପ୍ରଚାର
ଅବତାର ହେବେ କଳକୀ ମ୍ଳେଚ୍ଛ ହେବେ ସଂହାର ॥୬୦॥
ଅଷ୍ଟମ ପ୍ରଶ୍ନତ ରାଜନ ପଚାରିଲେ ମୁନିଙ୍କୁ
ଇନ୍ଦ୍ରିସୁଖେ ଯିଏ ରୁହନ୍ତି ତ୍ୟାଗି ପ୍ରଭୁ ଭାବକୁ ॥୬୧॥
ଭଜନ କୀର୍ତ୍ତନ ନକରି ଭୋଗ ବିଳାସେ ଥାଏ
ଶେଷ ପର୍ଯ୍ୟାୟରେ ତାହାର କେଉଁ ଗତିତ ହୁଏ ॥୬୨॥
ପ୍ରଶ୍ନର ଉତ୍ତର ଚମସ ମୁନି ଦେଉଣଛନ୍ତି
ଅଜ୍ଞାନ ବଶରେ ଜୀବତ ଭୁଲେ ଈଶ୍ୱର ପ୍ରୀତି ॥୬୩॥

ଭଜନ କୀର୍ତ୍ତନ କରେନି ନିଏ ନାହିଁତ ନାମ
ଅହଂକାରେ ରହେ ନିତ୍ୟେତ ଭୁଲେ ମାନବ ଧର୍ମ ॥୬୪॥
ଆଉ କିଛି ଜ୍ଞାନେ ଜାଣନ୍ତି ଶାସ୍ତ୍ର ପଢ଼ନ୍ତି ନିତି
ନଥାଏ ତାଙ୍କର ଈଶ୍ୱର ପ୍ରତି ସାମାନ୍ୟ ଭକ୍ତି ॥୬୫॥
ଭୋଗ ଲାଳସାରେ ରଖନ୍ତି ଧନେ ହୁଅନ୍ତି ଧନି
ଅଟ୍ଟାଳିକା ମାନ ନିର୍ମାଣି ସେତ ସଂସାରେ ମାନି ॥୬୬॥
ଶରୀରରେ ପ୍ରୀତି ରଖନ୍ତି ଜାୟା ପୁତ୍ରକୁ ଧରି
ମୋର ଭାବ ରଖି ହୃଦୟେ ଭାବେ ବଡ଼ ସଂସାରୀ ॥୬୭॥
ଶାନ୍ତିତ ନମିଳେ ଜୀବନେ ସବୁ ଭାବେ ମୋହର
ଜାଣିନାହିଁ ସେତ ନୁହଁତ ତାର ଏହି ଶରୀର ॥୬୮॥
ଶୂନ୍ୟ ହସ୍ତେ ଜୀବ ନଯିବେ ଧନ ସମ୍ପତ୍ତି ମାନ
ଦାରା ସୁତମାନେ ଯିବେନି ଏହା ସତ୍ୟ ବଚନ ॥୬୯॥
ସେମାନେ ଭୋଗନ୍ତି ନରକ କେତେ କେତେ ଯନ୍ତ୍ରଣା
ନାସ୍ତିକ ଭାବନା ରଖିଣ ଶାନ୍ତି ପ୍ରେମ ମିଳେନା ॥୭୦॥
ନବମ ପ୍ରଶ୍ନତ ରାଜାଙ୍କ ଯୁଗ ଧର୍ମକୁ ନେଇ
କେଉଁ ଯୁଗେ କେଉଁ ଧର୍ମତ କେଉଁ ନାମେ ଆସଇ ॥୭୧॥
କେଉଁ ରୂପେ ପ୍ରଭୁ ଧରାରେ ନିତ୍ୟ ହଅନ୍ତି ପୂଜା
ପୂଜାର ବିଧାନ କିପରି ମର୍ତ୍ତ୍ୟେ ହୋଇଛି ଖଞ୍ଜା ॥୭୨॥
ମୋହର ସନ୍ଦେହ ରହୁଛି ମତେ ଜଣାଅ ମୁନି
ସର୍ବ ଶାସ୍ତ୍ର ଜ୍ଞାନ୍ତ ଆପଣେ ମୁଁ ଯେ ଅଟେ ଅଜ୍ଞାନୀ ॥୭୩॥
କର ଭାଜନତ ଉତ୍ତର ଏହି ପ୍ରଶ୍ନର ଦେଲେ
ଚାରିଯୁଗ କଥା କୁହନ୍ତି ନିମି ରାଜା ଶୁଣିଲେ ॥୭୪।
ସତ୍ୟ ଯୁଗେ ପ୍ରଭୁ ଶ୍ୱେତର ବର୍ଣ୍ଣେ ହେଲେ ପ୍ରକାଶ
ଶିରେ ଥିଲା ଜଟା ମୁକୁଟ ଅଙ୍ଗେ ବକଳ ବାସ ॥୭୫॥
ଦଣ୍ଡ କମଣ୍ଡଳୁ ହସ୍ତରେ ଚତୁର୍ଭୁଜ ଶରୀରେ
ରୁଦ୍ରାକ୍ଷ ମାଳତ ଲମ୍ବିଛି ଗଳା ମଣ୍ଡନ କରେ ॥୭୬॥

ସମଦର୍ଶୀ ଥିଲେ ଜନତ   ସତ୍ୟ ଥିଲା ପ୍ରଧାନ
ଇନ୍ଦ୍ରିୟମାନଙ୍କୁ ଆୟତେ   ରଖି କରନ୍ତି ଧ୍ୟାନ ॥୭୭॥
ବୈକୁଣ୍ଠ ସୁପର୍ଣ୍ଣ ଅମଳ   ହଂସ ଭାବକୁ ଘେନି
ପରମ ଆତ୍ମାତ ଈଶ୍ୱର   ପୂଜା କରନ୍ତି ପ୍ରାଣୀ ॥୭୮॥
ତ୍ରେତାଯୁଗେ ପ୍ରଭୁ ଶରୀର   ରକ୍ତ ବର୍ଣ୍ଣ ଅଟଇ
ଚତୁର୍ଭୂଜେ ଆସି ଥିଲେତ   ସ୍ରୁବ ସ୍ରୁଚକୁ ନେଇ ॥୭୯॥
କଟୀରେ ତିନୋଟି ମେଖଳା   ଶୋଭା ପ୍ରଦାନ କରେ
ଯଜ୍ଞ ବାର୍ତ୍ତା କଲେ ପ୍ରକାଶ   ଯଜ୍ଞ ହେଲା ମର୍ତ୍ତ୍ୟରେ ॥୮୦॥
ତ୍ରେତା ଯୁଗ ନରେ ନିଷ୍ଠାରେ   ବେଦ ପଠନ ରତ
ଯଜ୍ଞ କାର୍ଯ୍ୟେ ନିଷ୍ଠା ରଖିଲେ   ବେଦ ବିଧି ମାନିତ ॥୮୧॥
ବିଷ୍ଣୁ ଯଜ୍ଞ ପୃଶ୍ନି ଗର୍ଭତ   ସର୍ବଦେବ ଜୟନ୍ତ
ଉରୁକ୍ରମ ବୃଷ କପିଯେ   ଉରୁଗାୟ ନାମତ ॥୮୨॥
ଏହି ନାମେ ପ୍ରଭୁ ଲୀଳାକୁ   ତ୍ରେତା ଯୁଗର ନରେ
ପୂଜୁଣ ଥିଲେତ ସେମାନେ   ଭାବ ଭକ୍ତି ଚିତ୍ତରେ ॥୮୩॥
ଦ୍ୱାପର ଯୁଗରେ ପ୍ରଭୁଙ୍କ   ବର୍ଣ୍ଣ ଶ୍ୟାମଳ ହେଲା
ଶଙ୍ଖ ଚକ୍ର ଗଦା ପଦ୍ମତ   ହସ୍ତେ ତାଙ୍କର ଥିଲା ॥୮୪॥
ପୀତାମ୍ବରି ଅଙ୍ଗେ ଧାରଣ   ବକ୍ଷେ କୌସ୍ତୁଭମଣି
ବାସୁଦେବ ଭାବ ଆଣନ୍ତି   ଶଂକର୍ଷଣ ତ ପୁଣି ॥୮୫॥
କନ୍ଦର୍ପ ନୁହଁଇ ତୁଲ୍ୟତ   ପ୍ରଭୁ ଅଂଗ ସାଥିରେ
ମର୍ତ୍ତ୍ୟଜନ ପୂଜା କରନ୍ତି   ବେଦ ତନ୍ତ୍ର ମନ୍ତ୍ରରେ ॥୮୬॥
କଳିଯୁଗେ ପ୍ରଭୁ ବର୍ଣ୍ଣିତ   କଳା ରଂଗ ପ୍ରକାଶେ
ଇନ୍ଦ୍ର ନୀଳମଣି ଜିଣାତ   ରୂପ ତାଙ୍କର ଦିଶେ ॥୮୭॥
କୌସ୍ତୁଭ ମଣିତ ହୃଦୟେ   ସୁଦର୍ଶନ ହସ୍ତରେ
ପାର୍ଷଦ ସୁନନ୍ଦ ସଂଯୁକ୍ତ   ନିତ୍ୟ ତାଙ୍କ ପାଖରେ ॥୮୮॥
କଳିଯୁଗ ନରେ ନାମକୁ   ଆଶ୍ରା କରି ବଞ୍ଚନ୍ତି
ପ୍ରଭୁଙ୍କ ଲୀଳାର ଶ୍ରବଣେ   ମନ ରଖି ଥାଆନ୍ତି ॥୮୯॥

ଯଜ୍ଞ କୀର୍ତ୍ତନରେ ମଜ୍ଜିଣ   ଜନେ ଲଭନ୍ତି ପ୍ରୀତି
ନାମ ଅଟେ ସାର ସଂସାରେ   ଏହା ସତ୍ୟ ମଣନ୍ତି ॥୯୦॥
ସତ୍ୟ ଯୁଗେ ଥିଲା ଧ୍ୟାନତ   ଶମ ଦମ ସାଧନା
ତ୍ରେତୟାରେ ବେଦ ଯଜ୍ଞତ   ଥିଲା ପୂଜା ଅର୍ଚ୍ଚନା ॥୯୧॥
ଦ୍ୱାପର ଯୁଗରେ ତାନ୍ତ୍ରିକ   ଆଉ ମନ୍ତ୍ର ମାଧ୍ୟମେ
ପରମ ପୁରୁଷ ପୂଜନ୍ତି   ଏହି ମର୍ତ୍ତ୍ୟର ଧାମେ ॥୯୨॥
କଳିଯୁଗେ ନାମ କୀର୍ତ୍ତନ   ଯଜ୍ଞ କାର୍ଯ୍ୟ ହୁଅଇ
ନାମ ବାଦ ଶ୍ରେଷ୍ଠ ଅଟଇ   ଜ୍ଞାନୀ ମତତ ଏହି ॥୯୩॥
ସଂସାର ବନ୍ଧନୁ ମୁକ୍ତିତ   ନାମ ପ୍ରଦାନ କରେ
କଳିଯୁଗେ ନାମ ଶ୍ରେଷ୍ଠତ   ଏହା ଶାସ୍ତ୍ର ବିଚାରେ ॥୯୪॥
ନଅଟି ପ୍ରଶ୍ନର ଉତ୍ତର   ନଅ ମୁନିତ ଦେଲେ
ଆନନ୍ଦିତ ହେଲେ ରାଜନ   ତାଙ୍କୁ ପ୍ରଶଂସା କଲେ ॥୯୫॥
ନିଜର ଜୀବନ ମାର୍ଗରେ   ଏହା କଥାକୁ ମାନି
ସଦ୍‌ଗତି ପ୍ରାପ୍ତ ହୋଇଲେ   ଧନ୍ୟ ନିଜକୁ ମଣି ॥୯୬॥
ଋଷଭ ନନ୍ଦନ ରାଜନ   ଭାଗ୍ୟବନ୍ତ ତ ଥିଲେ
ସକଳ ମୁନିଙ୍କ ପାଦକୁ   ସେବା କରିଣ ଥିଲେ ॥୯୭॥
ଅନ୍ତର୍ହିତ ହେଲେ ମୁନିତ   ଏହି ଧର୍ମକୁ କହି
ଭାଗବତ ଧର୍ମ ଏହିତ   ଭକ୍ତ ଶୁଣନ୍ତି ରହି ॥୯୮॥
ଏହି କଥା ଆଜ କୁହନ୍ତି   ଜ୍ଞାନୀ ନାରଦ ମୁନି
ବସୁଦେବ ଶୁଣି ସନ୍ତୋଷ   ଏତ ଅମୃତ ବାଣୀ ॥୯୯॥
ନାରଦ କୁହନ୍ତି ଶେଷରେ   ତୁମ ପୁତ୍ର ଶ୍ରୀହରି
ନିଶ୍ଚୟ ନେବେତ ତୁମକୁ   ସେତ ବୈକୁଣ୍ଠ ପୁରୀ ॥୧୦୦॥

--୦--

ଷଷ୍ଟିତମ ଅଧ୍ୟାୟ

ଶ୍ରୀକୃଷ୍ଣ ଉଦ୍ଧବ ସମ୍ବାଦ

ସ୍ୱର୍ଗରେ ଦେବତା ଚିନ୍ତିଲେ କୃଷ୍ଣ ମର୍ତ୍ତ୍ୟେ ଅଛନ୍ତି
ବ୍ରହ୍ମାଙ୍କ ସାଥିରେ ସକଳ ଧରା ଧାମେ ଆସନ୍ତି ॥୧॥
ଦ୍ୱାରୀକା ପୁରରେ ସମସ୍ତେ ପ୍ରଭୁ ଦର୍ଶନ କଲେ
ସ୍ତୁତିଗାନ କରି ପ୍ରଭୁଙ୍କୁ ଅବଗତ କରିଲେ ॥୨॥
ଏକଶତ ବିଂଶ ପାଞ୍ଚତ ବର୍ଷ ବିତିଣ ଗଲା
ଶତ୍ରୁତ ବିନାଶ ହୋଇଲେ ଧର୍ମ ସ୍ଥାପନ ହେଲା ॥୩॥
ସ୍ୱଧାମ ଏବେତ ଫେରନ୍ତୁ ଘେନି ଆମ ବିନତି
ସକଳ ଦେବତା ସହିତ ବ୍ରହ୍ମା ଏହା ଜଣାନ୍ତି ॥୪॥
କୁହନ୍ତି ଶ୍ରୀକୃଷ୍ଣ ସମାପ୍ତ ଧରା କାର୍ଯ୍ୟ ହୋଇଲା
ଗୋଟିଏ କାର୍ଯ୍ୟତ ମୋହର ଚିନ୍ତା ବାକି ରହିଲା ॥୫॥
ଯଦୁ କୁଳ ବଂଶୀ ସକଳେ ମତ୍ତ ଗର୍ବେ ଅଛନ୍ତି
ଐଶ୍ୱର୍ଯ୍ୟ ବିକ୍ରମ ବଳରେ ମଦ ମାଂସରେ ମାତି ॥୬॥
ସ୍ଥିର ମୁଁ କରିଛି ଏ ବଂଶ ନାଶ ନିଶ୍ଚେ କରିବି
ସମୁଦ୍ର ଭଉଁରୀ ପରାଏ ଯଦୁ ବଂଶ ମନ୍ଥିବି ॥୭॥
ସ୍ୱଧାମ ଫେରିବି ନିଶ୍ଚୟ ଏହି କାର୍ଯ୍ୟ ସରିଲେ
ନିର୍ଶ୍ଚିତେ ଯାଅତ ସକଳେ ସ୍ୱର୍ଗେ ରୁହ ମଂଗଳେ ॥୮॥
ସ୍ୱର୍ଗେ ଗଲେ ବ୍ରହ୍ମା ସହିତ ସର୍ବ ଦେବତାମାନେ
ପ୍ରଣାମ ଜଣାଇ ପ୍ରଭୁଙ୍କୁ ହୃଦେ ରଖନ୍ତି ଧ୍ୟାନେ ॥୯॥
ମାୟାଧର ମାୟା କରନ୍ତି ଜ୍ଞାନ୍ତ ନୁହନ୍ତି ଜନେ
ଦ୍ୱାରୀକାରେ ହୁଏ ଦ୍ୱନ୍ଦ୍ୱତ ଦେଖ ବିନା କାରଣେ ॥୧୦॥
ବରିଷ୍ଠ ବରିଷ୍ଠ ବ୍ୟକ୍ତିଙ୍କୁ କୃଷ୍ଣ ଡାକି କୁହନ୍ତି
ପ୍ରବାସ ତୀର୍ଥକୁ ପଳାଅ ଏଠି ନାହିଁତ ଶାନ୍ତି ॥୧୧॥

ଜ୍ଞାନୀ ଗୁଣିଜନେ ପ୍ରସ୍ତୁତ ଯିବେ ପ୍ରବାସ ତୀର୍ଥ
ଉଦ୍ଧବ କୁହନ୍ତି ପ୍ରଭୁଙ୍କୁ ଯୋଡି ଆପଣା ହସ୍ତ ॥୧୨॥
ତୁମେତ ଈଶ୍ୱର ପରମ ସୃଷ୍ଟି ତୁମ ବିଧାନ
ଇଚ୍ଛା କଲେ ବ୍ରହ୍ମ ଶାପକୁ କରିପାର ଖଣ୍ଡନ ॥୧୩॥
ଅଭିଶାପ ମାନି ନେଲେତ ଧ୍ୱଂସ ଯାଦବ କୁଳ
ସ୍ୱଧାମକୁ ଯିବେ ଆପଣ ଛାଡି ମର୍ତ୍ତ୍ୟ ମଣ୍ଡଳ ॥୧୪॥
ତୁମେ ଥିଲେ ମୋର ଆତ୍ମାତ ମୁଁ ତ ଥିଲି ଶରୀର
କିପରି ଶରୀର ବଞ୍ଚିବ କୁହ ମତେ ଈଶ୍ୱର ॥୧୫॥
ପ୍ରଭୁତ କୁହନ୍ତି ସତ୍ୟତ ତୁମେ ଜାଣ ଉଦ୍ଧବ
ସପ୍ତମ ଦିନରେ ପ୍ରକାଶ ହେବ ସିନ୍ଧୁ ପ୍ରଭାବ ॥୧୬॥
ଏଥିପାଇଁ କୁହେ ତୁମେତ ଛାଡି ସ୍ୱଜନ ପ୍ରୀତି
ମୋର ଠାରେ ରଖ ସର୍ବଦା ତୁମ ଭାବ ଭକତି ।୧୭॥
ସମଦର୍ଶୀ ଭାବ ରଖିଣ କର ଦେଶ ଭ୍ରମଣ
ସତ୍ୟ ଧର୍ମ ନ୍ୟାୟ ପ୍ରଚରେ ରହୁ ତୁମର ମନ ॥୧୮॥
ଉଦ୍ଧବ କୁହନ୍ତି ପ୍ରଭୁଙ୍କୁ ଜୀବ ଆସକ୍ତି ନେଇ
ବଞ୍ଚିଛି ମୋହର ଭାବରେ ଅହଂକାରକୁ ବହି ॥୧୯॥
ଏତିକି ବିନତି ମୋହର ପ୍ରଭୁ କୃପା କରିଣ
ମୁଁ କାର ଭାବକୁ ନିଅନ୍ତୁ ମତେ ଦେଇ ଶରଣ ॥୨୦॥
ଉଦ୍ଧବଙ୍କୁ କୃଷ୍ଣ କୁହନ୍ତି ଜୀବ ନପାରେ ଜାଣି
ଆତ୍ମତାର ଗୁରୁ ଅଟଇ ଗୁରୁ ଖୋଜେ ସେ ପୁଣି ॥୨୧॥
ସୃଷ୍ଟିରେ ସୃଷ୍ଟି ମୁଁ କରିଛି ଏହି ପ୍ରାଣୀ ଜଗତ
ମାନବ ମୋହର ପ୍ରୀୟତ ଏହା ଅଟଇ ସତ ॥୨୨॥
ପରମାର୍ଥ ଭାବ ଦେଇଛି ଅଛି ଦେବତ୍ୱ ଜ୍ଞାନ
ଚହିଁଲେ ଦେବତା ହୋଇବ ଏହା ଉଦ୍ଧବ ଜାଣ ॥୨୩॥

ସକଳ ଜୀବର ମଧ୍ୟରେ   ଆତ୍ମା ରୂପେ ରହିଛି
ଦିବ୍ୟ ଜ୍ଞାନେ ଯିଏ ଖୋଜିଛି   ସେତ ମତେ ପାଇଛି ॥୨୪॥
କେତେ ଯେ ବ୍ରହ୍ମାଣ୍ଡ ମୋହର   ଅଙ୍ଗେ ରହିଛି ପୁରି
କେତେ କେତେ ସୂର୍ଯ୍ୟ ଚନ୍ଦ୍ରକୁ   ମୁଁ ତ ରଖିଛି ଧରି ॥୨୫॥
କେତେ କଥା ମାନ କୁହନ୍ତି   ଭକ୍ତ ଉଦ୍ଧବ ଶୁଣେ
ଉଦ୍ଧବ ଗୀତାତ ହୋଇଲା   ଶୁଣ କୁରୁ ରାଜନେ ॥୨୬॥
ପରୀକ୍ଷିତ ରାଜା ଶୁଣନ୍ତି   ଏହି ଉଦ୍ଧବ ଗୀତା
ବେଦର ସିଦ୍ଧାନ୍ତ ଅଟଇ   କୃଷ୍ଣ ଶ୍ରୀମୁଖ କଥା ॥୨୭॥
କୁରୁକ୍ଷେତ୍ରେ ପ୍ରଭୁ କହିଲେ   ଗୀତା ଶ୍ରୋତା ଅର୍ଜ୍ଜୁନ
ଉଦ୍ଧବକୁ ଗୀତା ଶୁଣାନ୍ତି   ତାଙ୍କ ସଖା ଭାବିଣ ॥୨୮॥
ଜଗତ କଲ୍ୟାଣ ନିମନ୍ତେ   ରଥେ ସାରଥୀ ଥିଲେ
ଜ୍ଞାନ ଭକ୍ତି କର୍ମ ସହିତ   ରାଜ ଯୋଗ କହିଲେ ॥୨୯॥
କର୍ମଯୋଗ ଶ୍ରେଷ୍ଠ ଅଟେତ   କ୍ଷେତ୍ରି ଧର୍ମ ନିମନ୍ତେ
ଗାଣ୍ଡିବ ଧରାଇ ଦେଲେତ   ପ୍ରଭୁ ଅର୍ଜ୍ଜୁନ ହସ୍ତେ ॥୩୦॥
ଗୀତା ସାର କଥା କହିଲେ   ସର୍ବ ଧର୍ମ ତେଜିବ
ମୋହର ଶରଣ ଆସିଲେ   ମୁକ୍ତି ଲଭିବ ଜୀବ ॥୩୧॥
ସମର୍ପଣ ଭାବ ଗୋପୀଙ୍କ   କଥା ପ୍ରଭୁ କୁହନ୍ତି
ଉଦ୍ଧବ ବସିଣ ପାଖରେ   ଧ୍ୟାନେ ଶୁଣୁଅଛନ୍ତି ॥୩୨॥
ସତ୍ୟ ଲୀଳାମାନ ପ୍ରକାଶ   ଯାହା କରିଲେ ମର୍ତ୍ତ୍ୟେ
ଉଦ୍ଧବ ଶୁଣିଣ ସନ୍ତୁଷ୍ଟ   ଲାଭ କରନ୍ତି ଚିତ୍ତେ ॥୩୩॥

--୦--

ଏକଷଷ୍ଟିତମ ଅଧ୍ୟାୟ

ଯଦୁ ରାଜନ ଗୁରୁ ଅବଧୂତ

ଉଦ୍ଧବକୁ କୃଷ୍ଣ କୁହନ୍ତି ଏହି ବଂଶେ ମୋହର
ପରମ ଧାର୍ମିକ ବ୍ୟକ୍ତିସେ ନାମ ଯଦୁ ତାଙ୍କର ॥୧॥
ତାଙ୍କରି ନାମରେ ଏ ବଂଶ ଯଦୁବଂଶ ହୋଇଲା
ପୁଣ୍ୟବନ୍ତ ଥିଲେ ରାଜନ ପ୍ରେମ ଭକ୍ତିତ ଥିଲା ॥୨॥
ଏକଦା ସନ୍ୟାସୀ ଜଣେତ ତାଙ୍କ ପାଖେ ଆସିଲେ
ଆଦରେ ପାଛୋଟି ନେଇଣ ପାଦେ ପ୍ରଣାମ କଲେ ॥୩॥
ବସାନ୍ତି ନେଇଣ ଆସନେ ଗୁରୁ ଈଶ୍ୱର ମଣି
ଅବଧୂତ ଅତି ଆନନ୍ଦେ କଲେ ପ୍ରକାଶ ବାଣୀ ॥୪॥
ଶ୍ରୋତାର ଆସନେ ରାଜନ କର ଯୋଡି ବସିଲେ
ବକ୍ତା ପଣେ ଅବଧୂତତ ଯାହା କହିଣ ଥିଲେ ॥୫॥
ସେହି କଥା ଏବେ ତୁମକୁ କୁହେ ଉଦ୍ଧବ ଶୁଣ
ଅବଧୂତ ଥିଲେ ସ୍ୱଭାବେ ସୌମ୍ୟ ମୂର୍ତ୍ତୀ ତରୁଣ ॥୬॥
ନଥିଲା ତାଙ୍କର ବିଷାଦ କିବା ଆନନ୍ଦ ମନ
ପ୍ରଜ୍ଞାଧାରି ସେତ ସନ୍ୟାସୀ ହୃଦେ ଅଶେଷ ଜ୍ଞାନ ॥୭॥
ପଚାରନ୍ତି ଯଦୁ ରାଜନ ସ୍ଥିତ ପ୍ରଜ୍ଞାର କଥା
କାମନା ବାସନା ତ୍ୟାଗିଛ ନାହିଁ ସଂସାର ଚିନ୍ତା ॥୮॥
ଦେଶ ଦେଶ କର ଭ୍ରମଣ ଅଙ୍ଗେ ନାହିଁତ ବାସ
ଗ୍ରୀଷ୍ମ ଶୀତ ବର୍ଷା ପ୍ରଭାବେ ଅଙ୍ଗେ ନଆସେ ରୋଷ ॥୯॥
ନାହିଁତ ଆଶ୍ରମ ତୁମର ଦଣ୍ଡେ ନ ରୁହ ସ୍ଥିର
ନିର୍ଭୟେ ଭ୍ରମୁଛ ସଂସାରେ ନାହିଁ ମୃତ୍ୟୁର ଡର ॥୧୦॥
କିଯୋଗ ସାଧିଛ ଜୀବନେ କିବା ହୋଇଛ ପ୍ରାପ୍ତ
ସୁଦୟା ବହିଣ କହିଲେ ଦୃଢ଼ ଲଭିବ ଚିତ୍ତ ॥୧୧॥
ଅବଧୂତ ଦେଲେ ଉତ୍ତର ନାହିଁ ମୋର ସାଧନା
ସଂସାରେ ଭ୍ରମିଣ ଖୋଜଇ ଜ୍ଞାନ ମୋର କାମନା ॥୧୨॥

ଗୋଟିଏ ଗୁରୁତ କରିନି   ମୋର ଚବିଶ ଗୁରୁ
ସଂସାର କ୍ଷେତ୍ରରୁ ଲଭିଛି   ଶିକ୍ଷା ମୋର ଜନ୍ମରୁ ॥୧୩॥
ପ୍ରଥମ ଗୁରୁତ ପୃଥିବୀ   କ୍ଷମା ଭାବ ଶିଖିଲି
କେତେ ଯେ ଯନ୍ତ୍ରଣା ସହୁଛି   ଏହା ମୁଁ ତ ଦେଖିଲି ॥୧୪॥
ସକଳ ଆଘାତ ସହିଣ   କେବେ ଦୁଃଖୀତ ନୁହେଁ
ସକଳଙ୍କୁ ବକ୍ଷେ ଧରିଣ   ମାତୃ ସ୍ନେହତ ଦିଏ ॥୧୫॥
ଶହନ ଶୀଳତା ଗୁଣତ   ଶିକ୍ଷା କରିଲି ମୁହିଁ
ପ୍ରଥମ ଗୁରୁତ ମୋହର   ପୃଥ୍ୱୀ ମାତ ଅଟଇ ॥୧୬॥
ବାୟୁ ବହି ନିଏ ଗନ୍ଧକୁ   ଗନ୍ଧେ ଲିପ୍ତ ନହୁଏ
ସଂସାର କ୍ଷେତ୍ରରେ ରହି ମୁଁ   ମୁଁ ତ ବନ୍ଦୀତ ନୁହେଁ ॥୧୭॥
ଆକାଶେ ଭାସଇ ମେଘତ   ସ୍ପର୍ଶ ନାହିଁ ଆକାଶେ
ଆକାଶ ଧରିଛି ମେଘକୁ   ଏହା ସତ୍ୟ ପ୍ରକାଶେ ॥୧୮॥
ଆତ୍ମାତ ଶରୀରେ ରହିଛି   ଜାଣ ଆମ ହୃଦୟେ
ଜୀବ ସାଥେ ନାହିଁ ସଂପର୍କ   ଭୋଗ ଭାବ ନଥାଏ ॥୧୯॥
ସେହି ଭାବେ କରେ ଭ୍ରମଣ   ନିତ୍ୟ ଏହି ସଂସାରେ
ସୁଖଦୁଃଖ ମୋର ସମାନ   ଭାବଥାଏ ମନରେ ॥୨୦॥
ଜଳତ ମଳିକୁ ବାହର   ବସ୍ତ୍ର ମଧୁ କରାଏ
ଅପବିତ୍ର ନୁହଁ ଜଳତ   ସେତ ପବିତ୍ର ଥାଏ ॥୨୧॥
ତାର ଜଳେ ସ୍ନାନ କରିଣ   ଜୀବ ପବିତ୍ର ହୁଏ
ତୀର୍ଥ ଜଳ ରୂପେ ମାନ୍ୟତା   ତାର ରହିଣ ଥାଏ ॥୨୨॥
ସେହି ପ୍ରାୟ ଭାଷା ମଧୁରେ   ଜନେ କହିବି ଜାଣି
ସଂସାର ମଳିକୁ ଧୋଇବି   କହି ଧର୍ମର ବାଣୀ ॥୨୩॥
ଅଧର୍ମ ଅନୀତି ସଂସାରେ   ସେତ ମଳି ସଦୃଶ୍ୟ
ବିପଥ ଗାମୀକୁ ସୁପଥେ   ଦେବି ଜ୍ଞାନ ସନ୍ଦେଶ ॥୨୪॥
ସକଳଙ୍କ ତୃଷ୍ଣା ମେଣ୍ଟାଏ   ଜଳ ପ୍ରତିଦିନିତ
ଶତ୍ରୁ ମିତ୍ର ଭାବ ନଥାଏ   ନୁହେଁ କେବେ କୁଣ୍ଠିତ ॥୨୫॥

ନିଜର ଲକ୍ଷକୁ ନ ଭୂଲେ ଗମେ ସିନ୍ଧୁ କୂଳକୁ
ଏହି ଶିକ୍ଷା ପ୍ରାପ୍ତ ହୋଇଲି ଗୁରୁ କଲି ଜଳକୁ ॥୨୬॥
ଦେଖିଲି ବିଚିତ୍ର କଥାତ ଅଗ୍ନି ଦେବଙ୍କ ଠାରୁ
ସକଳ ଭସ୍ମୀତ କରନ୍ତି ଏହି ଆମ ସଂସାରୁ ॥୨୭॥
ଜ୍ୟୋତିରେ ଲାଗେନି ମଳିତ ସେତ ଉଜ୍ଜ୍ୱଳ ରହେ
ସବୁକ୍ଷେତ୍ରେ ତାଙ୍କ ପ୍ରଭାବ ମର୍ତ୍ତ୍ୟେ ରହିଣ ଥାଏ ॥୨୮॥
ନିର୍ଲିପ୍ତ ଲକ୍ଷଣ ରହିଛି ଜଠେ ବାସ କରନ୍ତି
ଜ୍ୱଳନ କ୍ରିୟାତ ନଥାଏ ଥାଏ ତାଙ୍କରି ସ୍ଥିତି ॥୨୯॥
ଚନ୍ଦ୍ରମା ମୋହର ଗୁରୁତ ଶୁଣ ଯଦୁ ରାଜନ
ହ୍ରାସ ବୃଦ୍ଧି ତାର ଦେଖନ୍ତି ମର୍ତ୍ତ୍ୟେ ସକଳ ଜନ ॥୩୦॥
ଚନ୍ଦ୍ର କିନ୍ତୁ ପୂର୍ଣ୍ଣ ଭାବରେ ନିତ୍ୟ ରହିଣଛନ୍ତି
ଘୂର୍ଣ୍ଣନ କ୍ରିୟାରେ କ୍ଷୟତ ଆଉ ବୃଦ୍ଧି ହୁଅନ୍ତି ॥୩୧॥
ଜନ୍ମ ମୃତ୍ୟୁ ଭୋଗେ ଶରୀର ଆଉ ଦୁଃଖ ସୁଖକୁ
ଆତ୍ମା ରୁହେ ସ୍ଥିର ନିଶ୍ଚିତ ଧରି ଏହି ଦେହକୁ ॥୩୨॥
ଆତ୍ମା ଭାବ ନେଇ ଜଗତେ ବାସ କରିବା ଜ୍ଞାନ
ଶିକ୍ଷା ଦେଲା ମତେ ଚନ୍ଦ୍ରତ ମୋର ଗୁରୁ ହୋଇଣ ॥୩୩॥
ଭିନ୍ନ ଭିନ୍ନ ଜଳ ପାତ୍ରରେ ସୂର୍ଯ୍ୟ ଦୃଶ୍ୟତ ହୁଏ
ପାତ୍ର ସିନା ଭିନ୍ନ ଅଟଇ ସୂର୍ଯ୍ୟ ଭିନ୍ନତ ନୁହେଁ ॥୩୪॥
ବିଷ୍ଠା ବା ଅମୃତ ବିଚରେ ସୂର୍ଯ୍ୟ ନଆଣି ମନେ
ସକଳ କ୍ଷେତ୍ରରୁ ଜଳକୁ ନେଇ ଯାଆନ୍ତି ଶୂନ୍ୟେ ॥୩୫॥
ସାଗର ବକ୍ଷରୁ ନିଅନ୍ତି ଶୋଷି ସାଗର ଜଳ
ଆକାଶରେ ମେଘ ହୁଅଇ ସୃଷ୍ଟି ପାଇଁ ମଂଗଳ ॥୩୬॥
ଇନ୍ଦ୍ରିୟ ମାଧମେ ଦ୍ରବ୍ୟକୁ ଯିଏ ସଞ୍ଚୟ କରି
ଜଗତ କଲ୍ୟାଣେ ଦିଏସେ କୁଣ୍ଠା ବୋଧ ନକରି ॥୩୭॥
ସୂର୍ଯ୍ୟସମ ସେତ ମହତ ଏହି ସଂସାର କ୍ଷେତ୍ରେ
ଏହି ଶିକ୍ଷା ପ୍ରାପ୍ତ ହୋଇଲି ଦେଖି ସୂର୍ଯ୍ୟକୁ ନେତ୍ରେ ॥୩୮॥

କପୋତ କପୋତୀ ମୋହର　　ରାଜା ଗୁରୁ ଅଟନ୍ତି
ଉଭୟେ ଦିନେତ ବନକୁ　　ଖାଦ୍ୟ ପାଇଁ ଯାଆନ୍ତି ॥୩୯॥
ଶିଶୁମାନେ ଥିଲେ ବୃକ୍ଷରେ　　ଏକ ବ୍ୟାଧତ ଆସେ
ଜାଲ ବିଛାଇଲା ସେଠାରେ　　ଶିଶୁ ପଡିଲେ ଫାଶେ ॥୪୦॥
ମାତାତ ଆସିଣ ଦେଖେତ　　ଧୈର୍ଯ୍ୟ ନପାରେ ଧରି
ପଶିଲା ଜାଲର ଭିତରେ　　ଶିଶୁ ନେବ ଉଦ୍ଧାରି ॥୪୧॥
ମାତା ଶିଶୁ ପୁତ୍ର ମାନେତ　　କଲେ ସେଠି ରୋଦନ
ଦେଖିଣ କପୋତ ଅସ୍ଥିର　　ଥୟ ନହେଲା ମନ ॥୪୨॥
ସମ୍ମୁଖେ ତାହର ବଂଶତ　　ହୋଇଯିବ ନିଧନ
ଜାୟା ଉଚ୍ଚ ସ୍ୱରେ ଡାକଇ　　ପତି ରଖମୋ ପ୍ରାଣ ॥୪୩॥
ପିଲାମାନଙ୍କର ଚିତ୍କାର　　କର୍ଣ୍ଣେ କପୋତ ଶୁଣି
ପଶିଲା ଜାଲରେ ଯାଇଣ　　ମାୟା ନୋଲାତ ଟାଣି ॥୪୪॥
ସେକାଳେ ବ୍ୟାଧତ ଫାଶକୁ　　ତାର ଟାଣିଣ ଦେଲା
ଶିକାରୀ ହସ୍ତରେ ସକଳେ　　ପ୍ରାଣ ତାଙ୍କର ଗଲା ॥୪୫॥
ଖାଦ୍ୟ ଲୋଭ ରଖି ପିଲାଏ　　ଫାଶେ ପଡିଣ ଥିଲେ
ସନ୍ତାନ ମମତା ନିମନ୍ତେ　　ପିତା ମାତାତ ଗଲେ ॥୪୬॥
ଲୋଭ ସାଥେ ଥିଲା ମମତା　　ପ୍ରାଣ ତାଙ୍କର ନେଲା
ସଂସାର ବନ୍ଧନ ଏହିତ　　ମୋର ଶିକ୍ଷା ହୋଇଲା ॥୪୭॥
ଶରୀର ରକ୍ଷଣ ନିମନ୍ତେ　　ଖାଦ୍ୟ ଲୋଡା ହୁଅଇ
ଅଜଗର ଶିକ୍ଷା ଦେଲେତ　　ଖାଦ୍ୟେ ଲୋଭତ ନାହିଁ ॥୪୮॥
ମିଳିଲେ ଖାଦ୍ୟକୁ ଖାଏସେ　　ବ୍ୟସ୍ତ ନହୁଏ ସେତ
ସ୍ୱାଦ ବା ଅସ୍ୱାଦୁ ବୁଝେନି　　ଅଳ୍ପ କିମ୍ବା ବହୁତ ॥୪୯॥
ଏହି କଥା ମୋର ଶିକ୍ଷାତ　　ଖାଦ୍ୟେ ପ୍ରତି ଆସକ୍ତି
ରଖେ ନାହିଁ ଭ୍ରମେ ଜଗତ　　ଏହା ମୋହର ନୀତି ॥୫୦॥
ସମୁଦ୍ର ମୋହର ଗୁରୁତ　　ଏହି ଶିକ୍ଷା ଦିଅଇ
ସୁଖ ଦୁଃଖ ଭାବ ସମାନ　　ଚିତ୍ତ ସ୍ଥିର ଅଟଇ ॥୫୧॥

ଦେଖତ ସମୁଦ୍ରେ ମିଶଇ　　କେତେ ନଦୀର ଜଳ
ଆକାଶୁ ବର୍ଷୁଛି କେତେ ଯେ　　ବର୍ଷା ହୋଇ ପ୍ରବଳ ॥୫୨॥
ବୃଦ୍ଧି ହୁଏ ନାହିଁ ତାହାର　　ଗର୍ଭେ ରଖେତ ଧରି
ଗ୍ରୀଷ୍ମର ପ୍ରଭାବେ କେବେତ　　ସୁଖେ ନାହିଁତା ବାରି ॥୫୩॥
ସମତ୍ୱ ଭାବନା ରଖଇ　　ସ୍ଥିତ ପ୍ରଜ୍ଞତ ଅଟେ
ସେହି ପ୍ରାୟ ସୁଖଦୁଃଖତ　　ଜୀବ ଜୀବନେ ଭେଟେ ॥୫୪॥
ଦୁଃଖରେ ନହେବି କାତର　　ସୁଖେ ନହେବି ଖୁସି
ପ୍ରଭୁଙ୍କୁ ସ୍ମରଣ କରୁଣ　　ଥିବି ଦିବସ ନିଶି ॥୫୫॥
ପତଙ୍ଗ ମୋହର ଗୁରୁତ　　ସେତ ଶିକ୍ଷାତ ଦେଲା
ଅଗ୍ନିକୁ ଆକର୍ଷି ନିଜେତ　　ତାର ପ୍ରାଣ ହାରିଲା ॥୫୬॥
ସଂସାର ଆକର୍ଷେ ନରକୁ　　ନର ପଡେ ଜଞ୍ଜାଳେ
ଅଗ୍ନିସମ ଏହି ସଂସାର　　ଶେଷେ ନିଜେତ ଜଳେ ।୫୭॥
ମାୟାର ସଂସାର ଏହିତ　　ରୁହେ ମୁହିତ ଦୂରେ
ନଆସୁ ଜୀବନେ ଲୋଭତ　　ମୋର ପ୍ରାଣ ମନରେ ॥୫୮॥
ଭ୍ରମର ଭ୍ରମନ୍ତି ବନରେ　　ପୁଷ୍ପ ମଧ୍ୟରେ ବସି
ପୁଷ୍ପ ଠାରୁ ମଧୁ ନିଏତ　　ସିଏ ଆନନ୍ଦେ ଶୋଷି ॥୫୯॥
ଏହି ଶିକ୍ଷା ଦେଲା ଭ୍ରମର　　ମଧୁ ପୁଷ୍ପରୁ ଆଣେ
ସଞ୍ଚୟ କରଇ ଫେଣାରେ　　ଲୋଭେ ଅତି ଯତନେ ॥୬୦॥
ନିଜେତ ନକରି ଗ୍ରହଣ　　ଅନ୍ୟ ପାଇଁ ରଖଇ
ଶିକାରୀ ଅଗ୍ନିକୁ ଜଳାଇ　　ମଧୁ ତାର ନିଅଇ ॥୬୧॥
ସନ୍ୟାସୀ ଧର୍ମତ ସଞ୍ଚୟ　　କେବେ କରିବ ନାହିଁ
ତ୍ୟାଗପଣେ ନିତ୍ୟ ଥିବତ　　ଏହି ସଂସାର ପାଇଁ ॥୬୨॥
କାମେ ବଶ ହୋଇ ଗଜତ　　ଯାଏ ହସ୍ତିନୀ ପାଶେ
ଶିକାରୀ କରିଛି ଗାଡତ　　ବାନ୍ଧି ନେବତ ଫାଶେ ॥୬୩॥
ନାରୀ ପ୍ରେମେ ଗଜରାଜତ　　ଫାଶେ ପଡିଲା ଧରା
ଶିକାର ବନ୍ଧନେ ରଖଇ　　ତାକୁ ଜୀବନ ସାରା ॥୬୪॥

ସନ୍ୟାସୀ ଧର୍ମତ ଅଟଇ ନାରୀ ଠାରୁ ଦୂରରେ
ରହିବ ନିତ୍ୟତ ଜାଗ୍ରତେ ବ୍ରହ୍ମଚାରୀ ବ୍ରତରେ ॥୬୫॥
କାଷ୍ଠ ବା ପଥର ମୂର୍ତ୍ତୀତ ଯେବେ ନାରୀରେ ଥିବ
ସନ୍ୟାସୀ ଧର୍ମତ ଅଟଇ ସ୍ପର୍ଶ ତାରେ ନଦେବ ॥୬୬॥
ଗଜରାଜ ଠାରୁ ଶିକ୍ଷାତ ଏହା ପ୍ରାପ୍ତ ହୋଇଲି
ଗଜରାଜ ମୋର ଗୁରୁତ ମନେ ସ୍ଥିର କରିଲି ॥୬୭॥
ସଂଗୀତ ବାଦ୍ୟର ଆକର୍ଷେ ବ୍ୟାଧ ଜାଲେ ହରିଣୀ
ମୋହ ବଶେ ଧରା ଦେଲାତ ବ୍ୟାଧ ଦେବତ ହାଣି ॥୬୮॥
ରମଣୀର ନୃତ୍ୟ ଗୀତ ଯେ ଦିନେ ଋଷ୍ୟ ଶୃଙ୍ଗଙ୍କୁ
ବଶିଭୂତ କରି ଥିଲାତ ତ୍ୟାଗୀ ଥିଲେ ତପକୁ ॥୬୯॥
ସନ୍ୟାସୀ ନିମନ୍ତେ ନୁହେଁତ ନାଚ ଗୀତର ପ୍ରୀତି
ଦୂରରେ ରହିବ ସେଠାରୁ ଶିକ୍ଷା ହୋଇଲା ପ୍ରାପ୍ତି ॥୭୦॥
ମାଛ ଠାରୁ ଶିକ୍ଷା ପାଇଲି ଲୋଭ ମୃତ୍ୟୁ କାରଣ
ବନିଶୀ କଣ୍ଟାର ଖାଦ୍ୟକୁ ମାଛ ଲୋଭ ରଖିଣ ॥୭୧॥
ଲୋଭାଗ୍ରସ୍ତେ ସେତ ଗିଳଇ କଣ୍ଟାକରେ ବନ୍ଧନ
ବନିଶୀ ପକାଳି ହସ୍ତରେ ହେଲା ତାର ମରଣ ॥୭୨॥
ଇନ୍ଦ୍ରିୟ ସଞ୍ଜତ ଶିକ୍ଷାତ ମାଛ ମତେତ ଦେଲା
ଖାଦ୍ୟର ଲାଳସା ମୋହରେ ଦୂର ହୋଇଣ ଗଲା ॥୭୩॥
ପିଙ୍ଗଳା ବେଶ୍ୟାତ ଅପେକ୍ଷା ରାଜ ପୁତ୍ରେ କରିଣ
ରାତ୍ର ସରା କଷ୍ଟ ଲଭିଲା କାମା ଶକ୍ତ ହୋଇଣ ॥୭୪॥
ଇନ୍ଦ୍ରିୟ ସୁଖତ ଅଟଇ ଦୁଃଖ କାରଣ ଜାଣ
ଶିକ୍ଷା ଦେଲା ମତେ ପିଙ୍ଗଳା ବେଶ୍ୟା ବିଦେହ ଜ୍ଞାନ ॥୭୫॥
କୁକର ପକ୍ଷୀତ ଅଷ୍ଟରେ ଏକ ମାଂସ ଖଣ୍ଡକୁ
ଧରି ନେଉଥିଲା ଗଗନେ ଦିନେ ତାର ବସାକୁ ॥୭୬॥
ଆଉ ଏକ ଶକ୍ତିଶାଳୀତ ପକ୍ଷୀ ଦେଖିଲା ତାକୁ
ମାଂସକୁ ଛଡାଇ ଆଣିବ ବେଗେ ଗଲା ପାଖକୁ ॥୭୭॥

ଭୟେ ମାଂସ ଖଣ୍ଡ ପକାଏ   ତଳେ ପକ୍ଷୀତ ଡରେ
ଶକ୍ତିଶାଳୀ ପକ୍ଷୀ ଲୋଭରେ   ଆସି ମାଂସକୁ ଧରେ ॥୭୮॥
ସେଠାରୁ ଶିକ୍ଷାତ ମୋହର   ଦ୍ରବ୍ୟେ ଆସକ୍ତି ଥିଲେ
ନିଶ୍ଚିନ୍ତ ବିପଦ ପଡଇ   ଏହି ମର୍ତ୍ତ୍ୟ ମଣ୍ଡଳେ ॥୭୯॥
ଆସକ୍ତି ନରଖି ସଂସାରେ   ଚଳେ ସେହିତ ସୁଖୀ
ଆସକ୍ତି ଦୁଃଖର କାରଣ   ସେତ ହୁଅଇ ଦୁଃଖୀ ॥୮୦॥
ବାଳକମାନେତ ମୋହର   ହେଲେ ଗୁରୁ ରାଜନ
ମାନ ଅପମାନ ବୋଧତ   ନାହିଁ ତାଙ୍କର ଜ୍ଞାନ ॥୮୧॥
ଅହଂକାରେ ଥାଏ ଜୀବତ   ଖୋଜେ ନିତ୍ୟ ସମ୍ମାନ
ଶରୀର ଜ୍ଞାନରେ ରହେତ   ନାହିଁ ବିଦେହ ଜ୍ଞାନ ॥୮୨॥
ନାରୀର ହସ୍ତରେ ଭୂଷଣ   ଥାଏ କଙ୍କଣ ମାନ
ସେଦିନ ଯୁବତୀ ଦେଲାତ   ମତେ ଅଶେଷ ଜ୍ଞାନ ॥୮୩॥
ହସ୍ତ ଚୂଡ଼ୀମାନ ବାଜନ୍ତି   କାର୍ଯ୍ୟ କରିବା ବେଳେ
ଝଣ ଝଣ ଶବ୍ଦ ହୁଅଇ   ରହି ଅଛନ୍ତି ମେଳେ ॥୮୪॥
ଚିନ୍ତିଣ ଯୁବତୀ କାଢ଼ିଲା   ଚୂଡ଼ି ନିଜ ହସ୍ତରୁ
ପଟେ ପଟେ ଚୂଡ଼ି ରଖିଲା   ତାର ଜ୍ଞାନ ବଳରୁ ॥୮୫॥
ଶବ୍ଦତ ନଆସେ ଆଉତ   ଯେବେ କାର୍ଯ୍ୟତ କରେ
ଶିକ୍ଷାତ ଲଭିଲି ଗୋଳତ   ହୁଏ ବହୁ ଜନରେ ॥୮୬॥
ନିଃସଙ୍ଗ ଜୀବନ ଯୋଗୀର   ମନ ଧ୍ୟାନକୁ ଯାଏ
ଈଶ୍ୱରଙ୍କ ପ୍ରତି ଲୟତ   ତାର ଆସିଣ ଥାଏ ॥୮୭॥
ଏକଦା ଭ୍ରମଣ ବନରେ   ଏକା କରୁଥିଲିତ
ବାଣ ବିନ୍ଧୁଥିଲା ବାଣୁଆ   ପକ୍ଷୀ ଲକ୍ଷ କରିତ ॥୮୮॥
ଏକାଳେ ରାଜନ ଯାଆନ୍ତି   ବାଜା ବଜାଇ ପଥେ
ଶବ୍ଦତ ନପଶେ କର୍ଣ୍ଣରେ   ଲକ୍ଷ ଏକାଗ୍ର ଚିତ୍ତେ ॥୮୯॥
ଜାଣିସେ ପାରେନା ଏ ଗୋଳ   ଜୟଧ୍ୱନି ରାଜାର
ଧ୍ୟାନତ ଶିଖିଲି ତା ଠାରୁ   ଗୁରୁ ହେଲା ମୋହର ॥୯୦॥

ସର୍ପ ମୋର ଗୁରୁ ଅଟନ୍ତି ଦେଖ ତୁମେ ରାଜନ
ଜୀବନେ ସର୍ପତ କରେନି କେବେ ବାସର ସ୍ଥାନ ॥୯୧॥
ଅନ୍ୟ ବାସେ ରହି ଯାଏତ ଦୁଃଖ ନଥାଏ ମନେ
ସେହି ପ୍ରାୟ ମୁହିଁ ସନ୍ୟାସୀ ରହେ ସଂସାରୀ ସ୍ଥାନେ ॥୯୨॥
ଆଶ୍ରମ କରିନି ଆସକ୍ତି କାହିଁ ମୋର ଆସିବ
ଆଶ୍ରମ କରିଲେ ନିଶ୍ଚିତ ଜନ ଗହଳି ହେବ ॥୯୩॥
ଉର୍ଣ୍ଣ ନାଭି କୀଟ ମୁଖରୁ ଲାଳ ବାହାର କରି
ଜାଲତ ନିର୍ମାଣ କରିଣ କୀଟ ଆଣଇ ଧରି ॥୯୪॥
ରାତ୍ରେ କରେ ଏହି କାର୍ଯ୍ୟକୁ ସେତ ଆନନ୍ଦ ମନେ
ଦିବସେ ନିଅଇ ଗର୍ଭକୁ ଲାଳ ଅତି ଯତନେ ॥୯୫॥
ସେହି କୀଟ ଦେଲା ଶିକ୍ଷାତ ଏହି ସୃଷ୍ଟି ତତ୍ତ୍ୱକୁ
ଈଶ୍ୱର ନିର୍ମାଣ ସଂସାର ଦେଖ ସେହି ସତ୍ୟକୁ ॥୯୬॥
ତାଙ୍କରି ଗର୍ଭରୁ ସୃଷ୍ଟିତ ପୁନ୍ନ ଗର୍ଭକୁ ଯାଏ
ପ୍ରଳୟ ତତ୍ତ୍ୱର କଥାକୁ କୀଟ ବୁଝାଉଥାଏ ॥୯୭॥
ଆନ କୀଟ ମୋର ଗୁରୁତ ନାମ ଭୃଙ୍ଗୀ ଅଟଇ
କୀଟକୁ ଧରିଣ ଆଣେସେ ପାଖେ ନିତ୍ୟ ରଖଇ ॥୯୮॥
କୀଟତ ଭୟରେ ଦେଖଇ ମୃତ୍ୟୁକାଳେ ଭୃଙ୍ଗୀକୁ
ତାହାରି ରୂପକୁ ଧରିଣ ଆସେ ପୁନ୍ନ ମର୍ତ୍ତ୍ୟକୁ ॥୯୯॥
ମରଣ କାଳରେ ଜୀବତ ଯେଉଁ ରୂପକୁ ଦେଖେ
ସେହି ରୂପ ଧରି ଜନମ ହୁଏ ମର୍ତ୍ତ୍ୟର ବକ୍ଷେ ॥୧୦୦॥
ଏହି କଥା ଜାଣି ନିତ୍ୟତ କରେ ପ୍ରଭୁ ଚିନ୍ତନ
ମାନସ ପଟ୍ଟରେ କରେତ ପ୍ରଭୁ ରୂପ ଦର୍ଶନ ॥୧୦୧॥
ପାର୍ଥିବ ଶରୀର ଅଟଇ ଜାଣ ମୋହର ଗୁରୁ
ଜ୍ଞାନ ବୈରାଗ୍ୟର ଶିକ୍ଷାତ ଶିଖେ ତାହାରି ଠାରୁ ॥୧୦୨॥
ଜନମ ମରଣ ତାହାର ଲାଗି ଅଛିତ ମର୍ତ୍ତ୍ୟେ
ତାଙ୍କୁ ମୁଁ କାହିଁକି ବିଶ୍ୱାସ ମୋର ରଖିବି ଚିତ୍ତେ ॥୧୦୩॥

ଏହି ଶରୀରତ ବିସ୍ତାରେ ପୁତ୍ର କନ୍ୟାତ କେତେ
ଭରଣ ପୋଷଣ କରଇ ଜାୟା ରକ୍ଷଣ ସାଥେ ।।୧୦୪।।
ସକଳ ଆତ୍ମିୟ ମାନଙ୍କୁ ସେତ ଛାଡିଣ ଯିବ
ସଂସାରେ ଅଟଇ ଶରୀର ସବୁଠାରୁ ଦୁର୍ଲଭ ।।୧୦୫।।
ବୁଦ୍ଧିମାନ ବ୍ୟକ୍ତି ମାନେତ ଏହି ଶରୀର ଧରି
ଯୋଗର ସାଧନ କରନ୍ତି ପ୍ରାପ୍ତ ଲଭନ୍ତି ହରି ।।୧୦୬।।
ଅବଧୂତ ତାଙ୍କ ଗୁରୁଙ୍କ କଥା କହିଲେ ଜ୍ଞାନେ
ଉପଦେଶ ମାନ ଶୁଣିଲେ ରାଜା ରଖିଲେ ଧ୍ୟାନେ ।।୧୦୭।।
ସଂସାରୁ ଆସକ୍ତି କଟିଲା ଗଲେ ବାନ ପ୍ରସ୍ଥରେ
ଈଶ୍ୱର ଭାବନା ଜାଗିଲା ତାଙ୍କ ହୃଦ ପ୍ରାଣରେ ।।୧୦୮।।
ଦ୍ୱାରୀକା ଭୂବନେ ଶ୍ରୀକୃଷ୍ଣ ଏହି ଗାଥା କହିଲେ
ଉଦ୍ଧବ ଗୀତାତ ସଂସାରେ ଏହା ପ୍ରମାଣ କଲେ ।।୧୦୯।।
ଉଦ୍ଧବ କୁହନ୍ତି ପ୍ରଭୁଙ୍କୁ କୁହ ମୁକ୍ତିର ବାଣୀ
କିପରି ସଂସାର ବନ୍ଧନୁ ମୁକ୍ତି ହୋଇବେ ପ୍ରାଣୀ ।।୧୧୦।।
ମୁକ୍ତ ପୁରୁଷର ଲକ୍ଷଣ ତାର ନୀତି ଆଦର୍ଶ
ଆତ୍ମାକି ବନ୍ଧନେ ରହେକି କୁହ ସତ୍ୟ ପ୍ରକାଶ ।।୧୧୧।।
କୁହନ୍ତି ଶ୍ରୀକୃଷ୍ଣ ତ୍ରିଗୁଣେ ବନ୍ଦୀ ରହେତ ଜୀବେ
ଆତ୍ମାର ବନ୍ଧନ ନଥାଏ ସଦା ମୁକ୍ତ ସ୍ୱଭାବ ।।୧୧୨।।
ସ୍ୱପ୍ନରେ ଦେଖିଲେ ସକଳ ବସ୍ତୁ ସତ୍ୟ ଅଟଇ
ଜାଗ୍ରତ ହୋଇଲେ ସ୍ୱପ୍ନତ ମିଥ୍ୟା ଭାବ ଆଣଇ ।।୧୧୩।।
ସଂସାରର ଜନ୍ମ ମୃତ୍ୟୁତ ଆଉ ଦୁଃଖ ସୁଖତ
ସ୍ୱପ୍ନ ପ୍ରାୟ ଅଟେ ଉଦ୍ଧବ ଏହା ଜାଣିବ ସତ ।।୧୧୪।।
ଅବିଦ୍ୟା ଜୀବର ବନ୍ଧନ ବିଦ୍ୟା ମୋକ୍ଷତ ଦିଏ
ବିଦ୍ୟା ଓ ଅବିଦ୍ୟା ମଧ୍ୟରେ ମୁଁ ତ ଉଦ୍ଧବ ରହେ ।।୧୧୫।।
ମୋର ଅଂଶ ଅଟେ ଜୀବତ ମୋର ଶକ୍ତି ନିହିତ
ଭିନ୍ନ ଭିନ୍ନ ରୂପ ମଧ୍ୟରେ ଥାଇ ରୁହେ ସ୍ୱତନ୍ତ୍ର ।।୧୧୬।।

ଶରୀର ଅଟଇ ବୃକ୍ଷତ ବୃକ୍ଷେ ଦୁଇଟି ପକ୍ଷୀ
ଭୋଗି ଅଟେ ଜଣେ ଶରୀରେ ଆନ ରହେତ ସାକ୍ଷୀ ॥୧୧୭॥
କର୍ମଫଳ ଭୋଗେ ଜଣେତ ପକ୍ଷୀ ଚେତନ ସତ୍ତା
ଆନ ପକ୍ଷୀ ଅଟେ ଈଶ୍ୱର ଅଂଶ ଅଟଇ ଆତ୍ମା ॥୧୧୮॥
ସଗୁଣ ନିର୍ଗୁଣ ମଧ୍ୟରେ ମତେ ଯିଏ ଦେଖଇ
ମୁକ୍ତ ପୁରୁଷତ ଉଦ୍ଧବ ତାକୁ ଜାଣିବୁ ତୁହି ॥୧୧୯॥
ସକଳ ଜୀବରେ ଦେଖେତ ଦେଖେ ନିଜ ହୃଦରେ
ସୃଷ୍ଟିକୁ ଦେଖଇ ମୋହର ବିଶ୍ୱରୂପ ମଧ୍ୟରେ ॥୧୨୦॥
ଦେହେ ରହି ମଧ୍ୟ ବିଦେହ ନିତ୍ୟ କରଇ ବାସ
ସଂସାରେ ରହିଣ ନୁହେଁ ସେ ସେତ ସଂସାରେ ବଶ ।୧୨୧।
ଉଦ୍ଧବ କୁହନ୍ତି ପ୍ରଭୁଙ୍କୁ ତୁମ ବିଭୂତି କଥା
ଶୁଣିବାକୁ ଇଚ୍ଛା ମୋହର କୁହ ସୃଷ୍ଟିର କର୍ତ୍ତା ॥୧୨୨॥

--୦--

ଦ୍ୱିଷଷ୍ଠିତମ ଅଧ୍ୟାୟ

ଭଗବାନଙ୍କ ବିଭୂତି

ଶ୍ରୀକୃଷ୍ଣ କୁହନ୍ତି ସେଦିନ କୁରୁକ୍ଷେତ୍ରେ ଅର୍ଜ୍ଜୁନ
ପଚାରି ଥିଲେତ ମତେ ସେ ଏହି ତୁମରି ପ୍ରଶ୍ନ ॥୧॥
ସଖା ଭାବେ ଦେଇଥିଲି ମୁଁ କୁରୁକ୍ଷେତ୍ରେ ଉତ୍ତର
ସୃଷ୍ଟି ସ୍ଥିତି ଆଉ ପ୍ରଳୟ ଦୁଷ୍ଟ ଜନ ସଂହାର ॥୨॥
ସକଳ କାରଣ ଅଟଇ ମୁଁ ଯେ ଉଦ୍ଧବ ଜାଣ
ସଗୁଣେ ଦେଖୁଛ ମତେତ ମୁଁ ତ ଅଟେ ନିର୍ଗୁଣ ॥୩॥
ଗୁଣାତିତ ଅଟେ ଉଦ୍ଧବ ଆତ୍ମା ପରମ ଆତ୍ମା
ସକଳେ ରହନ୍ତି ମୋ ମଧ୍ୟେ ମତ ଅଟଇ ଭୂମା ॥୪॥
ମନ୍ତ୍ର ମଧ୍ୟେ ଅଟେ ଉଦ୍ଧବ ଓଁ କାରଟି ଜାଣ
ଛନ୍ଦରେ ଗାୟତ୍ରୀ ଅଟଇ ଦେବେ ଇନ୍ଦ୍ର ପ୍ରମାଣ ॥୫॥
ଅଷ୍ଟବସୁ ମଧ୍ୟେ ଅଗ୍ନି ମୁଁ ବିଷ୍ଣୁ ସୂର୍ଯ୍ୟେ ମଧରେ
ମହର୍ଷି ମଧରେ ଭୃଗୁତ ମନୁ ରାଜ ଋଷିରେ ॥୬॥
ଦେବଋଷି ମଧ୍ୟେ ନାରଦ ସିଦ୍ଧ ମଧ୍ୟେ କପିଳ
ନଦୀ ମଧ୍ୟେ ଅଟେ ଗଂଗାତ ସେତ ପବିତ୍ର ଜଳ ॥୭॥
ପକ୍ଷୀ ମଧ୍ୟେ ଅଟେ ଗରୁଡ ପ୍ରଜାପତିରେ ଦକ୍ଷ
ନକ୍ଷତ୍ର ମଧରେ ଚନ୍ଦ୍ରମା ବୃକ୍ଷେ ଅଶ୍ୱସ୍ଥ ବୃକ୍ଷ ॥୮॥
ଦୈତ୍ୟ ମଧ୍ୟେ ଅଟେ ପ୍ରହ୍ଲାଦ ଯକ୍ଷ ମଧ୍ୟେ କୁବେର
ହସ୍ତୀ ମଧ୍ୟେ ଐରାବତତ ଧ୍ୟାନ ଉଦ୍ଧବ କର ॥୯॥
ନର ମଧ୍ୟେ ରାଜା ଅଟଇ ସିଂହ ପଶୁମଧରେ
ଅଶ୍ୱମଧ୍ୟେ ଉଚ୍ଚୈଶ୍ରବତା ଜାଣ ଏହି ଧରାରେ ॥୧୦॥
ଧାତୁ ମଧ୍ୟେ ଅଟେ ସୁବର୍ଣ୍ଣ ଋତୁ ମଧ୍ୟେ ବସନ୍ତ
ଗିରି ମଧ୍ୟେ ମତେ ଦେଖିବ ହିମାଳୟ ପର୍ବତ ॥୧୧॥
ବ୍ରତ ମଧ୍ୟେ ଅଟେ ଅହିଂସା ଯୁଗ ମଧରେ ସତ୍ୟ
ମାସ ମଧ୍ୟେର ମାର୍ଗଶୀରତ ଜାଣ ବିଭୂତି ତତ୍ତ୍ୱ ॥୧୨॥

ବାନର ମଧ୍ୟରେ ଶ୍ରେଷ୍ଠତ ହନୁମାନ ଅଟଇ
ବୀର ମଧ୍ୟେ ଅଟେ ଅର୍ଜ୍ଜୁନ ଜାଣ କ୍ଷତ୍ରିୟ ମୁହିଁ ॥୧୩॥
ଶରୀର ମଧ୍ୟରେ ଆତ୍ମାତ ମୁଁ ତ ଅଟେ ଇନ୍ଦ୍ରିୟ
ଛଳ କପଟରେ ରହିଛି ଧୃତ ପଣେ ବିଜୟ ॥୧୪॥
ଅକ୍ଷର ମଧ୍ୟେରେ 'ଅ' କାର ଦ୍ୱନ୍ଦ୍ୱ ସମାସେ ଦେଖ
ବେଦ ମଧ୍ୟେ ଅଟେ ସାମତ ମନେ ଉଦ୍ଧବ ରଖ ॥୧୫॥
ବକ୍ତା ପଣେ ବାସୁଦେବତ ଶ୍ରୋତା ଉଦ୍ଧବ ମୁହିଁ
ପଞ୍ଚଭୂତ ଅଟେ ମୁହିଁତ ସତ୍ତ୍ୱଗୁଣ ଅଟଇ ॥୧୬॥
ଜଡ ବା ଚେତନେ ରହିଛି ଦେଖ ସବୁ କ୍ଷେତ୍ରରେ
ଜ୍ଞାନ ଭକ୍ତି କର୍ମ ଯୋଗରେ ମତେ ଦେଖନ୍ତି ନରେ ॥୧୭॥
ବାଣୀ ଇନ୍ଦ୍ରିୟକୁ ସଂଯମ ଯିଏ କରିତ ପାରେ
ସେ ପ୍ରାଣୀ ନିଶ୍ଚିତ ଯାଏତ ମୋର ମୁକ୍ତି ପଥରେ ॥୧୮॥

× × × × ×

ଉଦ୍ଧବ ପୁନଃତ କୁହନ୍ତି ଯମ ନିୟମ କଥା
ଉତ୍ତର ଦିଅନ୍ତି ଶ୍ରୀକୃଷ୍ଣ ଏତ ଯୋଗର ବାର୍ତ୍ତା ॥୧॥
ଯମ ଅଟେ ସତ୍ୟ ଅହିଂସା ଅନାସକ୍ତ ଅସ୍ତେୟ
ଲଜ୍ଜା ଆସ୍ତିକତ ସ୍ଥିରତା ବ୍ରହ୍ମଚର୍ଯ୍ୟ ବିନୟ ॥୨॥
ମୌନ କ୍ଷମା ଆଉ ଅଭୟ ଏହି ବାରଟି ଯମ
ଆଉ ବାର କଥା ଶୁଣିବ ଯାହା ଅଟେ ନିୟମ ॥୩॥
ଯଜ୍ଞ ଅନୁଷ୍ଠାନ ତପସ୍ୟା ମନ୍ତ୍ର ଜପ ଅର୍ଚ୍ଚନ
ପବିତ୍ରତା ମନ ପ୍ରାଣର ସେବା ତୀର୍ଥ ଭ୍ରମଣ ॥୪॥
ଧର୍ମ ଭାବ ପ୍ରତି ଶ୍ରଦ୍ଧାତ ନିତ୍ୟ ସନ୍ତୋଷ ଭାବ
ପର ଉପକାର ସହିତ ଗୁରୁ ଆଚାର୍ଯ୍ୟ ସେବ ॥୫॥
ଏହିତ ନିୟମ ଅଟଇ ମାନି ଚଳିଲେ ପ୍ରାଣୀ
ସୁଗମ ହୋଇବ ରାସ୍ତାତ ଉର୍ଦ୍ଧ୍ୱେ ଯିବେତ ପୁଣି ॥୬॥

ଉଦ୍ଧବ କୁହନ୍ତି ପ୍ରଭୁଙ୍କୁ ସୁଖ ଦୁଃଖ ସଂସାରେ
ସୁଖୀ କିଏ ଅବା ଦୁଃଖୀତ ପ୍ରଭୁ ତୁମ ବିଚାରେ ॥୭॥
ସୁଖ ଦୁଃଖ ମଧ୍ୟେ ସମତା ଯିଏ ହୃଦରେ ଆଣେ
ସେହିତ ସଂସାର ସୁଖୀତ ଦୁଃଖ ନଥାଏ ମନେ ॥୮॥
ବିଷୟା ଭୋଗିର କାମନା ଅଟେ ଦୁଃଖତ ଜାଣ
ଆସକ୍ତି ରଖଇ ବନ୍ଧନେ ସେହି ଦୁଃଖୀ ପ୍ରମାଣ ॥୯॥
ଜ୍ଞାନୀ ମୂର୍ଖ କିଏ ଚିହ୍ନାଅ ଏହି ତୁମ ସଂସାରେ
କୁହ ପ୍ରଭୁ ତୁମେ ଜାଣିବି ଦ୍ୱନ୍ଦ୍ୱ ଆସେ ମନରେ ॥୧୦॥
ଜ୍ଞାନୀ ମଧ୍ୟେ ଗଣା ଯିଏତ ମୁକ୍ତି ବନ୍ଧନ ତତ୍ତ୍ୱ
ସଂସାରେ ରହିଣ ଜାଣିଛି ତ୍ୟାଗୀ ନୁହଁ ଆସକ୍ତ ॥୧୧॥
ମୂର୍ଖ ଜାଣେ ଏହି ଶରୀର ତାର ଶ୍ରେଷ୍ଠ ଅଟଇ
ଭୋଗର ଲାଳସା ରଖିଣ କର୍ମ ନିତ୍ୟ କରଇ ॥୧୨॥
ସ୍ୱର୍ଗ ନର୍କ କିଏ ଚିହ୍ନାଅ ମତେ ଉଦ୍ଧବ କୁହେ
ଶ୍ରୀକୃଷ୍ଣ କୁହନ୍ତି ଶରୀରେ ସତ୍ତ୍ୱ ଗୁଣତ ରହେ ॥୧୩॥
ସତ୍ତ୍ୱ ଗୁଣ ହେଲେ ଜାଗ୍ରତ ଏହି ଶରୀର ସ୍ୱର୍ଗ
ତମେ ଗୁଣେ ନର୍କ ହୁଅଇ ଏହି ପ୍ରାଣୀର ଅଂଗ ॥୧୪॥
କିଏ ଧନୀ ଅବା ଦରିଦ୍ର କେଉଁ ଭାବ ତାଙ୍କର
କୁହନ୍ତୁ ଆପଣେ ମତେତ ଏତ ମାୟା ସଂସାର ॥୧୫॥
ଯେଉଁ ପ୍ରାଣୀ ବଞ୍ଚେ ସର୍ବଦା ସଦ୍‌ଗୁଣ ଆଶ୍ରୟେ
ସଂସାରରେ ଧନ୍ୟ ଅଟଇ ସେତ ଆନନ୍ଦେ ଥାଏ ॥୧୬॥
ଅସନ୍ତୋଷ ଭାବ ଅଟେତ ଜାଣ ଦାରିଦ୍ର୍ୟ ଚିହ୍ନ
ଧନ ଥାଇ ସେତ ଦରିଦ୍ର ଏହା ସତ୍ୟ ବଚନ ।୧୭॥
ମିତ୍ର କିଏ ଅଟେ ସଂସାରେ ଏହି କଥାତ କୁହ
ସଂସାରୀ ଜନକୁ ସର୍ବଦା ଗ୍ରାସୁ ଅଛିତ ମୋହ ॥୧୮॥
ଶ୍ରୀକୃଷ୍ଣ କୁହନ୍ତି ଉଦ୍ଧବ ମିତ୍ର ଗୁରୁ ଈଶ୍ୱର
ଏହି ଭାବ ତୁମେ ଘେନିବ ନିତ୍ୟ ପ୍ରୟାସ କର ॥୧୯॥

ଉଦ୍ଧବ କୁହନ୍ତି ପ୍ରଭୁଙ୍କୁ   ଯୋଗ ମାର୍ଗ କଠିନ
ସରଳ ଭାବରେ କୁହନ୍ତୁ   ଭକ୍ତ ଭକ୍ତି ଲକ୍ଷଣ ॥୨୦॥
ଭକ୍ତି ତତ୍ତ୍ୱ କଥା ଶୁଣିବି   ଆନେ ନାହିଁ ମୋ ମନ
ଅନ୍ନମୟ ପିଣ୍ଡ ନପାରେ   କରି ଯୋଗ ସାଧନ ॥୨୧॥
ଭାଗବତ ଧର୍ମ ପବିତ୍ର   ଏହା ଯିଏ ଶ୍ରଦ୍ଧାରେ
ପାଳନ କରଇ ସେ ପ୍ରାଣୀ   ଯାଏ ବୈକୁଣ୍ଠ ପୁରେ ॥୨୨॥
ସେହି ଧର୍ମ କଥା କହୁଛି   ଏହା ରଖିବ ମନେ
ସ୍ମରଣ ଚିନ୍ତନ ନିତ୍ୟତ   ରଖ ତୁମରି ଧ୍ୟାନେ ॥୨୩॥
ସକଳ କର୍ମକୁ ମତେତ   ସମର୍ପିବ ଶ୍ରଦ୍ଧାରେ
ଫଳ ଆଶା ମନେ ନଥିବ   ନାମ ଥିବ ହୃଦରେ ॥୨୪॥
ଧର୍ମ ଅନୁଷ୍ଠାନେ ସର୍ବଦା   ଯୋଗ ଦେଉଣ ଥିବ
ଭକ୍ତ ଈଶ୍ୱରଙ୍କ କଥାତ   ଧ୍ୟାନେ ନିତ୍ୟ ଶୁଣିବ ॥୨୫॥
ମନୁ ମଳିନତା ଯାଏତ   ଶୁଣି ଈଶ୍ୱର ଲୀଳା
ନିର୍ମଳ ହୃଦୟ ହୋଇଲେ   ଆତ୍ମ ଜ୍ଞାନ ବଢ଼ିଲା ॥୨୬॥
ସକଳ ଜୀବରେ ଦେଖିବ   ସର୍ବ ଘଟେ ରହିଛି
ବାସୁଦେବମୟ ସୃଷ୍ଟିତ   ଆନ ନଦିଶେ କିଛି ॥୨୭॥
ଦୃଷ୍ଟି ତାର ହୁଏ ସମାନ   ସାଧୁ ଅସାଧୁ ହେଉ
ବ୍ରାହ୍ମଣ ଚଣ୍ଡାଳ ଭେଦତ   ହୃଦେ ନରହେ ଆଉ ॥୨୮॥
ଏହି ଆଚରଣେ ସହଜେ   ମତେ ଜୀବତ ପାଏ
ଆତ୍ମ ନିବେଦନ କରେ ସେ   ଦେଖେ ଆତ୍ମା ହୃଦୟେ ॥୨୯॥
କିଛି ଭକ୍ତ ମୋର ସଂସାରେ   ଲୀଳା କଥାକୁ ଜ୍ଞାନେ
ବୁଝାଇ କୁହନ୍ତି ଭକ୍ତଙ୍କୁ   ସାଧୁ ସନ୍ଥ ସେମାନେ ॥୩୦॥
ସେମାନେତ ମୋର ଅଟନ୍ତି   ପ୍ରିୟ ଉଦ୍ଧବ ଜାଣ
ଭାଗବତ ଧର୍ମ ପ୍ରଚାରେ   ଥାଏ ତାଙ୍କର ମନ ॥୩୧॥
ନାସ୍ତିକ ଦାମ୍ଭିକ ଦୁଷ୍ଟତ   ରହିଛନ୍ତି ସଂସାରେ
କହିବନି ତାଙ୍କୁ ଏ କଥା   ଥିବ ତୁମେ ଦୂରରେ ॥୩୨॥
ଶୁଣିଲ ଉଦ୍ଧବ ତୁମେତ   ସାରତତ୍ତ୍ୱର କଥା
ଭାଗବତ ଧର୍ମ ଏହିତ   ହୃଦେ ଧରି ରଖିଥା ॥୩୩॥

ଉଦ୍ଧବ କୁହନ୍ତି ମୋରତ ମୋହ ଦୂରେଇ ଗଲା
ଜ୍ଞାନ ରୂପି ସୂର୍ଯ୍ୟ ହୃଦୟେ ଏବେ ଉଦୟ ହେଲା ॥୩୪॥
ଏତିକି ସୁଦୟା କରିବ ତୁମ ପଦ କମଳେ
ଅଖଣ୍ଡ ଭକ୍ତି ମୋ ରହିବ ଜୀବ ଯିବାର ବେଳେ ॥୩୫॥
ପ୍ରଭୁତ କୁହନ୍ତି ଉଦ୍ଧବ ତୁମେ ଏବେତ ଯାଅ
ପ୍ରିୟ ସ୍ଥାନ ମୋର ବଦ୍ରିକା ସେହି ଆଶ୍ରମେ ରୁହ ॥୩୬॥
ଏକାଗ୍ର ଚିତ୍ତରେ ଧ୍ୟାନତ ତୁମେ ନିତ୍ୟ କରିବ
ବାଣୀ ମନ ଦ୍ୱାରା ସମ୍ପର୍କ ମୋର ସାଥିରେ ଥିବ ॥୩୭॥
ରଜତମ ସତ୍ତ୍ୱ ଗୁଣରୁ ତୁମେ ମୁକ୍ତି ଲଭିବ
ମୋର ଅଙ୍ଗେ ହେବ ବିଲିନ ଏହା ସତ୍ୟ ଜାଣିବ ॥୩୮॥
ଧାର ଧାର ଲୁହ ନୟନୁ ଏବେ ଆସୁଛି ବହି
ପାଖୁ ପ୍ରଭୁ ତଡି ଦିଅନ୍ତି ଦେଖେ ଉଦ୍ଧବ ରହି ॥୩୯॥
କର ଯୋଡି କରେ ବିନତୀ ପ୍ରଭୁ ଶୂନ୍ୟ ହସ୍ତରେ
ବିଦା କରିଦିଅ ପାଖରୁ ଯିବି ନାହିଁତ ଦୂରେ ॥୪୦॥
ସକଳ ତୀର୍ଥତ ଚରଣେ ଏହା ଆସଇ ମନେ
ବଦ୍ରିକା ଯିବାକୁ କାହିଁକି କହୁଛନ୍ତି ଆପଣେ ॥୪୧॥
ତୁମକୁ ଛାଡିଣ ଯିବାକୁ ମୋର ନବଳେ ମନ
ଜୀବ ଆତ୍ମା ଭାବ ନେଇଣ ସଖା କାଟିଲି ଦିନ ॥୪୨॥
ସଗୁଣରେ ପ୍ରୀତି ରଖିଣ ନିତ୍ୟ କରି ଦର୍ଶନ
ସନ୍ତୋଷେ ଥିଲିତ ପାଖରେ ଭୁଲି ସଂସାରୀ ଜ୍ଞାନ ॥୪୩॥
କେତେ କେତେ ଜ୍ଞାନ ଦେଲେତ ହୃଦେ ରଖିଛି ଧରି
ସଂସାରୀ ଜନଙ୍କୁ କହିବି ଦୟା ଥିଲେ ତୁମରି ॥୪୪॥
ଶ୍ରୀପଦ ଧାରଣ ମସ୍ତକେ ଏହା ଇଚ୍ଛା ମୋହର
ଶ୍ରୀପଦ ପାଦୁକା ଦିଅନ୍ତୁ ଶିରେ କୃପା ସାଗର ॥୪୫॥
ପ୍ରଭୁ ଭକ୍ତ ଇଚ୍ଛା ପୁରଣ କଲେ ପାଦୁକା ଦେଇ
ଉଦ୍ଧବ ମସ୍ତକେ ଧରିଣ ଗଲେ ବିଦାୟ ନେଇ ॥୪୬॥

--୦--

ତ୍ରିଷଷ୍ଠିତମ ଅଧ୍ୟାୟ

ଶ୍ରୀକୃଷ୍ଣଙ୍କ ମହାପ୍ରୟାଣ

ସମସ୍ତ କଥାକୁ ଶୁଣିଣ ପରୀକ୍ଷିତ ରାଜନ
କୁହନ୍ତି କି ଭାବେ ଶ୍ରୀକୃଷ୍ଣ ଗଲେ ଦେହ ଛାଡିଣ ॥୧॥
ଶୁକଦେବ ଦେଲେ ଉତ୍ତର ଭକ୍ତ ଉଦ୍ଧବ ଗଲା
ପଥ ପଚ୍ଚରିଣ ବଦ୍ରିକା ମସ୍ତେ ପାଦୁକା ନେଲା ॥୨॥
ସ୍ଥିର କଲେ କୃଷ୍ଣ ତୀର୍ଥକୁ ଯିବେ ପ୍ରଭାସ କ୍ଷେତ୍ର
ଯଦୁବଂଶୀ ମାନେ ଯିବେତ ହେଲେ ସର୍ବେ ପ୍ରସ୍ତୁତ ।୩॥
ପ୍ରଭାସ କ୍ଷେତ୍ରରେ ଯାଇଣ ଯଜ୍ଞ ବ୍ରତ କରିଲେ
କ୍ଷେତ୍ରର ମହିମା ନମାନି ପାନ ମଦିରା କଲେ ॥୪॥
ନିଶାଗ୍ରସ୍ତ ହୋଇ କଳହ ପରସ୍ପର ମଧ୍ୟରେ
ଭୁଲିଗଲେ ପ୍ରିୟଜନତ ଅସ୍ତ୍ର ଧରନ୍ତି କରେ ॥୫॥
ଯଜ୍ଞ କ୍ଷେତ୍ର ହେଲା ସେଠାରେ ଯୁଦ୍ଧ କ୍ଷେତ୍ରତ ପୁଣି
ପରସ୍ପରେ ଧରି ଅସ୍ତ୍ରକୁ କରେ ଦିଅନ୍ତି ହାଣି ॥୬॥
ଅସ୍ତ୍ର ଶସ୍ତ୍ର ସବୁ ସରିଲା ଗଲେ ଏରକା ବନ
ଅଭିଶପ୍ତ ଘାସ ଏରକା ହେଲା ବଜ୍ର ସମାନ ॥୭॥
ସେହି ଘାସମାନ ଓପାଡି ଯୁଦ୍ଧ କଲେ ଯାଦବେ
ସକଳ ମୃତ୍ୟୁତ ଲଭନ୍ତି ସ୍ୱର୍ଗେ ଦେଖନ୍ତି ଦେବେ ॥୮॥
ସେକାଳେ ଅନଳ ଜଳିଲା ସେହି ଘୋର ବନରେ
ଅହଂକାର ଅଗ୍ନି ଅଟଇ ଜଳେ କ୍ଷିପ୍ର ଭାବରେ ॥୯॥
ଅନଳେ ବିନାଶ ହୋଇଲେ କେତେ କେତେ ତ ଜନ
ଅନଳର କ୍ଷିପ୍ରଗତୀତ ସାଥେ ଥିଲା ପବନ ॥୧୦॥
ଏହି ଭାବେ ନିଜ ବଂଶକୁ ପ୍ରଭୁ ବିନାଶ କଲେ
ବଳରାମ ଗଲେ ସମୁଦ୍ରେ ଝାସ ଦେବେତ ଜଳେ ॥୧୧।

ପିପିଳ ବୃକ୍ଷର ମୂଳରେ କୃଷ୍ଣ ବସନ୍ତି ଯାଇ
ଅନ୍ତିମ ରୂପତ ପ୍ରକାଶେ ଚତୁର୍ଭୁଜତ ହୋଇ ॥୧୨॥
ଜ୍ୟୋତିତ ପ୍ରକାଶେ ଶ୍ରୀଅଙ୍ଗୁ ମେଘ ବର୍ଣ୍ଣ ଶରୀର
ଶ୍ରୀବସ୍ତ ବ୍ରାହ୍ମଣ ପାଦର ଚିହ୍ନ ବକ୍ଷେ ତାଙ୍କର ॥୧୩॥
ପୀତାମ୍ବରି ବାସ ଅଂଗରେ ଶୋଭା ବର୍ଦ୍ଧନ କରେ
ପାଖେ ଘଞ୍ଚଥାଏ ବୃକ୍ଷତ ତାପ ନାହିଁ ସେଠାରେ ॥୧୪॥
ବାମ ଚରଣକୁ ଦକ୍ଷିଣ ଜଙ୍ଘ ପରେ ରଖନ୍ତି
ବସିଣ ଧ୍ୟାନରେ ଶ୍ରୀକୃଷ୍ଣ ତ୍ରେତାଯୁଗ ଚିନ୍ତତି ॥୧୫॥
ରକ୍ତିମ କମଳ ପାଦତ ପତ୍ର ଗହଳେ ଦିଶେ
ଜାରା ନାମେ ଏକ ଶବର ସେହି ବନକୁ ଆସେ ॥୧୬॥
ଅନ୍ୱେଷଣତାର ଶିକାର ମୃଗ ପକ୍ଷୀ ଖୋଜଇ
ଦୃଷ୍ଟି ପଡିଗଲା ସେ ପାଦେ ମୃଗ ମୁଖ ଭାବଇ ॥୧୭॥
ଲକ୍ଷ କରି ବାଣ ବିନ୍ଧିଲା ପାଦେ ବାଜିଲା ଶର
ଜାଣିଲା ମୃଗତ ନୁହଁଇ ଦେଖେ ସେତ ଈଶ୍ୱର ॥୧୮॥
ଚତୁର୍ଭୁଜ ତଙ୍କ ବିଶାଳ ପାଦେ ପଡିଲା ଯାଇ
କାନ୍ଦି କାନ୍ଦି କହେ ପ୍ରଭୁତ ଜାଣି ପାରିଲି ନାହିଁ ॥୧୯॥
କ୍ଷମା ଅପରାଧ ମୋହର ଦିଅ ମତେତ ଶାସ୍ତି
ନୀଚ ମୁଁ ଶବର ଅଟଇ ଜ୍ଞାନେ ନାହିଁମୋ ମତି ॥୨୦॥
ଶିକାର କରଇ ନିତ୍ୟତ ପାପ ପୁଣ୍ୟ ନଜାଣେ
ଚରଣେ ପଡୁଛି ପ୍ରଭୁହେ କ୍ଷମା କର ଆପଣେ ॥୨୧॥
ଅଭୟ ପ୍ରଦାନ କରିଲେ ପ୍ରଭୁ ଆନନ୍ଦ ଚିତ୍ତେ
ବିଧିର ବିଧାନ ଥିଲାତ ମୃତ୍ୟୁ ତୁମରି ହସ୍ତେ ॥୨୨॥
ଦୋଷ ନାହିଁ ଜାରା ତୁମର ପୂର୍ବ ଜନ୍ମର ଫଳ
ଜୀବ ନିଶ୍ଚେ ପ୍ରାପ୍ତ ହୁଅଇ ସାକ୍ଷୀ ରହିଛି କାଳ ॥୨୩॥
କହୁଛି ତୁମକୁ ନିଶ୍ଚୟ ସ୍ୱର୍ଗେ କରିବ ବାସ

ପୂଣ୍ୟବାନ ବ୍ୟକ୍ତି ମଧ୍ୟରେ ନାମ ହେବ ପ୍ରକାଶ ॥୨୪॥
ରଥେ ଯିବ ତୁମେ ସ୍ୱର୍ଗକୁ ଦୁଃଖ ନକର ମନେ
ମହକାଳ ମୁଁ ତ ଅଟଇ ମୃତ୍ୟୁ ଲଭିବି କ୍ଷଣେ ॥୨୫॥
ସେକାଳେ ମିଳିଲେ ଦାରୁକ ସେତ ଆଶ୍ଚର୍ଯ୍ୟ ଦେଖେ
ପ୍ରଭୁ ବସିଛନ୍ତି ନିଶ୍ଚଳେ ସେହି ପିପ୍ପଳ ବୃକ୍ଷେ ॥୨୬॥
ପଦୁଝରି ପଡେ ରକ୍ତତ ପଦେ ଅଛିତ ଶର
ବ୍ୟସ୍ତତା ବଢ଼ିଲା ଦେଖିଣ ମନେ ସନ୍ଦେହ ତାର ॥୨୭॥
ପ୍ରଭୁତ କୁହନ୍ତି ଦାରୁକ କର ଶେଷ ଦର୍ଶନ
ବୈକୁଣ୍ଠ ଯିବାକୁ ଦେଇଛି ଦେବତାଙ୍କୁ ବଚନ ॥୨୮॥
ଯଦୁ ବଂଶ ହେଲା ବିଧ୍ୱଂସ ଭ୍ରାତା ସ୍ୱଧାମ ଗଲେ
ମୁଁ ତ ଗଲା ପରେ ଦ୍ୱାରୀକା ବୁଡି ଯିବତ ଜଳେ ॥୨୯॥
ସମ୍ବାଦ ମୋହର ନେଇଣ ଯାଅ ତୁମେ ଦ୍ୱାରିକା
ଅପେକ୍ଷାରେ ଥିବେ ରାଣୀଏ ମନେ ଥିବତ ଶଙ୍କା ॥୩୦॥
ଅର୍ଜ୍ଜୁନ ସାଥିରେ ସକଳେ ଯିବେ ଇନ୍ଦ୍ରପ୍ରସ୍ଥକୁ
ଦ୍ୱାରୀକା ମୋହର ଯିବତ ଏବେ ସିନ୍ଧୁ ଗର୍ଭକୁ ॥୩୧॥
ନୟନୁ ଅଶ୍ରୁତ ଝରଇ କଣ୍ଠେ ନଆସେ ବାଣୀ
ଦାରୁକ ବିଦାୟ ଘେନିଲା ଆସେ ଦ୍ୱାରୀକା ପୁଣି ॥୩୨।
ସକଳ ଦେବତା ସହିତ ବ୍ରହ୍ମାମର୍ତ୍ତ୍ୟେ ଆସିଲେ
ମହାପ୍ରୟାଣତ କୃଷ୍ଣଙ୍କ ମର୍ତ୍ତ୍ୟେ ଦେଖିଣ ଥିଲେ ॥୩୩॥
ପୁଷ୍ପମାନ ସ୍ୱର୍ଗୁ ପଡଇ ପ୍ରଭୁ ଅଂଗତେ ଆସି
ଦ୍ୱାରୀକାପୁରରେ ସମ୍ବାଦ ଦୁଃଖ ଦେଲାତ ଗ୍ରାସି ॥୩୪॥
ଅନିରୁଦ୍ଧ ପୁତ୍ର ବ୍ରଜତ ସିଂହାସନେ ବସିଲା
ସଂକ୍ଷିପ୍ତ ଚରିତ୍ର ବର୍ଣ୍ଣନା ଏହି ଗ୍ରନ୍ଥେ ରହିଲା ॥୩୫॥

--୦--

ଚତୁଃଷଷ୍ଠିତମ ଅଧ୍ୟାୟ

ପରୀକ୍ଷିତଙ୍କୁ ଉପଦେଶ (ଦ୍ୱାଦଶ ସ୍କନ୍ଦ)

କୁରୁକ୍ଷେତ୍ରେ ପ୍ରଭୁ ଶ୍ରୀକୃଷ୍ଣ   ମୁଖୁ ପ୍ରକାଶେ ଗୀତା
ସମବୟସ୍କତ ଅର୍ଜୁନ   ସଖା ହୋଇଲେ ଶ୍ରୋତା ॥୧॥
ଶୁକଦେବ ମୁଖୁ ଆସିଲା   ଭାଗବତର କଥା
ଗଙ୍ଗାକୂଳେ ପରୀକ୍ଷିତତ   ଥିଲେ ହୋଇଣ ଶ୍ରୋତା ॥୨॥
ଦ୍ୱାପର ଯୁଗର କଥାତ   କଳିଯୁଗର ପାଇଁ
ଅତିବ ସରଳ ଅଟଇ   ନାମ ପାରି କରଇ ॥୩॥
ଗୀତା ଅଟେ ଘୃତ ସମାନ   କ୍ଷୁଧା ମେଣ୍ଟେତ ନାହିଁ
ଘୃତ ଖାଇ କିଏ ବଞ୍ଚିବ   ନୁହ ସମ୍ଭବ ଏହି ॥୪॥
ଘୃତରେ ତିଆରି ଖାଦ୍ୟତ   ପିଠା ମିଠା ଯେ କେତେ
ସୁସ୍ୱାଦୁ ଲାଗଇ ଖାଆନ୍ତି   ଜନେ ଆନନ୍ଦେ ଚିତ୍ତେ ॥୫॥
ସେହି ପ୍ରାୟ ଗୀତା ଘୃତରେ   ଦେଖ ନାନା ବ୍ୟଞ୍ଜନ
ଭାଗବତ ଗ୍ରନ୍ଥେ ରହିଛି   କେତେ କେତେ ଆଖ୍ୟାନ ॥୬॥
ଅତିବ ସରଳ କଥାତ   ଜନେ ବୁଝିବା ପାଇଁ
ଭାଗବତ କଥା ଶ୍ରବଣେ   ମୁକ୍ତି ଜୀବ ଲଭଇ ॥୭॥
ପରୀକ୍ଷିତ ରାଜା ମୁନିଙ୍କୁ   ଏବେ ପଚାରୁଛନ୍ତି
ଯୁଗଧର୍ମ କଥା ଶୁଣିବି   ହୃଦେ ବଢୁଛି ପ୍ରୀତି ॥୮॥
ଯୁଗଧର୍ମ କଥା କୁହନ୍ତି   ଶୁକଦେବ ରାଜାଙ୍କୁ
ସତ୍ୟଯୁଗେ ଧର୍ମ ଥିଲାତ   ଧରି ଚାରି ପାଦକୁ ॥୯॥
ସତ୍ୟ ଦୟା ଦାନ ତପସ୍ୟା   ତାର ଚାରୋଟି ପାଦ
ଅସତ୍ୟ ପ୍ରତାପ ନଥିଲା   ଜଳେ ସତ୍ୟ ପ୍ରଦିପ ॥୧୦॥
ତ୍ରେତା ଯୁଗେ ଏକ ପାଦକୁ   କଳି ଗ୍ରାସ କରିଲା
ହିଂସା ଅସନ୍ତୋଷ କଳହ   ମର୍ତ୍ତ୍ୟେ ପ୍ରକାଶ ହେଲା ॥୧୧॥

ଦ୍ୱାପର ଯୁଗରେ ଦି ପାଦ କଳିକଳା ଆୟତ
ଅଧର୍ମେ ଅସତ୍ୟେ ରହିଲେ ଜନେ ନିତ୍ୟ ଜଡିତ ॥୧୨॥
କଳିଯୁଗେ ତିନି ପାଦତ କଳି ଆୟତେ ନେଲା
ଅଧର୍ମେ ଅସତ୍ୟେ ରହିଲେ ଧର୍ମ ବୁଡିଣ ଗଲା ॥୧୩॥
ତପସ୍ୟାରେ ବ୍ରତିଥିଲେତ ଥିଲେ ସାଧନାରତ
ସତ୍ୟ ଯୁଗେ ଜନ ନିଷ୍ଠାରେ ପାଳୁଥିଲେତ ବ୍ରତ ॥୧୪॥
ତ୍ରେତାଯୁଗେ ରଜ ଗୁଣରେ ଯଶ ପ୍ରଶଂସା ପାଇଁ
ସକାମ ଭାବରେ ଧର୍ମକୁ ପାଳୁଥିଲେତ ରହି ॥୧୫॥
ଦ୍ୱାପର ଯୁଗରେ ପ୍ରବଳ ତମ ଗୁଣ ହୋଇଲା
ମାନ ଦମ୍ଭ ପ୍ରାଣେ ପ୍ରକାଶେ ହିଂସା ଭାବ ଆସିଲା ॥୧୬॥
କଳିଯୁଗେ କ୍ରିୟା କରୁଛି ତମ ଗୁଣ ସଂସାରେ
ଅସତ୍ୟ ଆଳସ୍ୟ କପଟ ତାଙ୍କ କାର୍ଯ୍ୟ କ୍ଷେତ୍ରରେ ॥୧୭॥
ଶୋକ ମୋହ ଭୟ ସର୍ବଦା ସାଥେ ରହିଛି ଜଡି
ମୃତ୍ୟୁ ପ୍ରତି ଭୟ ସର୍ବଦା ଥାଏ ଘଡିକି ଘଡି ॥୧୮॥
ସତ୍ୟଯୁଗେ ଥିଲା ଧ୍ୟାନତ ଥିଲେ ଆତ୍ମ ଦର୍ଶିତ
ତ୍ରେତୟା ଯୁଗରେ କରନ୍ତି ଯଜ୍ଞ ଋଷି ମୁନିତ ॥୧୯॥
ଦ୍ୱାପର ଯୁଗରେ ଶ୍ରୀବିଷ୍ଣୁ କରୁଥିଲେ ପୂଜନ
କଳିଯୁଗେ ମୁଖ୍ୟ ନାମତ ସାଥେ ରହେ କୀର୍ତ୍ତନ ॥୨୦॥
ଏହି ଯୁଗ ଧର୍ମ ଥିଲାତ ମୁନି ପ୍ରକାଶ କଲେ
ଏବେତ କୁହନ୍ତି ରାଜନ ଚିନ୍ତ ଆତ୍ମାକୁ ଭଲେ ॥୨୧॥
ହୃଦୟ ମନ୍ଦିରେ ପ୍ରବେଶି ଦେଖ ନେତ୍ରେ ଶ୍ରୀହରି
ଶରୀର ଛାଡିଣ ଯିବତ ତୁମେ ବୈକୁଣ୍ଠ ପୁରି ॥୨୨॥
ମନ୍ତ୍ର ପ୍ରାଣ କର ଏକତ୍ର ଚୈତ୍ତ ସତ୍ତା ପାଖରେ
ଲକ୍ଷକର ଏବେ ରାଜନ ତୁମ ବ୍ରହ୍ମ ରନ୍ଧ୍ରରେ ॥୨୩॥

ଶରୀର ଚେତନ ନରଖ ତୁମେ ନୁହଁ ଶରୀର
ଶରୀରର ମୃତ୍ୟୁ ଅଛିତ ଆତ୍ମା ଅଟେ ଅମର ॥୨୪॥
ଆତ୍ମା ଭାବ ଆଣ ହୃଦୟେ ଭୟ ନରହୁ ମନେ
ଆକାଶ ପରାଏ ନିର୍ଲିପ୍ତ ରୁହ ଆତ୍ମାର ଜ୍ଞାନେ ॥୨୫॥
ଅଗ୍ନିର ସଂଯୋଗେ ଦୀପତ ଜଳେ ସଂସାରେ ଜଣା
ଦୀପ ତୈଳ ଆଉ ବଳିତା ଅଟେ ମାଧ୍ୟମ ସିନା ॥୨୬॥
ତ୍ରିଗୁଣ ଥିଲେ ବି ଶରୀରେ ତାର ପ୍ରକାଶ ନାହିଁ
ଆତ୍ମାର ପ୍ରବେଶ ହୋଇଲେ ସେତ ଉଠନ୍ତି ଚେଇଁ ॥୨୭॥
ଶରୀର ଆଧାର ଅଟଇ ଆତ୍ମା କରେ ପ୍ରବେଶ
ଜୀବ ଜନ୍ମ ନିଏ ସଂସାରେ ଏତ ସୃଷ୍ଟି ରହସ୍ୟ ॥୨୮॥
ଆତ୍ମାର ସଂଗତି ଲଭିଲେ ଜୀବ ମୋକ୍ଷତ ହୁଏ
ଆତ୍ମାତ ଈଶ୍ୱର ଅଟନ୍ତି ଛନ୍ତି ତୁମର ଦେହେ ॥୨୯॥

--୦--

ଷଷ୍ଠଷଷ୍ଠିତମ ଅଧ୍ୟାୟ

ପରୀକ୍ଷିତ ରାଜାଙ୍କ ଶରୀର ତ୍ୟାଗ

ଶ୍ରୀକୃଷ୍ଣଙ୍କ ଲୀଳା ବର୍ଣ୍ଣନା ସୁଧାସମତ ଥିଲା
ସ୍ୱଧାମକୁ ଗଲେ ଶ୍ରୀକୃଷ୍ଣ ଦୁଃଖ ହୃଦ ଲଭିଲା ॥୧॥
ଦୁଇକର ଯୋଡି କୁହନ୍ତି ପରୀକ୍ଷିତ ରାଜନ
ଧନ୍ୟ ଧନ୍ୟ ମୁନି ଶ୍ରେଷ୍ଠତ ମୋର ପ୍ରଣାମ ଘେନ ॥୨॥
କୃପା କରି ମତେ ଦେଲତ କେତେ ଅଶେଷ ଜ୍ଞାନ
ଲୀଳା ପ୍ରେମେ ଦେଲ ହଜାଇ ଭକ୍ତି ହେଲା ଉତ୍ପନ୍ନ ॥୩॥
ସକଳ ଅଜ୍ଞାନ ଅନ୍ଧାର ହୃଦୁ ଗଲା ମୋହର
ତତ୍ତ୍ୱ କଥା ମାନ କହିଲ ତୁମେ ମୁନି ପ୍ରବର ॥୪॥
ବ୍ରହ୍ମ ଜ୍ଞାନ କଲ ପ୍ରଦାନ ଶଙ୍କା ଗଲେ ଦୂରେଇ
ସଂସାରେ ମୃତ୍ୟୁର ଭୟତ ଭୟ ମୋହର ନାହିଁ ॥୫॥
ପରମ ସ୍ୱରୂପ ଦର୍ଶନ ହୃଦେ ମୋହର ହେଲା
ଆତ୍ମ ଦର୍ଶନତ ଲଭିଲି କୃପା ତୁମର ଥିଲା ॥୬॥
ପିଣ୍ଡରେ ବ୍ରହ୍ମାଣ୍ଡ ଦେଖିଲି ଦିବ୍ୟ ଦୃଷ୍ଟିତ ଦେଲ
ତତ୍ତ୍ୱ ଗଣ୍ଠିମାନ ଫିଟାଇ ଶାସ୍ତ୍ର କଥା କହିଲ ॥୭॥
ଇଚ୍ଛା ମୃତ୍ୟୁ ଏବେ ଲଭିବି ଯେବେ ଇଚ୍ଛା ମୋହର
ଏହି ଶିକ୍ଷା ମୁନି ଦେଲତ ଯୋଗ କଲା ଶରୀର ॥୮॥
ବ୍ରହ୍ମ ପଥେ ଏବେ ଯିବିତ ଏହି ଶରୀର ଛାଡି
ଆଦେଶ ପ୍ରଦାନ କରିଲେ ଶବ ଥିବତ ପଡି ॥୯॥
ତକ୍ଷକ ଆସିଣ ଶବକୁ ସେଯେ କରୁ ଦଂଶନ
ଅପମୃତ୍ୟୁ ଭୟ ନଥିବ ଶାପ ହେବ ଖଣ୍ଡନ ॥୧୦॥
ଶୁକଦେବ ଶୁଣି ଆଜ୍ଞାତ ଦେଲେ ପରୀକ୍ଷିତଙ୍କୁ
ଯୋଗର ମାଧ୍ୟମେ ଶରୀରୁ ପ୍ରାଣ ଗଲା ସ୍ୱର୍ଗକୁ ॥୧୧॥
ଆକାଶ ମାର୍ଗରୁ ପୁଷ୍ପତ ପଡେ ରାଜନ ପାଇଁ
ସଭାଜନ ଦେଖି ଆଶ୍ଚର୍ଯ୍ୟ ଜୟଧ୍ୱନି କମ୍ପଇ ॥୧୨॥

ଶୁକମୁନି ଦେଇ ଆଦେଶ ସ୍ଥାନ ଛାଡିଣ ଗଲେ
ପରମ ଗତିତ ରାଜନ ଏହି ଦେହେ ଲଭିଲେ ॥୧୩॥
ଏକାଳେ ଘଟଇ ଘଟଣା ମୁନି ଶାପର ପାଇଁ
ତକ୍ଷକ ଆସଇ କ୍ରୋଧରେ ରାଜା ପାଖକୁ ଧାଇଁ ॥୧୪॥
ବ୍ରାହ୍ମଣ ବେଶରେ ଆସୁଛି ନାଗ ରାଜ ତକ୍ଷକ
ପଥରେ ସାକ୍ଷାତ ହୋଇଲା ତାର ବ୍ରାହ୍ମଣ ଏକ ॥୧୫॥
କଶ୍ୟପ ନାମତ ତାଙ୍କର ଖ୍ୟାତି ତିନି ଭୁବନେ
ସର୍ପ ବିଷ ନାଶ କରନ୍ତି ତାଙ୍କ ଚିକିତ୍ସା ଜ୍ଞାନେ ॥୧୬॥
ପରସ୍ପର କଥା ହୋଇଲେ ଲକ୍ଷ ଭିନ୍ନ ଅଟଇ
ଜଣେ ଯାଏ ବିଷ ଧରିତ ଆନ ଅମୃତ ନେଇ ॥୧୭॥
ପଥରେ ପରୀକ୍ଷା କରିଲେ ନିଜ ପାରିବା ପଣ
କ୍ଷେତ୍ରେ କାହିଁ ନିନ୍ଦା ଲଭିବା ଭୟ ତକ୍ଷକ ମନ ॥୧୮॥
ପଥେ ଏକ ବୃକ୍ଷ ପଡିଲା ବୃକ୍ଷେ କାଷ୍ଠ କଟାଳି
କାଷ୍ଠତ କାଟୁଛି ଜାଣେନା ବୃକ୍ଷ ଗଲାତ ଜଳି ॥୧୯॥
ତକ୍ଷକ ଦଂଶନ ନିମନ୍ତେ ଏହା ଘଟିଣ ଗଲା
କଟାଳି ସହିତ ବୃକ୍ଷତ ବିଷ ପ୍ରଭାବ ଥିଲା ॥୨୦॥
କଶ୍ୟପ ମନ୍ତ୍ରରେ ତକ୍ଷଣେ ପୁନ୍ନ ହେଲା ଜୀବନ୍ତ
କଟାଳି ସହିତ ବୃକ୍ଷକୁ ଦେଖେ ତକ୍ଷକ ନେତ୍ର ॥୨୧॥
ଲଜ୍ଜାବୋଧ କଲା ତକ୍ଷକ କୁହେ ବିନୟ ହୋଇ
କିଛି ଧନ ଦେବି ତୁମକୁ ଯାଅ ତୁମେ ପଳାଇ ॥୨୨॥
କଶ୍ୟପ ଜାଣିଲେ ଜ୍ଞାନ ରେ ରାଜା ଆଉ ନାହାଁନ୍ତି
ଧନକୁ ଆନନ୍ଦେ ଧରିଣ ପଥୁ ସେତ ଫେରନ୍ତି ॥୨୩॥
ତକ୍ଷକ ପ୍ରବେଶ କରିଲା ରାଜା ଶରୀର ପାଶେ
ପଡିଥିଲା ଶବ ରାଜାଙ୍କ କଲା ଦଂଶନ ରୋଷେ ॥୨୪॥
ତକ୍ଷକ ବିଷତ ପ୍ରଖର ଅଗ୍ନିଠାରୁ ବଳଇ
ଭସ୍ମ ହେଲା ରାଜା ଶରୀର ସର୍ବେ ଦେଖନ୍ତି ରହି ॥୨୫॥
ସଂସାରୀ ଜନତ ଦୁଃଖରେ ମର୍ମାହତ ହୋଇଲେ
ଜ୍ଞାନୀଜନମାନେ ପ୍ରଶଂସା ରାଜାଙ୍କର କରିଲେ ॥୨୬॥

ଷଷ୍ଠଷଷ୍ଠିତମ ଅଧ୍ୟାୟ

ସର୍ପ ଯଜ୍ଞ

ପରୀକ୍ଷିତ ପରେ ରାଜାତ ତାଙ୍କ ପୁତ୍ର ହୋଇଲେ
ଜନ୍ମେଜୟ ନାମ ତାଙ୍କର ସେତ କ୍ରୋଧରେ ଥିଲେ ॥୧॥
ସର୍ପଯଜ୍ଞ ଏକ କରିଲେ ଡାକି ପୁରୋହିତଙ୍କୁ
ଯଜ୍ଞ କୁଣ୍ଡ ହେଲା ନିର୍ମାଣ ବିନାଶିବେ ସର୍ପକୁ ॥୨॥
ଆହୁତି ସମୟେ ଡାକନ୍ତି ସର୍ପ ନାମକୁ ଧରି
ଗୋଟି ଗୋଟି ସର୍ପ ଆସିଣ କୁଣ୍ଡେ ଯାଆନ୍ତି ମରି ॥୩॥
ତକ୍ଷକକୁ ଯେବେ ଡାକନ୍ତି ସେ ଯେ ଯାଏ ପଳାଇ
ଇନ୍ଦ୍ରଙ୍କ ଶରଣ ନେଲାତ ମୃତ୍ୟୁ ଭୟ ଆସଇ ॥୪॥
ଜନ୍ମେଜୟ ଦେଲେ ଆଦେଶ ତାଙ୍କ ପୁରୋହିତଙ୍କୁ
ଇନ୍ଦ୍ରସହ ଦିଅ ଆହୁତି ସେହି ମୋର ଶତ୍ରୁକୁ ॥୫॥
ଆବାହନେ ଇନ୍ଦ୍ର ସାଥିରେ ଆସେ ନାଗ ରାଜନ
ଗୁରୁ ବୃହସ୍ପତି ଦେଖିଣ କଲେ ଯଜ୍ଞେ ଗମନ ॥୬॥
କୁହନ୍ତି ବୁଝାଇ କି କରୁ ଜନ୍ମେଜୟ ରାଜନ
ବିଧାତା ନିର୍ଦ୍ଦେଶ ମର୍ତ୍ତ୍ୟରେ ହୁଏ ଜନ୍ମ ମରଣ ॥୭॥
କର୍ମର ଫଳତ ଭୁଞ୍ଜଇ ନର ଏହାତ ବିଧି
ସୁଖ ଦୁଃଖ ପ୍ରାଣୀ ଭୋଗଇ ମୋହ ଦିଏତ ଛନ୍ଦି ॥୮॥
ପିତାଙ୍କ ମରଣ ନିମନ୍ତେ ଦୋଷୀ ନୁହଁ ତକ୍ଷକ
ଈଶ୍ୱରଙ୍କ ଇଚ୍ଛା ଥିଲାତ କାହିଁ କରୁଛ ଶୋକ ॥୯॥
ପିତା ତୁମ ଯୋଗ ମାଧ୍ୟମେ ବ୍ରହ୍ମ ପଦେ ମିଶିଲେ
ପୁଣ୍ୟବନ୍ତ ରାଜା ମର୍ତ୍ତ୍ୟରେ କୀର୍ତ୍ତି ରଖିଣ ଗଲେ ॥୧୦॥
ଇଚ୍ଛା ମୃତ୍ୟୁ ପ୍ରାପ୍ତ ନୁହେଁତ କେଭେ ସହଜ କଥା
ସାଧନାରେ ସିଦ୍ଧ ଲଭିଲେ ଦୃଶ୍ୟ ହୁଅଇ ରାସ୍ତା ॥୧୧॥

ହିଂସା ଭାବ ରଖି ଯଜ୍ଞତ କରୁଅଛ ରାଜନ
ଯଜ୍ଞ ଫଳ ଭଲ ହେବନି ସର୍ପ ହେବେ ଜ୍ୱଳନ ॥୧୨॥
ଅହିଂସା ଧର୍ମରେ ବିଶ୍ୱାସ ରଖି କ୍ଷମାତ ଦିଅ
ସର୍ପ ଯଜ୍ଞ ଆଉ ନକର ଏହା ନୁହେଁତ ନ୍ୟାୟ ॥୧୩॥
ଗୁରୁ ବୃହସ୍ପତି କଥାକୁ ରାଜା ଦେଲେ ସମ୍ମାନ
କ୍ଷମା କରିଦେଲେ ତକ୍ଷକ ସେତ ନାଗ ରାଜନ ॥୧୪॥
ଗୁରୁଙ୍କ ଚରଣେ ପ୍ରଣାମ ରାଜ କରନ୍ତି ଯାଇ
ଯଜ୍ଞ କାର୍ଯ୍ୟ ହେଲା ସ୍ଥଗିତ ହିଂସା ଗଲା ଦୂରେଇ ॥୧୫॥
ଭାଗବତ ସାର କଥାତ ଏହା ସଂକ୍ଷିପ୍ତ ବାଣୀ
ଆଦରେ ପାଠକ ପଢ଼ିଲେ ଶ୍ରମ ବୃଥା ହେବନି ॥୧୬॥
କେତେ କେତେ ତତ୍ତ୍ୱ ଜ୍ଞାନୀତ ଏହି ଉତ୍କଳ ଦେଶେ
ଦୋଷ ଧରିବନି ଦୋଷୀର ମୁଁ ତ ଶରଣ ପଶେ ॥୧୭॥
ଜଗନ୍ନାଥ ଦାସ ଚରଣେ ରଖି ଅଟଳ ମତି
ସାଉଁଟି ଆଣିଛି ଗ୍ରନ୍ଥରୁ କେତେ ତାଙ୍କ ସମ୍ପତ୍ତି ॥୧୮॥
ବଡ଼ ଫାଙ୍କ ଥିବା ଚଲାରେ ଗ୍ରନ୍ଥ ଦେଲିତ ଢ଼ାଳି
ମୁଖ୍ୟ ମୁଖ୍ୟ କଥା ବସ୍ତୁକୁ ଦୃଶ୍ୟ ମୁହିଁତ କଲି ॥୧୯।
ସଂକ୍ଷିପ୍ତେ କରିଲି ବର୍ଣ୍ଣନା କର୍ମେ ସକଳେ ବ୍ୟସ୍ତ
ଗୀତା ଭାଗବତ ପଢ଼ିବା ପାଇଁ ବେଳ ନାହିଁତ ॥୨୦॥
ସଂକ୍ଷିପ୍ତ ରଚନା ମୋହରି କଲେ ସାମାନ୍ୟ ଧ୍ୟାନ
ନିଶ୍ଚିତ ଲଭିବ ପାଠକେ ଭାଗବତର ଜ୍ଞାନ ॥୨୧॥

--୦---

ଯାଦବମାନଙ୍କର ବଂଶାବଳୀ

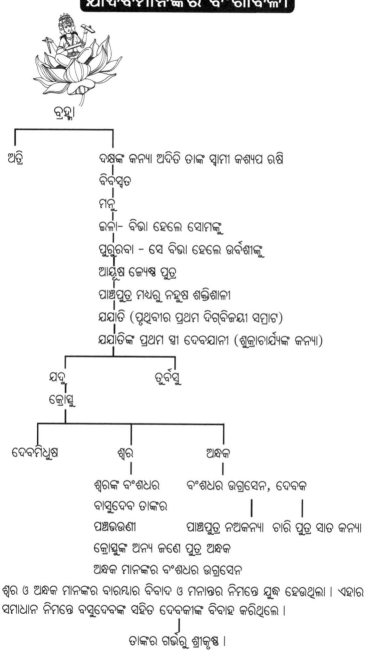

ବ୍ରହ୍ମା

ଅତ୍ରି

ଦକ୍ଷଙ୍କ କନ୍ୟା ଅଦିତି ତାଙ୍କ ସ୍ୱାମୀ କଶ୍ୟପ ଋଷି

ବିବସ୍ୱତ

ମନୁ

ଇଳା- ବିଭା ହେଲେ ସୋମଙ୍କୁ

ପୁରୁରବା - ସେ ବିଭା ହେଲେ ଉର୍ବଶୀଙ୍କୁ

ଆୟୂଷ ଜ୍ୟେଷ୍ଠ ପୁତ୍ର

ପାଞ୍ଚପୁତ୍ର ମଧ୍ୟରୁ ନହୁଷ ଶକ୍ତିଶାଳୀ

ଯଯାତି (ପୃଥିବୀର ପ୍ରଥମ ଦିଗ୍‌ବିଜୟୀ ସମ୍ରାଟ)

ଯଯାତିଙ୍କ ପ୍ରଥମ ସ୍ତ୍ରୀ ଦେବଯାନୀ (ଶୁକ୍ରାଚାର୍ଯ୍ୟଙ୍କ କନ୍ୟା)

ଯଦୁ — ତୁର୍ବସୁ

କ୍ରୋଷ୍ଟୁ

ଦେବମିଧୁଷ — ଶୂର — ଅନ୍ଧକ

ଶୂରଙ୍କ ବଂଶଧର
ବାସୁଦେବ ତାଙ୍କର
ପଞ୍ଚଭଉଣୀ

ବଂଶଧର ଉଗ୍ରସେନ, ଦେବକ

ପାଞ୍ଚପୁତ୍ର ନଅକନ୍ୟା — ଚାରି ପୁତ୍ର ସାତ କନ୍ୟା

କ୍ରୋଷ୍ଟୁଙ୍କ ଅନ୍ୟ ଜଣେ ପୁତ୍ର ଅନ୍ଧକ

ଅନ୍ଧକ ମାନଙ୍କର ବଂଶଧର ଉଗ୍ରସେନ

ଶୂର ଓ ଅନ୍ଧକ ମାନଙ୍କର ବାରମ୍ବାର ବିବାଦ ଓ ମନାନ୍ତର ନିମନ୍ତେ ଯୁଦ୍ଧ ହେଉଥିଲା । ଏହାର ସମାଧାନ ନିମନ୍ତେ ବସୁଦେବଙ୍କ ସହିତ ଦେବକୀଙ୍କ ବିବାହ କରିଥିଲେ ।

ତାଙ୍କର ଗର୍ଭରୁ ଶ୍ରୀକୃଷ୍ଣ ।

Lightning Source UK Ltd.
Milton Keynes UK
UKHW020629290821
389661UK00010B/171

9 781990 494000